W0195228

S. FISCHER

ANDREAS RÖDDER

Wer hat Angst vor Deutschland?

Geschichte eines europäischen Problems

S. FISCHER

Erschienen bei S. FISCHER

© 2018 S. Fischer Verlag GmbH,
Hedderichstr. 114, D-60596 Frankfurt am Main

Satz: Fotosatz Amann, Memmingen
Druck und Bindung: CPI books GmbH, Leck
Printed in Germany
ISBN 978-3-10-397238-2

Dem Team der Neuesten Geschichte in Mainz

Inhalt

Mehr als ein Jahrhundertproblem

Die deutsche Frage ist wieder da. Mit der Euro-Schuldenkrise bewahrheitete sich in den Augen vieler, was 1990 vor allem außerhalb Deutschlands befürchtet worden war: eine neue deutsche Dominanz in Europa. Dabei steht Deutschland vor einem Dilemma. Einerseits wird erwartet, dass Deutschland in Europa Führung übernimmt. Doch wenn es dies tut, ist die Kritik an der deutschen Vormacht vorprogrammiert.

Dahinter stehen zwei Geschichten. Die eine ist die der deutschen Stärke. Mit der Gründung des Deutschen Reichs 1871 wurde die über Jahrhunderte politisch zersplitterte Mitte Europas zu einer der militärisch stärksten Mächte auf dem Kontinent. Um die Jahrhundertwende war Deutschland zusammen mit den USA auch der wirtschaftliche und technologische Wachstumsmotor der Welt. Dem Land standen alle Möglichkeiten offen. Und dann beging es den größten Fehler, den es begehen konnte: Mit der Kriegserklärung vom 1. August 1914 begann eine beispiellose Geschichte der (Selbst-)Zerstörung. Deutschland verlor zwei Weltkriege, trieb weite Teile seiner Eliten aus dem Land, führte einen Vernichtungskrieg in Osteuropa und beging mit dem Holocaust das Menschheitsverbrechen schlechthin. Seine Städte wurden zerstört, es ruinierte zweimal seine Währung, verlor ein Drittel seines Territoriums und wurde geteilt. Als sich die verbliebenen zwei Drittel 1990 wiedervereinigten, schien sich das Land mit den Folgelasten endgültig zu überheben; 2005 war allenthalben vom »Abstieg eines Superstars«[1] die Rede. Und dann, nur wenige Jahre später, stand Deutschland wieder da, wo es vor 1914 schon einmal gewesen war. Wieder wurde es als europäische Vormacht in einer »halbhegemonialen Stellung« wahrgenommen, wie es der Historiker Ludwig Dehio einmal genannt hatte:[2] zu schwach, um den Kontinent wirklich zu beherrschen, aber zu stark, um sich einfach einzuordnen.

Das war und ist vielen nicht geheuer – den Deutschen selbst so wenig wie ihren Nachbarn. Davon erzählt die zweite Geschichte: die der unterschiedlichen deutschen Selbstbilder und der Fremdwahrnehmungen von Deutschland. Typisch dafür war die berühmte Rede, die Staatssekretär Bernhard von Bülow 1897 im Deutschen Reichstag hielt. Es gibt davon keine Tonaufnahme; doch wenn er sagte, »wir wollen niemand in den Schatten stellen, aber wir verlangen auch unseren Platz an der Sonne«,[3] dann mag er das »auch« betont haben. Die europäischen Nachbarn hingegen hörten das »wir« und den »Platz an der Sonne«. Jedenfalls schrieb der britische Diplomat Eyre Crowe 1907 von dem tiefeingewurzelten Gefühl, dass Deutschland »durch die Stärke und Reinheit seines nationalen Strebens (… und) den hohen Tüchtigkeitsgrad (…) das Recht erworben hat, für die deutschen nationalen Ideale einen Vorrang zu beanspruchen«.[4] Was die Deutschen für ihr gutes Recht oder ihre moralische Pflicht hielten, erschien anderen als deutscher Vormachtanspruch. Dieses Muster zieht sich durch die Geschichte, von der wilhelminischen Weltpolitik bis zur Euro-Schuldenkrise und der Flüchtlingskrise im zweiten Jahrzehnt des 21. Jahrhunderts. Bundespräsident Joachim Gauck waren die Anklänge an Bülows Rede wahrscheinlich gar nicht bewusst, als er im Februar 2013 sagte: »Wir wollen andere nicht einschüchtern, ihnen auch nicht unbedingt unsere Konzepte aufdrücken, wir stehen allerdings zu unseren Erfahrungen, und wir möchten diese gern vermitteln.«[5]

Vor dem Hintergrund dieser Kontinuitäten soll dieses Buch zwei neue Perspektiven eröffnen. Erstens erschließt es ein Panorama von deutschen Selbstbildern und von Außenwahrnehmungen Deutschlands in internationaler Breite und ihrer historischen Entwicklung. Zweitens verbindet es diese Perzeptionsgeschichte gegenseitiger Wahrnehmungen mit der geopolitischen Strukturgeschichte der deutschen Stärke in Europa und der Handlungsgeschichte der deutschen Außenpolitik von der Reichsgründung bis zur Gegenwart.

»Wer hat Angst vor Deutschland?« soll somit einen Beitrag zur Geschichte der internationalen Politik und zur europäischen Konfliktgeschichte seit dem 19. Jahrhundert leisten. Zugleich soll es zur historisch-politischen Gegenwartsdiagnose und Standortbestimmung Deutschlands in Europa beitragen. Das Buch hätte eines seiner Ziele erreicht, wenn deutsche Leser verstehen, warum sie nicht verstehen, wie Franzosen und Griechen die Deutschen sehen, und wenn polnische und britische Leser verstehen, warum sie die Deutschen nicht verstehen. Darüber hinaus versteht es sich als Beitrag zur Debatte über die Weiterentwicklung der europäischen Integration nach den großen Krisen der 2010er Jahre, die Emmanuel Macron am 26. September 2017 mit seinen Vorschlägen zur »Neubegründung eines souveränen, geeinten und demokratischen Europas« angestoßen hat: einer vertieften Integration in den Bereichen Sicherheit, Grenzen und Digitales, einem höheren europäischen Budget und einem europäischen Finanzminister, der Ausgestaltung des Binnenmarktes als Konvergenz- statt als Wettbewerbsraum, der Annäherung der einzelstaatlichen Sozialmodelle sowie transnationaler Listen für die Wahl zum Europäischen Parlament.[6]

Dazu lässt sich das Buch von vier Fragen leiten.

Erstens: Wie veränderte sich die deutsche Machtposition in Europa von der Reichsgründung bis ins 21. Jahrhundert? Ließen sich die deutsche Frage, d. h. deutsche Stärke bzw. deutsche Interessen, und die jeweilige europäische Ordnung miteinander vereinbaren – und wenn ja: wie?

Zweitens: Wie wurden Deutschland, seine Position und seine Politik in den politischen Öffentlichkeiten anderer europäischer Länder gesehen? Wie unterschieden sich deutsche Selbstbilder von diesen Außenwahrnehmungen? Wie veränderten sich die Wahrnehmungen und inwiefern blieben sie konstant?[7]

Drittens: Wie verhielten sich geopolitische Machtstruktur, politisches Handeln und Wahrnehmungen zueinander und wie wirkten sie aufeinander ein? Lässt sich feststellen, dass eine der drei Ebenen von vorrangiger Bedeutung war?

Und schließlich, viertens: Wie lassen sich deutsche Stärke und europäische Ordnung, deutsche Interessen und europäisches Gemeinwohl heute vereinbaren? Wie können Deutschland und Europa voneinander profitieren, ohne einander zu schaden?

I Furor und Feingeist:
Die deutsche Frage bis 1914

1 Was ist der Deutschen Vaterland?

Was die Deutschen die »deutsche Frage« nennen, heißt in anderen Ländern das »deutsche Problem«.[1] Und was dies bedeutete, wandelte sich im Laufe der Zeit mehrfach. Im 19. Jahrhundert ging es zunächst darum, welches Territorium ein zu schaffender deutscher Nationalstaat umfassen und welche Staatsform und Verfassung er haben würde. Nach der Gründung des deutschen Kaiserreichs 1871 stellte sich die Frage, ob der neue, starke Staat in der Mitte des Kontinents mit der europäischen Staatenordnung vereinbar sei. Nach dem Ersten Weltkrieg richtete sich die deutsche Frage dann auf die Möglichkeit eines deutschen Wiederaufstiegs innerhalb der Pariser Friedensordnung, bevor das nationalsozialistische Deutschland diese zertrümmerte. Nach 1949 drehte sich die deutsche Frage wieder um die territoriale Einheit des geteilten und um die verfassungsmäßige Ordnung eines vereinten Deutschlands. Beide Fragen waren mit der Wiedervereinigung von 1990 beantwortet. Nun stellte sich, wie nach 1871, die Frage der europäischen Verträglichkeit des vereinten Staates in der Mitte des Kontinents.

Wenn dabei von der deutschen »Mittellage« die Rede ist, dann bedeutet dies zunächst, dass Deutschland so viele Nachbarländer hat – heute sind es neun – wie kein anderes Land in Europa. Österreich und Frankreich haben immerhin acht, Polen sieben und Italien sechs, das Vereinigte Königreich hingegen hat nur eines. Im Zusammenhang mit dem Raum in der Mitte Europas, der heute Deutschland heißt, entluden sich immer wieder militärische Konflikte: die Varusschlacht der Germanen gegen das römische Imperium, die Kriege Karls des Großen und Friedrich Barbarossas oder die Schlacht zwischen dem Heer des Deutschen Ordens und Polen-Litauen 1410. Im 17. Jahrhundert eskalierte der Dreißigjährige Krieg unter Beteiligung von Dänemark, Schweden, Spanien und Frankreich. Mit Frankreich wurden in den folgenden Jahrhunderten der Pfälzische Erbfolgekrieg, der Siebenjährige Krieg, die Koalitionskriege zwischen 1792 und 1815 sowie der Krieg von 1870/71 ausgefochten. Dieser beendete die Serie der sogenannten Einigungskriege, die Bismarcks Preußen 1864 gegen Dänemark und 1866 gegen Österreich geführt hatte. Preußen und Österreich wiederum hatten im Bunde mit Russland zwischen 1772 und 1795 Polen unter sich aufgeteilt, das erst nach dem Ersten Weltkrieg wieder als eigenständiger Staat entstand. Zwanzig Jahre später wurde Polen durch den Hitler-Stalin-Pakt abermals geteilt und zum Schauplatz eines Vernichtungskrieges, den Deutschland auch gegen die Sowjetunion führte. Als der Zweite Weltkrieg schließlich durch Bomben und Armeen der Alliierten auf deutsches Territorium zurückschlug, wurde Deutschland erneut zu jenem zentralen europäischen Kriegsschauplatz, der es bis 1813 immer wieder gewesen war: vom Dreißigjährigen Krieg, der das Land »doch nunmehr gantz, ja mehr denn gantz verheeret« hatte, wie Andreas Gryphius 1636 beklagte, über die systematischen Verwüstungen im Pfälzischen Erbfolgekrieg bis zur französischen Besetzung, zunächst durch Revolutionstruppen und dann unter Napoleon, die nach der Völkerschlacht bei Leipzig 1813 zu Ende ging.

All dies hatte auch daran gelegen, dass die deutschen Lande nicht wie andere Länder eine zentralstaatliche, sondern eine partikulare Entwicklung genommen hatten. Der Investiturstreit, die große Auseinandersetzung zwischen römisch-deutschen Königen und Päpsten im späten 11. und frühen 12. Jahrhundert, hatte die Zentralgewalt im Reich geschwächt und die Fürsten gestärkt. Dies wiederholte und verstärkte sich mit dem zweiten großen Religionskonflikt, der Reformation im 16. Jahrhundert. Dass die neue Konfession von den Fürsten adoptiert wurde, war die entscheidende Voraussetzung für ihre Verbreitung. Umgekehrt stärkte die Reformation die Stellung der einzelnen Landesherren zumal in den protestantischen Territorien, in denen sie bis 1918 die Leitungsgewalt über das evangelische Kirchenwesen besaßen.

Demgegenüber hatte das Haus Habsburg Anfang des 17. Jahrhunderts versucht, ein vom Kaiser dominiertes, gesamtstaatlich organisiertes Reich in der Mitte Europas zu errichten.[2] Dieses Reich hätte mit seiner Lage und seiner Größe aber eine hegemoniale Position in Europa eingenommen, die den Interessen Frankreichs und Schwedens zuwiderlief. Dies ist der Hintergrund für den Dreißigjährigen Krieg, der als Religions- und Bürgerkrieg im Reich begann und als europäischer Macht- und Staatenkrieg endete – und den Weg zu einem deutschen Zentralstaat blockierte.

Stattdessen schrieb der Westfälische Friede von 1648 das Grundgesetz des Alten Reiches fest: die Landeshoheit der Einzelstaaten nach innen und das Bündnisrecht der Landesherren nach außen. Damit war das Heilige Römische Reich Deutscher Nation, im Gegensatz zu seinem pompös klingenden Namen, ein Bund gleichberechtigter Territorien mit einem Kaiser an der Spitze. Es bildete eine »befriedete, aber entdynamisierte Mitte des Kontinents«[3] – und war zugleich ein zentraler Faktor der »Westfälischen Ordnung« Europas. Die europäische Mitte »war der Puffer, der die aggressiven Anstrengungen anderer Mächte auffing und neutralisierte«.[4] Schon 1648 galt: Die deutsche Geschichte war in besonderem Maße Teil der europäischen, und immer hatten die europäischen Geschicke besondere Auswirkungen auf Deutschland.

Im 18. Jahrhundert wandelte sich die Ordnung der europäischen Mächte. Spanien, die Niederlande und Schweden fielen als Großmächte nach und nach aus, dafür kamen Russland und Preußen hinzu. Unmittelbar nach seinem Regierungsantritt im Jahr 1740 annektierte Friedrich II. von Preußen das von den Habsburgern regierte Schlesien und begründete damit den preußisch-österreichischen Gegensatz. So legte er einen deutschen Sprengsatz, der sich bis 1866 mehrfach entzündete.

Unter dem Ansturm der Französischen Revolution und vor allem Napoleons zeigte sich, dass ein Pfeiler des Alten Reiches von 1648 porös geworden war: dass es nämlich den Bestand seiner einzelnen Mitglieder garantierte. 1803 hielten sich die mittleren und größeren deutschen Territorien an den Kleinen und Schwächeren schadlos, um ihre linksrheinischen Verluste an Frankreich zu kompensieren, das in den Friedensverträgen zwischen 1795 und 1801 den Rhein als Grenze durchgesetzt hatte. Geistliche Fürstentümer und Klöster, Reichsritterschaften und freie Reichsstädte wurden aufgelöst und den mittleren und großen Territorialstaaten zugeschlagen. Das Großherzogtum Baden beispielsweise vergrößerte sich zwischen 1803 und 1805 um rechtsrheinische Teile der Kurpfalz sowie der Bistümer Konstanz, Basel, Straßburg und Speyer. Es erhielt fünf freie Reichsstädte, die Gebiete vieler Abteien und Stifte, den Breisgau mit Freiburg und die Stadt Konstanz. Mit dieser historischen Besitzumschichtung war das Alte Reich am Ende und seine Auflösung im Jahr 1806 nur noch Formsache.

Der Wiener Kongress, der oft als »Restauration« bezeichnet wird, machte diese revolutionäre Veränderung allerdings gerade nicht rückgängig. Was er wiederherstellte, ja deutlich stärker verankerte als zuvor, war das Prinzip des europäischen Gleichgewichts.[5] Und diese europäische Ordnung setzte abermals eine befriedete, aber politisch schwache Mitte voraus, damit sich das Gleichgewicht der Mächte von den Rändern her austarieren konnte. So errichtete der Wiener Kongress den Deutschen Bund aus zunächst 41 Einzelstaaten. Darunter befanden sich mit Preußen und Österreich zwar zwei europäische Großmächte, zudem saßen der britische König für Hannover, der dänische für Holstein und Lauenburg sowie der niederländische für Luxemburg und Limburg bzw. ihre Gesandten mit am Tisch der Frankfurter Bundesversammlung. Gerade deshalb kam aber keine handlungsfähige Zentralgewalt zustande.

Die Wiener Ordnung von 1815 wurde also, ebenso wie die Westfälische von 1648, im Zeichen von Stabilität und Gleichgewicht gegen die potentielle Stärke eines einheitlichen deutschen Staates in der Mitte Europas gebaut. Die Väter des Wiener Kongresses besaßen zwar die Ressourcen und die Institutionen, um diese Ordnung aufrechtzuerhalten. Auf der Ebene der Ideen aber standen ihre Vorstellungen von monarchischer Legitimität und Solidarität den Zeichen der Zeit entgegen. Denn neben dem Prinzip der Volkssouveränität wurde vor allem die Nation zur politischen Leitidee des 19. Jahrhunderts schlechthin.

Nationen sind, so die klassische Definition von Ernest Renan, keine materiellen Phänomene, sondern geistige Prinzipien. Sie beruhen darauf, dass eine Gruppe von Menschen sich aufgrund bestimmter Merkmale wie Staatsangehörigkeit, gemeinsamer Sprache, Kultur oder Geschichte als zusammengehörig begreift.[6] Der Realitätsgehalt dieser Vorstellungen gemeinsamer Geschichte und Kultur ist in aller Regel begrenzt, vielmehr beruhen sie oftmals auf Mythen und Erzählungen. Der amerikanische Politikwissenschaftler Benedict Anderson hat Nationen daher als »vorgestellte« oder gar (so die etwas überzogene deutsche Übersetzung seines Buchtitels) »erfundene« Gemeinschaften bezeichnet[7] – was freilich nichts an der durchschlagenden Wirkmacht dieser Idee in der Geschichte der westlichen Moderne ändert. Denn Gemeinschaften, die sich als Nation verstanden, wollten im 19. Jahrhundert auch in einem Staat zusammenleben.

So kamen die beiden Phänomene des Staates und der Nation in der Idee des Nationalstaats zusammen – mit einem wesentlichen Unterschied zwischen Deutschland auf der einen sowie Frankreich und England auf der anderen Seite. In ganz Europa hatten sich aus den mittelalterlichen Personenverbänden während der Frühen Neuzeit bürokratisch organisierte Staaten entwickelt. Ihr Territorium war allerdings in unterschiedlichem Maße mit dem Gebiet derjenigen Gemeinschaften deckungsgleich, die sich im 19. Jahrhundert als Nationen begriffen. In Frankreich und in England war dies der Fall; dort ging der Staat der Nation voraus.[8] Dies ist noch heute spürbar, wenn im englischen Begriff des *nation state* die Betonung eindeutig auf *state* liegt.

In Deutschland lagen die Dinge umgekehrt: Als die moderne Idee der deutschen Nation aufkam, gab es auf ihrem Gebiet keinen Gesamtstaat, sondern eine Fülle von Einzelstaaten. Daher ging die Vorstellung der Nation nicht vom Staat aus. Stattdessen ging die Nation dem Staat voraus. Da sie sich nicht von einem bestehenden Staat her bestimmen konnte, wurde sie zunächst als Kulturnation verstanden. Sie berief sich auf kulturelle Faktoren wie gemeinsame Sprache, gemeinsame Geschichte oder gemeinsame Werte, die zumeist nicht präzise zu definieren sind[9] – und das unter den Bedingungen der Romantik mit ihrem Zug zur schwärmerischen Utopie und zur schwermütigen Tiefgründigkeit, ihrem idealistischen Überschuss und ihrer Sehnsucht nach Ganzheit.[10] Das Ergebnis war ein kulturell befrachteter deutscher Nationsbegriff mit allerlei schicksalsschweren Konnotationen wie der »verspäteten«, der »verletzten« oder der »unvollständigen« Nation. Sie schwingen bis heute im deutschen Begriff vom »Nationalstaat« mit, dem die Entspanntheit des englischen *nation state* abgeht.

Was ist deutsch?

Entspanntheit aber wäre ohnehin kaum der nächstliegende Begriff, wenn es um die endlos diskutierte Frage geht: »Was ist deutsch?«[11] Bis 1800 bezog sich die Antwort auf diese Frage in erster Linie auf die Sprache, nachdem die Reformation, im Gegensatz zur territorialen und konfessionellen Zersplitterung, das Deutsche als gemeinsame Sprache etabliert hatte. Jenseits dessen allerdings wurde es schnell diffus. Und so wurde die Debatte über die deutsche »Identität« zu einem Wesensmerkmal der deutschen Identität.

»Redlich, rechtschaffen, unverstellt« – in Johann Christoph Adelungs Grammatisch-kritischem Wörterbuch der hochdeutschen Mundart von 1811 wurden individuelle Charaktereigenschaften als Merkmale der Deutschen als Volk aufgeführt. Schon wenige Jahre zuvor hatte Johann Gottlieb Fichte in seinen »Reden an die deutsche Nation« neben der Sprache solche kollektiven deutschen Charakteristika benannt: Sein statt Scheinen, weltbürgerlicher Geist, Gründlichkeit, Festigkeit, Ursprünglichkeit, Geistigkeit. Wenn er die deutsche Nation dazu aufrief, »die großen Verheißungen eines Reichs des Rechts, der Vernunft und der Wahrheit« herbeizuführen, dann mochte dies noch den weltbürgerlichen Universalismus und den aufgeklärten Kosmopolitismus in sich tragen, mit dem die Weimarer Klassik die Frage »Was ist deutsch?« beantwortet hatte.[12] Auch Heinrich Heine sprach sein Wort von der »Sendung und Universalherrschaft Deutschlands« im Hinblick auf die Menschheitsbefreiung im Geiste der Aufklärung.[13] Und doch lag der Umschlag vom Selbstverständnis als Kulturnation in die kulturelle Selbstüberhöhung, vom Universalismus zum Nationalismus in greifbarer Nähe.

Manifest wurde diese Wendung in Ernst Moritz Arndts Antwort auf die Frage »Was ist des Deutschen Vaterland?« aus dem Jahr 1813:

> »Wo Eide schwört der Druck der Hand
> Wo Treue hell im Auge blitzt
> Und Liebe warm im Herzen sitzt –
> Das soll es sein!«[14]

Damit adressierte er die »Treue« Adelungs sowie den Topos der »Innerlichkeit«. Und damit nicht genug, fügte er seinen bevorzugten Reim auf »Vaterland« hinzu:[15]

> »Wo Zorn vertilgt den wälschen Tand,
> Wo jeder Franzmann heißet Feind,
> Wo jeder Deutsche heißet Freund –
> Das soll es sein!«

Seit 1802 nahm Arndt eine radikale Abgrenzung von den Franzosen vor, die über die traditionellen Völkerstereotype hinausging. Arndt lud sie politisch auf und stellte die Völker einander als handelnde Kollektivsubjekte gegenüber – in scharfer Konfrontation: aufrichtige, ehrliche Deutsche gegen Lug und Trug der Franzosen, schlichtes Gemüt und reine Sitte gegenüber Wollust und Unzucht. Unterschiede zwischen den Völkern wurden zu gegensätzlichen Nationalcharakteren umdefiniert und Nationen zu exklusiven Trägern bestimmter moralisch-sittlicher Prinzipien erklärt.

Solche Selbstdefinitionen durch Abgrenzung nach außen waren zunächst Elitenphänomene einer kleinen Gruppe von Publizisten. Aber sie bereiteten den Boden für deren gesellschaftliche Verbreitung. Als die französische Regierung 1840 Anspruch auf die Rheingrenze als natürliche Grenze zwischen Frankreich und Deutschland erhob, gingen die nationalen Aufwallungen auf beiden Seiten hoch.[16] Sprunghaft verbreitete sich ein deutsches Nationalgefühl im Zeichen von Abwehr und Opferbewusstsein, wie es Max Schneckenburger in seinem Lied von der »Wacht am Rhein« zum Ausdruck brachte.

»Es braust ein Ruf wie Donnerhall,
Wie Schwertgeklirr und Wogenprall:
Zum Rhein, zum Rhein, zum deutschen Rhein!
Wer will des Stromes Hüter sein? (...)
So lang ein Tropfen Blut noch glüht,
Noch eine Faust den Degen zieht,
Und noch ein Arm die Büchse spannt,
Betritt kein Feind hier deinen Strand.«[17]

Furor, Gemüt, Genie

Was den einen allerdings als Abwehr erschien, das deuteten andere als Raserei. Die einschlägige Außenwahrnehmung der Deutschen ging auf den römischen Dichter Lukan (39–65) zurück. Er hatte vom *furor teutonicus* geschrieben und damit das Narrativ von den Teutonen als ewigen Invasoren in die Welt gesetzt,[18] das in der Neuzeit vor allem auf Preußen angewendet wurde. Die Größe dieses Staates beruhe auf dem militärischen Geist, der für Preußen wichtiger sei als eine gute Regierung – so formulierten es die britischen Außenminister Castlereagh und Canning um die Wende vom 18. zum 19. Jahrhundert.[19]

Parallel dazu verbreitete sich im späten 18. Jahrhundert vor allem in Frankreich eine andere Wahrnehmung, nämlich die der Natürlichkeit, der Naivität, der Tugend, des Enthusiasmus und der Sentimentalität der Deutschen, die im Gegensatz zur selbstempfundenen eigenen Dekadenz gesehen wurde. Dieses Bild – wobei ganz überwiegend nur die Wahrnehmungen von Eliten greifbar sind – verbreitete insbesondere die Franko-Schweizerin Germaine de Staël in ihrem 1810 fertiggestellten, aufgrund der Intervention Napoleon Bonapartes aber erst nach 1813 publizierten Buch *De l'Allemagne*. Es wurde – als Gegenbild zum napoleonischen Kaiserreich – für das französische Deutschlandbild im

19. Jahrhundert prägend, jedenfalls bis 1870. Madame de Staël skizziert darin die Deutschen auf der Grundlage ihrer Reiseeindrücke als praxisfern, gemütsbetont, langsam und gehorsam, musikbegeistert und philosophisch, zugleich etwas rückständig und harmlos.[20] Diese Vorstellung von den Deutschen findet sich noch in Gustave Flauberts *Dictionnaire des idées reçues*, in dem er die Deutschen als »Volk von Träumern« bezeichnete.[21]

Nicht nur in Frankreich stand somit das Bild der idyllischen Kulturnation neben dem des brutalen, barbarischen und gewalttätigen Deutschen. Der preußische Generalfeldmarschall Gerhard Leberecht von Blücher, dessen offensive Truppenführung beim Vormarsch auf Paris 1813/14 und in der Schlacht von Waterloo 1815 ihm den Beinamen »Marschall Vorwärts« eintrug, wurde zum Inbegriff des tapferen, furchteinflößenden und biertrinkenden Deutschen, wie er in den Karikaturen des britischen Zeichners George Cruikshank sein Abbild fand.[22] Zugleich galt Deutschland als kulturelles, literarisches und philosophisches Vorbild und als Land der Romantik, insbesondere in Großbritannien.

Das romantische Deutschland zeigte sich am Rhein mit seinen Burgen.[23] Aus britischer Sicht wirkte es in der ersten Hälfte des 19. Jahrhunderts, als sei es von der Industrialisierung noch nahezu unberührt, landschaftlich intakt und wirtschaftlich rückständig – als schönes und zugleich harmloses Gegenbild zur Dynamik und dem von den Engländern selbst empfundenen Materialismus der Industrialisierung. Die britische Wahrnehmung richtete sich zudem auf die deutsche Literatur und Kunst, wobei immer auch Goethe und Schiller, also nach deutschem Sprachgebrauch die Weimarer Klassik, zur Romantik gezählt wurden (und werden). Alles in allem mischten sich im viktorianischen Deutschlandbild verschiedene Facetten. Das Bild passiver Folgsamkeit und wirtschaftlicher Rückständigkeit verband sich mit Bewunderung und Respekt für deutsche Musik und

Literatur, Philosophie und Geschichtsschreibung, Theologie und Mathematik sowie für die Erfindungen in den Ingenieurwissenschaften und der Industrie.[24] Noch 2017 beschrieb der britische Bankmanager, Priester und Deutschenfreund Stephen Green die »Mischung aus dem Guten, dem Tiefen, dem Harmlosen und dem Bedrohlichen« in der deutschen Sprache und Kultur.[25]

In Italien fanden mit der antiken Kultur auch antike Vorurteile eine lang anhaltende Verwendung, also auch der *furor teutonicus*. Sein Fundament in der Sache fand dieses Stereotyp in der lange wirkenden Erinnerung an die Zerstörung Mailands durch Friedrich Barbarossa 1162 und die Plünderung des Kirchenstaates durch Deutsche und Spanier 1527. Auch Luther wurde als Gegner gesehen, wie überhaupt der Protestantismus in Italien auf Ablehnung stieß. Eine positivere Einschätzung der Deutschen stellte sich erst ab dem späten 18. Jahrhundert durch Dichter wie Goethe, Schiller und Kleist ein.[26]

Das polnische Bild der westlichen Nachbarn wurde vor allem durch die polnischen Teilungen von 1772, 1793 und 1795 geprägt.[27] In drei Schritten hatten Russland, die Habsburgermonarchie und Preußen das Königreich Polen unter sich aufgeteilt, bis es als souveräner Staat ganz verschwunden war. 1815 wurde das Gebiet Polens dreigeteilt, wobei der Kern, das sogenannte Kongresspolen einschließlich Warschaus, als Königreich Polen in Personalunion mit dem Zarenreich unter russische Herrschaft geriet. Preußen behielt die Gebiete, die ihm durch die ersten beiden Teilungen zugeschlagen worden waren: das Ermland, Westpreußen und Südpreußen, das nach 1815 die Provinz Posen bildete. Blickten die Polen nach Westen, so standen ihnen zwei unterschiedliche Bilder vor Augen: das Bild von Preußen, das große Teile Polens annektiert hatte, und ein deutlich freundlicheres Bild von Deutschland. Denn dort hatte die Nationalbewegung auf dem Hambacher Fest von 1832 Unterstützung für den polnischen Freiheitskampf artikuliert.[28] Das änderte sich jedoch bereits 1848, als das Frankfurter Paulskirchenparlament darüber debattierte, was aus den polnischen Gebieten werden sollte, die Preußen durch die Teilungen Polens annektiert hatte. Die deutschsprachigen Gebiete der preußischen Provinz Posen sollten sich, so die Paulskirche, Deutschland anschließen dürfen, während der Teil, der Polen zugesprochen werden sollte, im Laufe der Zeit immer kleiner wurde.[29]

Nachdem Preußen unterdessen schon 1848 einen polnischen Aufstand in der Provinz Posen niedergeworfen hatte, unterstützte die preußische Regierung unter Bismarck 1863 auch die russische Niederschlagung des polnischen Aufstands in Kongresspolen. In der Folge wurden die Polen verschärften Repressionen und Maßnahmen zur Zwangsintegration von russischer Seite unterworfen. Zugleich ging die preußische Politik unter Bismarck zu einer kompromisslosen Eindeutschung der Polen über, die innerhalb der Provinz Posen ein Drittel und im Königreich Preußen insgesamt zehn Prozent der Bevölkerung ausmachten. Vor diesem Hintergrund überlagerte das polnische Preußenbild zunehmend das gesamte Bild von Deutschland.

Das russische Deutschlandbild wiederum, zumindest das der höfischen Eliten, war seit den Tagen Peters des Großen von einem besonderen Verhältnis zwischen beiden Mächten geprägt.[30] Über eine Million Deutsche immigrierten vom 17. Jahrhundert bis 1917 nach Russland, an den Zarenhof, in deutsche Agrarkolonien an der Wolga und in Handwerkerviertel in russischen Städten. Diese Einwanderer trugen deutsche Einflüsse auf das politische, wirtschaftliche und geistige Leben nach Russland;[31] 1725 wurde die Akademie der Wissenschaften in Sankt Petersburg auf Anregung von Gottfried Wilhelm Leibniz gegründet. Zugleich studierten Russen aus der Bildungsschicht, die fast durchweg dem Adel entstammten, an deutschen Universitäten und vermittelten ihren Landsleuten Bilder von Deutschland. So schilderten die (mit dem später berühmten Dichter nicht verwandten) Gebrüder Turgenew die Deutschen zu Beginn des 19. Jahrhunderts als sympathisch, aber auch ziemlich langweilig, steif und gefühlsarm, was ihre Bewunderung für deutsche Bildung und Gelehrsamkeit nicht schmälerte. Enthusiasmus für das deutsche Kulturleben hatte Ende des 18. Jahrhunderts bereits Nikolaj Karamzin in den Briefen eines reisenden Russen versprüht und damit ähnlich nachhaltig auf das russische Deutschlandbild eingewirkt wie Madame de Staël auf das französische.[32]

Gerade das Preußenbild war dabei aus russischer Sicht immer zugleich ein Blick in den Spiegel – und fiel diffus aus.[33] Für die nach Westen orientierten Eliten, begonnen mit Zar Peter I. nach 1698, war Preußen ein Vorbild für Reformen. Die Slawophilen hingegen, die auf die Einheit der slawischen Völker zielten, grenzten sich vom Westen ab. Für Iwan Kirejewski (1806–1856), einen der Begründer der slawophilen Bewegung, gab es »auf dem ganzen Globus kein schlechteres, seelenloseres, dümmeres und ärgerlicheres Volk als die Deutschen«, und Nikolai Gogol schrieb 1836 von einer Deutschlandreise, in den Adern der Deutschen fließe »Kartoffelblut«.[34] Waren die Empfindsamkeit des Sturm und Drang und die Leidenschaft der Romantik in der russischen Belletristik auf große Sympathie gestoßen, so zeichneten Alexander Puschkin und Leo Tolstoi im weiteren Verlauf des 19. Jahrhunderts ein Bild, das rationale und berechnende Deutsche gegen emotionale Russen stellte.[35]

Alles in allem ergaben die Außenwahrnehmungen Deutschlands ein buntes Bild, das sich um drei Komplexe gruppierte: den der gewalttätigen Barbaren, den der gemütlichen und gehorsamen Biedermänner sowie den des Landes der Wissenschaft, der Kunst und der Musik, der Philosophie und der Romantik. Dann kam die Reichsgründung, und sie veränderte die politische Landkarte Europas ebenso wie die mentale.

2 Koloss im Zentrum:
Die Reichsgründung und Europa

Von einer »deutschen Revolution« sprach der Oppositionsführer im britischen Unterhaus, der vormalige und spätere Premierminister Benjamin Disraeli, drei Wochen nach der Proklamation des Deutschen Reiches in Versailles: Es sei ein »größeres politisches Ereignis als die Französische Revolution« von 1789, denn »das Gleichgewicht der Mächte ist vollkommen zerstört worden«.[36] In der Tat: Die Reichsgründung von 1871 revidierte die Ordnung des Wiener Kongresses, der das Prinzip des Gleichgewichts der europäischen Mächte um eine politisch schwache Mitte herum auf seinen historischen Höhepunkt geführt und mit der Gründung des Deutschen Bundes zugleich die deutsche Nationalstaatsbewegung zurückgedrängt hatte. Wie sich zeigte, ließ sich das Thema aber nicht auf Dauer unterdrücken. Nachdem die Nationalstaatsgründung von unten durch die Revolution von 1848/49 gescheitert war, kam sie 1871 von oben, unter preußischer Führung. Das Scharnier zwischen Nationalstaatsbewegung und preußischer Machtstaatspolitik war Otto von Bismarck, der »weiße Revolutionär« (Lothar Gall). Nach seiner Berufung zum preußischen Ministerpräsidenten im September 1862 steuerte er mit bemerkenswerter Konsequenz auf drei Kriege gegen Dänemark, Österreich und Frankreich zu, die innerhalb von weniger als acht Jahren und vier Monaten zu jener Gründung des deutschen Staates in der Mitte Europas führten, die zuvor so vehement vermieden worden war.

Mit der Reichsgründung war die Frage nach Territorium und Verfassung einstweilen beantwortet. Territorial realisierte sie die kleindeutsche Lösung, verzichtete also auf Gebiete der Habsburgermonarchie, deren Zugehörigkeit 1848/49 so lebhaft diskutiert worden war. »So weit die deutsche Zunge klingt«, reichte dieses

Deutschland, im Gegensatz zu Ernst Moritz Arndts Definition von »des Deutschen Vaterland« aus dem Jahr 1813, also nicht. Somit war es im strengen Sinne der Definition kein vollständiger Nationalstaat, weil Nation und Staat nicht deckungsgleich waren.

Was die Verfassung betrifft, so hatte der preußische König 1849 die Krone aus den Händen eines gewählten Parlaments abgelehnt, das er nicht als Träger der Souveränität anerkannte. Das Kaiserreich von 1871 wurde stattdessen als Fürstenbund gegründet, es bezog seine Legitimation also nicht von unten, sondern von oben. Zugleich besaß es mit dem allgemeinen Männerwahlrecht das formal demokratischste Wahlrecht in Europa. Sein politisches System war aber kein parlamentarisches, weil das gewählte Parlament nicht über die Regierung bestimmte: Es konnte sie weder wählen noch stürzen. Das tat allein der Kaiser, und daher war das Kaiserreich trotz seines Wahlrechts nicht demokratisch. Es war aber auch kein absolutistisches oder diktatorisches System, da eine Verfassung die Machtaufteilung zwischen Kaiser und Parlament regelte. Vielmehr entsprach es dem verfassungspolitischen Typus des monarchischen Konstitutionalismus, von dem es grundsätzlich zwei Varianten gab: eine mit Vorrang des Parlaments (wie im Vereinigten Königreich) und eine mit Vorrang des Monarchen. Letzteres war im Kaiserreich der Fall, das sich so gesehen innerhalb des verfassungshistorischen Grundschemas im Europa des 19. Jahrhunderts und nicht auf einem Sonderweg bewegte.[37]

Etwas anderes waren das Sonderbewusstsein vom »deutschen Konstitutionalismus«, von dem noch die Rede sein wird, und die Sonderstellung des Militärs, das durch die Erfolge in den Einigungskriegen noch einmal an Sozialprestige gewonnen hatte. Nach Artikel 63 der Reichsverfassung stand das Heer »in Krieg und Frieden unter dem Befehle des Kaisers« – und war zugleich der parlamentarischen Mitwirkung und Kontrolle entzogen, mit Ausnahme des Budgets, das aber stets für mehrere Jahre verabschiedet wurde. Auch innerhalb der Reichsleitung waren die Militärs unabhängig von ziviler Gewalt. Die kommandierenden Generäle und der Generalstab hatten unmittelbaren Zugang zum Kaiser und bildeten vor allem unter Wilhelm II. einen Staat im Staate. In dieser Hinsicht war der deutsche Verfassungsstaat von 1871 auch eine preußisch dominierte Militärmonarchie.[38]

War die erste deutsche Frage des 19. Jahrhunderts 1871 also einstweilen beantwortet, so stellte sich nun die zweite: die Frage nach der Verträglichkeit eines machtvollen deutschen National-staats in der Mitte des Kontinents mit der Ordnung Europas. Aber was hieß überhaupt »machtvoll«? Im späten 19. Jahrhundert galten als Kriterien von Macht vor allem die klassischen Faktoren von *hard power*: Territorium, Bevölkerung, Militär-macht und zunehmend auch wirtschaftliche und technologische Ressourcen.

Dabei war die Fläche der europäischen Staaten[39] weniger bedeutsam als die Zahl ihrer Einwohner, die nicht zuletzt eine Ressource für Soldaten und somit für Militärmacht darstellten. Nachdem Preußen vor den Einigungskriegen etwa 18,5 Millio-nen Einwohner gezählt hatte, lag deren Zahl im Deutschen Reich 1871 bei 41 Millionen und damit um 5 Millionen höher als in Frankreich und Österreich; im Vereinigten Königreich belief sie sich auf 31 und in Russland auf 77 Millionen. Zudem wuchs die deutsche Bevölkerung aufgrund hoher Geburtenraten bis 1910 um fast 60 Prozent auf 65 Millionen, während sie in Frank-reich nur um 10 Prozent auf knapp unter 40 Millionen zunahm, so dass die deutsche Bevölkerung vor dem Ersten Weltkrieg mehr als anderthalbmal so groß war wie die französische.[40]

Ein weiterer, im späteren 19. Jahrhundert wichtiger Indikator von Macht war die Schwerindustrie: als entscheidende Voraus-setzung moderner Waffenproduktion und Militärmacht, aber auch im Hinblick auf allgemeine wirtschaftliche und technologi-sche Stärke. In Deutschland war die Industrialisierung seit den mittleren 1830er Jahren mit dem Eisenbahnbau in Fahrt gekommen, der die ganze Schwerindustrie mit sich zog. In der »Gründerzeit« der 1850er und 1860er Jahre erlebte Deutschland einen Boom, der sich nach der Reichsgründung noch einmal verstärkte. Zwischen 1870 und 1873 wuchs die Roheisenproduktion um 61 Prozent, und massenhaft wurden neue Aktiengesellschaften gegründet. Das Spekulationsfieber und eine überhitzte Konjunktur endeten allerdings im »Gründerkrach« von 1873, dem zwei Jahrzehnte des gebremsten Wachstums folgten. Zugleich machte die technologische Entwicklung entscheidende Sprünge: Elektrotechnik und Chemie wurden zu neuen Leitindustrien, die ab den 1890er Jahren in einer neuerlichen Phase der Hochkonjunktur voll zum Tragen kamen. So wurde Deutschland zusammen mit den USA vor 1914 zum technologischen und wirtschaftlichen *power house* der Welt, und Krupp wurde zum Inbegriff von Schwerindustrie und Rüstungstechnologie.

Aus der Sicht des Jahres 1871 kam schließlich eine weitere militärpolitische Komponente hinzu. Mit den drei erfolgreichen Kriegen von 1864, 1866 und 1870/71 gegen zwei europäische Großmächte innerhalb von weniger als sieben Jahren war Preußen-Deutschland zur militärisch stärksten Macht auf dem Kontinent neben Russland geworden, während die französische Militärmacht zusammengebrochen war. 1871 stellte sich die Frage, was Preußen-Deutschland aus dieser »halbhegemonialen Stellung«[41] machen und welche Ziele es zukünftig verfolgen würde: eine großdeutsche Lösung? Einen weiteren Krieg?

Die Frage stellte sich umso eindringlicher, als sich das internationale System 1871 in einem Schwebezustand befand.[42] Das Gleichgewicht der Mächte, eine der beiden Leitideen von 1815, war aus der Balance geraten, nachdem die europäische Ordnung mit der Einigung Italiens und Deutschlands umgestaltet worden war. Und die andere Leitidee, das monarchische Prinzip, war endültig *perdu*, nachdem Bismarck mit der preußischen Annexion des Königreichs Hannover, des Kurfürstentums Hessen und des Herzogtums Nassau 1866 nicht einmal vor Königskronen und Fürstenthronen haltgemacht hatte.

Zugleich wurde das von den Deutschen annektierte Elsass-Lothringen nach dem Deutsch-Französischen Krieg zum Objekt des französischen Begehrens nach Revision. Dies wurde dadurch verstärkt, dass sich die französische Politik allgemein nicht damit abzufinden vermochte, dass Frankreich seine europäische Führungsrolle verloren hatte. Der Wunsch nach Revanche beschrieb einen weitgehenden französischen Konsens von links bis rechts und machte den deutsch-französischen Gegensatz zu einem Faktor der europäischen Politik. Dabei war in Paris klar, dass Frankreich allein gegen Deutschland nicht stark genug sein würde und daher auf Partner angewiesen war. Für die deutsche Politik bedeutete dies im Gegenzug, Frankreich zu isolieren. Im Ergebnis schränkte es die Handlungsoptionen auf beiden Seiten ein.

Ein weiteres Element der europäischen Ordnung nach 1871 lag in zunehmenden Konflikten zwischen dem österreichisch-ungarischen und dem russischen Kaiserreich, die sich an beiderseitigen Macht- und Expansionsinteressen in Südosteuropa entzündeten. Dass auf russischer Seite dahinter auch die Ambitionen panslawistischer Bewegungen standen, verweist auf das Konfliktpotential, das der gegen Ende des Jahrhunderts zunehmende Massennationalismus in die internationale Politik trug. Großbritannien schließlich orientierte sich immer mehr an den Interessen seines Empires – und wandte sich erst dreißig Jahre nach der Reichsgründung wieder nach Europa zurück.

Internationale Krisen regelte nach 1871 das »europäische Konzert« der Großmächtediplomatie. Dies geschah stets auf dem Weg situationsbezogener *ad-hoc*-Diplomatie; institutionalisierte Organisationen oder Konfliktregelungsmechanismen standen hingegen nicht zur Verfügung. Dabei musste das Deutsche Reich damit rechnen, dass Macht Gegenmacht erzeugt, wie sich in der Tat bald zeigte.

Nachdem schon 1873/74 erneute deutsch-französische Spannungen aufgetreten waren, weil Frankreich zunehmende diplomatische Aktivitäten in Richtung Russland entfaltete, sorgten verstärkte französische Rüstungsbemühungen 1875 endgültig für Unruhe im politischen Berlin. Vor diesem Hintergrund erschien am 8. April in der Berliner Tageszeitung *Die Post* ein Artikel des Publizisten Konstantin Rößler unter der Überschrift »Ist der Krieg in Sicht?«. Da dieses Organ in der Vergangenheit häufiger für offiziöse Zwecke gebraucht worden war, wurde der Artikel in den europäischen Hauptstädten umgehend Bismarck zugeschrieben – und warf die Frage neuerlicher kriegerischer Ambitionen des Deutschen Reiches auf. Das Ergebnis war eine britisch-russische Intervention in Berlin, die Bismarck sehr klar machte, dass hier eine rote Linie verlief: bis hierher und nicht weiter[43] – das wurde in Berlin verstanden, zumal ein Zweifrontenkrieg aus deutscher Sicht als nicht zu gewinnen galt.[44]

Der Status quo wurde mithin zum Maß der Dinge in der Mitte des Kontinents, um die Erschütterung der europäischen Ordnung einzuhegen, die von der deutschen Reichsgründung (und der italienischen Einigung) ausgegangen war. Zugleich trug diese Status-quo-Orientierung das Potential von Doppelstandards in sich, zumal als in den 1880er Jahren eine neue Dynamik in das Staatensystem einzog. Denn die europäischen Kolonialmächte nahmen für sich selbst einen Zuwachs an Macht in Anspruch, den sie aufseiten der anderen als Gefährdung der bestehenden Ordnung ansahen.[45] Damit eröffnete sich das Grundproblem einer Diskrepanz zwischen den Machtpotentialen Deutschlands und seiner in Europa akzeptierten Position.

3 Gleichgewicht oder Weltpolitik

Nach 1871 wurde Bismarck vom Zerstörer zum Bewahrer der Ordnung. Nach innen bekämpfte er die katholische Kirche und die Sozialisten als vermeintliche »Reichsfeinde«, und nach außen suchte er das Gleichgewicht der Mächte in der Form von 1871 zu erhalten. Bismarck lernte die Lektion der Krieg-in-Sicht-Krise. Er verkündete, um die »halbhegemoniale Stellung« Deutschlands einzuhegen, das Deutsche Reich sei zufrieden mit dem Status quo – entgegen allen expansiven Ambitionen nationaler oder machtpolitischer Art. In gewisser Weise ähnelte diese Politik der Machtsicherung durch Machtverzicht der bundesdeutschen Politik des Souveränitätsgewinns durch Souveränitätsverzicht. Sie geschah allerdings nicht wie nach 1949 durch supranationale Selbsteinbindung, sondern mit dem Anspruch, die Fäden selbst in der Hand zu halten.

In seinem berühmten Kissinger Diktat vom 15. Juni 1877 hielt Bismarck seine Leitlinien fest:

> »Koalitionen gegen uns können auf westmächtlicher Basis mit Zutritt Österreichs sich bilden, gefährlicher vielleicht noch auf russisch-österreichisch-französischer; eine große Intimität zwischen zweien der drei letztgenannten Mächte würde der dritten unter ihnen jederzeit das Mittel zu einem sehr empfindlichen Drucke auf uns bieten.«

Was ihm vorschwebte, war nicht das Bild »irgend eines Länder-erwerbes, sondern das einer politischen Gesamtsituation, in welcher alle Mächte außer Frankreich unser bedürfen, und von Koalitionen gegen uns durch ihre Beziehungen zueinander nach Möglichkeit abgehalten werden«.[46] Oder wie er es später formulierte: »Versuche, einer von dreien zu sein, solange die Welt durch das instabile Gleichgewicht von fünf Großmächten regiert wird.«[47] Mit einem Wort: Es ging darum, auf jeden Fall eine deutsche Isolation zu vermeiden.

Im Jahr des Kissinger Diktats hatten Aufstände gegen die osmanische Herrschaft auf dem Balkan zu einem militärischen Eingreifen Russlands geführt. Das Zarenreich brachte dem Osmanischen Reich eine schwere Niederlage bei und rief durch harte Friedensbedingungen die anderen europäischen Mächte auf den Plan, die eine russische Hegemonie in Südosteuropa fürchteten. Als ein Krieg der Großmächte bevorzustehen schien, lud die deutsche Regierung zu einem Kongress, der vom 13. Juni bis zum 13. Juli 1878 in Berlin tagte. Bismarck schrieb sich die Rolle des »ehrlichen Maklers« zu, der in Wahrheit ein ziemlich perfides Kompensationsgeschäft auf Kosten Dritter vermittelte, um die anderen Großmächte in eine spannungsvolle Balance zu bringen und sie dadurch »von Koalitionen gegen uns« abzuhalten. So wurde Österreich-Ungarn zum Beispiel das Recht zur Besetzung Bosniens und der Herzegowina zugesprochen, was die russische Regierung argwöhnisch machte, oder Zypern vom Osmanischen Reich an Großbritannien überlassen. Zugleich hatte Bismarck dem Deutschen Reich als Hüter des europäischen Gleichgewichts auf dem internationalen Parkett Respekt verschafft.

Grundlage dieser Vermittlungspolitik war, dass Deutschland keine eigenen territorial-expansiven Interessen verfolgte. Das galt auf dem Balkan, und das galt grundsätzlich auch in der Kolonialpolitik, als in den 1880er Jahren das große Rennen der europäischen Mächte um koloniale Macht und imperiale Expansion begann. Zwar nahm auch das Deutsche Reich in dieser Zeit »Schutzgebiete« in Ost-, West- und Südwestafrika unter seine Herrschaft, deren Territorien weit größer waren als das des Deutschen Reiches. Im europäischen Vergleich aber hielt sich Bismarck kolonialpolitisch doch deutlich zurück: »Meine Karte von Afrika liegt in Europa. Hier liegt Russland und hier (…) liegt Frankreich und wir sind in der Mitte; das ist meine Karte von Afrika.«[48]

Daher betrieb Bismarck eine zunehmend komplizierte Bündnispolitik, um die europäischen Mächtebeziehungen auzutarieren. Dem Zweibund mit Österreich-Ungarn 1879 folgten 1881 das Dreikaiserabkommen mit der Habsburgermonarchie und dem Zaren und 1882 der Dreibund zwischen Berlin, Wien und Rom. 1887 war das Deutsche Reich im Hintergrund stiller Teilhaber des Mittelmeerabkommens zwischen England und den deutschen Dreibundpartnern Italien und Österreich. Dieses besaß mit seiner Verpflichtung auf den Status quo eine Spitze gegen die russischen Interessen auf dem Balkan sowie an den Meerengen des Bosporus und der Dardanellen, die Bismarck wiederum durch den deutsch-russischen Rückversicherungsvertrag von 1887 auszugleichen versuchte. Dieses »System der Aushilfen«[49] wurde zunehmend prekär und entfernte sich von den Realitäten eines politischen Ernstfalls – Bismarcks Sohn sagte über den Wert des Rückversicherungsvertrags, er halte »uns im Ernstfall die Russen wohl doch 6–8 Wochen länger vom Halse als ohne dem«.[50] Aber es verhinderte eine russisch-französische Annäherung – das war für die Statik von Bismarcks Machtgefüge entscheidend und markierte zugleich eine wesentliche Schwachstelle. Hinzu kam, dass eine Politik der Machtsicherung durch Machtverzicht in einen zunehmenden Gegensatz zur allgemeinen Dynamik der Hochmoderne und des Hochimperialismus geriet.

Eine Woche nach Bismarcks erzwungenem Rücktritt am 18. März 1890 vermerkte der Unterstaatssekretär des Äußeren, Maximilian Graf von Berchem:

»Eine so komplizierte Politik, deren Gelingen ohnedies jederzeit fraglich gewesen ist, vermögen wir nicht weiter zu führen nach dem Ausscheiden eines Staatsmannes, der bei seiner Tätigkeit auf dreißigjährige Erfolge und einen geradezu magnetisierenden Einfluss im Auslande sich stützen konnte. Aber auch dem Fürsten Bismarck ist es nicht gelungen, aus dem Vertrage Vorteile zu ziehen.«[51]

Dass die deutsche Politik im Jahr 1890 weder den Rückversicherungsvertrag noch die Sozialistengesetze verlängerte, markierte den Willen zum Aufbruch in eine neue Zeit der Bewegung, nach innen und nach außen. »Die Zeiten, wo der Deutsche dem einen seiner Nachbarn die Erde überließ, dem anderen das Meer und sich selbst den Himmel reservierte, wo die reine Doktrin thront – diese Zeiten sind vorüber«,[52] so Fürst Bülow im Dezember 1897 im Reichstag.

Das Problem für die wilhelminische Politik war nur, eine globale wirtschaftliche und politische Präsenz Deutschlands mit den Anforderungen seiner prekären europäischen Mittellage zu verbinden,[53] zumal unter dem Druck einer schwer kalkulierbaren Massenpresse. Denn diese gewann im späten 19. Jahrhundert (mit einer ähnlichen Wucht des unkontrollierbaren Neuen wie die sozialen Medien zu Beginn des 21. Jahrhunderts) zunehmende Verbreitung und trug zur nationalistischen Aufladung der Öffentlichkeiten in ganz Europa bei. Der neue Kurs der »freien Hand« aber schwenkte seit 1897 von einer Politik der verzichtbereiten Konfliktvermeidung zu einer offensiven nationalen Interessenpolitik um, wie der in diesem Jahr zum Staatssekretär des Reichsmarineamtes ernannte Alfred von Tirpitz mit seiner Begründung für den Bau einer deutschen Hochseeflotte deutlich machte:

»Wollen wir aber gar unternehmen, in die Welt hinauszugehen und wirtschaftlich durch die See zu erstarken, so errichten wir ein gänzlich hohles Gebäude, wenn wir nicht gleichzeitig ein gewisses Maß von Seekriegsstärke uns verschaffen. Indem wir hinausgehen, stoßen wir überall auf vorhandene oder in der Zukunft liegende Interessen. Damit sind Interessenkonflikte gegeben. Wie will nun die geschickteste Politik, nachdem das Prestige von 1870 verraucht ist, etwas erreichen ohne eine reale, der Vielseitigkeit der Interessen entsprechende Macht?«[54]

Die wilhelminische Politik setzte verstärkt auf *hard power* und mit der Flotte auf den Inbegriff von Militärmacht im Zeitalter der Schwerindustrie. Die Folge war ein maritimes Wettrüsten mit der britischen Weltmacht zur See, das Deutschland allerdings 1906 verloren hatte. Denn in diesem Jahr lief mit der HMS Dreadnaught in Portsmouth ein neuer Typ von Schlachtschiffen vom Stapel, dem die deutsche Marine nichts entgegenzusetzen hatte. Die klassische Deutung der deutschen Geschichtswissenschaft besagt, dass die wilhelminische Weltpolitik durch den »Sündenfall« des Flottenbaus die britische Weltmacht herausgefordert, damit die Bildung der britisch-französisch-russischen Entente provoziert und sich schließlich selbst ausgekreist habe.[55]

Allerdings hatten Frankreich und Russland schon 1892 bzw. 1894 eine Übereinkunft getroffen, in der sie sich gegenseitig der Unterstützung versicherten, sollte es zu einem Angriff durch eine der Dreibundmächte unter deutscher Beteiligung kommen. Die britisch-französische *Entente cordiale* von 1904 ebenso wie die britisch-russische Konvention von 1907 regelte demgegenüber nur konkrete koloniale Streitfragen bzw. politische Gegensätze in Asien. Und doch zeichnete sich mit diesen Verträgen eine Blockbildung in Europa ab, die aus deutscher Warte als »Einkreisung« beklagt wurde.

Anfang des 20. Jahrhunderts nahmen die politischen Spannungen zwischen den europäischen Mächten erkennbar zu, und eine Folge von Krisen verfestigte die Bündnisse. 1905 brach über den französischen Ambitionen, sich als vorherrschende Macht in Marokko zu etablieren, die erste Marokkokrise aus. Die deutsche Regierung befand sich dabei zunächst in einer günstigen Ausgangsposition. Dann aber versuchte sie – mit einem ähnlichen Kalkül wie in der Julikrise 1914 –, Frankreich zu düpieren, um die *Entente cordiale* zu sprengen, und bestand auf einer großen internationalen Konferenz, die 1906 in Algeciras tagte. Dort aber fand sich die Reichsregierung, die ihr Blatt überreizt hatte, in diplomatischer Isolierung wieder. Im Ergebnis beförderte sie ihre »Auskreisung«, statt die selbstempfundene »Einkreisung« zu verhindern. Dasselbe Muster griff fünf Jahre später noch einmal mit der zweiten Marokkokrise.

Das Hauptproblem der europäischen Ordnung aber lag auf dem Balkan. Allenthalben wurde der Zusammenbruch der Herrschaft des Osmanischen Reiches in dieser Region erwartet, die sich schon seit Jahrzehnten auf dem Rückzug befand. Unabhängigkeitsbestrebungen der Nationalbewegungen und territoriale Ambitionen der Balkanstaaten trafen auf die kontroversen Interessen der Großmächte, vor allem Österreich-Ungarns und Russlands. 1914 eskalierte, was als südosteuropäischer Regionalkonflikt begann, zur europäischen Katastrophe.

4 Selbstbilder: Deutsche Tugenden und »Neider überall«

Die Reichsgründung veränderte die Wahrnehmungen Deutschlands in den Nachbarländern einschneidend. Außerhalb des Landes trat das Bild des gemütlichen, rückständigen Deutschen zurück, das Madame de Staël Anfang des 19. Jahrhunderts gezeichnet hatte. Übrig blieben ambivalente Deutschlandbilder, die sich um deutschen Militarismus und Expansionismus einerseits und um die Leistungen deutscher Wissenschaft und Kultur andererseits gruppierten.[56] Um die Jahrhundertwende setzte dann ein Prozess der zunehmenden Entdifferenzierung, Reduzierung und Pauschalisierung ein, der in eindeutig negative Wahrnehmungen mündete. Dem entsprachen auf deutscher Seite zunehmend einseitige und immer nationalistischere Selbstbilder. Beide Entwicklungen drehten sich wie zwei Spiralen ineinander, wobei der Höhepunkt mit dem Beginn des Ersten Weltkriegs erreicht wurde.

Friedensliebe und Gleichberechtigung

Um mit den deutschen Selbstbildern und den deutschen Kaisern zu beginnen: Durchgängig, von 1871 bis 1914, waren sie von ihrer eigenen Friedensliebe überzeugt.

»Die Achtung, welche Deutschland für seine Selbständigkeit in Anspruch nimmt, zollt es bereitwillig der Unabhängigkeit aller anderen Staaten und Völker, der schwachen wie der starken. Das neue Deutschland, wie es aus der Feuerprobe des gegenwärtigen Krieges hervorgegangen ist, wird ein zuverlässiger Bürge des europäischen Friedens sein, weil es stark und selbstbewusst genug ist, um sich die Ordnung seiner eigenen Angelegenheiten als sein ausschließliches, aber auch ausreichendes und zufriedenstellendes Erbtheil zu bewahren.«[57]

So sprach Wilhelm I. bei der Eröffnung des ersten Reichstags im vereinten Deutschland im März 1871. Kaum anders klang Wilhelm II. im Juni 1888:

»In der auswärtigen Politik bin Ich entschlossen, Frieden zu halten mit jedermann. (…) Deutschland bedarf weder neuen Kriegsruhms noch irgendwelcher Eroberungen, nachdem es sich die Berechtigung, als einige und unabhängige Nation zu bestehen, endgültig erkämpft hat.«[58]

Nicht zu überhören war die Genugtuung darüber, nicht mehr Spielball anderer Mächte zu sein. Der Deutsch-Französische Krieg und die Reichsgründung 1870/71 wurden in Deutschland als politisch-kultureller Vorzeichenwechsel verstanden, der die zweihundertjährige Vorherrschaft Frankreichs über den Kontinent gebrochen habe.[59] Doch die Selbstwahrnehmung reichte bald weiter: »Aus dem Deutschen Reiche ist ein Weltreich geworden«,[60] verkündete Wilhelm II. 1896. Das war freilich ein kühner Anspruch. Denn die Weltreichslehre, die zu dieser Zeit einen Höhepunkt erreichte,[61] ging von der Vorstellung aus, das bestehende Staatensystem werde ein Weltsystem mit drei bis vier dominierenden Weltreichen hervorbringen. Die USA, das Vereinigte Königreich und Russland waren sozusagen gesetzt. Blieb die große Frage: Würde Deutschland auch dabei sein? Diese Frage enthielt zugleich die bohrende deutsche Sorge, zu spät zu kommen und im »Kampf ums Dasein« zu unterliegen. Daraus resultierte einerseits Zukunftsangst und andererseits das Gefühl, ungerecht behandelt und benachteiligt zu werden. Bei der »Verteilung der nichteuropäischen Welt« unter die europäischen Mächte sei »Deutschland bislang immer zu kurz gekommen«, beklagte der ursprünglich nationalliberale, dann zunehmend nationalistische Historiker Heinrich von Treitschke zu Beginn der 1890er Jahre.[62]

Nahm man die »Verteilung der nichteuropäischen Welt« als Maßstab, so ließ sich von deutscher Seite aus tatsächlich argumentieren, dass die anderen Mächte zweierlei Maß anlegten. Sie nahmen für sich in Anspruch, weltweit zu expandieren, was sie Deutschland wiederum nicht zubilligten. Für den britischen Diplomaten Eyre Crowe war jedenfalls klar, dass Deutschland kein Weltreich war, und er mokierte sich über die täppischen deutschen Versuche, es zu werden.[63]

In der Selbstwahrnehmung der Reichsleitung nach dem Abgang Bismarcks strebte Deutschland aktiv nach Gleichberechtigung: »Wir wollen niemand in den Schatten stellen, aber wir verlangen auch unseren Platz an der Sonne.«[64] Das Jahr 1897 markierte den Auftakt zur wilhelminischen Weltpolitik, in der sich ein Streben nach Gleichberechtigung und das »Gefühl des Zukurzgekommenseins«,[65] Selbstbewusstsein und Unsicherheit mischten.

Deutsches Sonderbewusstsein: Konstitutionalismus und Militarismus

Vor diesem Hintergrund spitzten sich Selbst- und Fremdbilder ab der Jahrhundertwende immer stärker zu. Die Verfassungsform des »deutschen Konstitutionalismus«[66] hatte der Historiker Heinrich von Sybel schon kurz nach der Reichsgründung als Prinzip »geordneter Freiheit« und als Verwirklichung eines gemäßigt liberalen Staatsideals charakterisiert.[67] In der deutschen Geschichtsschreibung, Rechtswissenschaft und Öffentlichkeit – mit Ausnahme der Sozialdemokratie und von Teilen der demokratischen Linken – verbreitete sich vor 1914 zunehmend die Überzeugung, das spezifisch deutsche monarchisch-konstitutionelle Verfassungssystem sei allen anderen überlegen: der russischen Autokratie und dem habsburgischen Vielvölkerstaat ebenso wie den westlichen parlamentarischen Systemen.[68] Liberale und gemäßigt konservative Intellektuelle wie Max Weber, Gustav Schmoller, Otto Hintze, Ernst Troeltsch oder Adolf von Harnack waren von der Überlegenheit eines deutschen Sonderwegs überzeugt. Sie sahen eine effiziente, unbestechliche deutsche Verwaltung und eine soziale Monarchie als Gegensatz zu einer korruptionsanfälligen französischen Demokratie und einer aristokratischen Cliquenwirtschaft des britischen Parlamentarismus. Sie bevorzugten die Balance zwischen unitarischen und föderalistischen Elementen gegenüber dem Zentralismus in Frankreich und dem Vereinigten Königreich. Und sie waren vom Vorsprung des deutschen Wissenschafts- und Bildungssystems überzeugt.[69] Die scharfe Dichotomie zwischen deutscher »Kultur« und westlicher »Zivilisation«, die im Ersten Weltkrieg so prominente Bedeutung gewann, war hier bereits angelegt.

Die Wertschätzung einer straffen Staatsorganisation anstelle einer parlamentarischen Regierung ging nicht zuletzt von der Überzeugung aus, dass die gefährdete »Mittellage« ein starkes Heer und konsequente Machtpolitik erfordere.[70] Zugleich hatten die gewonnenen Einigungskriege und vor allem der Sieg über Frankreich das Sozialprestige des Militärs noch einmal erhöht. Militärische Berufe gewannen an Ansehen, militärische Verhaltensweisen und militärischer Ehrenkodex wurden zu Leitbildern auch der Zivilgesellschaft.[71] Dass sich ein Ideal der Mannhaftigkeit und der Ablehnung von Weichlichkeit etablierte,[72] war eine Konsequenz der preußisch-deutschen Militärkultur, die sich nach 1871 weiter verfestigte. Eine ihrer Besonderheiten lag, wie der amerikanische Historiker McGregor Knox herausgestellt hat, im Prinzip der Selbständigkeit auf taktisch-operativer Ebene. Denn es führte zu einer besonderen Hochschätzung von persönlicher Tapferkeit und zu einem regelrechten Kult des Willens. Dieser verband sich mit einem Geist der Offensive und der Risikobereitschaft anstelle von »Sentimentalität und weichlicher Gefühlsschwärmerei«, wie der Große Generalstab 1902 formulierte. Die Bereitschaft zum Alles oder Nichts hing mit einer in Deutschland weitverbreiteten Kultur der Unbedingtheit zusammen, aus der im Ersten Weltkrieg sowohl eine – trotz numerischer und materieller Unterlegenheit – besondere Kampfkraft des deutschen Heeres als auch, in Verbindung mit der Militärverfassung, eine faktische Militärdiktatur folgten.[73]

Ein solches Denken war nicht nur eine Sache der Reichsleitung, der aristokratischen und der bürgerlichen Eliten, sondern auch Teil einer breiteren bürgerlichen Kultur, wie sie sich in der allgemeinen Mode der Matrosenanzüge zur Zeit des Flottenbaus zeigte – es war die öffentliche Meinung im Sinne der Definition von Elisabeth Noelle-Neumann, also das, was man öffentlich artikulieren kann, ohne sich zu isolieren. Freilich gab es auch andere Stimmen. Für die satirische Wochenzeitschrift *Simplicissimus*, die bürgerlich-liberale und linksliberale Leser ansprach, war der politische und gesellschaftliche Einfluss des Militärs immer wieder Stoff für Spott und Kritik – nicht nur, als sich 1906 ein Schuhmacher in Köpenick allein durch eine Hauptmannsuniform und militärische Sprechweise den Gehorsam eines Trupps Soldaten wie auch der zivilen Stadtverwaltung verschaffte. Auch das Frankreichbild des *Simplicissimus* stand im Gegensatz zur allgemeinen, zunehmend verfestigten Vorstellung von der deutsch-französischen »Erbfeindschaft«; vielmehr stellte das Satireblatt den Nachbarn gerade wegen dessen Revolution, der Trennung von Staat und Kirche und seiner Bereitschaft zur Auflehnung positiv dar.[74]

Die Sozialdemokratie sah sich nach der Reichsgründung einer doppelten Loyalität verpflichtet, einerseits gegenüber dem internationalen Sozialismus, andererseits gegenüber der eigenen Nation.[75] Wiederholt betonten Parteivertreter wie August Bebel die Bereitschaft zur Reichsverteidigung. Anfang des 20. Jahrhunderts lehnte die SPD zwar Flottenrüstung und Militarismus ab, beteuerte aber immer wieder ihre nationale Loyalität.[76] 1907 kritisierte der Chemnitzer Abgeordnete und spätere Reichswehrminister Gustav Noske zwar »säbelrasselnde Reden«, sagte aber auch: »Wir sind selbstverständlich der Meinung, dass es unsere verdammte Pflicht und Schuldigkeit ist, dafür zu sorgen, dass das deutsche Volk nicht etwa von irgendeinem anderen Volk an die Wand gedrückt wird«[77] – wobei die Rede innerparteilich als zu starke Befürwortung des Militarismus kritisiert wurde.[78]

Dass Sozialdemokraten traditionell die Verteidigung gegen

das zaristische Russland unterstützten, schlug dabei eine Brücke zum Mainstream-Nationalismus. Denn Russland war das autokratische Feindbild, und zwar nicht nur in politischer, sondern auch in kultureller Hinsicht.[79] Schon Karl Marx und Friedrich Engels hatten die slawische Kultur als rückständig und asiatisch-despotisch abgewertet. Auch August Bebel dachte in Kategorien einer Hierarchie der Völker, wenn er »Chinesen als ausgesprochen unreinliche Menschen« bezeichnete; er appellierte freilich angesichts des brutalen Vorgehens der Kolonialmächte im Boxer-Krieg, »in dem Fremden auch den Menschen zu sehen«.[80]

Selbstaufwertung durch Fremdabwertung

Das war im Zeitalter des sozialdarwinistisch aufgeladenen Nationalismus, Imperialismus und Kolonialismus keine Selbstverständlichkeit. »Pardon wird nicht gegeben; Gefangene nicht gemacht«,[81] rief Wilhelm II. den nach China eingeschifften Truppen am 27. Juli 1900 zu. In seiner berühmt-berüchtigten »Hunnenrede« kamen verschiedene Elemente vor 1914 verbreiteter deutscher Selbstbilder zum Vorschein. Zum einen die Vorstellung einer christlichen Kultur, die nichtchristlichen Völkern zivilisatorisch überlegen sei. Ebenso die Vorstellung deutscher Tugenden:

> »[S]o sende ich Euch aus, dass Ihr bewähren sollt einmal Eure alte deutsche Tüchtigkeit, zum zweiten die Hingebung, die Tapferkeit und das freudige Ertragen jedweden Ungemachs und zum dritten Ruhm und Ehre unserer Waffen und unserer Fahnen. Ihr sollt Beispiele abgeben von der Mannszucht und Disciplin, aber auch der Ueberwindung und Selbstbeherrschung.«

In zeitgenössischen Appellen an »deutsche Tugenden« lassen sich fünf Komplexe identifizieren: erstens Pflicht, Treue und Gehorsam; zweitens Tapferkeit; drittens Ernst, Zurückhaltung und Innerlichkeit; viertens: Arbeit, Fleiß und Tüchtigkeit, Disziplin, Gründlichkeit und Exaktheit; und fünftens: Ehrfurcht und Religion, Ehre und Sittlichkeit.[82] Daraus resultierte die Vorstellung einer »Kulturaufgabe des Deutschen Reiches«, die sich mit dem Bewusstsein der moralisch-kulturellen Überlegenheit verband: »Am deutschen Wesen wird einmal noch die Welt genesen.«[83] Und dieses Bewusstsein wiederum ging einher mit einer Abwertung des Bildes von den anderen.

China[84] hatte sich von Marco Polo bis Gottfried Wilhelm Leibniz europäischer Hochschätzung für seine Kultur erfreuen können, war aber seit dem 19. Jahrhundert, nicht zuletzt von Kant, Herder und Hegel, zunehmend negativ gesehen worden. In den 1870er und 1880er Jahren galt China als ein exotisches Land, der Chinese – im zeittypischen Kollektivsingular – zugleich als »Ideal einer menschlichen Arbeitsmaschine«.[85] Karl May stellte sich Chinesen als klein und schwächlich, listig und verschlagen, gefühllos und grausam vor, da sie etwa ein Huhn bei lebendigem Leibe rupften und brieten.[86]

Wenn Michael Georg Conrad 1895 in seinem Roman »In pupurner Finsterniss« von »Millionen-Horden« von »Schlitzaugen und Schlenkerbeine[n]« sprach,[87] dann deutete er mit dieser Zahl zugleich auf die »gelbe Gefahr« hin, von der seit den 1890er Jahren die Rede war.[88] Hier verbanden sich Angst vor Fremden und ethnisch-kulturelles Überlegenheitsgefühl. Auf Völkerschauen – nicht nur in Deutschland, sondern auch in anderen Kolonialgesellschaften – wurden einheimische Bewohner aus den Kolonien gezeigt und wissenschaftlich untersucht.[89] Dahinter stand einerseits moderne wissenschaftlich-rationale Neugier auf die Welt. Aber umgekehrt wäre es natürlich völlig undenkbar gewesen, eine deutsche Familie vor der Bevölkerung in Kamerun auszustellen. Deutsche Kultur und seinerzeit moderne Rassentheorie verbanden sich in der Vorstellung einer Überlegenheit der indogermanischen Rasse.[90]

Dabei richteten sich rassische Überlegenheitsgefühle nicht nur nach außen. Auch im Inneren formierten sich zunehmend aggressive Ausgrenzungsbewegungen gegen ethnische Minderheiten wie die Polen, vor allem aber gegen Juden. In den 1870er Jahren entwickelte sich ein neuartiger Antisemitismus, der Juden nicht mehr in erster Linie als Religionsgruppe, sondern in ethnisch-rassischen Kategorien beschrieb – und als ökonomische und politische Bedrohung, als innere Feinde des neugegründeten Reiches diffamierte.[91]

Die Vorstellung des »Volks« als einer ethnisch, nicht politisch definierten Gemeinschaft wurde vor allem von der völkischen Bewegung, inbesondere dem 1891 gegründeten Alldeutschen Verband verbreitet.[92] Er hatte zwar nur etwa 20 000 Mitglieder, griff aber gleichwohl Positionen auf, die in Deutschland vor 1914 rechts von SPD und Linksliberalen zunehmend mehrheitsfähig wurden.[93] Dazu gehörte die Vorstellung, dass es rechtmäßig sei, kulturell untergeordnete Völker zu beherrschen, bis hin – im Falle von Unbotmäßigkeit – zu ihrer Vernichtung. Mit den Worten Wilhelms II.:

»Kommt Ihr vor den Feind, so wird er geschlagen, Pardon wird nicht gegeben; Gefangene nicht gemacht. Wer Euch in die Hände fällt, sei in Eurer Hand. Wie vor tausend Jahren die Hunnen unter ihrem König Etzel sich einen Namen gemacht (…), so möge der Name Deutschland in China in einer solchen Weise bekannt werden, dass niemals wieder ein Chinese es wagt, etwa einen Deutschen auch nur scheel anzusehen.«[94]

War ein solches Denken im deutschen Kaiserreich besonders stark ausgeprägt, stärker als in Gesellschaften anderer europäischer Kolonialmächte? Es gibt dazu wenig empirisch fundierte Forschung. Die klassische These vom deutschen »Sonderweg« in die Moderne, der vom westeuropäischen Entwicklungspfad abgewichen sei,[95] ging von einem besonderen deutschen Militarismus aus. Eine international vergleichende Kulturgeschichte und postkoloniale Perspektiven haben demgegenüber die europäischen Gemeinsamkeiten herausgestellt. Krieg und Militär bestimmten die Geschichtsbilder und Erinnerungskulturen überall, und allenthalben waren Mentalitäten und Ideologien von Nationalismus, Imperialismus und Sozialdarwinismus geprägt. Die internationale Politik wurde als Wettkampf um Prestige und Ehre, Einfluss, Raum und Ressourcen verstanden. Auf allen Seiten verbreitete sich ein diffuses Bedrohungsgefühl, und überall wuchs der Einfluss des Militärs.[96]

Ein Vergleich der Einstellungen von Studenten in Tübingen und in Cambridge zwischen 1900 und 1930 hat gezeigt, dass auf britischer Seite weniger militärische Verhaltensformen in das Zivilleben übernommen wurden. Dafür herrschte dort die Vorstellung von »Englishness« als der Fähigkeit, die Welt zu regieren;[97] überhaupt waren Briten vor 1914 der Meinung, die »britische Rasse« sei die führende der Welt.[98] Im ethnisch-kulturellen Überlegenheitsgefühl unterschieden sich deutsche und britische Kolonialpolitik nicht grundsätzlich. Der Unterschied lag darin, dass die britische Kolonialpolitik der Idee einer – in der Praxis freilich sehr unterschiedlich umgesetzten – »zivilisierenden Mission« folgte, zu der etwa die Abschaffung der Witwenverbrennung in Indien oder des Sklavenhandels in Afrika zählten. Die erst im späten 19. Jahrhundert einsetzende deutsche Kolonialpolitik konnte hingegen nicht auf solche kolonialen Traditionen zurückgreifen und war daher stärker von zeitgenössischen Rassentheorien geprägt, die sich zum Beispiel in einem generellen Verbot von Mischehen niederschlugen.[99]

Unterdessen bezog sich das deutsche Überlegenheitsgefühl vor 1914 zunehmend auch auf Europa, insbesondere auf Slawen im Allgemeinen und Polen im Besonderen. Hier verband sich, wie im Falle der »gelben Gefahr«, ethnisch-kultureller Hochmut mit der Angst vor einer schnell wachsenden Bevölkerung.[100] Wenn Heinrich von Treitschke die »grässliche Aussicht« eröffnete, dass der Welt »die russische Knute oder der englische Geldbeutel« drohe,[101] dann reflektierte dies zum einen das Feindbild des asiatischen Barbaren, das seit der Niederlage Napoleons vor Moskau 1812 kursierte.[102] Zum anderen transportierte die Vorstellung von den geldgierigen Briten das seit dem 18. Jahrhundert verbreitete Stereotyp des eigensüchtigen »Krämervolks«, das ein zunehmend entdifferenziertes deutsches Englandbild vor 1914 prägte.[103] Zugleich wurde ab etwa 1905 der deutsch-französische Gegensatz als naturgegeben aufgefasst, wobei deutsche Friedensliebe und protestantische Ethik französischer Aggressivität und sittlicher Fäulnis gegenübergestellt wurden.[104] Der deutsche General und Militärhistoriker Friedrich von Bernhardi war sich 1912 sicher, Frankreich werde »die Bahnen einer deutschfeindlichen Politik nicht verlassen«; daher müsse »mit Frankreich abgerechnet werden, wenn wir Armfreiheit für unsere Weltpolitik gewinnen wollen«.[105]

»Neider überall« sah Wilhelm II. am Vorabend des Ersten Weltkriegs am Werke. Dem Selbstverständnis der deutschen Reichsleitung zufolge war das friedliebende Deutschland zum Krieg gedrängt worden: »Man drückt uns das Schwert in die Hand.«[106] Über die Jahrzehnte hatte sich, von Bismarcks Willen zur aktiven Sicherung des Gleichgewichts über das Gefühl der Benachteiligung bis zum Drang nach Gleichberechtigung, ein zunehmendes Gefühl der Bedrohung ausgebildet. Es schlug sich vor 1914 im Begriff der »Einkreisung« nieder, der wiederum stärker moralisch aufgeladen war als der einer »Isolierung«, wie sie in der internationalen Politik immer wieder vorkommt. Solche Phobien waren freilich nicht nur in Deutschland am Werk.

5 »Rücksichtslose Missachtung« und »deutscher Drang nach Osten«: Außenwahrnehmungen

Das »Schreckgespenst« der deutschen Gefahr

Wenn Benjamin Disraeli die Reichsgründung als »deutsche Revolution« bezeichnet hatte, die alles auf den Kopf stellte, so blieb diese Meinung (die er vor allem ins Feld führte, um Premierminister Gladstone der Tatenlosigkeit zu zeihen), einstweilen in der Minderheit. Die Reichsgründung galt in London zunächst als für die eigenen Interessen eher ungefährliche Lösung. Denn nicht Deutschland, sondern Frankreich oder Russland wurden als Hauptrivalen angesehen.[107] Bismarck galt zwar als Verkörperung des preußischen Militarismus. Aber mit seiner Gleichgewichtspolitik nahmen die deutschfreundlichen Tendenzen im Vereinigten Königreich wieder zu.[108] Seit den 1880er und vor allem in den 1890er Jahren trübte sich das britische Deutschlandbild dann allerdings zunehmend ein.

Eine zugespitzt bismarckfeindliche Haltung vertrat Lady Emily Russell, die Gattin des britischen Botschafters in Berlin. Sie beklagte in einem Brief an Queen Victoria Ende 1880 die willkürliche und unumschränkte Herrschaft Bismarcks an Kaiser und Verfassung vorbei.[109] Und die deutsche Kronprinzessin Victoria, Gemahlin von Kaiser Friedrich III. und älteste Tochter der Queen, schrieb ihrer Mutter in den Jahren 1887/88, Bismarck habe Berlin zu einem unerträglichen Ort gemacht, wenn man ihm nicht wie ein Sklave ergeben sei. Er habe Deutschland groß gemacht, aber nicht beliebt, frei und glücklich. Und er rede den

Deutschen ständig ein, sie würden angegriffen, benachteiligt, beleidigt und betrogen, wenn er sie nicht beschütze.[110] Der liberale Lord Acton führte unterdessen ein obrigkeitsgläubiges und aggressives Denken der Deutschen auf eine negative Kontinuität seit Luther zurück.[111]

Immer gab es allerdings auch deutschfreundliche Traditionen und Stimmen in Großbritannien, Bewunderung zum Beispiel für das deutsche Sozialsystem und eine effiziente Militärführung. Und es gab auch Verständnis für das Streben nach imperialem Besitz und wirtschaftlichem Wachstum. Noch im Juni 1910 fragte der Liberale Philip James Stanhope, erster Baron Weardale, auf dem 6. National Peace Congress anlässlich des britischen Flottenbauprogramms, ob es nicht falsch sei, »Deutschland dieselben Rechte zu verweigern«.[112]

Um die Jahrhundertwende setzte sich allerdings in Militär, Außenministerium, politischer Führung und Presse eine germanophobe Sicht durch.[113] Dabei ähnelten die britischen Argumente und Motive – die Sorge um die ökonomische Führungsrolle des Vereinigten Königreichs und die weltpolitische Machtposition des British Empire sowie die Angst, als Weltmacht hinter die USA und Russland zurückzufallen – den deutschen Existenzängsten. So pauschal, wie sich in Deutschland abwertende Klischees über andere Nationen verbreiteten, wurde im Vereinigten Königreich ein negatives Preußenbild auf ganz Deutschland übertragen.[114] Und so wie sich in Deutschland die Phobie der Einkreisung verbreitete, richtete sich die alte britische Furcht vor einer Invasion nun auf Deutschland. Erskine Childers' Roman »The Riddle of the Sands« imaginierte 1902 einen deutschen Plan zur Invasion Englands mit Hilfe irischer Nationalisten.[115] Der Ton wurde schriller. Deutschland sei »unser schlimmster Feind und unsere größte Gefahr«, sagte der spätere Außenminister Edward Grey dem Herausgeber der *Monthly Review* im Januar 1903.[116] Deutschland löste Frankreich und Russland als Feindbild ab.

Langlebige Bekanntheit erlangte das Memorandum des britischen Diplomaten Eyre Crowe »über den gegenwärtigen Stand der britischen Beziehungen zu Frankreich und Deutschland« vom 1. Januar 1907.[117] Crowe wusste, von wem er sprach, er war in Leipzig geboren, hatte eine deutsche Mutter und war mit einer Deutschen verheiratet. Das hinderte ihn nicht an dezidiert kritischen Einschätzungen, ganz im Gegenteil. Mit einer Absolutheit wie nirgendwo sonst herrsche im Deutschen Reich die Bereitschaft, die eigenen Rechte zu bewahren und die eigenen Ideale zu realisieren. Deutschland sei überzeugt, es müsse expandieren, und verfolge dabei ein unklares Programm der »Ausbreitung des deutschen Volkstums«, wie er auf Deutsch zitierte. Dabei handelten die Deutschen unter »rücksichtsloser Missachtung« der Empfindlichkeiten anderer und aus dem »tiefeingewurzelten Gefühl« heraus, »dass Deutschland durch die Stärke und Reinheit seines nationalen Strebens, die Glut seiner Vaterlandsliebe, die Tiefe seines religiösen Empfindens, durch den hohen Tüchtigkeitsgrad und die offensichtliche Ehrlichkeit seiner Verwaltung (…) und den erhabenen Charakter seiner Philosophie, Kunst und Ethik sich das Recht erworben hat, für die deutschen nationalen Ideale einen Vorrang zu beanspruchen.« Kurzum: Das Deutsche Reich setze die militaristische Tradition Preußens fort, verfolge rücksichtslos expansive Absichten und überhöhe sich moralisch-kulturell. Das war eindeutig.

Crowes Memorandum blieb nicht unwidersprochen, vielmehr entspann sich im Anschluss daran im Foreign Office eine Debatte über Deutschland.[118] Aufs Ganze gesehen aber lässt sich feststellen: In einer Zeit amtlicher Propaganda und Manipulationsversuche, eskalierender »Pressekriege« und eines erstarkenden radikalen Nationalismus auf beiden Seiten etablierte sich in der britischen Medienöffentlichkeit und Politik ein zunehmend negatives Deutschlandbild. Es beruhte auf der Wahrnehmung wirtschaftlicher Konkurrenz durch den deutschen Wirtschaftsaufschwung (was die Deutschen wiederum als »Handelsneid« wahrnahmen) und auf der Wahrnehmung eines deutschen Bestrebens, die Vormachtstellung auf dem europäischen Kontinent auszubauen. Gleichzeitig sorgte sich die britische Politik nach dem desaströs verlaufenen Burenkrieg (1899–1902) und angesichts der Rivalitäten mit Russland in Asien um die Sicherung des britischen Empires.[119] Die deutsche Flottenrüstung wurde indessen erst zum prominenten Thema, als das »Schreckgespenst« der deutschen Gefahr, wie es der liberale britische Historiker Lord Esher 1907 nannte (»aber ein sehr nützliches«), bereits durch die europäische Politik geisterte.[120]

Zweimal Deutschland und die Sorge vor der Übermacht

Ähnlich lag der Fall in Frankreich. Dort allerdings markierte schon der Krieg von 1870/71 die entscheidende Zäsur für das Deutschlandbild, aus mehreren Gründen. Zunächst wegen der militärischen Niederlage an sich. In einer Neuauflage seines »Dictionnaire des idées reçues« sprach Gustave Flaubert von den Deutschen nach wie vor als einem »Volk von Träumern« – mit einem Zusatz: »mais quelle organisation militaire«.[121] Diese militärische Potenz war in Frankreich, trotz der traditionellen Wahrnehmung der Deutschen als tumb und gewalttätig, offenkundig unterschätzt worden. Ebenso wie in Preußen, aber unter umgekehrten Vorzeichen, wurde der Krieg auf französischer Seite als Ende der französischen Dominanz über den Kontinent verstanden.

Dieser Schock wurde noch verstärkt durch die Proklamation des deutschen Kaiserreichs im Schloss von Versailles – dem Ort französischer Macht und Pracht schlechthin – am 18. Januar 1871, die als eine »Art politische Vergewaltigung des nationalen Kulturgutes« erlebt wurde. Hinzu kamen die bereits genannte deutsche Annexion von Elsass-Lothringen und schließlich die hohen Reparationsleistungen, die Deutschland von Frankreich forderte – und mit denen die Preußische Bank (aus der 1876 die Reichsbank hervorging) für Frankreich zum Symbol der Demütigung sowie der deutschen Wirtschaftskraft wurde.[122]

Der französische Essayist und Literaturkritiker Paul de Saint-Victor schrieb 1871, die Deutschen seien nicht mehr »harmlose Gelehrte, verträumte Studenten, platonische Verlobte, unter den Linden ihrer kleinen Stadt sitzende, in Gedanken versunkene Patriarchen«, sondern aggressive »Barbaren und Räuber«.[123] Ähnlich wie im Vereinigten Königreich wurde auch in Frankreich das Bild des preußischen Militarismus nun auf Deutschland übertragen. Wenn der Jurist und Politiker Charles Giraud 1872 vom »guerre perpétuelle« und von »Le Junkertum« sprach,[124] dann stellte er die typische Verbindung her, die das Bild von Deutschland auf vielen Seiten prägte: Aggressivität nach außen und mangelnde Freiheit im Innern.

Revanche war die politische Konsequenz in Frankreich, und darüber bestand ähnlicher Konsens wie nach 1919 in Deutschland über die Revision des Vertrags von Versailles. Überhaupt wurden die Niederlage und die Friedensbedingungen 1870/71 und 1918/19 jeweils als ähnlich traumatisch und demütigend erlebt, und sie setzten langlebige gegenseitige Ressentiments frei. Dennoch wirkte auch in Frankreich die Tradition jener Ambivalenz fort, die im französischen Preußenbild seit Friedrich II. sowohl die Ablehnung von Militärstaat und Militarismus als auch die Bewunderung für Organisationsfähigkeit und Effizienz umfasst hatte.[125] Vor allem in gemäßigten Kreisen war das Bild der »zwei Deutschlands« verbreitet, wie es der Philosoph Elme-Marie Caro zeichnete:[126] Deutschland, das sei die Dichotomie von Kant und Bismarck, Universität und Schlachtfeld, Idealismus gegenüber Materialismus, Milde und Tugendhaftigkeit gegenüber Sittenlosigkeit und Härte, Süddeutschland gegenüber Preußen, Idealismus, Kultiviertheit und Verträumtheit gegenüber kaltherziger Berechnung und kriegerischer Disziplin.

In dieser Mischung verschoben sich aber die Gewichte. Der Lyriker und Philosoph Paul Valéry stellte 1897 heraus, dass die Deutschen ihre »disziplinierte Intelligenz« und Effizienz kriegsdienlich machten und Machtausbau mit Methode betrieben. Neben der kriegerischen Wendung ihrer Tugenden monierte Valéry, dass die Deutschen als anonyme Masse aufträten, nicht als Nation von Individuen (was wiederum als Gegenentwurf zum Selbstbild diente). Und schließlich kritisierte er, der neue deutsche Staat versuche in übereilter Form, die älteren Nationen nachzuahmen.[127] Überhaupt war der Vorwurf verbreitet, das Deutsche Reich sei ein Emporkömmling ohne moralische Reife. Damit korrespondierte auf deutscher Seite die biologistische Vorstellung der »jungen« oder später der »verspäteten« Nation, als gäbe es einen historischen Stichtag für das Werden einer Nation.

Auch französische Schulbücher vor 1914 transportierten das Wahrnehmungsmuster von deutscher Hochrüstung und Militarismus sowie mangelnder politischer Freiheit, sowohl für die Deutschen, die einer parlamentarischen Regierung ermangelten, als auch für die Minderheiten, für die das Land ein Völkergefängnis darstelle.[128] Gehorsam, Disziplin und Geheimnistuerei[129] wurden als Gegenbild zum französischen Selbstverständnis westlicher Zivilisation und demokratischer Freiheiten wahrgenommen. Diese galten allerdings nicht nur durch einen übermächtigen Nachbarn als bedroht, sondern auch durch eigene Schwäche, namentlich die Gefahr der leeren Wiege,[130] blieben doch die Geburtenraten in Frankreich zu Beginn des 20. Jahrhunderts weit hinter den deutschen zurück. So sorgte sich die französische Öffentlichkeit ebenso wie die britische um die Weltmachtstellung ihres Landes, während sich die deutsche in ihrer Angst vor der Einkreisung in der Defensive wähnte. Im Spiegelkabinett der Wahrnehmungen verstärkten sich diese Ängste gegenseitig.

Auch die italienische Politik war trotz der engen Verbindung zwischen italienischer Einigung und deutscher Reichsgründung um 1870 nicht gut auf Deutschland zu sprechen. Die französische Niederlage gegen Deutschland hatte Italiens Schutzmacht getroffen und wurde daher in Rom als Gefährdung für Italien angesehen. Zugleich galten die Deutschen als arrogant, machtbewusst und rücksichtslos, und einmal mehr stand der preußische Militarismus im Blickfeld. Schon der 1861 verstorbene Camillo Graf von Cavour, treibende Kraft der italienischen Einigung und erster italienischer Ministerpräsident, hatte vor einem Germanismus gewarnt, der mit seiner demographischen und wirtschaftlichen Stärke das europäische Gleichgewicht zerstören werde. So herrschte die allgemeine Sorge, ein übermächtiges, autoritär geführtes und innerlich diszipliniertes Deutschland werde sich die Hegemonie über die anderen Völker in der Mitte Europas anmaßen, es könne möglicherweise gar Ambitionen hegen, Österreich zu annektieren und auf Kosten Italiens die Grenzen des mittelalterlichen Reiches wiederherzustellen.[131]

Der »deutsche Drang nach Osten«

Ähnliche Befürchtungen kursierten in Polen, wo Ängste vor dem Untergang angesichts der eigenen Geschichte erzwungener Staatenlosigkeit besonders stark ausgeprägt waren.[132] Im Mittelpunkt stand ein stark negativ eingefärbtes Bild von Preußen, das die polnischen Aufstandsbewegungen als »aggressiven und eroberungssüchtigen Teil des Deutschtums« ansahen.[133] Aus polnischer Sicht war das Sündenregister lang: von der Annexion Schlesiens 1740, mit der Preußen die Rolle des »großen Nachbarn« von Schweden übernommen hatte, über die preußische Beteiligung an den polnischen Teilungen und an der Niederschlagung des polnischen Aufstandes von 1863 bis hin zur preußischen Germanisierungspolitik in den polnischen Teilungsgebieten im späteren 19. Jahrhundert, als die polnische Sprache in Schulen, Verwaltung und Gerichten in Posen, Westpreußen und Oberschlesien zurückgedrängt wurde und Polen ausgewiesen wurden.[134]

Das Preußenbild dominierte die polnischen Bilder von Deutschland. Diese variierten unterdessen in den verschiedenen Teilungsgebieten Polens, und sie veränderten sich je nachdem, wie sich die polnischen Unabhängigkeitsbestrebungen entwickelten und gegen welche Macht sie sich richteten. So sind nach der Reichsgründung auch in Polen unterschiedliche, ja geteilte Wahrnehmungen zu erkennen: ein starkes Preußen-Deutschland im Konflikt mit Russland, das Polen Entlastung bringen konnte, Preußen-Deutschland im Verbund mit Russland als Gefahr für Polen oder aber Preußen-Deutschland als Gegner aller Slawen.

Für ein positives Deutschlandbild stand der Schriftsteller Bolesław Prus: »Wer sind die Deutschen? Sie sind eine große Nation, einer der Führer der Zivilisation. Es ist ein arbeitsames, sparsames, ruhiges und äußerst tugendhaftes Volk«, bedeutend in Wissenschaft und Kunst durch die Gotik, Beethoven, Mozart, Wagner, Schiller und Goethe. »Dazu kommen noch ihre Staats- und Organisationstalente.« Und mehr noch: Der Weltgeist verwirkliche sich »der Reihe nach in den Völkern«, und er habe sich »jetzt in Deutschland verwirklicht«. Die deutsche Stärke, so Prus, sei ein Vorbild für Polen.[135]

Ganz anders erschienen die Deutschen 1900 im historischen Roman »Die Kreuzritter« von Henryk Sienkiewicz. Er erzählt eine fiktive Geschichte im Vorfeld der Schlacht von Grunwald 1410, in der die polnisch-litauische Armee das Heer des Deutschen Ordens besiegt hatte.[136] Die Deutschordensritter traten hier als hartherzige und hinterlistige, hochmütige und habgierige Besatzer und Unterdrücker Polens auf, und auch die klassischen Topoi der Kriegsgräuel blieben nicht aus:

> »Des Nachts nun fielen die Kreuzritter in die Stadt ein und steckten sie in Brand. Von der Schutzwehr aus sahen wir, wie sie Männer, Frauen und Kinder köpften, wie sie Säuglinge in die Flammen warfen.«

Roman Dmowski, einer der führenden polnischen Nationaldemokraten, bewunderte zwar die deutsche Energie, Disziplin und Zivilisation. Größer aber war seine Aversion gegen die von ihm wahrgenommene deutsche Überlegenheit und den deutschen Expansionismus.[137] Darüber wurde sein Deutschlandbild zunehmend eindimensionaler: »Die größte Gefahr, welche die nationale Existenz Polens bedroht, liegt in dem unmäßigen Anwachsen der deutschen Macht und in dem Vordringen der friedlichen deutschen Eroberung im Osten.«[138] Diese Vorstellung lebte vom Rückbezug auf ein Geschichtsbild, wie es Henryk Sienkiewicz mit den »Kreuzrittern« gezeichnet hatte:

> »Das Polen der Gegenwart kehrt zu jener geschichtlichen Rolle zurück, wie sie der Staat der Piasten spielte. Er entstand und wuchs im Kampf gegen die westliche, deutsche Überflutung, im Kampf gegen das (deutsche) Kaiserreich und schließlich gegen den Kreuzritterorden.«[139]

Damit rief Dmowski das wirkmächtige Narrativ vom »deutschen Drang nach Osten« auf,[140] das konkrete Erfahrungen mit historischen Imaginationen verband. Es projizierte die Erfahrungen mit Preußen im 18. und 19. Jahrhundert auf das Bild der deutschen Ostkolonisation des 12. bis 14. Jahrhunderts, die sich freilich eher als allgemeiner »Landesausbau« denn als kriegerische staatliche Expansion auffassen lässt. Nichtsdestoweniger stand damit der Topos eines ewigen deutsch-polnischen Antagonismus im Raum, der einen flächendeckenden, zu Beginn des 20. Jahrhunderts zunehmend vehementen polnischen Antigermanismus begründete.[141] 1908 verfasste die polnische Dichterin Maria Konopnicka die Hymne »Rota« (Eid): »Nicht mehr wird der Deutsche uns spein ins Gesicht, die Kinder uns nicht mehr germanisieren.«[142] Vertont wurde sie zwei Jahre später anlässlich der 500-Jahr-Feiern der Schlacht bei Grunwald. Zu diesem Anlass wurden Broschüren verteilt, in denen es hieß: »Wie einst stehen wir uns gegenüber – auf Leben und Tod.«[143] Und in Krakau wurde ein Denkmal errichtet, dessen martialische Ikonographie und dessen Text (»Den Urvätern zum Ruhm, den Brüdern zur Ermutigung«) offene Völkerfeindschaft proklamierten.[144] Das öffentliche Deutschlandbild in Kongresspolen war um 1910 nicht mehr ambivalent, sondern zumindest aufseiten der Nationaldemokraten und der Panslawisten eindeutig negativ. Die Vorstellung einer historischen Feindschaft zwischen Deutschen und Polen, die von deutscher Unterdrückung und polnischer Abwehr ausging,[145] gewann im Polen der Jahrhundertwende ähnliche Vehemenz wie auf deutscher Seite die Vorstellung der Erbfeindschaft mit Frankreich.

Von Herzen zum Panslawismus

In Russland verbreitete Alexander Iwanowitsch Herzen, Sohn einer deutschen Mutter und eines russischen Adeligen, in den 1860er Jahren ein Deutschlandbild, das an das der Madame de Staël erinnerte: Verlässlich und solide seien die Deutschen, aber recht provinziell und naiv, langweilig und schwerfällig, zänkisch, wenig national- und selbstbewusst.[146] Eingetrübt wurde das russische Deutschlandbild im Zuge der Reichsgründung, und zwar recht abrupt. Bis zur entscheidenden Schlacht gegen Frankreich bei Sedan Anfang September 1870 herrschten in der russischen

Presse Sympathien für die deutsche Sache vor. Die Stimmung schlug mit der Annexion Elsass-Lothringens um. Nun hieß es, die deutsche Seite habe sich als aggressiver Militärstaat demaskiert. Die Reichsgründung stellte vor diesem Hintergrund den Sieg von Bismarcks Preußen über das gelehrte Deutschland dar.[147] Ähnlich äußerten sich russische Literaten wie Iwan S. Turgenew oder Fedor M. Dostojewski. Letzterer hegte zwar einerseits Sympathien für die Reichsgründung, fand die Deutschen aber zugleich »ganz unwahrscheinlich ungebildet, dumm und blöd«. Im deutschen Vorgehen identifizierte er Züge eines »wilden Teutonismus« – was ihn nicht daran hinderte, sich in den 1870er Jahren für eine deutsch-russische Freundschaft auszusprechen.[148]

Zunehmend aber wurde ein »erweitertes Preußen« als Gefahr angesehen, wobei das Bild vom preußischen Militarismus durch die wirtschaftliche Stärke des modernen deutschen Industriestaates noch einmal deutlich verstärkt wurde.[149] Ingenieure und Industrielle beherrschten das Land, Zeppelin, Krupp und Bleichröder seien die Goethe, der Schiller und der Kant dieser Zeit, schrieb Alexander S. Roslawlew 1913 in der oppositionellen russischen Zeitung *Russkoe Slovo*. Zugleich blieben traditionelle Stereotype erhalten. Robert Schumann wurde als Inbegriff deutscher Charaktereigenschaften geschildert, nämlich als weich, sentimental und träge, während Paul Ehrlich als typischer deutscher Professor galt: fleißig, gutmütig, zerstreut und weltfremd. Doch diese Bilder wurden überlagert durch das Bild des Deutschen als allgegenwärtiger, stets marschbereiter Soldat mit preußischer Pickelhaube.[150]

Vom »deutschen Drang nach Osten« sprachen die Panslawisten auch in Russland. Und so kursierten Vorstellungen einer historischen Feindschaft zwischen germanisch-romanischer und slawischer Welt. Sie richteten sich sowohl gegen Europa im Allgemeinen als auch gegen Deutschland im Besonderen, das aufgrund seiner Führungsrolle als Hauptfeind des Slawentums und Russlands gesehen wurde. Diese Ideen wurden von der Politik des Zaren zwar zunächst nicht weiter berücksichtigt, fanden aber, als der Panslawismus nach 1905 stärker wurde und die europäischen Konflikte sich zuspitzten, bei Hofe dann doch zunehmend Gehör.[151] Aus Sicht der Panslawisten verbanden sich der Balkan, die Habsburgermonarchie und das Deutsche Reich miteinander. Die (auf dem Berliner Kongress von 1878 vorbereitete) formelle Annexion Bosniens und der Herzegowina durch Österreich-Ungarn 1908/09 wurde als Ausdruck der germanischen Eroberung slawischer Gebiete und als demütigende Niederlage Russlands gegenüber einer Habsburgermonarchie gesehen, die wiederum als Vasall Deutschlands galt bzw. mit Deutschland identifiziert wurde.[152] Vor diesem Hintergrund überrascht es nicht, dass der Funke einer lokalen Krise auf dem Balkan im Sommer 1914 die gesamte europäische Staatenwelt in Brand setzte.

Respekt und Unbehagen

Abschließend noch ein kurzer Blick auf einige kleinere Staaten. Rundum stand auch hier die Sorge vor preußischem Militarismus und deutscher Macht neben der Bewunderung für deutsche Leistungen in Wissenschaft, Kunst, Technologie und Wirtschaft im Raum, allerdings mit charakteristischen Unterschieden.

In den Niederlanden beförderte die calvinistische Prädestinationslehre das Gefühl der eigenen moralischen Überlegenheit. Deutschland galt dem gegenüber als »geiziges Krämervolk«, und seit dem 17. Jahrhundert ging die Rede vom *mof*, dem muffigen, schlecht erzogenen, arroganten, brutalen und eigensüchtigen Deutschen, der dem französischen *boche* ähnelte, der uns noch begegnen wird. Der Deutsche, so hieß es, sei entweder Sklave oder Tyrann. Auf Ablehnung stieß die deutsche Begeisterung für den starken Staat, während die Tradition aufgeklärter Toleranz, effiziente Verwaltungsstrukturen und wirtschaftliche Stärke Bewunderung, gar Neid hervorriefen. Auch hier griff der Mechanismus der Selbstaufwertung durch Abwertung des Anderen, und man kann argumentieren, dass sich das moderne niederländische Nationalbewusstsein in der Abgrenzung zu Deutschland herausbildete.[153]

In Belgien war die Tendenz freundlicher. Denn der seit 1830 unabhängige Staat lag eingekeilt zwischen Preußen, Frankreich und den Niederlanden, wobei Frankreich als der gefährlichere Nachbar galt. Daher wurde die Reichsgründung, anders als in Italien, als stabilisierendes Element angesehen. Überhaupt erschien Preußen als »Hort der inneren und außenpolitischen Ordnung«. Deutsche Wissenschaft und Kunst sowie die wirtschaftliche Stärke Deutschlands genossen hohen Respekt. Der wurde zwar durch den Kulturkampf gegen die katholische Kirche und die Reden Wilhelms II. etwas eingetrübt. Dennoch blieb ein positives Deutschlandbild bis 1914 vorherrschend – umso größer fiel daher der Schock aus, als deutsche Truppen am 4. August 1914 in Belgien einmarschierten.[154]

Auch in den heterogenen Staaten des Balkans lassen sich Respekt für deutsche Tüchtigkeit und Unbehagen zugleich ausmachen. Letzteres wurde durch die Sonderstellung deutscher Siedlergruppen sowie durch deutschstämmige Monarchen samt ihren Hofstaaten in Rumänien, Bulgarien und Albanien hervorgerufen. Hinzu kamen Bedrohungsängste, die durch die wirtschaftlichen Ambitionen deutscher Unternehmer und Kapitalanleger befeuert wurden. Dass deutsche Bankenkonsortien von den Balkanstaaten rigorose Sicherheitsgarantien verlangten, wurde als Eingriff in die nationale Souveränität und als deutsche Bevormundung verstanden[155] – auch dies ein Wahrnehmungsmuster, das im 21. Jahrhundert zurückkehrte.

6 Platz an der Sonne?

Wie »hegemonial« oder »halbhegemonial« war nun die Stellung des deutschen Kaiserreichs in Europa? Will man es nicht bei einem allzu allgemeinen, ja gefühlten Begriff von »Hegemonie« belassen, so bietet sich das Konzept des kanadischen Politikwissenschaftlers Robert W. Cox an, das Hegemonie als Zusammenwirken dreier Faktoren versteht: von materiellen Ressourcen, von geteilten Ideen und Normen sowie von Institutionen.[156]

Das Deutsche Reich unter Bismarck verfügte über militärische und in zunehmendem Maße auch über ökonomische Ressourcen von *hard power*. Hinsichtlich der Ideen und Normen orientierte sich Bismarck ab 1875 an Status quo und Gleichgewicht. Dies stimmte mit den Erwartungen der meisten anderen Teilnehmer des internationalen Systems an Deutschland überein. Bismarck zahlte jedoch den Preis, in einem zunehmend dynamischen Machtgefüge auf signifikante deutsche Machtzuwächse zu verzichten. Was schließlich die Institutionen betraf, so versuchte Bismarck, ein System von Großmächten ohne multilaterale Organisationen durch immer neu austarierte Bündnisse und Verträge in der Balance zu halten, die allerdings immer komplizierter und letztlich instabiler wurden. Alles in allem übte Bismarcks Deutschland eine defensive, bedingte und zunehmend prekäre Hegemonie aus. Dies gilt zumal angesichts einer politischen und ökonomischen Dynamik, in der eine neue Medienöffentlichkeit seit dem Ende des 19. Jahrhunderts ähnlich unberechenbare Einflüsse ausübte, wie es im frühen 21. Jahrhundert die sozialen Medien tun.

Verglichen mit der Bismarck-Zeit war die Ausgangslage für das wilhelminische Deutschland, das mit seiner boomenden Industrie und seiner technologischen Dynamik weitere hegemoniale Ressourcen gewann, deutlich komplexer. Die Regierungen nach Bismarck ersetzten sein Bündnissystem durch eine Politik der »freien Hand«. In der Folge näherten sich das Vereinigte Königreich, Frankreich und Russland einander an und standen Deutschland, der Habsburgermonarchie und (sehr eingeschränkt) Italien gegenüber. Diese Konstellation verfestigte sich im Jahrzehnt vor 1914 mit der zunehmenden Häufung internationaler Krisen. Die Großmächtediplomatie vermochte sie zwar zunächst immer wieder zu entschärfen. Im entscheidenden Moment des Juli 1914 fehlte es ihr aber an verlässlichen Mechanismen, und den Teilnehmern des Mächtesystems fehlte ein verbindendes Ziel, ein gemeinsames Set an Ideen und Normen. Stattdessen ist ein Auseinanderstreben der Wahrnehmungen auf allen Seiten zu beobachten. Daher kann für das wilhelminische Deutschland von Hegemonie allein im Hinblick auf seine enormen Ressourcen, nicht aber in einem systemischen Sinne die Rede sein.

Deutsche Selbstbilder und Außenwahrnehmungen von Deutschland bewegten sich vor 1914 in Form negativer Spiralen. Auf deutscher Seite herrschte die Selbstwahrnehmung, friedfertig zu sein und nach Gleichberechtigung zu streben. Zugleich fühlten sich die Deutschen vonseiten der anderen Mächte benachteiligt. Dabei griff der sozialpsychologische Mechanismus, die Fremdgruppe als besonders homogen einzuschätzen, was auch das zur Phobie gesteigerte deutsche Bedrohungsgefühl der »Einkreisung« erklärt.[157]

Was die Deutschen als Wunsch nach Gleichberechtigung ansahen und als Defensive empfanden, erschien von außen hingegen als deutsches Vormachtstreben. Für die Außenwahrnehmungen Deutschlands stellte bereits die Reichsgründung eine Zäsur dar. Dabei setzten sich die Perzeption des preußischen Militarismus und Autoritarismus und die Bewunderung für deutsche Leistungen in Kunst und Wissenschaft zu ambivalenten Deutschlandbildern zusammen. Die zunehmende Wirtschaftskraft ließ Deutschland überdies als Bedrohung erscheinen, erst recht in Verbindung mit seinen 1870 unter Beweis gestellten militärischen Potentialen. Dabei waren Doppelstandards in der Beurteilung nicht zu übersehen. Denn die Kolonialmächte nahmen für sich selbst jene Formen von Machtzuwachs in Anspruch, die sie im Hinblick auf Deutschland für illegitim hielten.

Auf allen Seiten wurde Macht, zumal unter den Bedingungen des Imperialismus und des Kolonialismus, als Nullsummenspiel verstanden: Wenn der eine gewinnt, verliert der andere, zumindest relativ. Damit handelte es sich um eine jener Knappheitssituationen, von denen die sozialpsychologische Theorie des realistischen Gruppenkonflikts[158] besagt, dass sie zur Ausbildung von Stereotypen führen. Diese steigern die Verbundenheit mit der eigenen Gruppe durch moralisch-kulturelle Selbstaufwertungen. Dazu gehören die erwähnte britische Vorstellung von »Englishness« als der Fähigkeit, die Welt zu regieren, oder die französische Selbstwahrnehmung der eigenen Nation als Hort der Freiheit und des Individualismus, und zwar im Gegensatz zu Deutschland. In Frankreich waren die Umstände und die Folgen des Krieges von 1870/71, insbesondere die Behandlung durch die Deutschen, als demütigend empfunden worden. Hier verband sich der Wille zur Revanche mit der Wahrnehmung eines übermächtig starken, gewaltbereiten Nachbarn und zugleich der eigenen Schwäche. In Polen und Russland wiederum wurde – vor allem vonseiten der Panslawisten, die mit zunehmendem Massennationalismus an politischer Bedeutung gewannen – der historische und permanente »deutsche Drang nach Osten« perzipiert. Er verband sich mit einem Selbstbild als Opfer, aber auch mit Vorstellungen von der eigenen kulturellen Überlegenheit.

Das Ergebnis waren zunehmend entdifferenzierte negative Bilder von deutschem Expansionismus und Autoritarismus. Sie gingen zurück auf die Einigungskriege und traditionelle Preußenbilder, sie waren eine Reaktion auf die ökonomisch-technologische Dynamik in Deutschland, und sie waren das Ergebnis einer sprunghaften und großsprecherischen wilhelminischen Weltpolitik, die in ihrer Fixierung auf sich selbst tatsächlich keine Rücksichten auf die Sicht und auf die Bedürfnisse der anderen nahm. Diese Außenwahrnehmungen von Deutschland korrespondierten mit deutschen Selbstbildern, denen zufolge die Deutschen sich durch spezielle Tugenden auszeichneten und anderen Völkern kulturell überlegen seien. Selbstaufwertung verband sich mit der gleichzeitigen Abwertung anderer Nationen durch negative Stereotype – »Schlitzaugen und Schlenkerbeine«, die »russische Knute« oder »der englische Geldbeutel« –, die zu moralisch-kulturellen Seinsmerkmalen aufgeladen wurden.

Die Fremd- und Selbstbilder innerhalb Europas polarisierten sich zunehmend. Jeder fühlte sich von den anderen bedroht, und diese Empfindungen verstärkten sich im Spiegelkabinett europäischer Wahrnehmungen, das zu einem Panoptikum gegenseitiger Ängste wurde. Die Muster der Wahrnehmung verselbständigten sich und wurden zu eigenständigen Faktoren von Politik, die keineswegs nur nach dem Prinzip einer rationalen Wahl zwischen objektiven Optionen handelte oder klar definierbaren, vorgegebenen Interessen folgte. Geopolitische Strukturen, politisches Handeln und Wahrnehmungen wirkten aufeinander ein: Strukturen prägten Wahrnehmungen, und einmal etablierte Wahrnehmungsmuster determinierten neue Wahrnehmungen, die den Rahmen des Handelns bestimmten. Zugleich beeinflussten Handeln und Ereignisse ihrerseits die Ausbildung sowohl von Strukturen als auch von Wahrnehmungsmustern. Dabei ist nicht zu erkennen, dass eine Ebene der anderen vorgeordnet gewesen wäre. Vielmehr handelte es sich um komplexe Wechselwirkungen, bei denen alle drei Ebenen von Bedeutung waren. Und für das wilhelminische Deutschland lässt sich feststellen, dass es in diesem Prozess seine Machtposition verschlechterte.

Aber hätte es für das wilhelminische Deutschland überhaupt die Chance gegeben, sich einen »Platz an der Sonne« zu sichern, ohne die anderen in den Schatten zu stellen und ohne sich zu isolieren? Anders gefragt: Wäre es möglich gewesen, deutsche Stärke und europäische Ordnung vor 1914 miteinander zu vereinbaren, und was hätten das Deutsche Reich und die anderen europäischen Mächte dafür tun müssen?

Eine Voraussetzung auf allen Seiten wäre jedenfalls gewesen, die Sichtweise der jeweils anderen in die eigene Perspektive mit einzubeziehen, statt nur aus der eigenen Warte heraus zu handeln. Auf der Seite der anderen Mächte hätte dies bedeutet, Doppelstandards gegenüber Deutschland zu vermeiden. Auf deutscher Seite hätte dies zu der Einsicht geführt, dass Deutschland von außen stärker und bedrohlicher wirkte, als die Deutschen selbst sich wahrnahmen.

Zwei Dinge wären darüber hinaus von deutscher Seite notwendig gewesen. Zum einen: Gelassenheit und Vertrauen in die eigenen Kraftquellen und die langfristige Stärke des Landes. Stattdessen wurde jedes tagespolitische Thema zu einer Frage der nationalen Ehre und der nationalen Existenz stilisiert und bald ein Krieg für so unvermeidlich (und je später, desto aussichtsloser) gehalten, dass man ihn schließlich (»je eher, desto besser«) geradezu herbeiwünschte.[159] »In 25 Jahren«, so sagte der amerikanische Botschafter Gerard drei Wochen nach Kriegsbeginn, hätte den Deutschen »bei der Aufwärtsentwicklung, wie sie hier im Gange war, niemand mehr etwas anhaben können.«[160]

Und zum anderen: ein aktiver deutscher Beitrag zur europäischen Ordnung. Bismarck tat dies in seiner Rolle als mehr oder (eher) weniger »ehrlicher Makler«, die in den 1880er Jahren freilich zunehmend ausgespielt war. Statt aber eine andere Form des deutschen Investments in die europäische Ordnung zu finden, sahen sich die Wilhelminer in erster Linie als benachteiligte Opfer. Und aus dieser Disposition heraus war das Deutsche Reich nicht willens und fähig, deutsche Stärke und europäische Ordnung aktiv zu vereinbaren.

»Die Schuld trägt Bismarck«

Thibaut de Champris, geboren 1962 in Paris, lernte ich kennen, als er das Institut Français in Mainz leitete. Mit französischer Grandeur öffnete der Deutschlandforscher, Journalist und Kulturdiplomat den Salon des Hauses für die Stadt, während er selbst immer wieder nach der historischen Identität Deutschlands fragte: »Qu'est-ce que l'Allemagne?« lautete der Titel seines damals gerade fertiggestellten Buchmanuskripts.

Monsieur de Champris, es gibt eine lange Tradition des französischen Bildes der »zwei Deutschländer«: Kant und Bismarck, Universität und Schlachtfeld, Tugendhaftigkeit und Härte. Wie nehmen Sie Deutschland wahr?

Die Dualität des Deutschlandbildes ist vor allem aus dem »preußischen Jahrhundert« zwischen 1866 und 1945 entstanden. Ich hingegen sehe das Kontinuum vom alten, deutschrömischen Reich zur Bundesrepublik – die großen Traditionslinien der deutschen Geschichte, die unter der preußischen Dominanz ab 1866 und 1871 gebrochen worden sind. Das wahre deutsche Nachkriegswunder ist die rasche Rückbindung an diese Traditionslinien und damit die (1990 bestätigte) Überwindung der durch das Bismarckreich bewirkten Selbstentfremdung.

Worin sehen Sie diese Traditionslinien?

Kurz gesagt: in integrierter Vielfalt und Subsidiarität. Um
nur einige zu nennen: die Eigenstaatlichkeit der Reichs-
stände bzw. der Länder bei nicht vollständiger Souveränität, also der Föderalismus und die Vielfalt der politischen,
wirtschaftlichen, aber auch der geistig-kulturellen Macht-
zentren; die Partizipationsformen in den Landschaften,
Landtagen und Landständen, die zum Teil sogar dem
englischen Parlament nicht nachstanden; der defensive,
nichtmilitärische Charakter des Alten Reiches und der
Bundesrepublik. Oder die antimonopolistische Kultur, die
schon auf den Reichstagen Anfang des 16. Jahrhunderts
zum Ausdruck kam und die 1957 mit dem Kartellgesetz zu
einem Grundpfeiler der deutschen Wirtschaftsordnung
wurde. Oder die staatsferne Sorge um Kulturpflege,
Nachhaltigkeit und sozialen Ausgleich, die in einem
florierenden Stiftungswesen Ausdruck findet. All das hat
in Deutschland ganz alte, identitätsprägende Wurzeln.

Eine andere Tradition ist die Sorge der Franzosen vor der
deutschen Stärke. Die französische Antwort nach 1945
war die europäische Einbindung Deutschlands. Mit der
Währungsunion bekam Mitterrand, was er wollte – aber
letztlich hat es nicht funktioniert: Deutschland ist mit dem
Euro wirtschaftlich stärker als zuvor. Ist Mitterrand ein
tragischer Held?

Die Abschaffung der D-Mark und des Franc hat den
antideutschen Ressentiments in Frankreich kein Ende
gesetzt, weil wir Deutschland in geschichtlicher Perspektive immer noch falsch einschätzen. Die Schuld daran
trägt in ganz besonderer Weise Bismarck, der Deutschland preußisch gemacht hat, nachdem der dem Alten

Reich zugeneigte Freiherr vom Stein versucht hatte,
Preußen deutsch zu machen.

Im Zuge der deutschen Wiedervereinigung wurde in der
französischen Öffentlichkeit vielfach die Angst vor einer
deutschen Dominanz in Europa artikuliert – die alte französische Angst seit 1870, die sich in der Euro-Krise wieder
bewahrheitet zu haben scheint. Wie kann, wie soll Frankreich
mit der deutschen Stärke umgehen?

Indem es einen Perspektivenwechsel vollbringt! Deutschland ist nicht 1871 entstanden, Frau Merkel ist nicht
Wilhelm II. Die jüngere Geschichtsforschung, die dabei
ist, die Geschichte des Alten Reiches aus der preußischen
Verzerrung und Diffamierung zu befreien, wird von
großer Bedeutung sein. Auch weil Frankreich daran
erinnert wird, dass seine Herrscher jahrhundertelang an
der Schwächung Deutschlands und am Aufbau der
preußischen, vor allem der militärischen Macht mit-
gewirkt haben.

Ist die deutsche Politik in der Flüchtlingskrise aus französischer Sicht humanitäres Vorbild oder Mangel an Solidarität im Umgang mit den europäischen Nachbarn?

In der Not der Stunde hatte Deutschland die Wahl
zwischen abweisen (wohin?) oder retten. Dass die Deutschen in großer Zahl die Flüchtlinge aufgenommen haben,
ehrt sie und wird ihnen ein Segen sein. Allerdings ist es
nun wichtig, die Voraussetzungen zu stärken, die – frei
nach Böckenförde – das Grundgesetz tragen. Und das
heißt: die eigene, christlich geprägte Kultur neu beleben,
denn sie ist es, die den Kompass sowohl für Zusammenleben als auch für Identität liefert.

Was erwarten Sie sich von Deutschland im künftigen
Europa?

Dass es kraft seiner eigenen Erfahrung für ein subsidiari-
sches Europa kämpft, in dem jede Ebene – Gemeinde,
Land, Nation – gestärkt und erst das, was alle Ebenen
zusammen nicht bewerkstelligen können, an die europäische Ebene delegiert wird. Es kann sein, dass am Ende die
europäische Ebene in manchen Bereichen beschnitten
wird, um sie anderweitig zu stärken. Damit könnte man
Missverständnisse ausräumen, Fehlentwicklungen
korrigieren und die vielen verunsicherten Bürger in der
gesamten EU mit der europäischen Idee neu versöhnen.

II Hunnen und Henker (1914–1945)

1 Kulturnation oder »Doktor der Mordkunst«?
Die Radikalisierung der Bilder im Ersten Weltkrieg

Die Wunden des Ersten Weltkriegs sind auch einhundert Jahre nach seinem Beginn noch nicht verheilt. Christopher Clarks Buch über »Die Schlafwandler. Wie Europa in den Ersten Weltkrieg zog« rief wütende Proteste in Serbien hervor, weil die Politik des Landes zu aggressiv dargestellt sei. Und in Deutschland hieß es, die Leser des Buches suchten Entlastung von deutscher Schuld.[1]

Die moderne Geschichtsschreibung der internationalen Politik hat herausgearbeitet, dass im Juli 1914 unterschiedliche Krisenkalküle und Offensivstrategien mehrerer europäischer Beteiligter aufeinandertrafen und sich zu einem Geflecht von Aktionen und Reaktionen verwoben. Die Ermordung des österreichisch-ungarischen Thronfolgers Franz Ferdinand durch den bosnisch-serbischen Attentäter Gavrilo Princip am 28. Juni 1914 im bosnischen Sarajevo löste zunächst eine Krise zwischen der Habsburgermonarchie und der serbischen Regierung aus, da man in Wien Verbindungen des Attentäters zur serbischen Regierung vermutete. Dahinter stand der Konflikt zwischen Österreich-Ungarn und dem Zarenreich über die beiderseitigen Expansionsinteressen auf dem Balkan. Indem die russische Regierung der österreichisch-ungarischen das Recht absprach, Gegenmaßnahmen gegen Serbien zu ergreifen und stattdessen Belgrad Unterstützung zusicherte, stellte sie den ersten Blankoscheck in dieser Krise aus.[2]

In Berlin herrschte unterdessen Panik, es sei fünf vor zwölf, wenn nicht später. Mitte Juni war durch einen baltendeutschen Spion an der russischen Botschaft in London bekannt geworden, dass Russland und das Vereinigte Königreich über eine Marinekonvention verhandelten.[3] Das deutsche Schreckensszenario der »Einkreisung« nahm die Gestalt einer fixen Idee an. Aus Sorge um Österreich als den letzten verbleibenden Verbündeten stellte die Reichsleitung der Habsburgermonarchie am 5. und 6. Juli 1914 den zweiten Blankoscheck aus. Österreich-Ungarn ließ sich allerdings so lange Zeit mit einer Reaktion gegen Serbien, bis der Zeitpunkt für eine international weithin akzeptierte Satisfaktion verstrichen war. Als Wien dann am 23. Juli ein Ultimatum an Serbien stellte, eskalierte die Julikrise, fast vier Wochen nach ihrem Beginn, innerhalb von gut einer Woche zum Weltkrieg. Die Mechanismen, mit denen die internationalen Krisen im Jahrzehnt zuvor immer wieder hatten beigelegt werden können, funktionierten nicht mehr. Stattdessen griff nun die Logik der Allianzen, die sich in den Jahren vor 1914 herausgebildet hatten. Und so belauerten sich die Regierungen wie die Rivalen in einem Pistolenduell: Wer bewegt sich zuerst? Und mehr noch: Was denke ich, wann der andere sich bewegt?

Auf allen Seiten herrschte eine sozialdarwinistische Vorstellung von der internationalen Politik als Kampf ums Überleben, und allenthalben hatte sich der fatalistische Glaube festgefressen, ein Krieg werde kommen. Vor allem hohe Militärs taten sich als Verfechter strategischer Offensiven hervor: »Der französische Generalstab will den Krieg«, schrieb der belgische Gesandte in Paris am 30. Juli 1914, »weil er den Augenblick für günstig hält und weil man endlich einmal Schluss machen müsse.« In ganz Europa herrschte eine Stimmung der Nervosität, der Hysterie, wie man zeitgenössisch sagte, und des Gefühls, bedroht zu sein. Ängste verbanden sich mit dem manischen Willen, bloß nicht schwach zu wirken, sondern Courage zu zeigen.[4]

Solche mentalen Dispositionen sortierten die aktuellen Wahrnehmungen der Verantwortlichen in der Krise und beeinflussten somit ihre Handlungen. Schon vor 1914 war das Vereinigte Königreich auf eine Politik eingeschwenkt, die der globalen Sicherung des Empires den Vorrang gab. Die Konsequenz daraus, sich nämlich enger an Frankreich und Russland zu binden, war das britische Pendant zur deutschen Nibelungentreue gegenüber Österreich-Ungarn.

Die Führung des Deutschen Reiches setzte unterdessen auf eine Politik des vermeintlich kalkulierten, in Wahrheit unkalkulierbaren Risikos. Durch eine Eskalation der Krise wollte sie den »eisernen Ring« um Deutschland sprengen, indem die französisch-britisch-russische Verbindung, so die Hoffnung, nicht geschlossen bis zum Äußersten gehen würde.[5] Dieses Kalkül schloss das Risiko eines Krieges mit ein, zu dem die Militärführung ohnehin bereit war. Im Frühjahr 1914 stellte der Chef des Generalstabs, Helmuth von Moltke, eine düstere Prophezeiung auf:

> »[In] 2–3 Jahren würde Russland seine Rüstungen beendet haben. Die militärische Übermacht unserer Feinde wäre dann so groß, dass er nicht wüsste, wie wir ihrer Herr werden könnten. Jetzt wären wir ihnen noch einigermaßen gewachsen. Es bliebe seiner Ansicht nach nichts übrig, als einen Präventivkrieg zu führen, um den Gegner zu schlagen, solange wir den Kampf noch einigermaßen bestehen könnten.«[6]

Immer wieder waren solche Gedanken seit den späteren 1880er Jahren aus den Reihen der deutschen Militärs geäußert worden. Die deutsche Militärführung wusste freilich, dass Deutschland keinen erfolgreichen Zweifrontenkrieg gegen Frankreich und Russland führen konnte. Die Lösung, die der deutsche Generalstab 1905 mit dem sogenannten »Schlieffen-Plan« fand, bestand darin, zwei aufeinanderfolgende Einzelfeldzüge zu führen. Zunächst sollte Frankreich durch einen massierten Angriff besiegt werden, wobei die Deutschen die stark befestigte französisch-deutsche Grenze durch einen Vormarsch über Belgien umgingen, und dann sollte es gegen Russland gehen. Das war ein »alternativloses Vabanquespiel zwischen Sieg und Niederlage«[7] und erforderte schnelles Handeln, denn Zeitverlust war tödlich. Zugleich machte der Schlieffen-Plan das deutsche Verhalten in einer zugespitzten Krise unflexibel und vorhersehbar – wenn man ihn kannte.

Und das taten die Verantwortlichen in Paris. Staatspräsident Raymond Poincaré war sich überdies bewusst, dass Frankreich im Kriegsfall Verbündete brauchte, da es allein gegen Deutschland militärisch nicht bestehen konnte. Daher kassierte er französische Pläne, selbst in Belgien einzumarschieren, um einen deutschen Angriff zu parieren, weil ein solcher Bruch der belgischen Neutralität Großbritannien daran gehindert hätte, auf französischer Seite in einen Krieg einzutreten. Im Willen zur »Revanche pour Sedan« betrieb Poincaré zwischen 1912 und 1914 eine »gezielte Kriegsvorbereitungspolitik« (Rainer F. Schmidt), um das Deutsche Reich in die Rolle des Aggressors zu manövrieren und schließlich zur Auslösung des Krieges zu veranlassen.[8]

Daher unterstützte die französische Regierung die russischen Expansionsinteressen auf dem Balkan nicht nur politisch, sondern leistete Russland auch finanzielle Unterstützung für den Bau von Bahnlinien, um einen russischen Aufmarsch gegen Deutschland zu beschleunigen. Als Poincaré vom 20. bis zum 23. Juli 1914 Sankt Petersburg besuchte, ermutigte er die Spitzen der russischen Regierung, offensiv gegen Österreich-Ungarn aufzutreten[9] – und stellte damit den dritten Blankoscheck der Julikrise aus. Entscheidend ist dabei nicht die Reihenfolge dieser Schecks, sondern ihre Wechselwirkung, die nicht zuletzt auf der jeweiligen Wahrnehmung der anderen beruhte. So steigerte die gezielte französisch-russische Provokation »die Erdrückungsphobien in der deutschen Führungsspitze«.[10] Diese politische Disposition setzte eine militärische Logik in Gang, die sich spätestens ab dem 29. Juli verselbständigte. Als Russland mit der Mobilmachung begann, war »der Stein ins Rollen geraten«,[11] wie es der deutsche Reichskanzler formulierte, und das Zeitfenster für die deutsche Kriegsplanung begann sich zu schließen. Am 1. August erklärte das Deutsche Reich Russland und am 3. August Frankreich den Krieg. Der »Sprung ins Dunkle«,[12] von dem Theobald von Bethmann Hollweg sprach, führte in einen Abgrund beispielloser Zerstörung.

»Ein viehisches Volk«

Gleich zu Beginn, nachdem das Deutsche Reich dem Schlieffen-Plan gemäß in das neutrale Belgien einmarschiert war, radikalisierte der Krieg die Selbst- und Außenwahrnehmungen auf allen Seiten. Ins Zentrum der internationalen Aufmerksamkeit gerieten, neben dem Bruch der belgischen Neutralität an sich, die konkreten Ereignisse vor Ort, vor allem der »Brand von Leuwen« Ende August 1914. Dort waren deutsche Truppen wohl nicht nur, wie es lange hieß, unter *friendly fire* geraten, also unter Beschuss von eigenen Truppen, sondern auch von belgischen Zivilisten bzw. als Zivilisten gekleideten Soldaten angegriffen worden.[13] In einer Verkettung von Gegenwehr mit »Überspannung, Unerfahrenheit, Zeitdruck, Fehlinformationen und der handlungsleitenden Wirkung negativer Stereotype«[14] kamen 248 Zivilisten ums Leben, die deutschen Truppen vertrieben 10 000 Einwohner, plünderten und zerstörten ihre Wohnungen, und die Universitätsbibliothek mit ca. 230 000 Büchern geriet in Brand.

Die britischen Zeitungen übernahmen die belgische Berichterstattung samt der Darstellungen deutscher Repressalien. Von »Schlächterei« *(butchery)* und »Massaker« schrieb die *Times*; Menschen würden ohne Rücksicht auf Alter und Geschlecht erschossen wie Kaninchen, und eine Karikatur in der *Westminster Gazette* zeichnete die Deutschen als Barbaren, die Frauen und Kinder niedertrampeln.[15] Von »bestialischen Hunnen« und »preußischen Monstern« war in der britischen Kriegspropaganda fortan die Rede. Dass diese Darstellungen an Henryk Sienkiewiczs »Kreuzritter« erinnern, verweist zum einen darauf, dass gerade in Kriegen tradierte negative Stereotype eingesetzt werden. Zugleich zeigt sich darin die noch einmal verstärkte moralisch-ideologische Aufladung der Deutschlandbilder rundum. Die britische Presseöffentlichkeit verbreitete abermals das Bild des preußischen Militarismus und eines undemokratischen politischen Systems wie überhaupt der Fehlentwicklungen des deutschen Volkes seit Arminius. Diese Darstellungen gipfelten im Fall der britischen Krankenschwester Edith Cavell. Sie hatte alliierten Soldaten die Flucht nach Großbritannien ermöglicht und war im Herbst 1915 hingerichtet worden. Das Urteil sei rechtlich zulässig, so die britische Presseberichterstattung, aber völlig überzogen, gerade gegen eine Frau. Ebendies zeige den deutschen Geist: hartherzig, brutal und alles andere als *gentlemanlike*. Das Bild von Deutschland als Land der Wissenschaft, der Philosophie und der Kultur war demgegenüber kaum mehr zu erkennen.[16]

Ähnliche Schreckensbilder wie die britische Presse präsentierte auch das russische satirische Wochenblatt *Nowyj Satirikon* seiner Leserschaft aus der liberal-patriotischen Intelligenz. Die Deutschen seien »ein viehisches Volk, dessen Kulturhäutchen nicht dicker war als ein Zigarettenpapier«. Karikaturen zeigten einen deutschen Offizier, der das Christuskind am Spieß brät, oder deutsche Nonnen, die als Barmherzige Schwestern verwundeten russischen Soldaten auf dem Schlachtfeld den Todesstoß versetzen. Selbst ihre sprichwörtliche Sauberkeit nutzte den Deutschen nichts: Sie seien »Schweine in tadellos sauberen Toiletten«.[17]

In der französischen Öffentlichkeit kulminierte das negative Deutschlandbild im Begriff des *boche*, der seit dem Krieg von 1870/71 im Umlauf war und im Ersten Weltkrieg Hochkonjunktur hatte.[18] André Suarès schrieb im ersten Band seiner »Commentaires sur la guerre des boches«, der 1915 unter dem Titel »Nous et Eux« (Wir und Sie) erschien: Der *boche* sei der »Barbar mit dem Kopf eines Deutschen«, der gleichwohl – hier schimmerte das zweipolige Deutschlandbild noch durch – ein »Wunder an Stärke und Wissenschaft« vollbrachte. Aber das mache es nicht besser; hinter der Selbstbezeichnung »Koultour« stecke die »Barbarei der Teutonen« in der Gestalt des *boche*: »viereckiger Kopf mit Brille; Rohling – mit Erfinderpatenten; Doktor der Mordkunst, der Lüge, Doktor in der Kunst der Verleumdung, des Feuerlegens; menschgewordene Anmaßung; Zerstörungswut, die im Namen Gottes handelt; die blinde Seele der Rasse und der ganzen Wissenschaft«.[19]

Jacques Rivière stellte in seinen Erinnerungen eines französischen Kriegsgefangenen aus dem Jahr 1918 die »Indifferenz« des deutschen Charakters heraus: Die Deutschen seien »Menschen, die keine Wünsche haben, die damit zufrieden sind, zu tun, was man ihnen befiehlt, weil sie sonst nicht gewusst hätten, womit sie sich die Zeit vertreiben sollen«.[20] Alles in allem erschienen die Deutschen in solchen Schilderungen als gehorsam und emotionslos, aber stark in der Masse – im Gegensatz zum französischen Selbstbild der Verkörperung von Freiheit und Individualismus. Moralisch aufgeladene Bilder voneinander radikalisierten sich. »Kampf der Zivilisation gegen die Barbarei« (so der französische Philosoph Henri Bergson),[21] hieß es aufseiten der Tripelentente, deutsche »Kultur« gegen westliche »Zivilisation« auf der deutschen.

Die Liebe, das Leben und die Kunst

Den Krieg der Wahrnehmungen und den Kampf um die Deutschlandbilder verlor das Deutsche Reich allerdings bereits im August 1914 in Belgien. In die Defensive gedrängt, entwickelten die Deutschen eine Haltung der permanenten Rechtfertigung. »Es ist nicht wahr«: So begannen sechs von acht Absätzen im Aufruf »An die Kulturwelt«, den 93 deutsche Schriftsteller, Wissenschaftler und Künstler am 4. Oktober 1914 veröffentlichten, darunter so illustre Namen und unterschiedliche Persönlichkeiten wie Peter Behrens und Gerhart Hauptmann, Engelbert Humperdinck, Max Liebermann und Wilhelm Röntgen.[22]

> »Es ist nicht wahr, dass Deutschland diesen Krieg verschuldet hat. (…) Von deutscher Seite ist das Äußerste geschehen, ihn abzuwenden. (…) Erst als eine schon lange an den Grenzen lauernde Übermacht von drei Seiten über unser Volk herfiel, hat es sich erhoben wie ein Mann.
> Es ist nicht wahr, dass wir freventlich die Neutralität Belgiens verletzt haben. Nachweislich waren Frankreich und England zu ihrer Verletzung entschlossen. Nachweislich war Belgien damit einverstanden. Selbstvernichtung wäre es gewesen, ihnen nicht zuvorzukommen. (…)
> Es ist nicht wahr, dass unsere Truppen brutal gegen Löwen gewütet haben. An einer rasenden Einwohnerschaft, die sie im Quartier heimtückisch überfiel, haben sie durch Beschießung eines Teils der Stadt schweren Herzens Vergeltung üben müssen.«

Auch ein Rundumschlag völkischer Ressentiments gegen Slawen, Mongolen und Afrikaner war kaum geeignet, um sich gegenüber westeuropäischen Gesellschaften zu rechtfertigen:

»Es ist nicht wahr, dass unsere Kriegführung die Gesetze des Völ-
kerrechts missachtet. Sie kennt keine zuchtlose Grausamkeit. Im
Osten aber tränkt das Blut der von russischen Horden hinge-
schlachteten Frauen und Kinder die Erde, und im Westen zer-
reißen Dumdumgeschosse unseren Kriegern die Brust. Sich als
Verteidiger europäischer Zivilisation zu gebärden, haben die am
wenigsten das Recht, die sich mit Russen und Serben verbünden
und der Welt das schmachvolle Schauspiel bieten, Mongolen und
Neger auf die weiße Rasse zu hetzen.«

Wenn es hieß, Deutschland kämpfe den Krieg »als ein Kulturvolk, dem das Vermächtnis eines Goethe, eines Beethoven, eines
Kant ebenso heilig ist wie sein Herd und seine Scholle«, dann
zeichnete sich hier die Entgegensetzung von deutscher Kultur
und westlicher Zivilisation ab, die das deutsche Selbstverständnis im Ersten Weltkrieg so stark bestimmte.[23] Die Trennung
der Begriffe »Kultur« und »Zivilisation« war seit etwa 1880 zu
beobachten, zunächst aber ohne nationale Zuschreibung geblieben. Eine scharfe Politisierung erlebte das Begriffspaar nach
Kriegsbeginn, und zwar als eine Reaktion auf die Rhetorik und
Kriegspropaganda der Westmächte.[24] Jetzt galten Kultur und
Zivilisation als nationaler Gegensatz, und es war nicht zuletzt
Thomas Mann, der diesem Stereotyp in seinen Betrachtungen
eines (vermeintlich) Unpolitischen Ausdruck gab. Scharf stellte
er dem Deutschtum als Inbegriff von Kultur und Seele ein Modell von oberflächlicher Zivilisation und Gesellschaft gegenüber,
das mit einem dünkelhaften Gebrauch von Schlagwörtern wie
Freiheit, Gerechtigkeit oder Wahrheit einhergehe. In Abgrenzung davon knüpfte der »Schreibtischsoldat«[25] Thomas Mann
an die Selbstwahrnehmung deutscher Tugenden vor 1914 an,
wenn er Leiden, Demut, Dienen und Gehorsam als Elemente
deutscher Kultur hervorhob. Und ebenso entsprach es dem deut-

schen Selbstbild vor 1914, wenn er »Glauben« nicht mit Worten wie Gleichheit, Demokratie und Fortschritt, sondern mit dem Glauben an Gott, die Liebe, das Leben und die Kunst in Verbindung brachte.[26]

Deutsche Tugendhaftigkeit und deutscher Heldenmut seien einem vollkommen auf Kommerz ausgerichteten englischen Volksgeist überlegen, so fasste es Werner Sombart 1915 unter dem Begriffspaar »Händler und Helden« zusammen.[27] Dabei verband sich das Selbstbild als Kulturvolk mit einer positiven Umdeutung des an Preußen-Deutschland von außen stets kritisierten »Militarismus«.[28] Der »Kampf gegen unseren sogenannten Militarismus« sei zugleich ein »Kampf gegen unsere Kultur«, hieß es im Aufruf »An die Kulturwelt«. Damit griffen die Verfasser auf das deutsche Geschichtsbild von 1871 zurück, dem zufolge die Deutschen jahrhundertelang Opfer fremder Mächte waren: »Ohne den deutschen Militarismus wäre die deutsche Kultur längst vom Erdboden getilgt. Zu ihrem Schutze ist er aus ihr hervorgegangen in einem Lande, das jahrhundertelang von Raubzügen heimgesucht wurde wie kein zweites.«[29]

Kultur und Militarismus in eins zu setzen, das war auch die Zielrichtung der »Erklärung der Hochschullehrer des Deutschen Reiches« vom 16. Oktober 1914: »Unser Glaube ist, dass für die ganze Kultur Europas das Heil an dem Siege hängt, den der deutsche Militarismus erkämpfen wird, die Manneszucht, die Treue, der Opfermut des einträchtigen deutschen Volkes.«[30] Von dort aus war es nicht weit zu deutschen Kriegszielen, wie sie im Septemberprogramm Bethmann Hollwegs formuliert waren. Diese hatten in der Julikrise noch gar keine Rolle gespielt, schossen aber mit der Radikalisierung unmittelbar nach Kriegsbeginn ins Kraut:

> »Das allgemeine Ziel des Krieges: Sicherung des Deutschen Reiches nach West und Ost auf erdenkliche Zeit. Zu diesem Zweck muss Frankreich so geschwächt werden, dass es als Großmacht

nicht neu entstehen kann, Russland von der deutschen Grenze nach Möglichkeit abgedrängt und seine Herrschaft über die nichtrussischen Vasallenvölker gebrochen werden.«

Belgien müsse »zu einem Vasallenstaat herabsinken« und Luxemburg annektiert werden, die Niederlande müssten »in Abhängigkeit« gebracht und es müsse ein »mitteleuropäischer Wirtschaftsverband unter deutscher Führung« errichtet werden.[31]

Diese Aufwallung war über weite Teile des politischen Spektrums verbreitet, und die Forderung eines Annexionsfriedens war populär, wenn auch nicht einhellige öffentliche Meinung. Die Führung der deutschen Sozialdemokratie kritisierte den zum Krieg führenden Imperialismus, folgte allerdings der Leitlinie der Landesverteidigung und stimmte daher auch den Kriegskrediten zu. Zwar mit weniger nationalistischem Überschuss, waren aber auch die Sozialdemokraten nicht frei von zeitgenössischen Wahrnehmungsmustern und den Bildern der anderen – wie sollten sie auch? Sie teilten die Auffassung von der Notwendigkeit, deutsche Kultur und Unabhängigkeit gegen den »russischen Despotismus« zu verteidigen, und während des Krieges erachteten auch sie England zunehmend als Weltfeind, der den deutschen Wirtschaftskonkurrenten niederringen wolle.[32]

Alles in allem: Aus der kulturellen Defensive heraus verstärkten die Deutschen in großer gesellschaftlicher Breite das vor 1914 angelegte Selbstbild der »Kulturnation«, mit dem sie sich eindeutiger als zuvor von der westlichen »Zivilisation« absetzten.[33] Hinzu kam die Selbstwahrnehmung des tugendhaften, gottgläubigen und opferbereiten »Heldenvolks«, wobei das Stigma des »Militarismus« zur positiven Eigenbezeichnung umgedeutet wurde. Umso schwerer musste die Deutschen dann die Niederlage im Weltkrieg treffen, zumal ihnen vonseiten der Alliierten auch noch die moralische Schuld zugesprochen wurde.

2 Haben oder nicht haben:
Die Ordnung von 1919

Nach dem Ersten Weltkrieg stand auf dem europäischen Kontinent die erste von drei Nachkriegsordnungen im 20. Jahrhundert an.[34] Wie 1648 und 1815, so verhandelte auch jetzt ein internationaler Kongress, der vom 18. Januar 1919 bis zum 10. August
1920 in Paris tagte, ein System von Friedensverträgen. Es war zugleich die letzte Friedenskonferenz dieser Art; weder nach dem
Zweiten Weltkrieg noch nach dem Ende des Kalten Krieges kam
noch einmal ein solch großer Kongress zustande. 32 Teilneh-
merstaaten waren in Paris vertreten, davon 27 stimmberechtigte
Siegerstaaten, 52 mit Experten besetzte Fachkommissionen be-
arbeiteten die Detailprobleme. Dass die Verlierer nur schriftlich
Einwände erheben konnten und nicht als Verhandlungspartner
am Tisch saßen, erzeugte auf ihrer Seite den Eindruck, dass die
Sieger ihnen den Frieden diktierten. Dies unterschied die Pariser Friedenskonferenz vom Wiener Kongress von 1814/15, der
das geschlagene Frankreich auf Augenhöhe in die Staatenwelt
wiedereingegliedert hatte.

Die Probleme begannen schon mit der Frage, wer eigentlich
Verlierer und wer Sieger sei. Im Falle Frankreichs, des Vereinigten Königreichs und der USA war die Sache ebenso klar wie im
Falle Deutschlands. Russland, das 1918 nach der bolschewis-
tischen Oktoberrevolution aus dem Krieg ausgeschieden war,
wurde nicht mit einbezogen. Und was die Habsburgermonarchie betraf, die nach dem Krieg auf sieben Einzelstaaten aufgeteilt wurde, so galten Österreich und Ungarn als Verlierer, während die Tschechoslowakei, Rumänien, Polen und Italien ebenso
wie Serbien aufseiten der Sieger am Tisch saßen, Bulgarien und
das Osmanische Reich bzw. die davon verbleibende Türkei wiederum als Verlierer galten.

Der Kongress stand vor einer schier unüberschaubaren Fülle von Problemen, die weit über die Abwicklung des Krieges im engeren Sinne hinausgingen. Die größte Schwierigkeit lag in der Frage, wie dort, wo die jahrhundertealten multinationalen und multireligiösen Großreiche untergingen, eine stabile Staatenordnung entstehen konnte. In Ostmitteleuropa spalteten sich Finnland, die baltischen Staaten, Polen und anfangs auch Weißrussland und die Ukraine von Russland ab. Die Auflösung der Habsburgermonarchie hinterließ ein enormes Vakuum und Minderheitenprobleme von Polen bis zum Balkan. Die Folgen der Aufteilung des Osmanischen Reiches reichten bis in den Nahen Osten und beschäftigen die Welt bis in die Gegenwart. Und dann war natürlich die Frage, was aus Deutschland, dem wichtigsten Kriegsverlierer in der Mitte Europas, werden würde.

Im Januar 1918 hatte der amerikanische Präsident Woodrow Wilson mit seinen berühmten Vierzehn Punkten Grundsätze für einen Frieden in Europa skizziert. Sie klangen nach liberalem Internationalismus und weckten im Lager der Besiegten Hoffnungen auf einen maßvollen Frieden. Enttäuschungen waren aber geradezu vorprogrammiert, da die alliierten Kriegssieger keineswegs bereit waren, auf die Sicherung ihrer eigenen Sicherheits- und Machtinteressen zu verzichten. Vor allem das vielzitierte Selbstbestimmungsrecht der Völker war in der Praxis weit schwieriger umzusetzen als in der Theorie. In Ostmittel- und Südosteuropa trafen ein ethnisches Verständnis von Nationalstaaten und eine heterogene Siedlungsstruktur von Nationalitäten aufeinander. So ließen sich aber keine ethnisch oder national homogenen Staatsgebilde schaffen. Wem würde nun das Selbstbestimmungsrecht zuerkannt? Den Rumänen ja, aber nicht den Ungarn in Rumänien und in der Slowakei; Tschechen ja, aber nicht den Deutschen in der Tschechoslowakei oder in Südtirol. Deutschösterreich wurde der Anschluss an das Deutsche Reich, den die deutsch-österreichische Nationalversammlung im November 1918 beschlossen hatte, friedensvertraglich verboten, während manipulierte Volksentscheide zu polnischen Gunsten in Oberschlesien akzeptiert wurden.

Die fünf Friedensverträge, die in den Pariser Vororten Versailles, Saint-Germain, Trianon, Neuilly und Sèvres mit Deutschland, Österreich, Ungarn, Bulgarien und dem Osmanischen Reich geschlossen wurden, waren ein Kompromiss zwischen ganz unterschiedlichen Vorstellungen der Siegermächte. Aber es war nicht gelungen, einen für alle Seiten akzeptablen und somit tragfähigen Frieden zu finden. Das begann bei der Siegermacht Frankreich, die ihre Sicherheitsinteressen gegenüber Deutschland nicht hinreichend gewährleistet sah, zumal der Senat der USA die Ratifizierung des Versailler Vertrags verweigerte und die USA sich aus der europäischen Politik wieder zurückzogen. Italien hatte sich mehr versprochen (und ihm war mehr versprochen worden), es fühlte sich durch einen »amputierten Sieg«, wie es der berühmt-berüchtigte Dichter Gabriele D'Annunzio formulierte, benachteiligt. Die politische Neuordnung Ostmitteleuropas, soweit sie aus dem Zerfall des Zarenreichs hervorging, wurde – mit Ausnahme der Bestimmungen in den Verträgen von Versailles und Saint-Germain, die auch Polen betrafen – von der Pariser Ordnung gar nicht geregelt. Zugleich waren die territorialen Ansprüche der neu entstandenen Staaten strittig; vor allem Polen lag mit allen seinen Nachbarn in Grenzkonflikten.[35]

In den Räumen der vormaligen Großreiche zogen weder Ordnung noch Ruhe ein, im Gegenteil: Vom Baltikum bis Kleinasien herrschten bis 1923 Kriege – Kämpfe der Freikorps, der polnisch-russische Krieg, der russische Bürgerkrieg, der griechisch-türkische Krieg –, die oftmals erbitterter und grausamer geführt wurden als der Weltkrieg bis 1918. In Ostmittel- und Südosteuropa entstanden Zonen zerrütteter Staatlichkeit und der Gewalt,[36] die leicht übersehen werden, wenn man am Ende des Ersten Weltkriegs nur auf »Versailles« schaut.

Alles in allem war die Pariser Ordnung eine prekäre Mischung. Im Westen wurde das Mächtesystem von vor 1914 wiederhergestellt. Der Osten und der Südosten des Kontinents erlebten hingegen eine revolutionäre Umgestaltung, indem die multinationalen Großreiche aufgelöst wurden und die kommunistische Sowjetunion entstand. Und mittendrin lag Deutschland, in verschiedener Hinsicht.

Die Friedensordnung von 1919 hatte mit denen von 1648 und 1815 gemein, dass sie abermals auf das Prinzip der geschwächten Mitte Europas setzte.[37] Das Deutsche Reich wurde territorial, militärisch und ökonomisch erheblich beschnitten. Es verlor knapp ein Siebtel seines Gebietes an Frankreich, Belgien, Dänemark, Polen und Litauen, die Kohlengruben an der Saar wurden Frankreich unterstellt, das Deutsche Reich musste seine Kolonien abgeben, und militärisch wurde es bestenfalls auf den Status einer Mittelmacht gestutzt. Sein Heer wurde auf 100 000 Mann reduziert (1918 hatten 4,5 Millionen deutsche Soldaten unter Waffen gestanden!), die Flotte weitgehend kassiert und eine Luftwaffe verboten. Das Rheinland und die rechtsrheinischen Brückenköpfe wurden auf bis zu fünfzehn Jahre besetzt, und Deutschland wurde verpflichtet, Reparationen für die entstandenen Kriegsschäden zu zahlen, für die das Land auch explizit die Schuld anerkennen musste. Eine Gesamtsumme wurde in Versailles noch nicht festgesetzt, und es gibt zu den Reparationszahlungen die unterschiedlichsten Berechnungen. Um eine Größenordnung zu nennen: In der zweiten Hälfte der zwanziger Jahre bewegten sich die Reparationsverpflichtungen zwischen 10 und 15 Prozent des Reichshaushalts;[38] dieser Anteil des Bundeshaushalts entspräche im Jahr 2018 einer Summe von 30 bis 50 Milliarden Euro – jährlich, und mit unabsehbarem Ende.

Die geschwächte Mitte ist aber nur die eine Seite der Medaille. Auf der anderen Seite stand, dass nicht nur das Deutsche Reich an sich, sondern auch seine ökonomischen, technologischen und geopolitischen Machtpotentiale grundsätzlich erhalten geblieben waren. Der »eiserne Ring«, den die wilhelminische Reichsleitung so sehr gefürchtet hatte und den sie in der Julikrise hatte sprengen wollen, war durch die Revolution in Russland verschwunden. Frankreich war durch den Krieg geschwächt, die USA reduzierten ihr politisches Engagement in Europa, und in Ostmittel- und Südosteuropa tat sich ein Raum neuer Einflussmöglichkeiten für Deutschland auf. Alles in allem hatte Deutschland »aktuell seine Großmachtposition verloren, sie potentiell aber behalten« – und mehr noch: Nie zuvor hatte, jedenfalls lässt sich dies aus der Rückschau erkennen, »eine größere Chance bestanden (…), ein von der deutschen Großmacht geführtes ›Mitteleuropa‹ zu schaffen«.[39] Die Lage war für Deutschland besser, als die Zeitgenossen sie sahen – nach 1919 ebenso wie vor 1914.

Auf der Ebene der Ideen und der Normen hatten radikalisierte Kriegskulturen, moralisch aufgeladene gegenseitige Feindbilder und die Erfahrungen von Gewalt und Verlusten auf allen Seiten tiefe Spuren hinterlassen. Diese Erfahrungen führten in der Zwischenkriegszeit zu unterschiedlichen Konsequenzen. Während sie auf britischer und französischer Seite pazifistische Haltungen und den Willen zur Vermeidung eines neuerlichen Krieges hervorriefen, reagierten die Gesellschaften in den Ländern der Kriegsverlierer vielfach mit Verbitterung und Revanchismus. Diese Polarisierung wurde vor allem in den dreißiger Jahren sichtbar.

Was schließlich die Institutionen der europäischen Ordnung angeht, so wurde eine neue internationale Organisation gegründet, die der Friedenswahrung dienen sollte: der Völkerbund mit Sitz in Genf. Doch er blieb schwach und, mit einer kurzen Ausnahme in den späteren zwanziger Jahren, ein machtpolitisches Instrument in den Händen der europäischen Sieger. Die USA traten ihm nicht bei, Russland bzw. die Sowjetunion blieb als *outlaw* der europäischen Nachkriegsordnung außen vor, und das galt bis 1926 auch für Deutschland. Nach dem Rückzug der USA aus der europäischen Politik war die Pariser Ordnung eine »Ordnung ohne Hüter«,[40] angewiesen auf die Politik der europäischen Mächte.

Und die teilten sich nach 1919/20 in zwei Lager: die Sieger und die Verlierer des Ersten Weltkriegs. »The conflict is still between the ›haves‹ and the ›have-nots‹«, schrieb der britische Staatssekretär Robert Vansittart am 1. Mai 1930 – und weiter: »Der Kontinent ist nach wie vor geprägt vom Denken der Vorkriegszeit.« Deutschland verfolge seit Versailles ein doppeltes Ziel: die Gleichberechtigung mit den anderen europäischen Großmächten und eine Revision des Vertrages, der den Stolz der Deutschen verletzt habe und die Entwicklung des Landes hemme.[41] Die deutsche Frage nach 1919 war einstweilen nicht die nach der Vormacht. Sie lautete stattdessen, ob die Revision der Friedensbedingungen von Versailles und ein Wiederaufstieg Deutschlands zu einer gleichberechtigten europäischen Großmacht möglich waren, ohne die Ordnung von Paris zu zerstören. Das zentrale Problem lag darin, dass die Schwächung Deutschlands durch den Versailler Vertrag für Frankreich die Garantie der eigenen Sicherheit darstellte, für Deutschland hingegen das Objekt der Revision. Die entscheidende Frage war: Würden sich deutsche Stärke und französische Sicherheit vereinbaren lassen?

3 Opfer und Herrenmenschen – und Gustav Stresemann

Die Nachricht, dass Deutschland am 3. Oktober 1918 um sofortigen Waffenstillstand nachgesucht habe, war für die Deutschen ein eminenter Schock. Bis zum Schluss hatte die Kriegspropaganda verbreitet, der Sieg stehe kurz bevor, und bis zum Schluss hatte kein feindlicher Soldat deutschen Boden betreten. Die

Deutschen erlebten die Niederlage gar nicht unmittelbar. »Kein Feind hat Euch überwunden«, rief Friedrich Ebert, der Vorsitzende des Rats der Volksbeauftragten und faktische Reichskanzler, den heimkehrenden Truppen am 10. Dezember 1918 in Berlin zu.[42] Was als Wertschätzung gegenüber den Soldaten gemeint war, warf freilich die Frage auf, warum Deutschland den Krieg verloren hatte, wenn doch seine Armee im Felde unbesiegt geblieben war.

Eine Antwort lag in den vor allem von Militärs verbreiteten Dolchstoßlegenden. In verschiedenen Varianten und mit hoher Wirkmacht beschuldigten sie Parlament und Zivilisten, Sozialisten, Gewerkschaften und Juden, der eigentlich siegreichen Armee von hinten den Dolch in den Rücken gestoßen zu haben.[43] In großer Breite konnten und wollten die Deutschen sich nicht mit der Niederlage abfinden und versuchten daher, Verantwortung abzuwehren. Schulbücher stellten den Kriegswillen der Entente-Mächte als Kriegsursache dar, sie hätten Deutschland zerstören wollen und würden dies nun mit dem Versailler Vertrag fortsetzen.[44]

In dieses Selbstbild fügte sich das Gefühl der Demütigung. Die harten Friedensbedingungen von Versailles machten die Hoffnungen auf einen milden Frieden zunichte, die sich an Wilsons Vierzehn Punkte geknüpft hatten. (Kein Thema war in Deutschland unterdessen, wie wenig entgegenkommend der Friede von Brest-Litowsk gewesen war, den das Deutsche Reich seinerseits im März 1918 Russland auferlegt hatte.) Hinzu kam der Artikel 231 des Vertrags von Versailles, mit dem sich Deutschland als »Urheber« des Krieges schuldig bekennen musste, den es seinen Gegnern »durch den Angriff Deutschlands und seiner Verbündeten aufgezwungen« habe. »Revanche pour Sedan«: Insbesondere Frankreich sparte nicht mit moralischer Aufladung und demütigenden Gesten. Die Friedenskonferenz begann am 18. Januar 1919 in Versailles, am Jahrestag und am Ort der Reichsgründung. Und zur Unterzeichnung des Versailler Vertrags wurde die deutsche Delegation am 28. Juni 1919 von entstellten französischen Kriegsveteranen empfangen, deren Anblick den Deutschen das Ausmaß ihrer Schuld an den Schrecken des Krieges vor Augen führen sollte.[45] Die Deutschen hätten, so die verbreitete französische Sichtweise, »das größte Verbrechen der Weltgeschichte« begangen.[46] Daher könne es, so jedenfalls eine deutsche Überlieferung der Aussage des französischen Finanzministers Louis-Lucien Klotz, nur eine Konsequenz geben: »le boche payera tout«[47] – »der Deutsche wird alles bezahlen«.

Dieser Schuldvorwurf, die Niederlage und das Gefühl der Demütigung, zu dem auch die von den Deutschen als »schwarze Schmach« empfundene Besatzung durch farbige Soldaten beitrug,[48] standen im Widerspruch zum deutschen Selbstkonzept der ethnischen und kulturellen Überlegenheit und der Selbstrechtfertigung von 1914. Daraus entstanden Ressentiments, die den schon vor 1914 verbreiteten Opferhabitus noch verstärkten. Das Trauma der Niederlage prägte die deutschen Selbstbilder nach dem Ersten Weltkrieg, die sich in die Extreme radikalisierten: das des Opfers und das des Herrenmenschen.

Revisionismus …

Zunächst aber erwuchs aus diesem Gefühlsset der Demütigung und der Benachteiligung die deutsche Vorstellung von der Revision des Versailler Vertrags als moralisches Recht und sittliche Pflicht. »Revision von Versailles« und der Kampf gegen den »Schmachparagraphen« der deutschen Kriegsschuld bildeten den einzigen politischen Grundkonsens in der tief gespaltenen politischen Öffentlichkeit der Weimarer Republik. Er habe noch keinen Deutschen von Belang getroffen, schrieb der britische Botschafter in Berlin, der die deutsch-polnische Grenze, wie der Versailler Vertrag sie gezogen hatte, als endgültig akzeptiere.[49]

Doch selbst aus dieser Einhelligkeit erwuchs weniger Integration als Polarisierung. Denn wie diese Revision zu erreichen sein würde – durch Erfüllung der Bedingungen als Basis für Verhandlungen oder durch harte Konfrontation – und in welchem Umfang sie angestrebt werden sollte, darüber herrschte schon wieder harter Dissens.

»Revision von Versailles« war allerdings keine deutsche Besonderheit. Auch die französische Regierung strebte danach, freilich in entgegengesetzer Richtung. Die französische Politik nach 1919 stand unter dem Primat der deutschen Reparationen. Sie waren Teil eines wirtschaftlichen Gesamtkonzepts, um die deutsche ökonomische Macht, insbesondere die Schwerindustrie, nachhaltig zu schwächen und auf diese Weise Sicherheit vor Deutschland zu gewinnen.[50]

Anfang der zwanziger Jahre, zugespitzt im Jahr 1922, gewannen die Pariser Verantwortlichen den Eindruck, das Deutsche Reich wolle sich seinen Verpflichtungen entziehen. Die Reichsregierung erklärte, sie könne auf Jahre hin keine Reparationen zahlen.[51] Zugleich hatte das Deutsche Reich im April 1922 mit der Russischen Sowjetrepublik den Vertrag von Rapallo zur Normalisierung der Beziehungen zwischen beiden Staaten geschlossen. Das wirkte wie eine Drohung: Deutschland könne auch anders, nämlich sich mit Sowjetrussland verbünden. Darüber hinaus realisierte die französische Regierung, dass die Unterstützung aufseiten der Westalliierten schwand, nachdem die USA den Vertrag von Versailles gar nicht erst ratifiziert hatten.

Vor diesem Hintergrund entschied Raymond Poincaré, inzwischen französischer Ministerpräsident und Außenminister, auf eigene Faust zu handeln. Deutsche Rückstände bei den Reparationsleistungen dienten als Rechtfertigung, um das Ruhrgebiet, die Herzkammer der deutschen Schwerindustrie, am 11. Januar 1923 militärisch zu besetzen. Die deutsche Seite reagierte mit dem sogenannten passiven Widerstand, die französische mit harten Gegenmaßnahmen. Über Monate herrschte ein erbittertes Patt, doch Deutschland saß letztlich am kürzeren Hebel. Am 26. September 1923 musste Gustav Stresemann, sechs Wochen zuvor zum Reichskanzler ernannt, den Abbruch des passiven Widerstands und damit faktisch die zweite deutsche Kapitulation gegenüber Frankreich innerhalb von fünf Jahren erklären.

Poincaré wähnte sich kurz vor dem Ziel – und übersah, dass sich das Blatt just in diesem Moment gegen ihn wendete. Als die Reichsregierung am 24. Oktober 1923 bei der alliierten Reparationskommission beantragte, die deutsche Zahlungsfähigkeit zu überprüfen, stimmte Poincaré in der Vorstellung zu, auf einer großen internationalen Konferenz aus der Position des Stärkeren heraus seine Forderungen durchzusetzen. Deutschland hatte mit der Einstellung des passiven Widerstands aber aus britischer und amerikanischer Sicht seine Bringschuld erfüllt, so dass die französische Unnachgiebigkeit einen Umschwung der Sympathien zu deutschen Gunsten herbeiführte.[52]

Der Dawes-Plan, der 1924 aus dem deutschen Antrag vom 24. Oktober 1923 hervorging, war der erste internationale Versuch, den Versailler Vertrag so zu gestalten, dass er für Deutschland tragbar wurde. Eine amerikanische Anleihe schob einen wirtschaftlichen Aufschwung an; wenn es so etwas wie die »goldenen Zwanziger« gab, dann in den Jahren nach 1924. Jedenfalls hatte Deutschland Mitte der zwanziger Jahre seine politische Position in Europa substantiell verbessert. Mit den Verträgen von Locarno garantierten sich Deutschland und Frankreich (und Belgien) im Oktober 1925 gegenseitig den Status quo am Rhein. In der Sache änderte Locarno nichts, schrieb vielmehr Bestimmungen von Versailles sogar noch einmal als freiwillige Vereinbarungen fest. Dafür verzichtete Frankreich aber auf die Möglichkeit militärischer Strafaktionen wie der Ruhrbesetzung von 1923. Als vertrauensbildende Maßnahme war Locarno vor allem eine Investition in *soft power*, deren Ertrag aus deutscher Sicht in weiteren Revisionen liegen sollte. Als Deutschland 1926 in den Völkerbund aufgenommen wurde, gehörte es zu den drei großen europäischen Mächten. Im selben Jahr erhielt Stresemann gemeinsam mit dem französischen Außenminister Aristide Briand den Friedensnobelpreis – ausgerechnet jener Gustav Stresemann, der vor 1914 und im Ersten Weltkrieg als glühender Nationalist und Anhänger eines Annexionsfriedens aufgetreten war. Wie also stand es um das Verhältnis von Revisionismus und Verständigung?

Dass der Vertrag von Versailles der Revision bedürfe, stand für Stresemann außer Frage. Er wollte die Reparationsfrage lösen, die vorzeitige Räumung des besetzten Rheinlands erreichen, die einseitige deutsche Abrüstung überwinden sowie die Interessen der 10 bis 12 Millionen Deutschen vertreten wissen, die nach 1919 außerhalb des Deutschen Reiches lebten. Hinzu kam, anders als im Falle Elsass-Lothringens, das Ziel einer friedlichen Revision (»nur eine solche kommt für uns in Betracht«) der Ostgrenzen. Dabei ging es Stresemann nicht darum, den Status quo von 1914 wiederherzustellen, sondern die deutschsprachigen Gebiete Westpreußens und Posens (vor allem den »polnischen Korridor«) sowie Oberschlesien wiederzugewinnen. Die überwiegend polnischsprachigen Teile, die 1919 abgetreten worden waren, vor allem in der Provinz Posen – insgesamt augenscheinlich etwas weniger als die Hälfte der nach dem Krieg abgetretenen Gebiete –, sollten bei Polen verbleiben. Als Fernziele kamen schließlich ein Anschluss Österreichs und der Rückgewinn der Kolonien hinzu.[53]

… und Verständigung

Das war so weit für Weimarer Verhältnisse nichts Besonderes.[54] Die Besonderheit der Positionen Stresemanns machte etwas anderes aus. Frankreich war für ihn nicht nur der übelwollende

Erzfeind – auch wenn er einmal vom »Würger« sprach, den man »vom Halse haben« müsse[55] –, sondern ein Nachbar mit einem überragenden Bedürfnis nach Sicherheit gegenüber dem potentiell immer noch (oder bald schon wieder) übermächtigen Deutschland. Stresemann ging nämlich nicht ausschließlich von den deutschen Ansprüchen aus, sondern bezog die Perspektive der anderen mit ein. Das unterschied ihn von jener »rücksichtslosen Missachtung«, von der Eyre Crowe 1907 geschrieben hatte, und von jener Kultur der Unbedingtheit in Deutschland, die Stresemann selbst beklagte:

> »Ich habe die Empfindung, dass wir Deutsche zu wenig oder kein Verständnis haben für das, was der Franzose die schöne Geste nennt. Das ist uns überhaupt nicht eigen, und das schadet uns außenpolitisch ganz ungemein. Wir können nicht höflich und liebenswürdig sein, ohne im eigenen Volk sofort angegrobst zu werden. Wir können nicht Weltpolitik treiben mit der Idee: es soll sich keiner mit den Kerlen irgendwie zusammensetzen.«[56]

Stresemann bemühte sich stattdessen, die Revision von Versailles mit einer »großzügigen Politik« der »vernünftigen Verständigung«[57] zu erreichen, um deutsche Interessen mit europäischen Rücksichten in Einklang zu bringen. Allerdings brachte er gegenüber Polen nicht dieselbe Konzilianz auf wie gegenüber Frankreich. Zu einem Ost-Locarno war Stresemann nicht bereit, wobei die Verhältnisse dort auch deutlich komplizierter lagen und die Verantwortlichen des neugegründeten polnischen Staates ihrerseits alles andere als kompromissbereit auftraten. Die Revision der deutsch-polnischen Grenze, deren »Ungerechtigkeit und Unhaltbarkeit« für Stresemann außer Frage stand, ließ sich nach seiner Auffassung nur mit wirtschaftlichem Druck erreichen.[58]

Die strategischen Möglichkeiten, aber auch die kurzfristigen Grenzen der Verständigungspolitik offenbarten sich am 17. September 1926 im französisch-schweizerischen Grenzort Thoiry. Dort trafen Stresemann und Briand am Rande der Genfer Tagung, auf der Deutschland in den Völkerbund aufgenommen wurde, in einem kleinen Landgasthof zusammen. Worüber sie sprachen, drei Jahre nach dem Ende des Ruhrkampfes, war eine Sensation: eine »Gesamtlösung aller Fragen, die zwischen Deutschland und Frankreich ständen«, wie Stresemann noch am selben Abend notierte.[59] Keine Teillösungen, sondern die Rückgabe des Saargebietes und die »Aufhebung der gesamten Rheinlandbesetzung«, das war Briands Angebot. Dafür erwartete er wirtschaftliche Unterstützung von deutscher Seite, denn 1926 war Frankreich in eine tiefe Krise geraten – die Kräfteverhältnisse drehten sich tatsächlich wieder um. Stresemann und Briand überlegten, wie das Deutsche Reich Reparationszahlungen auf Vorschuss leisten könne, und sie erwogen, dass Deutschland die Kohlegruben an der Saar vorzeitig von Frankreich zurückkaufen könne.

Aber die beiden hatten die Rechnung im Gasthaus von Thoiry ohne die Wirte in Washington und London und vor allem in Berlin und Paris gemacht. Öffentlich desavouierte Ministerpräsident Poincaré die Versuche Briands, Vertrauen gegenüber Deutschland zu bilden, indem er abermals »die Verantwortung der Reichsregierung für den Krieg« betonte.[60] Vor diesem Hintergrund berichtete Briand der französischen Regierung über das Gespräch von Thoiry – so der Eindruck des deutschen Botschafters in Paris –, »sagen wir, nur mit größter Vorsicht«.[61]

So verlief der Plan einer friedlichen, auf gegenseitiger Großzügigkeit beruhenden Gesamtlösung im Sande. Thoiry war »zuerst eine Sensation, dann eine Hoffnung und zum Schluss eine Enttäuschung«.[62] Auf beiden Seiten fehlte die politische Kultur, auf der ein solches Arrangement gründen konnte. Stresemann wiederum hatte sein Konzept, mit wirtschaftlicher Macht – »dem Einzigen«, wie er einmal formuliert hatte, »womit wir noch Großmacht sind«[63] – Politik zu treiben und Deutschland im Einvernehmen mit den anderen Mächten wieder zu einer europäischen Großmacht zu machen, nicht zum Erfolg bringen können. Sein Versuch, deutschen Revisionismus und französisches Sicherheitsbedürfnis, nationale Interessen und die Perspektive der anderen, deutsche Stärke und europäische Ordnung miteinander zu vereinbaren – diese Lösung der deutschen Frage blieb Stresemanns unerfülltes Vermächtnis.

Nach seinem Tod am 3. Oktober 1929 eskalierte mit der Weltwirtschaftskrise eine innere Radikalisierung zusammen mit äußerer Nationalisierung. Nachdem die NSDAP bei den vorgezogenen Reichstagswahlen im September 1930 von 2,6 auf 18,3 Prozent der gültigen Stimmen zugelegt hatte und zur zweitstärksten Fraktion geworden war, sprachen selbst die Sozialdemokraten anders als früher, wie ein Abgeordneter der rechtsliberalen DVP beobachtete.[64] Stresemanns Nachfolger Julius Curtius versuchte einen Spagat. Curtius betonte die deutschen Interessen offensiver, lehnte aber eine »Politik der Abenteuer« ab.[65] Dabei verlor er allerdings die Perspektive der anderen aus dem Blick, und er gab die »schöne Geste« aus der Hand. Dass die französische Besatzung des Rheinlands zum 30. Juni 1930 vorzeitig beendet wurde, war der letzte große Verhandlungserfolg von Stresemanns Verständigungsrevisionismus gewesen. Was zu einem Akt der Annäherung hätte werden könne, endete jedoch in beiderseitiger Verstimmung.[66] Wo die französische Seite auf der minutiösen Einhaltung von Entmilitarisierungsvorschriften beharrte, hielt die deutsche Regierung dies für sinnlose Zerstörung und schikanöse Bürokratie.[67] Dafür verweigerte Berlin den Franzosen jede öffentliche Geste der Anerkennung. »Während wir die Rheinlandräumung als einen unter schweren Opfern erkauften und viel zu spät gewährten Akt der Gerechtigkeit ansehen«, erklärte der deutsche Botschafter in Paris seiner Zentrale das Problem, »stellt sich für die Franzosen die Preisgabe des linken Rheinufers dar als eine gewaltige, fast unbegreifliche Tat des Entgegenkommens.«[68] Einmal mehr schnappte die Wahrnehmungsfalle zu: Was die Deutschen für ihr gutes Recht hielten, erschien den anderen als rücksichtsloses Machtstreben.

Der Spagat ließ sich nicht halten. Ab 1930 kamen die Problempotentiale und Belastungsfaktoren der Nachkriegszeit voll zum Tragen. Immer weitere Teile der Gesellschaft wurden von einem umfassenden Krisengefühl und einem Nationalismus erfasst, in dem Wahrnehmungsmuster und Feindbilder aus dem Krieg in radikalisierter Form weiterwirkten.[69] Während die Erfahrungen des Krieges in Großbritannien nach 1918 den Willen freisetzten, einen neuen Krieg zu vermeiden, und rassenideologische Begründungen an Bedeutung verloren, löste das Trauma der Niederlage auf deutscher Seite einen wahren Kult der Wehrhaftigkeit und völkischer Vorstellungen von der Nation aus.[70] Kampf, Tat und Wille wurden zu Werten, die das Ideal des Kriegers formten und die Tradition preußisch-deutscher Militärkultur im Zeichen von Tapferkeit, Offensive, Härte und Unbedingtheit eskalierten.[71]

Rassenideologie und Vernichtungskrieg

Aus der Unvereinbarkeit von Selbstbild und Kriegsniederlage, aus Krisenbewusstsein und Kulturpessimismus entstand eine explosive kollektive Gefühlslage. Die Entgegensetzung von deutscher Kultur und westlicher Zivilisation, von Ganzheit und Gemeinschaft gegenüber Pluralismus und Moderne sowie von deutscher Innerlichkeit und westlicher Oberflächlichkeit, metaphysische Ideen eines dritten Reiches und Vorstellungen der »Verschmelzung hellenischer und christlicher Ursprünge im germanischen Wesen«[72] – all dies bildete den Nährboden für die nationalsozialistische Weltanschauung und ihre Rassenlehre.[73] Sie knüpfte an sozialdarwinistische Vorstellungen und den völ-

kischen Antisemitismus des 19. Jahrhunderts sowie den Antibol-
schewismus der zwanziger Jahre an und radikalisierte verschiedene Vorstellungen, die bereits im Umlauf waren, zu einem in
sich geschlossenen Gedankengebäude. Hitlers Weltanschauung
gründete auf der Annahme, die Geschichte sei ein ewiger Kampf
um Lebensraum zwischen Rassen, die eine Hierarchie von »Herrenmenschen« und »rassisch Minderwertigen« bildeten. Ganz
unten in dieser Hierarchie standen die Juden, die sich obendrein
den Gesetzmäßigkeiten des Kampfes um Raum entzögen, da sie
über die ganze Welt verstreut lebten und die Reinheit der Rassen
zersetzen würden. Die Juden zu vernichten, Hitlers erstes Ziel,
stellte demnach den Sinn der Geschichte wieder her, der das
zweite Ziel gebot: die Eroberung von »Lebensraum im Osten«.
Dieser Kampf richtete sich gegen die Slawen, die als »Untermenschen« galten. Der in der Sowjetunion ausgemachte »jüdische
Bolschewismus« war ein Feindbildkomplex aus Rassismus und
Antisemitismus, Antikommunismus und Russenangst.[74]

Diese Vorstellungen waren innerhalb der Gesellschaft unterschiedlich weit verbreitet und verschieden tief verankert. Aber
sie waren herrschende Lehre: das, was öffentlich gesagt werden
konnte, ohne sich zu isolieren. Oder wie Kurt Oesterle seine
Romanfigur Martha, eine junge Frau in einem südwestdeut-
schen Dorf, denken lässt:

> »Sie hatte nicht gemordet, sie hatte nicht gequält, sie hatte nicht
> ans Messer geliefert. Sie war nur der stets zweifelsfreien Ansicht
> gewesen, dass alles, was ringsum geschah, richtig und großartig
> sei. Und dass ihr Volk, wenn sie ehrlich mit sich war, andere Völ-
> ker versklaven oder ausrotten dürfe bei Bedarf. Dass es dazu kraft
> früherer Demütigungen sowie angeborener Überlegenheit ein
> Recht besitze.«[75]

Der Kult des Soldatischen und des Helden, des Willens und der Härte sowie die außenpolitischen Erfolge Hitlers in den dreißiger Jahren – die militärische Wiederbesetzung des vertraglich entmilitarisierten Rheinlands 1935 oder der nach dem Ersten Weltkrieg verwehrte »Anschluss« Österreichs ohne Gegenwehr der Westmächte 1938 – lösten den Widerspruch zwischen dem Selbstbild der Überlegenheit und der Erfahrung der Demütigung von 1918/19 auf. Sie bedienten das grundlegende Bedürfnis nach einem positiven Selbstkonzept, nicht nur bei den Nationalsozialisten, sondern auch bei konservativen und militärischen Eliten und in weiten Teilen der Bevölkerung. Auch wenn bei Kriegsbeginn 1939 keine breite Kriegsbegeisterung herrschte: Im Juni 1940, nach dem triumphalen militärischen Sieg über Frankreich, stand Hitler im Zenit seiner Beliebtheit.[76]

In den dreißiger Jahren war der ressentimentgeladene Opferhabitus der Zwanziger in ein rassenideologisch aufgeladenes Überlegenheitsgefühl umgeschlagen, das sich schließlich im Weltanschauungs- und Vernichtungskrieg entlud. Allerdings mit wesentlichen Unterschieden: In Frankreich hielt sich die deutsche Besatzung weitgehend an das Völkerrecht. Widerstand wurde zwar mit allen Mitteln bekämpft; doch Massaker wie die Zerstörung des Dorfes Oradour-sur-Glane am 10. Juni 1944, der 642 Menschen zum Opfer fielen, blieben die Ausnahme.[77] Nichtsdestoweniger wurde es ebenso zu einem Symbol der deutschen Besatzungsherrschaft im Zweiten Weltkrieg wie das Massaker von Marzabotto in Italien oder deutsche Vergeltungsaktionen in Griechenland, bei denen schätzungsweise 25 000 Zivilisten getötet wurden.[78]

Vor allem im Osten Europas wurde der Krieg als Vernichtungskrieg geführt. Systematisch wurde die polnische Führungsschicht ermordet; der Zweite Weltkrieg kostete in Polen 5,5 bis 6 Millionen Menschenleben, etwa ein Sechstel der Bevölkerung, davon allein 3 Millionen polnische Juden. Die Sowjetunion hatte über 15 Millionen getöteter Zivilisten und über 11 Millionen toter Soldaten zu beklagen, davon etwa 3 Millionen Kriegsgefangene, die in deutschem Gewahrsam elend zu Tode kamen. Ihnen war das Kriegsvölkerrecht ebenso vorenthalten worden wie der Zivilbevölkerung eine ordentliche Gerichtsbarkeit. Diese wurde stattdessen einer Willkürherrschaft unterworfen, die den massenhaften Tod von Zivilisten durch wirtschaftliche Ausbeutung und Hunger, Umsiedlungen oder Zwangsarbeit ganz bewusst in Kauf nahm.[79]

All dies gipfelte in der systematischen Ermordung der europäischen Juden, die im Sommer 1941 mit Massenerschießungen in den eroberten sowjetischen Gebieten durch Einsatzgruppen der SS, des SD und der Polizei begann. Ab Herbst 1941 wurde die jüdische Bevölkerung aus allen Teilen Europas in die eigens errichteten Konzentrations- und Vernichtungslager in Polen deportiert und dort systematisch ermordet.

Die Geschichte des Zweiten Weltkriegs muss hier nicht abermals erzählt werden. In unserem Zusammenhang ist entscheidend, dass Deutschland, als das Reich am 8. Mai 1945 kapitulierte, eine einzigartige Spur der Vernichtung durch Europa gezogen hatte, die das Bild des Landes endgültig prägte.[80]

4 Ein Deutschland oder zwei?
Außenwahrnehmungen in der Zwischenkriegszeit

Warum haben aber, als Hitler in den dreißiger Jahren seine Expansionspolitik in Gang setzte, ausgerechnet diejenigen unter den europäischen Nachbarn, die das Kaiserreich immer für militaristisch und autoritär gehalten hatten, die Entwicklung in Deutschland so unterschätzt – zumal nach der Aufwallung moralisch aufgeladener Feindbilder im Ersten Weltkrieg?

Im Vereinigten Königreich wirkte der Erste Weltkrieg als Schock weiter, vor allem über die auf den Schlachtfeldern gestorbenen jungen Männer, zu deren Gedenken sich Briten bis heute jedes Jahr im November *poppies* (Mohnblumen) an die Kleidung stecken. Zugleich erleichterte der Sieg eine Abkehr von militärischen Idealen und Männlichkeitsvorstellungen.[81] Das britische Selbstbild als zivil, freiheitlich und friedliebend schlug sich in den dreißiger Jahren in dem Willen nieder, einen neuen Krieg um beinahe jeden Preis zu vermeiden.

Bald nach 1919 bildete sich auch ein schlechtes Gewissen wegen des Versailler Vertrags heraus, der im Rückblick dann doch als zu hart und ungerecht angesehen wurde. Er sei kein ewig währendes Evangelium und müsse korrigiert werden, sagte der britische Premierminister dem amerikanischen Außenminister im August 1931,[82] nachdem das Vereinigte Königreich seine Sympathien schon im Herbst 1923, nach dem Abbruch des Ruhrkampfes, in Richtung der deutschen Politik gelenkt hatte. So zog in den zwanziger Jahren wieder ein differenzierteres Deutschlandbild auf. Ähnlich den britischen Perzeptionen nach der Reichsgründung fiel es wieder ambivalenter aus. Neben das Bild vom preußisch-militaristischen Deutschland trat nun erneut das der Nation von Wissenschaft und Kultur, wozu unter anderem die deutschen Schöpfungen der »goldenen Zwanziger« in Literatur, Kunst und Architektur beitrugen.[83]

Appeasement und Vansittartismus

Sir Horace Rumbold, zwischen 1928 und 1933 als britischer Botschafter in Berlin, riet seiner Regierung, die europäische Machtverschiebung zugunsten Deutschlands nicht zu behindern, da sie ohnehin unvermeidlich sei. Als die parlamentarische Demokratie ab 1930 ins Schwanken geriet, sprach er sich dafür aus, der Regierung Brüning durch Konzessionen an Deutschland entgegenzukommen. Allgemein wirkte das schlechte Gewissen wegen des Vertrags von Versailles nach, der als Voraussetzung für den Aufstieg der Nationalsozialisten aufgefasst wurde.[84] In der Folge wurden die Gefahren, die von der nationalsozialistischen Regierung ausgingen, kaum ernst genommen. Als Hitler das tschechoslowakische Sudetenland für Deutschland beanspruchte, glaubte Premierminister Chamberlain, mit dem Münchner Abkommen vom 29. September 1938, das die Tschechoslowakei zur Abtretung des Sudetenlandes zwang, den Frieden zu sichern. Erst als 1939 klar wurde, dass Hitlers Forderungen weiter gingen, und als Deutschland auch die sogenannte »Rest-Tschechei« besetzte, war der Wendepunkt erreicht, ab dem Deutschland wieder als Gegner Nummer eins gesehen wurde.[85] *Remember Munich* wurde schließlich zum Memento einer Appeasement-Politik, die das Muster der deutschen Wahrnehmungsfalle ironischerweise ins Gegenteil verkehrt hatte: Was die Deutschen als Vormachtstreben betrieben, hatte die britische Regierung als deren gutes Recht empfunden.

Während des Zweiten Weltkriegs hielten dann erneut die Wahrnehmungsmuster aus der Zeit vor 1914 und aus dem Ersten Weltkrieg Einzug.[86] Robert Vansittart, von 1929 bis 1937 der leitende Beamte im Foreign Office, verfasste und verlas im Spätherbst 1940 im Rundfunk Vorträge über Deutschland, die im Jahr darauf in einem Band mit dem Titel *Black Record* publiziert und zu Bestsellern wurden. Vansittart bemühte sich darin bewusst nicht um besondere Differenzierung:[87] Die Deutschen seien »gemeingefährliche Irre« *(homicidal maniacs)*, die fortwährend und massenhaft ihre Nachbarn umgebracht hätten. Diese Grundhaltung sei eine Konstante der deutschen Geschichte und ein Bestandteil des deutschen Nationalwesens. Daher machte Vansittart auch keinen Unterschied zwischen deutscher Regierung und deutscher Bevölkerung, zwischen Deutschen und Nationalsozialisten. In diesem Sinne titelte der *Daily Express* am 8. Mai 1945: »All Germans are guilty«.[88]

Den deutschen Hang zur Unbedingtheit hatte schon der britische Botschafter Lord D'Abernon, der Stresemann sehr zugetan war, am 18. November 1925 in seinem Tagebuch festgehalten:

>»Die Kunst der dankbaren Anerkennung, die man mit dem Hintergedanken der Förderung künftiger Vorteile zum Ausdruck bringt, ist den Deutschen fremd. Sobald ihnen irgend etwas gewährt wird, stellen sie nicht nur weitere Forderungen, sondern versuchen, das ihnen einmal Gegebene als eine höchst unvollkommene Erfüllung ihrer unbestreitbaren Rechtsansprüche darzustellen.«[89]

Und die britische Germanistin Eliza Marian Butler hatte im Jahr 1935 mit Blick auf das Erbe des deutschen Idealismus festgehalten:

>»[D]ie Deutschen hegen eine hoffnungslose Leidenschaft für das Absolute, unter welchem Namen und in welcher Gestalt auch immer sie es sich vorstellen [...]; die Deutschen sind vielleicht einzigartig in dem Feuereifer, mit dem sie Ideen verfolgen und versuchen, sie in Wirklichkeit zu verwandeln. Ihre großen Errungenschaften, ihr katastrophales Scheitern, ihre tragische politische Geschichte – alles ist mit diesem gefährlichen Idealismus imprägniert.«[90]

Die Schlussfolgerung, die daraus während des Zweiten Weltkriegs gezogen wurde, formulierte der Historiker A. J. P. Taylor 1945: »Die Geschichte der Deutschen ist eine Geschichte der Extreme. Sie kennt keine Mäßigung, und im Verlauf von eintausend Jahren haben die Deutschen alles erlebt, nur keine Normalität.«[91] Taylor sprach, ebenso wie Vansittart, oft im Radio, und solche Auffassungen fanden weite Verbreitung, zum Beispiel in einem Leitfaden für britische Soldaten in Deutschland, den das

Foreign Office im November 1944 herausgab. Deutsche, hieß es dort, »lieben melancholische Lieder«, und »selbst kinderlose Ehepartner bestehen auf ihrem eigenen Weihnachtsbaum. Deutsche Soldaten haben mit polnischen Kindern gespielt, und dennoch gibt es authentische Berichte, dass eben diese Kinder erschossen oder verbrannt wurden oder verhungerten.« Der Deutsche sei »brutal, solange er siegreich bleibt«, aber »selbstmitleidig und bettelt um Mitleid, wenn er geschlagen ist«.[92]

Die deutsche Tendenz zum Extremen war auch Teil des Memorandums über den deutschen Charakter, das der Brigadegeneral W. E. Van Cutsen unter dem Datum des 1. März 1945 in Umlauf brachte.[93] Die Deutschen seien ökonomisch, technologisch und organisatorisch ganz vorn, aber politisch sehr rückständig. Überhaupt sei die deutsche Persönlichkeit gespalten zwischen Überheblichkeit und Arroganz auf der einen Seite und Demut und Ergebenheit auf der anderen. Blinde Autoritätsgläubigkeit herrsche vor allem gegenüber staatlichen und militärischen Autoritäten, und das gelte demnächst natürlich auch für die Besatzungsmacht: »Wenn Sie deutschen Zivilisten Befehle erteilen müssen, äußern Sie diese in strengem, militärischen Ton. Der deutsche Zivilist ist daran gewöhnt und erwartet nichts anderes.«[94]

Dabei, so hieß es, tendierten die Deutschen zum Selbstmitleid und vertauschten die Rollen von Täter und Opfer. Im amerikanischen Pendant zum Leitfaden für britische Soldaten, dem »Pocket Guide to Germany« für amerikanische Soldaten, hieß es 1944:

> »Dem Deutschen tun nicht die Millionen Toten, Verwundeten, Heimatlosen und Verstümmelten in Europa leid, das Ergebnis seiner Gier nach Beute und Eroberung, er tut sich selbst leid. Er ist betrübt, dass die Kriegsverwüstungen, die er anderen Völkern antat, trotz all seiner Bemühungen, nun ihn heimsuchten. Er ist betrübt, dass er erneut eine Niederlage erlitten hat.«[95]

Und doch war die alte Ambivalenz nicht ganz verschwunden:

>Eine der Tragödien in Deutschlands jüngster Geschichte ist der eigene Verrat an den früheren Beiträgen zur Zivilisation. Das Land brachte große Schriftsteller, Philosophen, Wissenschaftler, Künstler und Musiker hervor.«

Schwäche und Demütigung

Auch in Frankreich stellte sich seit den zwanziger Jahren einmal mehr die Frage, ob es *ein* Deutschland gebe oder zwei. In seiner »Geschichte zweier Völker« hatte der extrem nationalistische und antidemokratische französische Journalist und Historiker Jacques Bainville 1915 geschrieben, der deutschen Bestie müssten die Krallen beschnitten werden.[96] Dies entsprach der »Ein-Deutschland-Theorie« der französischen Rechten, insbesondere von Staats- bzw. Ministerpräsident Raymond Poincaré. Es gebe ein einheitliches, gefährliches Deutschland, das mit harter Hand behandelt werden müsse, da es nur Kraft und Stärke respektiere.[97] Die Vorstellung der »beiden Deutschlands« wiederum, nach denen es auch ein anderes, Frankreich nicht feindlich gegenüberstehendes Deutschland gebe, war insbesondere aufseiten der Sozialisten und der linken Mitte verbreitet und wurde vor allem von Aristide Briand vertreten.

Die ersten Jahre nach dem Krieg hatten ganz im Zeichen Poincarés gestanden, der mit dem Ruhrkampf freilich seinen Bogen überspannte und im Mai 1924 die Wahlen verlor. Die Jahre danach gehörten Briand, denn auch als Poincaré 1926 in das Amt des Ministerpräsidenten zurückkehrte, drehte er das Rad nicht wieder zurück. Vielmehr stellte sich nach Locarno eine zaghafte transnationale Zusammenarbeit ein. Nachdem zum Beispiel deutsche Forscher (mit Ausnahme von Albert Einstein) ebenso wie bulgarische, österreichische und ungarische 1918 für mindestens zwölf Jahre aus internationalen wissenschaftlichen Organisationen ausgeschlossen worden waren, wurde der Boykott 1926 offiziell aufgehoben. Dennoch blieb Misstrauen, und ein Rückstand bei der Durchsetzung der Quantenphysik in Frankreich war nicht zuletzt die »Konsequenz des Argwohns der französischen Wissenschaftler gegenüber dem, was ihnen als ›deutsche Wissenschaft‹ erschien«.[98]

Französische Schulbücher nahmen Ende der zwanziger Jahre »sanfte Modifikationen« der moralischen Verurteilung Deutschlands vor. Dessen Vormachtstreben wurde nicht mehr mit Moral und Mentalität, sondern politisch-militärstrategisch begründet. In einem der bekanntesten Schulbücher, dem »Cours Malet«, in dem noch 1921 vom deutschen Hunger nach Dominanz und Gewaltkult die Rede gewesen war, galt nun weniger Deutschland als Hauptfeind als vielmehr der Krieg an sich.[99] Ähnlich wie auf den Britischen Inseln hatte sich auch in Frankreich Ende der zwanziger Jahre die Zwei-Deutschland-Theorie wieder weithin durchgesetzt, und sie blieb auch in den dreißiger Jahren – entgegen der evidenten Entwicklung in Deutschland – lange erhalten. Die Gründe lagen, abermals wie im Vereinigten Königreich, in einem verbreiteten Willen, Krieg zu vermeiden, zumal angesichts der Wahrnehmung eigener Schwäche. Dieser französischen Wahrnehmung stand auf deutscher Seite diesmal allerdings nicht die Furcht vor der »Einkreisung« gegenüber, sondern ein überschießendes Selbstbewusstsein.[100] Dabei fielen die politische Entwicklung in Deutschland und ihre Wahrnehmungen bzw. die Reaktionen in Frankreich und Großbritannien zeitlich auseinander. Paris und London gaben Hitler in der Folge, was sie Stresemann verwehrt hatten.

Am Ende freilich stand die abermalige militärische Demütigung Frankreichs, so wie 1870, durch die vernichtende Niederlage gegen Deutschland im Juni 1940, die ein erneutes historisches Trauma der Franzosen begründete. Dennoch: Das eindimensionale Bild vom Deutschen als dem grausamen *boche* mit Pickelhaube, als Vergewaltiger, Säufer und Lügner ließ sich im Zweiten Weltkrieg nicht uneingeschränkt aufrechterhalten; zu uneinheitlich waren die Erfahrungen mit der deutschen Besatzung.[101] Das Massaker von Oradour-sur-Glane stach heraus, blieb aber zugleich, wie bereits gesagt, eine Ausnahme. Jedenfalls prägte die Besatzung die Franzosen tief, im Negativen wie im Positiven, und hinterließ eine Mischung aus Hass und Bewunderung.

Zugleich befestigte der Krieg das französische Bild, »dass der Deutsche der ewige in ihr Land eindringende Feind sei«[102] – eine Wahrnehmung des Nachbarn in der Mitte, die Franzosen und Polen einte. »Stellt Euch vor, wir sind die Nachbarn Deutschlands, das dreimal in einem Menschleben in unser Land eingefallen ist, und daraus ergibt sich von selbst, dass wir kein Reich mehr wollen.«[103] So begründete Charles de Gaulle den französischen Willen, das »Reich«, das 1945 für den französischen Antigermanismus zum Inbegriff Deutschlands geworden war,[104] endgültig aufzulösen und territorial zu zerstückeln.

In den Benelux-Ländern prägten die Weltkriegserfahrungen die Deutschlandbilder – allerdings auf sehr unterschiedliche, ja entgegengesetzte Weise.[105] In den Niederlanden hatte der deutsche Einmarsch in Belgien im August 1914 Bestürzung und Abscheu hervorgerufen, die sich jedoch abschwächten, als klar wurde, dass die niederländische Neutralität nicht in Gefahr war. Nachdem das Gefühl der Bedrohung durch Deutschland während der Weimarer Republik deutlich zurückgegangen war, wurde die deutsche Besetzung im Mai 1940 als totaler Schock erlebt, der ein negatives, von Misstrauen und Ablehnung geprägtes Deutschlandbild verstärkte, das noch lange nachwirkte.

Diesen Schock hatte Belgien 1914 durch das Ultimatum des 2. August und den Einmarsch deutscher Truppen schon einmal erlebt. In der Zwischenkriegszeit gehörte es folglich zu den Sie-

germächten des Ersten Weltkriegs und hegte, skeptisch gegenüber dem deutschen Revisionismus, erhebliche Ressentiments
gegen den Nachbarn im Osten. Der neuerliche deutsche Einmarsch 1940 wirkte angesichts der Erfahrungen von 1914 dann
nicht gleichermaßen traumatisch – im Gegenteil, es zählt zu den
historischen Ironien, dass die zurückhaltende Besatzung im
Zweiten Weltkrieg eher zu einer Überwindung des Traumas von
1914 beitrug.

Illusion und Katastrophe

Davon konnte in Polen natürlich keine Rede sein. Seit der Wie-
dergründung des polnischen Staates im Jahr 1918 war das Verhältnis zu Deutschland aufgrund der massiven Grenzstreitigkeiten
extrem belastet gewesen. Das Ziel einer Revision der deutsch-polnischen Grenze vor allem im Korridor und in Oberschlesien
stand für die deutsche Seite außer Frage. In der Folge grassierte in
Polen eine doppelte Angst: vor deutschen Revisionsbestrebungen
und vor einer deutsch-russischen Kooperation auf Kosten Polens,
zumal nach dem deutsch-russischen Vertrag von Rapallo 1922.

In der Folge verstärkten sich in Polen Antipreußentum und
Antigermanismus, auf politischer wie auf publizistischer Ebene.
Mit Bezug auf den deutschen »Drang nach Osten« wurde die
neue »deutsche Gefahr« heraufbeschworen und die Schwächung
Deutschlands durch den Versailler Vertrag als nur vorüberge-
hend erachtet.[106] Das negative polnische Deutschlandbild wandelte sich ausgerechnet nach dem deutsch-polnischen Nichtangriffspakt von 1934 mit dem nationalsozialistischen Deutschland
zum Positiven: von dem Österreicher und Nichtpreußen Hitler
schien eine geringere Gefahr auszugehen.[107]

Fünf Jahre später erfuhr das polnische Trauma der preu-
ßisch-russischen Allianz gegen Polen dann freilich eine akute
Wiederbelebung. Dem deutsch-sowjetischen Nichtangriffspakt

vom 23. August 1939 folgten der deutsche Einmarsch in Polen, die deutsche Besatzung und der nationalsozialistische Terror. Der Zweite Weltkrieg war das Kernstück des emotionalen Erfahrungsraums im polnischen Verhältnis zu Deutschland. Er bekräftigte und verstärkte alle tradierten negativen Stereotype, bis hin zur Dämonisierung, ja Animalisierung der Deutschen.[108] Um Sicherheit vor Deutschland zu gewinnen, formulierten Polen vor dem Hintergrund dieser Erfahrungen weitreichende Forderungen: eine Verschiebung der polnischen Westgrenze nach Westen, die Auflösung des Deutschen Reiches sowie eine nationalen Homogenisierung Polens, einschließlich der Ausweisung aller Deutschen.[109]

Aufseiten der Tschechoslowakei waren die historischen Traditionen nicht, wie in Polen, durch eine Geschichte der Teilungen geprägt, sondern durch die »Böhmenfrage«. Im Westteil des tschechoslowakischen Staates, der 1918 aus der Habsburgermonarchie hervorgegangen war, lebte eine Minderheit von mehr als drei Millionen Deutschen. Auch auf tschechoslowakischer Seite wurde die vom nationalsozialistischen Deutschland ausgehende Gefahr zunächst unterschätzt. Zum Wendepunkt und zum historischen Trauma, das die tschechischen Deutschlandbilder nachhaltig prägte, wurde das Münchner Abkommen vom September 1938, in dem die Alliierten der erpressten Abtretung des Sudetenlandes an das Deutsche Reich zustimmten, um den Krieg zu vermeiden.[110]

In der Sowjetunion sorgte der Marxismus im Gegensatz zum Panslawismus im Zarenreich für ein neutrales, wenn nicht gar verhalten positives Deutschlandbild. Deutschland galt den sowjetischen Kommunisten als das Land von Marx und Engels, Rosa Luxemburg und Karl Liebknecht und als das Land mit der fortschrittlichsten revolutionären Arbeiterklasse.[111] Während die Bolschewiki sich einerseits auf die innerrussischen Angelegenheiten und die Sicherung ihrer revolutionären Macht konzentrierten, sahen sie in Deutschland zugleich einen Partner für eine Revision der Pariser Ordnung in einer Koalition der *outlaws*.[112] Inbegriff dieser Ambition war der Vertrag von Rapallo. Zugleich sorgte sich die sowjetische Seite, spiegelbildlich zu den französischen oder polnischen Befürchtungen über Rapallo, wegen des Vertrags von Locarno. Grigori Sinowjew, Mitglied des Politbüros der KPdSU, sagte auf dem XIV. Parteitag im Dezember 1925: »Wir müssen erkennen, dass die Entscheidungen von Locarno ausschließlich darauf ausgerichtet sind, Deutschland unter bestimmten Umständen zum Teilnehmer an einer Intervention gegen uns zu machen.«[113]

Das nationalsozialistische Regime wurde unterdessen seitens der sowjetischen Führung zunächst nicht als gefährlich eingeschätzt. Einerseits hatten sich die sowjetischen Kommunisten zu Beginn der dreißiger Jahre ganz auf die »Sozialfaschismusthese« der Kommunistischen Internationale verlegt, die den Hauptgegner in der Sozialdemokratie sah.[114] Andererseits vertraute der Kreml auf die realpolitischen Sachzwänge und eine pragmatische Außenpolitik der Nationalsozialisten. Dies schien der Hitler-Stalin-Pakt vom 23. August 1939 zu bestätigen, der Polen einmal mehr zur gemeinsamen Beute machte.[115] Der deutsche Einmarsch in der Sowjetunion vom 22. Juni 1941 war demgegenüber eine Schockerfahrung, die das russische Deutschlandbild nachhaltig prägte. In der russischen Kriegspropaganda kehrte der Prototyp des gefühllosen, wild gewordenen deutschen Militaristen zurück. Der gewalttätige deutsche Soldat stand als Symbol für den »typischen Deutschen«: einen fleißigen und ordentlichen, zugleich groben und gefühlsarmen Kleinbürger mit einem steten Hang zu Überheblichkeit gegenüber allem Russischen bzw. Slawischen. Die Vergeltung für die deutschen Gräueltaten und der Sieg im »Großen Vaterländischen Krieg« verliehen der Sowjetunion eine neue Legitimation, die sich explizit gegen Deutschland richtete.[116]

5 Die vertane Chance

Die erste europäische Nachkriegsordnung des 20. Jahrhunderts hatte dem Deutschen Reich substantielle Verluste seiner territorialen, ökonomischen und militärischen Ressourcen beigebracht, seine Potentiale jedoch grundsätzlich belassen. Die Kardinalfrage nach Versailles lautete, ob sich deutscher Revisionismus und französisches Sicherheitsbedürfnis miteinander vereinbaren lassen würden.

Die gegenseitigen Wahrnehmungen waren nach 1919 ganz von den Erfahrungen des Krieges geprägt. Aufseiten der Alliierten hatten die Feindbilder von Deutschland zu Beginn des Krieges eine Moralisierung und Radikalisierung erlebt. Dem stand ein trotziger deutscher Rückzug auf das Selbstbild der tugendhaften Kulturnation im Gegensatz zur oberflächlichen westlichen Zivilisation gegenüber. Das Ende des Ersten Weltkriegs erzeugte auf deutscher Seite einen Widerspruch zwischen Selbstbild und Niederlage, der zu einem Hybrid aus Opferperspektive in den zwanziger Jahren und rassenideologischem Herrenmenschentum in den Dreißigern führte. Deutsche Unbedingtheit erstickte Ansätze von Realismus und Kompromissbereitschaft.

In der Zwischenkriegszeit war es auf deutscher Seite allein die Politik Gustav Stresemanns, die von einer strategischen Analyse der Gesamtsituation ausging, statt in einer kurzfristigen Opferperspektive deutscher Benachteiligung zu verharren. Empathie für die Sicht des anderen anstelle der Unbedingtheit der eigenen Ansprüche eröffnete die Fähigkeit zum Kompromiss und die Bereitschaft zur Kooperation als Investition in die europäische Ordnung. Eine solche »Politik vernünftiger Verständigung« (Stresemann) zwischen den europäischen Staaten besaß die Potentiale, deutsche Stärke und europäische Ordnung friedlich und zum gegenseitigen Vorteil miteinander zu vereinbaren, nicht durch einseitige Herrschaft oder Krieg. Am Ende fehlte ihr nicht zuletzt eine Ressource: die notwendige Zeit.

Von außen stellte sich währenddessen die Frage, ob es nur ein (gefährliches) Deutschland gebe oder deren zwei. Im Vereinigten Königreich und in Frankreich, modifiziert aber auch in anderen Ländern, setzte sich in den frühen dreißiger Jahren wieder das Bild der beiden Deutschlands durch. Die britische Wahrnehmung des gefährdeten Empires und das französische Gefühl der eigenen Schwäche, die sich vor 1914 gegen das Kaiserreich gerichtet hatten, wirkten sich in den dreißiger Jahren zugunsten des ungleich gefährlicheren nationalsozialistischen Deutschlands aus. Die Appeasement-Politik beruhte auf einer Verkehrung der Wahrnehmungsmuster von vor 1914. Was Hitler tatsächlich als Vormachtstreben in nie dagewesener Dimension betrieb, redeten sich die britischen und französischen Verantwortlichen bis 1939 als legitime deutsche Ansprüche schön. Zugleich ließ sich Polen durch einen Nichtangriffspakt mit Hitler beschwichtigen, während die Führung der Sowjetunion durch eine ideologisch gefärbte Brille auf Deutschland sah. Die Zwischenkriegszeit war mithin von einer fatalen zeitlichen Versetzung zwischen der Politik in Deutschland und den Wahrnehmungen von Deutschland geprägt: Als Stresemann sich um eine Politik bemühte, die deutsche Stärke und europäische Ordnung zu vereinbaren suchte, wirkten die alten Vorbehalte gegen Deutschland weiter; als Hitler hingegen einen Krieg um Raum und Rasse ansteuerte, wurde Deutschland unterschätzt wie seit 1871 nicht mehr.

Der Zweite Weltkrieg wurde dann als Rückfall der Deutschen in die Barbarei der Germanen, als Fortsetzung des preußischen Militarismus und als Bestätigung des August 1914 gedeutet. Er befestigte die Bilder von Deutschland, denen die Deutschen in den kommenden Jahrzehnten zu entkommen versuchten, indem sie vormalige Außenwahrnehmungen aus dem Westen übernahmen.

»Deutschland duckt sich weg«

Anne McElvoy, geb. 1965, ist eine führende Journalistin des *Economist*. Sie hat Philosophie und Geschichte in Oxford und in Ost-Berlin studiert und dabei Deutschland-Ost und -West kennengelernt. Ich besuchte sie in ihrem Haus in London.

Warum kritisieren liberale angelsächsische Ökonomen die deutsche »Austeritätspolitik«? Ist die Stabilitätspolitik nicht das Geheimnis des deutschen ökonomischen Erfolgs?

Bis zu einem gewissen Punkt: ja. Allerdings wurde hier wahrgenommen, dass es sich um eine Politik für die deutschen Sparer handelte, nicht für Griechenland. Ich selbst habe instinktiv etwas mehr Sympathie für die deutsche Position, vor allem weil die Syriza-Regierung keine ernsthafte Reformpolitik betrieben hat. Das größere Problem ist aber, dass es sich gar nicht wirklich um Stabilitätspolitik handelte, sondern um eine Folge widerwilliger *bail outs*, die das Problem nicht lösen.

Ansonsten sind liberale Ökonomen nicht gleichbedeutend mit Austeritätsgegnern. Im Vereinigten Königreich wurde eine milde Form von »Austerität« betrieben, und insofern gab es hier durchaus Verständnis für die deutsche Position. Varoufakis fand Anklang bei der Neuen Linken, aber nicht weit darüber hinaus.

Sollte sich Deutschland auf eine vertiefte Währungsunion einlassen, obwohl gerade diese in Maastricht ausdrücklich vermieden wurde?

Deutschland ist dabei, genau das zu tun – was immer die Verträge sagen. Die Logik der Probleme in der Eurozone besagt, dass sich eine kleine Gruppe von Ländern verständigen sollte, voranzugehen. Die Frage ist nur: Was passiert dann mit den anderen? Die deutsche Verpflichtung auf die Währungsunion hat Berlin für andere Ziele blind gemacht. So aber besteht die Gefahr, dass die Europäische Union für alle diejenigen unattraktiv wird, die nicht zum Kerngebiet der Währungsunion gehören. Das wird am Brexit ebenso sichtbar wie in Osteuropa, in einem gewissen Maße auch in Dänemark und in der Schweiz. Außerhalb des inneren Zirkels der Währungsunion wirkt die Europäische Union hohl – kein Wunder, dass die Wähler sich von ihr abwenden. Daher glaube ich auch nicht, dass den Wählern vor dem britischen Referendum nicht genug über die Vorzüge der EU gesagt worden ist – sie durchschauen das.

Sollte Deutschland aus seiner Position als geoökonomische Macht stärker geopolitische Verantwortung übernehmen? Wie könnte eine deutsche Führung von den Partnern akzeptiert werden?

Die Beschreibung des »widerwilligen Hegemons« scheint mir nach wir vor richtig. Angela Merkel weiß, dass Deutschland zu wenig tut. Gegenüber Putin hat sie die richtige Politik gemacht, und sie hat Berlin in London und Washington Respekt verschafft. Aber die Sicherheitspolitik

kommt sehr schleppend voran. Führende britische
Militärs beklagen, dass britische, kanadische und amerikanische Truppen im Rahmen der NATO-Präsenz in den
baltischen Staaten einen substantiellen Beitrag dazu
leisten, eine territoriale Aggression Russlands zu verhindern, während sie den deutschen Beitrag als »Übungs-
mission« beschreiben; offensichtlich ist in Deutschland
nicht klar, dass es sich um wirklich ernsthafte Sicherheitspolitik handelt. Meiner Einschätzung nach liegt das nicht
daran, dass es der Bundeswehrspitze an Ernsthaftigkeit
und Einsicht mangeln würde. Vielmehr will Deutschland
nach wie vor eine Kontroverse darüber vermeiden, was die
Armee eigentlich tut.

Dass Angela Merkel der Mantel einer »Anführerin der
freien Welt« umgehängt wird, ist kaum zu rechtfertigen.
Deutschlands Haltung zum Krieg in Syrien besteht darin,
nicht gegen Militärschläge zu sein, aber auch nicht daran
teilzunehmen. Ich sehe ein, dass die öffentliche Meinung
gegen Interventionen ist. Aber am Ende bedeutet dies,
dass Deutschland eine ökonomische Macht mit zu
geringem geopolitischem Gewicht bleibt. Deutschland
duckt sich weg. Man kann eine Zeitlang Trittbrett fahren,
aber sicher nicht für die nächsten Jahrzehnte.

Wie beurteilen Sie die deutsche Flüchtlingspolitik von 2015?
Hat Deutschland das Thema Einwanderung unterschätzt –
auch gegenüber dem Vereinigten Königreich?

Ja, das hat es. Mein Einwand richtet sich dabei nicht gegen
die Entscheidung von 2015 an sich, sondern dagegen, dass
die deutsche Politik Klarheit über die Dimension der
Integrationsaufgabe vermieden hat. Es ist kaum möglich,
von der Regierung irgendeine konkrete Aussage darüber

zu bekommen. Aber viele, die gekommen sind, werden
sich nicht einfach in den Arbeitsmarkt integrieren lassen.
Die Zahlen sind einfach zu groß, die Qualifikationen
reichen nicht aus. Ich glaube, die Aufnahme der Flüchtlinge war eine große humanitäre Geste. Aber es gab eine
Art von Bevormundung, die den Menschen bewusst
ist – nicht nur denen, die ohnehin gegen Zuwanderung
sind. Die Wahlen von 2017 haben das gezeigt.
Was Großbritannien betrifft: Cameron hat inständig
gebeten, gerade Angela Merkel, ihm in Sachen Freizügigkeit entgegenzukommen. Die Antwort war: Das ist ein
unverhandelbares Prinzip. Das ist nicht sehr hilfreich für
einen politischen Führer, der politisch Luft braucht. Wir
werden niemals wissen, ob eine entgegenkommendere
Haltung den Ausgang des Referendums beeinflusst
hätte – aber die harte Haltung hat es den *Remainers*
unendlich viel schwerer gemacht zu gewinnen.

Brexit wird oft mit »Scheidung« gleichgesetzt – und da ist die
»schmutzige Scheidung« nicht weit. Gibt es eine Chance,
dass die drei Großen in Europa – Frankreich, UK und
Deutschland – ihre Beziehungen verbessern? Wie sollte sich
Deutschland gegenüber dem Brexit und dem UK verhalten?

Wir brauchen eine andere Beziehung. Im Moment sind
wir im Kummermodus. Die *Remainers* im Vereinigten
Königreich sind gekränkt, und in Berlin herrscht nach wie
vor der Affekt: »Ihr seid selbst schuld – warum sollen wir
euch helfen?« Das ist ziemlich kurzsichtig, denn die
Geographie lässt sich nicht ändern – und wir haben nach
1945 eine Beziehung aufgebaut, die auf einer Reihe von
Gemeinsamkeiten basiert. Vielleicht zwingt uns eine
zunehmend instabile Welt zu größerer Nähe. Ich würde

die Idee eines neuen Dreiecks der Interessen lebhaft unterstützen – zumal das Vereinigte Königreich und Frankreich starke sicherheitspolitische Verbindungen haben. Zugleich glaube ich, dass diejenigen, denen etwas an den britisch-deutschen Beziehungen liegt, aus dem Brexit-Blues herauskommen und aktiv an guten Beziehungen arbeiten müssen. Verdrießlichkeit schadet allen.

III »Deutschland bleibt Deutschland« (1945–1990)

1 Teilung aus Verlegenheit: Die Ordnung von 1949

Vom Westfälischen Frieden bis zum Wiener Kongress hatte es 166 Jahre gedauert, von Wien bis zur Pariser Friedenskonferenz 104. Ein Vierteljahrhundert später benötigte Europa bereits die zweite Nachkriegsordnung des 20. Jahrhunderts.[1] Nach den Erfahrungen von Paris beschlossen die »Großen Drei« Stalin, Churchill und Truman im Juli 1945 in Potsdam keinen weiteren großen internationalen Kongress. Stattdessen wurde ein Rat der Außenminister eingesetzt, zu dem auch Frankreich als vierte Siegermacht hinzugezogen wurde. Schon 1946 verhärteten sich jedoch die Fronten zwischen den vormaligen Alliierten. Briten und Amerikaner nahmen die sowjetische Politik in Europa und in Asien als expansiv wahr und gingen von einer Politik des Abwartens zur Politik der Eindämmung über. Als Präsident Truman im März 1947 die Unterstützung der USA »für die in ihrer Freiheit bedrohten Völker«[2] zusagte, war der Kalte Krieg erklärt. Damit er nicht zu einem heißen wurde, erstarrten die Fronten zwischen Ost und West auf dem Status quo, der auf diese Weise bis 1989 festgeschrieben wurde.

Das galt insbesondere für Deutschland. Die Abtrennung der Gebiete östlich von Oder und Neiße hatten Stalin, Churchill und Roosevelt faktisch bereits auf der Konferenz von Jalta im Februar 1945 besiegelt. Der Rest des Landes sollte jedoch als Einheit behandelt werden und wurde, um die militärische Besetzung zu organisieren, zunächst in Besatzungszonen eingeteilt. Als zwischen den Alliierten nichts mehr ging, wurde diese Einteilung zur Grundlage der deutschen Teilung. Die in den drei westlichen Besatzungszonen gebildeten Länder schlossen sich 1949 zur Bundesrepublik zusammen, aus der sowjetischen Besatzungszone wurde die Deutsche Demokratische Republik, und mitten in ihrem Gebiet lag die ihrerseits geteilte Stadt Berlin. In der deutschen Erinnerung kaum noch präsent ist der Umstand, dass der Staat Preußen als Hort des »Militarismus und der Reaktion in Deutschland« durch ein Gesetz des Alliierten Kontrollrats – zu dem sich die Alliierten zusammenfanden – vom 25. Februar 1947 aufgelöst wurde.[3]

Die innerdeutsche Grenze trennte die beiden Machtblöcke unter Führung der USA und der Sowjetunion, die aus dem Zweiten Weltkrieg als neue globale Supermächte hervorgegangen waren und sich nun auf weltpolitischer Front gegenüberstanden. In den folgenden Jahrzehnten trugen sie Stellvertreterkriege im Nahen, im Mittleren und im Fernen Osten, in Afrika und in Lateinamerika aus, während es im europäischen Auge des Orkans militärisch ruhig blieb. Der Preis dafür war die Unfreiheit der Gesellschaften in den Staaten des Ostblocks.

Im Westen Europas bestanden die zwei traditionellen Großmächte weiter. Aber Frankreich war nach der Niederlage von 1940 nur Sieger von Gnaden der anderen. Und das Vereinigte Königreich sah sich nach 1945 nicht in der Lage, die ihm eigentlich zugedachte Führungsrolle in Europa zu spielen. Beide Staaten waren zudem im Begriff, ihre Kolonialreiche zu verlieren, die der Zweite Weltkrieg endgültig erschüttert hatte. Damit hatte West- und Mitteleuropa die weltpolitische Führungsrolle verloren, die es weniger als ein halbes Jahrhundert zuvor mit welthistorisch nie gekannter Dominanz gespielt hatte, als die europäischen Kolonialmächte fast die ganze Welt beherrschten.

Das besiegte und geteilte Deutschland war keine Großmacht

mehr wie 1871, nach der Kapitulation einstweilen nicht einmal eine potentielle wie 1919. Das Land hatte nicht nur bedingungslos kapituliert und war militärisch vollständig besetzt worden. Die Kriegssieger hatten mit der Berliner Deklaration vom 5. Juni 1945 auch die staatliche Souveränität für sich in Anspruch genommen, die sie mit Ausbruch des Kalten Krieges freilich nicht einheitlich auszuüben vermochten. Die politische Führung des besiegten Deutschlands wurde vor Gericht gestellt, und eine Zentralgewalt gab es bis 1949 nicht; stattdessen wurde das Land von den neugegründeten Ländern her reorganisiert.

Aber die Kriegsfolgen reichten für die Deutschen weit darüber hinaus. Allerorten hatten die Menschen – Soldaten an der Front, Zwangsarbeiter in Munitionsfabriken und Insassen von Konzentrationslagern, Zivilbevölkerung im Bombenkrieg, Opfer vorrückender Armeen – traumatisierende Erfahrungen von Krieg und Gewalt gemacht. Es gab kaum eine Familie, die keine Angehörigen verloren hatte, Millionen Menschen waren aus den deutschen Ostgebieten geflohen oder vertrieben worden, die deutschen Städte und die Infrastruktur des Landes waren durch alliierte Bombardements weithin zerstört. Zugleich stand den Deutschen die Konfrontation mit der unmittelbaren Vergangenheit, mit den Menschheitsverbrechen des nationalsozialistischen Deutschlands und ihrer eigenen Loyalität zu diesem Regime bevor, die in vielen Fällen bis zum Schluss gewährt hatte. Hinzu kam vor allem auf westdeutscher Seite die Furcht vor der kommunistischen Bedrohung durch die Sowjetunion.

Das geteilte Deutschland war ganz und gar von den weltpolitischen Rahmenbedingungen abhängig. Die sowjetische Besatzungszone bzw. die DDR wurde in den Herrschaftsbereich der Sowjetunion eingegliedert und politisch, gesellschaftlich und ökonomisch nach sowjetischem Vorbild umgestaltet. Die Abhängigkeit der Bundesrepublik von den westlichen Alliierten fiel weniger unmittelbar aus. Geradezu als ein Glücksfall erwies sich für die Westdeutschen unterdessen der Ausbruch des Ost-West-Konflikts, denn so wurde der besiegte Kriegsgegner zum Bündnispartner. Die Westbindung ermöglichte den Wiederaufstieg des westlichen Deutschlands und diente zugleich dessen Einbindung. Berühmt wurde das Wort des ersten Generalsekretärs der NATO, Lord Ismay, über den Zweck des Bündnisses: »to keep the Russians out, the Americans in, and the Germans down«.[4] Unter den Bedingungen des Kalten Krieges war die Bundesrepublik existentiell auf die westliche Sicherheitsgarantie angewiesen, und bis in die achtziger Jahre musste sie sich regelmäßig an die Politik der USA und des westlichen Bündnisses anpassen.[5]

Während die beiden militärischen Bündnisse der NATO und des Warschauer Paktes die bipolare weltpolitische Konstellation zumindest auf der nördlichen Hemisphäre bestimmten, bildete sich eine weitere institutionelle Ebene neu aus: die europäische Integration, die seit den fünfziger Jahren von Westeuropa ausging. Sie diente einem mehrfachen Zweck: der Friedenssicherung, dem wirtschaftlichen Wohlstand und der Einbindung Deutschlands in Europa.[6] Sie vergemeinschaftete deutsche Machtressourcen – in den Fünfzigern waren es Eisen und Stahl, um die Jahrtausendwende die Währung – und ermöglichte zugleich die Entfaltung deutscher ökonomischer Stärke. Und sie stützte die politischen Führungsambitionen Frankreichs in Europa.[7]

Nach 1949 richtete sich die deutsche Frage angesichts der deutschen Teilung auf die Wiedervereinigung des Landes: der Bundesrepublik, der DDR und Berlins, anfänglich auch der Gebiete östlich von Oder und Neiße, die aber schon in den fünfziger Jahren – nicht rechtlich, aber politisch – zunehmend aus dem revisionistischen Blick weiter Teile der bundesdeutschen Eliten verschwanden. Wie vor 1870 richtete sich die deutsche Frage auf die territoriale Gestalt und die verfassungsmäßige Ordnung eines vereinten Deutschlands. Der zentrale Unterschied lag in der bipolaren Weltordnung des Ost-West-Konflikts samt der militärischen Bündnisstrukturen von NATO und Warschauer Pakt und in der Einbindung des Weststaates in den Prozess der (west)europäischen Integration. Und ein Weiteres kam hinzu: die Geschichte des Nationalsozialismus, ohne die sich die deutsche Frage nicht mehr beantworten ließ. So einfach wie für Madame de Staël oder für Ernst Moritz Arndt war es mit Deutschland nach dem Zeitalter der Weltkriege und dem Holocaust jedenfalls nicht mehr.

2 Revisionismus und Zurückhaltung: Die Außenpolitik der Bundesrepublik

Als es schließlich wieder eine deutsche Außenpolitik gab, stand sie in einem doppelten Schatten: im Schatten des Ost-West-Konflikts und im Schatten der Vergangenheit. Während die DDR, die sich als sozialistischer Staat verstand, sich von der deutschen Geschichte zu entbinden versuchte, sah sich die Bundesrepublik als Nachfolgerin des Deutschen Reiches. Zugleich erhob sie der DDR gegenüber den Anspruch, das gesamte Deutschland zu vertreten.

Auf westlicher Seite hatte Konrad Adenauer schon ein halbes Jahr nach Kriegsende und vier Jahre vor seiner Spätkarriere als greiser Gründungskanzler der Bundesrepublik die neue Konstellation in Europa realisiert:

»Russland hat in Händen die östliche Hälfte Deutschlands, Polen, den Balkan, anscheinend Ungarn, einen Teil Österreichs. Russland entzieht sich immer mehr der Zusammenarbeit mit den anderen Großmächten und schaltet in den von ihm beherrschten Gebieten völlig nach eigenem Gutdünken. (…) Damit ist die

Trennung in Osteuropa, das russische Gebiet, und Westeuropa eine Tatsache.«

Adenauer erkannte die Chancen für Westdeutschland, das er im Oktober 1945 etwas umständlich als »nicht von Russland besetzten Teil Deutschlands« bezeichnete:

> »In Westeuropa sind die führenden Großmächte England und Frankreich. Der nicht von Russland besetzte Teil Deutschlands ist ein integrierender Teil Westeuropas. Wenn er krank bleibt, wird das von schwersten Folgen für ganz Westeuropa, auch für England und Frankreich sein. Es liegt im eigensten Interesse nicht nur des nicht von Russland besetzten Teiles Deutschlands, sondern auch von England und Frankreich, Westeuropa unter ihrer Führung zusammenzuschließen, den nicht russisch besetzten Teil Deutschlands politisch und wirtschaftlich zu beruhigen und wieder gesund zu machen.«[8]

Adenauer – und nicht nur er – war getrieben von einer geradezu pathologischen Angst vor der Sowjetunion oder, wie es im nach wie vor üblichen Kollektivsingular hieß, »dem Russen«. Es handelte sich um ein typisches Heterostereotyp, das sich aus konkreten Erfahrungen und aus Imaginationen zusammensetzte, die der Tradition eines bürgerlichen und christlichen Antikommunismus entstammten. Dieses Bedrohungsszenario ging mit dem zeitgenössischen amerikanischen Antikommunismus zusammen – und entlastete die Westdeutschen zugleich vom Blick zurück.

Adenauers oberstes Ziel waren die äußere Sicherheit der Bundesrepublik und ihre Eingliederung in das Staatensystem, und zwar auf Augenhöhe. Dieses Ziel verfolgte er mit Hilfe einer revolutionären Neuerung der deutschen Außenpolitik: durch die feste Bindung an den Westen im transatlantischen Bündnis mit den USA und durch die europäische Integration. Mit der Methode der »Selbstbehauptung durch Selbstbeschränkung«[9] wandte sich die Bundesrepublik einerseits von den Methoden der klassischen Mächtediplomatie ab. Andererseits folgte sie zugleich dem revisionistischen Programm, Deutschland müsse »wieder eine Großmacht werden«.[10] Ähnlich doppelgesichtig war Adenauers Europapolitik. Sie bewegte sich flexibel und je nach politischen Umständen zwischen zwei Zielen: den Vereinigten Staaten von Europa und einem Europa der Vaterländer, jedenfalls der Einzelstaaten.[11]

Mit ihrer Politik der Selbsteinbindung und ihrer Kultur der Zurückhaltung wurde die Bundesrepublik binnen weniger Jahre zu einem fast souveränen und innerhalb der westlichen Staatenwelt zunehmend gleichberechtigten Staat. 1955 wurde das Besatzungsstatut aufgehoben, die Bundesrepublik wurde Mitglied der NATO und baute eigene Streitkräfte auf, die beginnende europäische Integration öffnete der Bundesrepublik die westeuropäischen Märkte, und die Wirtschaftskontrollen verschwanden.

Der Preis für die Erfolge der Revisionspolitik nach Westen bestand im einstweiligen Scheitern der Revisionspolitik nach Osten. Anders formuliert: Sicherheit durch Westbindung hatte für Adenauer Vorrang vor einer deutschen Wiedervereinigung. Dieses Ziel besaß freilich Verfassungsrang, hieß es doch in der Präambel des Grundgesetzes, das »gesamte deutsche Volk« bleibe »aufgefordert, in freier Selbstbestimmung die Einheit und Freiheit Deutschlands zu vollenden«. Dieser Anspruch bezog sich zum einen auf die an Polen und die Sowjetunion abgetretenen Gebiete östlich von Oder und Neiße, zum anderen auf die DDR und Berlin. Im ersteren Fall blieb der Anspruch bis 1990 zwar eine bundesdeutsche Rechtsposition, politisch aber war bereits Adenauer klar, dass eine Wiedervereinigung mit den von Polen neu besiedelten Ostgebieten unrealistisch war.

Anders lagen die Dinge im Fall der »kleinen« Wiedervereinigung mit der DDR und Berlin, die für Adenauer nur zu westlichen Bedingungen in Betracht kam, weil ihm neutralistische Lösungen zwischen den Blöcken zu unsicher waren. Die sogenannte Magnettheorie ging von der Erwartung aus, dass die innerlich schwache DDR zusammenbrechen und sich dann, gleichsam magnetisch angezogen, der erfolgreichen Bundesrepublik anschließen werde – ironischerweise ebendas Szenario, das 1989/90 tatsächlich eintrat, als die Magnettheorie politisch längst obsolet geworden war.

Die Erwartung des Zusammenbruchs der DDR und einer baldigen Wiedervereinigung scheiterte spätestens mit dem Mauerbau von 1961. Die Mauer zementierte den Status quo (zur Erleichterung auch der Westalliierten) und gab der DDR die Möglichkeit, sich zu stabilisieren. Eine »offensive und aggressive Politik gegenüber dem expansiven sowjetischen Kommunismus« passte nicht mehr in die Zeit, wie Karl Carstens, der Staatssekretär des Auswärtigen Amts, im Oktober 1966 festhielt: »Die entscheidende Schwierigkeit unserer Deutschland-Politik resultiert aus der veränderten weltpolitischen Gesamtlage.« Die Entspannungspolitik der Supermächte treibe die bundesdeutsche Wiedervereinigungspolitik aus den fünfziger Jahren »in eine zunehmende Isolierung« und »behindert unsere außenpolitische Bewegungsfreiheit«.[12]

Bonn blieb nur die »aktive Anpassung der deutschen Politik an die Détente, die Haupttendenz der internationalen Politik«[13] – das war die Ostpolitik der sozial-liberalen Regierung Willy Brandts. Auch ihr blieb freilich das Dilemma nicht erspart, dass sie die außenpolitische Räson und das Ziel der Wiedervereinigung nicht zur Deckung bringen konnte. Willy Brandts engster Berater Egon Bahr hatte 1963 das Konzept vom »Wandel durch Annäherung« entworfen. Es zielte auf die »Überwindung des Status quo, indem der Status quo zunächst nicht verändert werden solle«.[14] Die politische, wenn auch nicht völkerrechtliche

Anerkennung der DDR, der polnischen Westgrenze und der sowjetischen Herrschaft in Ostmittel- und Südosteuropa durch die Bundesrepublik sollte zu einer Annäherung führen und die Konfrontation zwischen den Blöcken auf längere Sicht überwinden. Die DDR-Führung witterte hinter diesem Konzept eine »Aggression auf Filzlatschen«.[15] Jedenfalls befand sich die Ostpolitik in einem Widerspruch zwischen dem Ziel der Veränderung und der Methode der Bewahrung, und Ende der siebziger Jahre neigte sich die Waage zugunsten einer Verfestigung des Status quo. Eine deutsche Wiedervereinigung war in den achtziger Jahren kein aktuelles politisches Thema mehr.[16]

Zugleich gewann die Bundesrepublik, die im langen Nachkriegsboom einen ähnlichen Aufschwung erlebte wie das Kaiserreich vor 1914, an wirtschaftlicher Potenz und damit auch an politischem Gewicht. Am 5. und 6. Januar 1979 kamen die vier wichtigsten Staats- und Regierungschefs der westlichen Welt als eine Art informelles Vierer-Direktorium auf der französischen Karibikinsel Guadeloupe zusammen, um über weltpolitische Fragen zu sprechen. Bundeskanzler Helmut Schmidt genoss sichtlich, dass seine Beiträge, so sein von ihm selbst diktiertes Protokoll, »einen nachhaltigen Eindruck« auf den amerikanischen Präsidenten Jimmy Carter, den britischen Premierminister James Callaghan und den französischen Präsidenten Valéry Giscard d'Estaing gemacht hätten.[17] Jedenfalls zeigte allein schon Schmidts Teilnahme an diesem Gipfel, welche Rolle die Bundesrepublik in der westlichen Welt inzwischen spielte.

Als die bundesdeutsche Wirtschaft Mitte der achtziger Jahre in eine erneute Aufschwungphase eintrat, reagierte die Deutsche Bundesbank mit einer Politik konsequent hoher Zinsen, um eine konjunkturelle Überhitzung zu verhindern. Dies hatte in ganz Westeuropa zur Folge, dass entweder Kapital in die Bundesrepublik floss oder auch in anderen Ländern die Zinsen angehoben werden mussten und damit die Kredite teurer wurden. Bundeskanzler Helmut Kohl war sehr bewusst, dass der wirtschaftliche Erfolg der Bundesrepublik eine »gewaltige Kehrseite« offenbarte, nämlich »erhebliche, ganz erhebliche psychologische Verwerfungen«.[18] Die Bundesrepublik erscheine, so Kohl, mit ihrer Wirtschaftskraft und der Macht der Bundesbank aus Sicht der europäischen Partner geradezu bedrohlich. Der französische Präsident François Mitterrand brachte die französische Einschätzung auf den Punkt: »Die D-Mark ist Deutschlands Atombombe.«[19] Um sie zu entschärfen, schlug Paris eine europäische Währungsunion vor.[20]

Die Bundesregierung hatte sich zuvor, nachdem das weltpolitische Klima Ende der siebziger Jahre in einen »zweiten Kalten Krieg« umgeschlagen war und als die NATO ab 1983 neue Mittelstreckenraketen in Europa stationierte, loyal auf die Seite des westlichen Bündnisses gestellt. Kohl ging es zuallererst um die Berechenbarkeit und Verlässlichkeit der Westdeutschen, denen, wie er einmal sagte, von außen die Frage gestellt werde: »Steht Ihr, oder steht Ihr nicht?«[21] Ende der achtziger Jahre ergaben sich indessen sowohl ein neues Problem als auch eine neue Konstellation: Als der Kalte Krieg bereits erkennbar auftaute, wollte die NATO ihre atomaren Kurzstreckenraketen modernisieren, deren Reichweite allerdings allein deutsches Territorium betraf. Dagegen regte sich Widerstand in der Bundesrepublik. Eine Koalition aus nationalen Konservativen in der CDU/CSU und Entspannungspolitikern um Außenminister Genscher stellte sich den Plänen der NATO und ihrer Unterstützer in der Bundesregierung um Verteidigungsminister Stoltenberg und Kanzler Kohl entgegen. Das Problem wurde 1989 vertagt, und es erledigte sich mit dem Zusammenbruch des Ostblocks schließlich von selbst. Voraus ging dem aber ein heftiger Streit innerhalb des westlichen Bündnisses, der die Frage aufwarf, ob die Bundesrepublik künftig unabhängiger auftreten und möglicherweise eigene Wege gehen würde. Dass der amerikanische Präsident

George Bush diese Entwicklung durch das Angebot an die Deutschen einzufangen versuchte, »partners in leadership« zu werden,[22] war wiederum nicht gerade dazu angetan, die französischen Sorgen vor einer zunehmenden deutschen Stärke zu zerstreuen.

3 Goldfinger, Kniefall, Atombombe: Außenansichten der Bundesrepublik

»For you, Fritz«

Die britischen Wahrnehmungen von Deutschland sind (ebenso wie deren Wahrnehmungen von deutscher Seite) traditionell Gegenstand von Klischees, vor allem auf populärkultureller Ebene. Auf der Ebene der politischen Eliten wirkte nach 1945 zunächst der Vansittartismus in der Tradition der *Black Records*[23] von 1941 weiter. Robert Vansittart hatte die Deutschen, und zwar kollektiv, darin als »gemeingefährliche Irre« charakterisiert, deren Abgründe und Brutalität im Rahmen der Nürnberger Prozesse offenbar wurden.

Winston Churchill betonte zwar die Notwendigkeit einer Versöhnung, lehnte aber in seiner zweiten Amtszeit als Premierminister zwischen 1951 und 1955 mehrere Einladungen Adenauers zu einem Staatsbesuch ab. Er vermied eine öffentliche Geste, wie sie de Gaulle dem deutschen Kanzler wenige Jahre später gewährte. Dennoch machten sich Tendenzen einer langsamen Entspannung zwischen den beiden Ländern bemerkbar, etwa beim Besuch von Bundespräsident Theodor Heuss im Vereinigten Königreich 1958[24] oder als die Queen 1965 die Bundesrepublik besuchte. Zur selben Zeit blickte Premierminister Macmillan allerdings auf die Bundesrepublik, so der Historiker John

Ramsden, »wie durch ein Periskop aus dem Schützengraben im Jahr 1916«.[25] Und noch Margaret Thatcher, Regierungschefin von 1979 bis 1990, war zutiefst von einem deutschen National-charakter überzeugt, der zwischen Aggression und Selbstzwei-feln schwanke.[26]

Eine UNESCO-Umfrage ergab im Jahr 1953, dass Deutschland in der Liste der unbeliebtesten Länder in Großbritannien an zweiter Stelle stand – mit deutlichem Abstand allerdings zu Platz 1, den die Sowjetunion einnahm.[27] Denn der Kalte Krieg beein-flusste auch das westdeutsch-britische Verhältnis in eine positive Richtung. So akzeptierten die britische Politik und Öffentlichkeit die deutsche Wiederbewaffnung seit Mitte der fünfziger Jahre als Preis für die Sicherheitsgarantie der NATO. Und so verpflich-tete sich das Vereinigte Königreich im Deutschlandvertrag von 1954/55 darauf, ein wiedervereinigtes Deutschland anzustre-ben[28] – wobei Macmillan später eingestand, dabei habe es sich um eine ziemliche Heuchelei gehandelt. Mit den Worten des spä-teren Premiers Edward Heath: Man habe den Anspruch auf eine deutsche Wiedervereinigung unterstützt, »weil wir wussten, dass sie nicht passieren würde«.[29]

Als in den sechziger Jahren das westdeutsche Wirtschafts-wunder auf breiter Front spürbar wurde, rief dies auf britischer Seite sowohl Bewunderung als auch die Furcht hervor, Deutsch-land könne Europa dominieren – eine Reaktion, die an die Zeit vor 1914 erinnert. Als Bonn sich nach dem Regierungswechsel von 1969 aufmachte, Willy Brandts neue Ostpolitik umzusetzen, beobachtete der britische Botschafter in Moskau, die Bundes-republik sei für die Sowjetunion mehr und mehr zum wichtigs-ten Staat und zum wichtigsten Gesprächspartner in Westeuropa geworden.[30] Nicht nur in London kursierte nach 1945 die Sorge vor einem neuen Rapallo, die Angst, Deutschland könne im Alleingang mit der Sowjetunion zu einer Lösung der deutschen Frage kommen. Vom besiegten Deutschland gehe einstweilen keine Gefahr aus; sie drohe aber im Falle einer Verbindung mit Russland, so die britische Einschätzung einer Option, die für die politischen Eliten in Westdeutschland völlig außerhalb der Debatte stand.[31]

Auch wenn sich das britische Deutschlandbild in den achtziger Jahren wieder differenzierter zeigte[32] – besonders intensive Beziehungen entstanden zwischen beiden Ländern nach wie vor nicht, vor allem auf zivilgesellschaftlicher Ebene. Austausch- und Partnerschaftsprogramme zwischen der Bundesrepublik und dem Vereinigten Königreich blieben weit hinter dem Niveau zurück, das deutsch-französische Partnerschaften erreichten. Zugleich blieb in der britischen Medienöffentlichkeit das Misstrauen gegen Deutschland populär; daran änderte auch der Umstand nichts, dass dies – wie in der Fernsehserie »Blackadder« oder von der Komikergruppe Monty Python – immer wieder persifliert wurde. Im beliebten Genre der Kriminal- und Agentenromane ließ man Deutsche gern in der Rolle des Bösewichts auftreten, so etwa Gert Fröbe als Gegenspieler von James Bond in »Goldfinger«. Man kann die Populärkultur mit ihrem notorischen Bezug auf den Zweiten Weltkrieg – »ACHTUNG! SURRENDER! For you Fritz, ze Euro 96 Championship is over«, titelte der *Daily Mirror* am 24. Juni 1996 vor dem Halbfinale der Fußballeuropameisterschaft gegen Deutschland, das England allerdings im Elfmeterschießen verlor –, als spleenige Folklore abtun. Und doch transportierte (und produzierte) sie Images und Stereotype. Dies galt erst recht für den britischen Geschichtsunterricht, der die deutsche Geschichte nach dem Ende der achtziger Jahre eingeführten *national curriculum* weitgehend auf Bismarck, Wilhelm II. und Hitler reduzierte.[33]

Allgemein spielten Kategorien der klassischen Machtpolitik des 19. und des frühen 20. Jahrhunderts in den britischen Wahrnehmungen nach wie vor eine wichtige Rolle. Entsprechend beruhten die britischen Deutschlandbilder auf zwei Mustern, die schon vor 1914 verbreitet gewesen waren: auf dem Bild von Militarismus und Obrigkeitsstaatlichkeit zum einen und zum anderen auf der Wahrnehmung einer zunehmenden ökonomischen Bedeutung und eines neuen deutschen Selbstbewusstseins, die mit dem Verdacht des Vormachtstrebens einherging.

Sicherheit durch Einbindung

Frankreich befand sich nach 1945 in der prekären Lage eines Kriegssiegers von alliierten Gnaden, der 1940 eine demütigende Niederlage erlitten hatte. So kursierte nach 1945 die Angst vor einem Verlust des Siegerstatus und der Wiederkehr der deutschen Bedrohung.[34] Deutschland sei akut kein Grund zur Sorge, sagte Charles de Gaulle am 28. Juli 1946 in einer Rede in Bar-le Duc. Aber: »Deutschland bleibt Deutschland, das heißt ein großes Volk, mitten in Europa, (… das) der Dämon des Krieges eines Tages wieder versuchen könnte, wenn er die Chance dazu bekommt.«[35]

Sicherheit vor Deutschland zu gewinnen, Deutschland als Machtfaktor auszuschalten und Frankreich als Vormacht auf dem europäischen Kontinent zu etablieren, das war daher das Ziel einer harten Deutschlandpolitik der französischen Regierungen. Konkret ging es darum, das Saargebiet an Frankreich anzugliedern, das Rheinland von Deutschland abzutrennen, das Ruhrgebiet zu internationalisieren, Deutschland wirtschaftlich zu schwächen – und es in Einzelstaaten aufzuteilen. Dies fand auch in der französischen Bevölkerung breite Unterstützung. Als die USA und Großbritannien mit dem Ausbruch des Ost-West-Konflikts dazu übergingen, Westdeutschland einzubinden, blieb Frankreich in seiner Schwäche allerdings keine Wahl, als diesem Kurswechsel zu folgen und auf ein neues Konzept umzuschwenken: die Politik der Kontrolle durch Einbindung.[36]

Die französischen Regierungen konnten ihre Vorstellungen in

unterschiedlichem Maße und auf unterschiedliche Weise realisieren. Das Deutsche Reich wurde tatsächlich aufgeteilt, und die
neu entstandene föderalistische Bundesrepublik war kein zen-
tralisierter Staat. Ihre Gründung splitterte Deutschland allerdings auch nicht in seine historischen Bestandteile auf, zudem
ging auch das zunächst Frankreich unterstellte Saarland 1957
nach einer Volksbefragung an Deutschland zurück. Die Auf-
sicht über das Ruhrgebiet wiederum erreichte Frankreich durch
seine neue Deutschlandpolitik: nicht durch direkte Schwächung
Deutschlands, sondern durch die Vergemeinschaftung seiner
Ressourcen, angefangen mit der Europäischen Gemeinschaft für
Kohle und Stahl, der »Montanunion« von 1950/51.

Auch Charles de Gaulle ging nach seiner Wahl zum Staatsprä-
sidenten 1958 und im Verbund mit Konrad Adenauer zu einer
Politik der Annäherung an Deutschland über. Im Rahmen seines umjubelten Staatsbesuchs in der Bundesrepublik hielt er am
9. September 1962 in Ludwigsburg eine »Rede an die deutsche
Jugend«, die dem Nachbarn weit entgegenkam:

> »[Sie sind] Kinder eines großen Volkes (…), das manchmal im
> Laufe seiner Geschichte große Fehler begangen hat. Ein Volk, das
> aber auch der Welt fruchtbare geistige, wissenschaftliche, künst-
> lerische, philosophische Wellen gespendet hat, das die Welt um
> unzählige Erzeugnisse seiner Erfindungskraft, seiner Technik
> und seiner Arbeit bereichert hat; ein Volk, das in seinem fried-
> lichen Werk, wie auch in den Leiden des Krieges, wahre Schätze
> an Mut, Disziplin und Organisation entfaltet hat.«[37]

Institutioneller Höhepunkt war der Abschluss des deutsch-französischen Elysée-Vertrags im Januar 1963, der jedoch zugleich
einen Wendepunkt darstellte. Denn nach schweren politischen
Auseinandersetzungen beschloss der Deutsche Bundestag eine
Erklärung, dass der Vertrag die transatlantischen Bindungen

nicht tangiere. Dies verstanden Adenauer und de Gaulle als Abwertung des Elysée-Vertrags, und das Misstrauen des französischen Präsidenten gegen Deutschland nahm wieder zu: »Heute haben wir keine Angst vor den Deutschen. Das bedeutet nicht, dass sie nie wieder gefährlich werden können. (…) Zur Zeit können sie sich keine Abenteuer leisten, doch eines Tages vielleicht.«[38] 1966 beklagte er zunehmende Schwierigkeiten in der deutsch-französischen Verständigung: »Die Deutschen (…) sind beseelt von neuen Ambitionen.«[39]

Diese Einschätzung brachte das politische Paris auch der Ostpolitik der Regierung Brandt entgegen. Die große Sorge richtete sich darauf, dass die Bundesrepublik sich von der Westbindung abkehren und aus dem westeuropäischen Verbund lösen könne, um in Moskau Fortschritte in Richtung einer deutschen Wiedervereinigung zu erzielen. Erneut zog das Gespenst von Rapallo auf. Die Ostpolitik wurde weniger als deutscher Verzicht, denn als Mehrung der Optionen für eine deutsche Einheit wahrgenommen.[40]

Eine andere zeitgenössische Sorge betraf die wirtschaftliche Stärke der Bundesrepublik. Die französische Regierung befürchtete beispielsweise um die Wende von den sechziger zu den siebziger Jahren, deutsche Firmen könnten das Elsass wirtschaftlich übernehmen, während vergleichbare US-amerikanische oder britische Investitionen weit weniger kritisch betrachtet wurden.[41] Hatte bis etwa 1960 das Deutschlandbild vom kriegerischen Hegemon vorgeherrscht, so wurde es in den siebziger und achtziger Jahren vom Bild des wirtschaftlichen Riesen abgelöst, der Europa zu dominieren drohe.[42] Seine gefährlichste Waffe – seine »Atombombe« – sei die D-Mark, hinter der die Bundesbank mit ihrer Hochzinspolitik stand. Um die daraus resultierenden volkswirtschaftlichen »Asymmetrien« zu bekämpfen, schlug der französische Wirtschafts- und Finanzminister Édouard Balladur am 29. Dezember 1987 die »Errichtung einer Zone mit einheitlicher

Währung« und gemeinsamer Zentralbank vor.[43] Mit diesem Schritt zur Vertiefung der europäischen Integration wollte Frankreich die Bundesrepublik – schon vor der Wiedervereinigung – fester an die Europäische Gemeinschaft binden. Durchgängig argwöhnte der französische Staatspräsident Mitterrand unterdessen, dass die Bundesregierung sich entziehen wolle, während sich in Bonn längst die Bereitschaft zu einer weitergehenden Selbsteinbindung durchgesetzt hatte. Mitterrands Misstrauen spiegelt eine Tradition der Germanophobie in der politischen Klasse Frankreichs, die sich vor allem in den Momenten zeigte, in denen Deutschland an Eigenständigkeit und Kraft gewann.

Meinungsumfragen ermittelten demgegenüber ein Deutschlandbild in der französischen Öffentlichkeit, das deutlich freundlicher ausfiel.[44] Der deutsche Militarismus blieb freilich in der Populärkultur präsent. Karikierten die seit 1959 erschienenen Asterix-Bände stolze Spanier und skurrile Briten, so überboten sich die ziemlich deutschen Goten in Phantasien über Hinrichtungsformen ihrer Gegner (Zeremonienmeister: »Und dann könnte man sie in kleine Stücke schneiden …« – Cholerik: »Aber nicht zu klein! Man muss sie schon noch sehen können«), bevor sie sich gegenseitig über Jahrhunderte bekriegten.[45]

Kriegserinnerungen und Nachkriegserfahrungen

Die Benelux-Staaten spielten in der europäischen Gemeinschaft der sechs Gründerstaaten nach 1950 eine ungewohnt zentrale Rolle in Europa. Insofern betrieben sie die europäische Integration ebenso nachdrücklich, wie sie von ihr profitierten. Dabei war das Verhältnis der drei Länder zu Deutschland sehr unterschiedlich. Die Niederlande hatten ihr Trauma des deutschen Einmarschs im Zweiten, nicht im Ersten Weltkrieg erlebt. Und so betrieben sie nach 1949 mit der Bundesrepublik eine »Partnerschaft aus Notwendigkeit«.[46] Für Belgien lag das Trauma im

Jahr 1914, während das Land mit der zweiten Besatzung ironischerweise wieder ein entspannteres Verhältnis zu Deutschland gewonnen hatte. Aus belgischer Sicht war die Bundesrepublik nicht nur ein wichtiger Handelspartner; sie zeichnete sich auch auf den Gebieten der Demokratie, des Rechtsstaates und der Bildung aus – Grund genug, ein partnerschaftliches Verhältnis zu unterhalten, in dem die deutsche Vergangenheit keine dominante Rolle spielte.[47] Auch in Luxemburg wurde positiv wahrgenommen, dass die Bundesrepublik den institutionellen Ausbau der europäischen Integration vorantrieb. Das klassische Stereotyp des Autoritarismus ging unterdessen auf die DDR über.[48]

Anders lagen die Dinge in Italien, das sich mit allen Veränderungen der deutschen Frage schwergetan hatte: Die Reichsgründung von 1871 war auf Kosten der italienischen Schutzmacht Frankreich erfolgt, die Pariser Ordnung von 1919/20 hatte Italien einen »verstümmelten Frieden« hinterlassen, und im Zweiten Weltkrieg war das Verhältnis besonders kompliziert gewesen, als der »Achse Berlin-Rom« nach dem Sturz Mussolinis und der italienischen Kapitulation im Juni 1943 die deutsche Besetzung folgte. Vor diesem Hintergrund herrschten – jenseits offizieller Regierungsbeziehungen – von den fünfziger bis zu den siebziger Jahren auf italienischer Seite sehr ambivalente und stark negativ besetzte Wahrnehmungen Deutschlands vor, die sich erst in den achtziger Jahren ausdifferenzierten. Einerseits war die Bundesrepublik ein wichtiger politischer und wirtschaftlicher Partner, andererseits herrschte auch in Italien die Sorge, Deutschland könne zu groß werden und die Europäische Gemeinschaft dominieren. Angst mischte sich mit Bewunderung, wobei die Angst in dem Maße abnahm, in dem sich die Bundesrepublik für den Ausbau der europäischen Integration einsetzte und selbst europäisch einband. Zugleich erklärte Ministerpräsident Andreotti den Status quo zweier deutscher Staaten 1984 für das Maß der Dinge; ein stärkeres Deutschland konnte er nicht gebrauchen.[49]

Zwischen Spanien und Deutschland hatte es historisch, abgesehen von der deutschen Unterstützung der Franquisten im spanischen Bürgerkrieg, keine langfristig prägenden Konflikterfahrungen gegeben. Die Spanier schätzten die deutsche Unterstützung bei der Demokratisierung und der wirtschaftlichen Konsolidierung des Landes nach dem Ende der Franco-Diktatur sowie die Hilfe beim spanischen Beitritt zu NATO und EG. Es war eine *Do ut des*-Beziehung: Die Bundesrepublik setzte sich für die Integration Spaniens ein, das umgekehrt die deutschlandpolitischen Interessen der Bundesrepublik unterstützte.[50]

Weniger harmonisch gestaltete sich das deutsch-griechische Verhältnis.[51] Das griechische Deutschlandbild war durch die nationalsozialistische Besatzung im Zweiten Weltkrieg nachhaltig negativ geprägt worden. Die Deutschen hatten zahlreiche griechische Orte und Häuser zerstört, geschätzte 25 000 Zivilisten waren getötet worden, die Requirierung von Nahrungsmitteln für die Wehrmacht hatte weitere Zehntausende Hungeropfer unter der Bevölkerung gekostet, und 1942 war Griechenland eine Anleihe aufgezwungen worden.[52] Die deutsche Besatzung wurde als Ursache für den wirtschaftlichen Niedergang Griechenlands angesehen, und so wurde der Anspruch auf Reparationszahlungen nach 1945 zum zentralen Thema gegenüber Deutschland. 1960 willigte die Bundesrepublik ein, 115 Millionen D-Mark als Ausgleich für Verfolgte zu zahlen, nicht allerdings für Zerstörungen und Kosten des Krieges. Dieses Thema blieb offen – und kehrte in der Euro-Schuldenkrise zurück.

Italien, Spanien und Griechenland waren zugleich die ersten drei Länder, mit denen die Bundesrepublik 1955 bzw. 1960 Anwerbeabkommen für Arbeitskräfte schloss. Im Jahr 2000 hatten immerhin 10 Prozent der Gesamtbevölkerung Griechenlands in den vorherigen vierzig Jahren für einen längeren oder kürzeren Zeitraum in Deutschland gelebt, wobei es sich überwiegend um un- und angelernte Arbeitskräfte handelte. Diese wurden, zumal beide Seiten zunächst mit einer befristeten Aufenthaltsdauer rechneten, in der Bundesrepublik in erster Linie als Arbeitskräfte, in ihren Herkunftsländern hingegen als Quelle für Devisenimporte gesehen. Wie sie allerdings Deutschland sahen, darüber wissen wir wenig. In spanischen Gastarbeiterromanen der sechziger und siebziger Jahre erscheint Deutschland als Land, in dem sich Geld verdienen, aber nicht gut leben lässt. Über einzelne Aussagen und allgemeine Eindrücke hinaus liegen jedoch bislang keine systematischen empirischen Erkenntnisse zu der Frage vor, wie sich die Migration von Arbeitskräften in die Bundesrepublik auf das Deutschlandbild in den Herkunftsländern ausgewirkt hat.[53]

Im Schatten von Vernichtungskrieg und Ost-West-Konflikt

Besonders schwierig war nach 1945 das deutsche Verhältnis zu Polen. Hier überlagerten sich wie in keinem anderen Fall historische Erfahrungen, traditionelle Stereotype und der Ost-West-Konflikt. Nach dem deutschen Einmarsch und während der deutschen Besatzung im Zweiten Weltkrieg hatten die Polen, als »Untermenschen« behandelt und einer planmäßigen Vernichtungspolitik unterworfen, Erfahrungen mit entfesselter deutscher Gewalt und Zerstörung gemacht, die alle polnischen Befürchtungen und Stereotype des deutschen »Drangs nach Osten« bei weitem übertrafen.[54] So war auf polnischer Seite eine keineswegs nur regierungsamtliche »Kultur des Hasses« entstanden. Deutsche wurden »fast ausschließlich als Henker und Mörder« wahrgenommen. Und so wurde auch die »Aussiedlung der Deutschen aus den Gebieten, die infolge der Potsdamer Beschlüsse polnisch wurden«, wie es auf polnischer Seite hieß, in Polen allgemein als gerechte Kompensation für den Teil Vorkriegspolens empfunden, den die Sowjetunion 1945 einbehielt.

Faktisch gesehen schienen die polnischen Befürchtungen gegenüber Deutschland durch die Nachkriegsregelungen – die Aufhebung des Deutschen Reiches, die Verschiebung der deutschpolnischen Grenze nach Westen und die »Aussiedlung« der Deutschen – gelöst. Doch damit taten sich neue Konfliktlinien auf. Die Differenzen begannen bereits auf sprachlicher Ebene mit der Bezeichnung als »Ausweisung«, was die Westdeutschen »Vertreibung« nannten. Dieser Begriff, so kritisierten die Polen, isoliere die deutschen Leiden, denn er löse sie einerseits von der deutschen Kriegführung und Besatzungsherrschaft und andererseits vom gleichzeitigen Leid anderer Opfer ab: »Vertreibung« habe stets die deutschen Flüchtlingstrecks im Blick gehabt, nicht aber die zeitgleichen Todesmärsche aus den Konzentrationslagern.[55]

Überlagert und verschärft wurden diese Erfahrungen durch den Ost-West-Konflikt. Aus der westdeutschen Perspektive wurde Polen lange Zeit in erster Linie als kommunistischer Satellitenstaat der Sowjetunion wahrgenommen – was weitere Auseinandersetzungen mit der deutschen Schuld gegenüber Polen unterband. Im polnischen Deutschlandbild wiederum überlagerten sich drei Schichten: erstens die Grenzfrage und die klassische Angst vor dem deutschen »Drang nach Osten«; zweitens der Gegensatz der Ideologien und in Verbindung damit, drittens, die macht- und sicherheitspolitische Konstellation des Blockgegensatzes im Ost-West-Konflikt.

Zugleich mussten die kommunistischen Regierungen Polens das offizielle Deutschlandbild aufspalten. Neben der Gegnerschaft zu den »Bonner Revanchisten« stand die offizielle Freundschaft mit dem friedlich-sozialistischen Bruderstaat der DDR, der kurz nach seiner Gründung mit dem Görlitzer Vertrag von 1950 auch die polnische Westgrenze anerkannte. Das negative Bild der remilitarisierten und renazifizierten Bundesrepublik[56] diente der antifaschistischen Legitimation der kommunistischen Herrschaft und der sowjetischen Vorherrschaft, indem es die russischen Verbrechen in Polen ausblendete.[57] Zugleich half es, die polnischen Gebietsgewinne im Westen zu rechtfertigen, während die Ausweisung bzw. Vertreibung der Deutschen ein neuralgischer Punkt im polnischen Selbstverständnis blieb, der nicht offen diskutiert wurde.[58] Zugleich definierte die polnische Seite die Grenzfrage als Voraussetzung für die Bewahrung des Friedens und imprägnierte sie somit moralisch. Denn in Polen herrschte permanente Angst vor deutschen Territorialforderungen bzw. einer Grenzrevision.

Einen Wendepunkt im polnischen Deutschlandbild markierte daher der Warschauer Vertrag vom Dezember 1970.[59] Für die polnische Seite stand außer Zweifel, dass die Grenzfrage – anders als im Moskauer Vertrag mit der Sowjetunion – ganz vorn stehen müsse. Dass die Bundesrepublik die »bestehende Grenzlinie« als »westliche Staatsgrenze der Volksrepublik Polen« anerkannte und erklärte, »keinerlei Gebietsansprüche [zu] haben« und »solche auch in Zukunft nicht [zu] erheben«,[60] wurde auf polnischer Seite als »formal-rechtliche Anerkennung« aufgefasst: »festgelegt, unabwendbar und unantastbar«.[61] Dabei unterschied der polnische Parteichef Władysław Gomułka einmal mehr zwischen zwei Deutschlands, in diesem Fall nicht zwischen DDR und Bundesrepublik, sondern zwischen Revisionisten und Revanchisten in CDU und CSU auf der einen Seite und Willy Brandt als dem fortschrittlichen, guten Deutschen auf der anderen.

Es war insbesondere die symbolische Geste Brandts, vor dem Denkmal für den Aufstand des Warschauer Ghettos niederzuknien, die für weltweite Aufmerksamkeit sorgte: eine Geste der Demut und der Schuld, zumal Brandt als Exilant am nationalsozialistischen Deutschland persönlich unbeteiligt war. Der kniende Kanzler, 1971 mit dem Friedensnobelpreis ausgezeichnet, wurde zur Ikone eines anderen, schuldbewussten und demütigen Deutschlands. Allerdings sorgte die Geste in Polen zunächst für Irritationen: bei den polnischen Kommunisten, weil der Judenmord in der kommunistischen Erzählung nicht vorkam. Und bei nichtkommunistischen Polen, weil Brandt nicht vor dem Denkmal für den nationalpolnischen Warschauer Aufstand von 1944 kniete. Die Polen empfanden sich daher als »Opfer zweiter Klasse« in der westlichen Erinnerungskultur. Das Bild wurde in den offiziellen polnischen Massenmedien zunächst nicht bzw. nur unter Ausblendung des konkreten Kontextes veröffentlicht; dennoch gewann der Kniefall schließlich auch in Polen besondere Bedeutung als moralische Geste.[62]

Unterdessen fielen die polnische und die westdeutsche Auslegung des Warschauer Vertrages unterschiedlich aus. Während die polnische Seite die Grenzanerkennung als »endgültig abgeschlossen«[63] betrachtete, beharrte die westdeutsche Seite, unterstützt durch ein Urteil des Bundesverfassungsgerichts vom 31. Juli 1973, auf einem Vorbehalt: Eine definitive völkerrechtliche Anerkennung könne erst ein vereinigtes, vollständig souveränes Deutschland im Rahmen einer friedensvertraglichen Regelung vornehmen.[64] Zudem unterschieden sich die Auffassungen dessen, was unter der im Titel des Vertrages genannten »Normalisierung« zu verstehen sei. Die westdeutsche Seite war der Meinung, sie habe ihren Teil erbracht, und erwartete nun polnisches Entgegenkommen bei der Zusammenführung von Familien und der Aussiedlung von Deutschen, die noch in Polen lebten. Die polnische Seite hingegen ging davon aus, dass die Anerkennung der polnischen Westgrenze erst der Anfang eines Prozesses sei, in dem die deutsche Seite in einer Bringschuld stehe, beispielsweise in der Frage von Entschädigungen.[65] In den achtziger Jahren wurde die Lage durch die innenpolitische Entwicklung in Polen nochmals komplizierter, als die deutschen Regierungen entscheiden mussten, inwiefern sie sich an der offiziellen Regierung oder an der oppositionellen Solidarność-Bewegung orientierten.

»Das Trauma von 1941«

Wie in Polen, so verbanden sich auch im sowjetrussischen Deutschlandbild nach 1945 zwei grundsätzliche Elemente. Zum einen hatten der deutsche Überfall auf die Sowjetunion und der Zweite Weltkrieg das panslawistische Stereotyp vom ewigen Aggressor aus dem Westen bestätigt und ein eindeutiges Feindbild verfestigt. Die sprichwörtliche deutsche Tüchtigkeit und Disziplin wurden als Voraussetzung für die deutsche Kriegführung angesehen, deren Gräuel und Kriegsverbrechen sich tief im kollektiven Gedächtnis verankerten. Sie wurden ergänzt durch die Feindbilder des Kalten Krieges und der marxistischen Ideologie, die wiederum die Aufspaltung in zwei Deutschlandbilder erforderte: das der guten DDR und das der revanchistischen Bundesrepublik.[66]

Die regierungsamtliche *Prawda* zeichnete ein Bild von Westdeutschland als Büttel der USA und als neonazistisches, revanchistisches Land, in dem Arbeitslosigkeit und Obdachlosigkeit herrschten sowie Währungskrisen, Kriminalität und Bestechung grassierten.[67] Jenseits aller ideologischen Polemik behandelte die sowjetische Seite die Bundesrepublik aber mit deutlich größerem Respekt, als es eine nichtnukleare, nicht vollständig souveräne europäische Mittelmacht hätte erwarten können. Das galt schon für den Empfang Adenauers in Moskau 1955, und es ließ sich abermals bei den Verhandlungen über die Ostverträge 1970 beobachten. In den achtziger Jahren wurde die Bundesrepublik als wirtschaftlicher Gigant wahrgenommen, während die Sowjetunion sich im Abstieg befand. So setzte der wirtschaftliche Erfolg der Bundesrepublik Ängste vor dem deutschen Kapitalismus als einer neuen Form des deutschen »Drangs nach Osten« frei.[68]

Im September 1985 hielt die deutsche Botschaft in Moskau den Eindruck fest, die Sowjetunion versuche mit einer Kampagne gegen bundesdeutschen Revanchismus eine »Politik um uns herum« zu betreiben, um die Ausstrahlung der Bundesrepublik auf die Staaten des Ostblocks zu verhindern. Dies beruhe sowohl auf machtpolitischem Kalkül als auch auf alten Emotionen der Sowjets: »Das Trauma von 1941 wirkt bei ihnen nach und macht sie gegen von Deutschland ausgehende Entwicklungen, die ihre Interessen und Positionen beeinträchtigen könnten, in besonderem Maße empfindlich.«[69]

Michail Gorbatschows Politik der Umgestaltung (Perestroika) führte schließlich zu einer Annäherung auf kultureller und wirtschaftlicher, schließlich – nach Irritationen um ein Interview Helmut Kohls in *Newsweek*, in dem er Gorbatschows kommunikativen Stil in einem Atemzug mit Joseph Goebbels nannte – auch auf regierungspolitischer Ebene. Die Politik der Offenheit (Glasnost) erschütterte unterdessen negative Überzeugungen über Deutschland, nachdem sie auch sowjetische Kriegsverbrechen an die Öffentlichkeit gebracht hatte. Während die kommunistische Herrschaft durch die Geschichtsdebatte immer weiter an Legitimität verlor, wurde der »Ruf einer angeborenen Aggressivität der Deutschen« schwächer.[70]

4 Schuld und Sühne.
Auf der Suche nach einer neuen Identität

Geschichtsbilder als Existenzfragen

Die »Stunde null« gab es nicht. Und es gab sie doch. Es gab sie nicht im Sinne einer *tabula rasa,* nach der es von einem Tag auf den anderen keine Nazis mehr gegeben hätte (und nie welche gegeben hatte). Es gab sie allerdings im Sinne einer Selbstbeschreibung: als Bewusstsein des Zusammenbruchs und der Notwendigkeit, etwas Neues zu gestalten[71] – und als Maßgabe des »Nie wieder«. Wie hatte es dazu kommen können, dass die deutsche Geschichte, die deutsche Kultur und die deutschen Tugenden in die »deutsche Katastrophe« (Friedrich Meinecke) des Nationalsozialismus und des Holocaust geführt hatten? War der Nationalsozialismus ein Betriebsunfall der deutschen Geschichte, der durch von außen kommende Kräfte eingetreten war, den Versailler Vertrag und die Weltwirtschaftskrise, als Konsequenz von Moderne, Materialismus und Massengesellschaft oder als diabolische Verführung durch Adolf Hitler? Dass die nationalsozialistische Herrschaft nicht aus der deutschen Geschichte heraus erklärbar, das deutsche Volk vielmehr »Opfer geschichtlicher Vorgänge außerhalb seines eigenen Einflusses« geworden sei, das war die Grundhaltung der klassischen Nationalgeschichte.[72] Ganz anders sah dies eine neu entstehende kritische Geschichtsschreibung, die den Nationalsozialismus gerade als Produkt der deutschen Geschichte auffasste. Deutsche Geschichtsdebatten nach 1945 waren (und sind) Identitätsdebatten.

Die erste große Kontroverse brach 1961 über einen neuralgischen Punkt der deutschen Geschichte und des deutschen Geschichtsbewusstseins aus: den Beginn des Ersten Weltkriegs und die deutsche Rolle dabei. In diesem Jahr publizierte der Hamburger Historiker Fritz Fischer unter dem Titel »Griff nach der Weltmacht« die These, die deutsche Reichsleitung habe den Krieg 1914 absichtsvoll herbeigeführt und weitreichende Annexionsziele verfolgt. Das entsprach dem Vorwurf der deutschen Kriegsschuld, wie ihn die Alliierten in den Vertrag von Versailles geschrieben hatten. Und es war das Gegenteil dessen, was die Mehrheit der deutschen Historiker behauptete. Fischer hatte ein Tabu der klassischen Nationalgeschichte und der Abwehr der deutschen Kriegsschuld durchbrochen. Der politischen Dimension unmittelbar gewahr, beklagte der nationalkonservative Historiker Gerhard Ritter eine »Selbstverdunkelung des deutschen

Geschichtsbewusstseins«, welche »die frühere Selbstvergötterung verdrängt« habe.[73]

Die Kontroverse um Fischers Thesen gewann »zeitweise den Charakter einer Abrechnung mit der deutschen Geschichte insgesamt«.[74] Denn Fischer behauptete zugleich die Kontinuität deutscher Eliten über das Ende des Kaiserreichs hinaus und in den Nationalsozialismus hinein. Das war der eigentliche Zielpunkt, und das verband die Fischer-Kontroverse mit der Debatte um eines der wirkmächtigsten Narrative der bundesdeutschen Geschichtskultur: den deutschen »Sonderweg«.

Schon in den Nürnberger Prozessen nach dem Ende des Zweiten Weltkriegs hatte die angloamerikanische Seite ihrer Prozessführung das Konzept des Westens zugrunde gelegt: Deutschland sei von dieser Norm abgewichen und habe sich anstelle von liberaler Marktwirtschaft, Rechtsstaat und pluralistischer Demokratie auf einen aggressiven, militaristischen Nationalismus eingelassen.[75] Wann Deutschland den westlichen Pfad verlassen habe, wurde unterschiedlich datiert: mit der Auflösung des Karolinger-Reichs oder mit Luther, 1848, 1871 oder 1918. Unstrittig aber war, dass die nationalsozialistische Herrschaft keine schicksalhafte Wendung darstellte, sondern die logische Folge einer Kette von Ereignissen und Entscheidungen. Diese Vorstellungen wurden vor allem von der Abteilung »Research & Analysis« des Office of Strategic Services (OSS) formuliert. Sie stand unter der Leitung des Harvard-Historikers William L. Langer und sammelte liberale bzw. linke europäische Exilakademiker, viele davon aus dem 1933 geschlossenen Frankfurter Institut für Sozialforschung. Diese Exilanten und ihre Ideen trafen in den fünfziger und sechziger Jahren auf eine jüngere Generation deutscher Historiker der Jahrgänge 1926 bis 1937, die sogenannte »skeptische Generation«, aus der viele in den USA studiert hatten.[76] Das galt für Hans-Ulrich Wehler, der mit seinem Buch über »Das Deutsche Kaiserreich« aus dem Jahr 1973 die prototypische Deutung des deutschen Sonderweges vorlegte.[77] Und es galt auch noch für den 1938 geborenen Heinrich August Winkler, den späteren Historiker des langen Wegs nach Westen, der wesentliche Impulse aus einem Buch von Leonard Krieger bezog, der wiederum für das OSS tätig gewesen war.[78]

Diese Generation von Historikern hatte auch die amerikanischen Sozialwissenschaften und ihre Modernisierungstheorien kennengelernt. Diese erhoben ein Modell, dem zufolge sich westliche Industriegesellschaften von feudalen Gesellschaften hin zu modernen partizipatorisch-zivilen Demokratien entwickelt hatten, zur historischen Norm. Der deutsche Weg in den Nationalsozialismus ließ sich demgegenüber als Sonderweg erklären, der vom westeuropäischen Entwicklungspfad abgewichen sei. Das Kaiserreich sei wirtschaftlich und technologisch modern, politisch-kulturell hingegen rückständig gewesen. Das habe vor allem an seinen Eliten, den preußischen Junkern, gelegen, während das liberale Bürgertum schwach geblieben sei und keine Revolution zustande gebracht habe, wie sie zum westlichen Weg dazugehöre. Die Folge seien Obrigkeitsstaatlichkeit und »Semi-Absolutismus«[79] gewesen, zudem die Sonderstellung des Militärs und ein übersteigerter Nationalismus.[80] Damit übernahmen die Vertreter der These vom deutschen Sonderweg die kritischen angloamerikanischen Außensichten von Deutschland vor 1945. Zugleich übernahmen sie, in kritischer Umdeutung, das alte deutsche Selbstbild eines Sonderbewusstseins. Und sie übernahmen die Tradition der deutschen Monoperspektivik. Denn die These vom Sonderweg machte zwar eine vergleichende Aussage, mied aber zumeist den Vergleich.[81]

Als die wissenschaftliche Dominanz der Sozialwissenschaften in den siebziger Jahren zu Ende ging, kam auch die strikt modernisierungstheoretische These vom Sonderweg aus der Mode. Was sich aber behauptete, war eine zurückgenommene Sonderwegsdeutung. Dass deutscher Autoritarismus und Militarismus in das Zeitalter der Weltkriege geführt hatten, wurde zu einem zentralen Element im Selbstverständnis weiter Teile der bundesdeutschen Eliten nach 1945.

Die wissenschaftlich vielleicht am wenigsten ergiebige und politisch zugleich folgenreichste Kontroverse um das Geschichtsbild der Bundesrepublik brach im Juli 1986 mit einem Artikel des Philosophen Jürgen Habermas in der *Zeit* aus: der »Historikerstreit«.[82] Er ragte aus einer Fülle von Debatten der achtziger Jahre heraus und ruhte zugleich auf ihnen auf. Große Ausstellungen über die Staufer oder über Preußen führten zu einer Renaissance historischer Themen in der Öffentlichkeit, begleitet von neuen Debatten über Heimat, Nation und Identität. Die Regierung Kohl gründete neue historische Museen zur deutschen Geschichte und kündigte, als sie 1982 antrat, zugleich eine »Wende« gegenüber den sozial-liberalen siebziger Jahren an.[83] Ängste vor einem neuen Nationalismus waren der Hintergrund, vor dem der Historikerstreit geführt wurde.

Anlass der Kontroverse war ein Artikel des Berliner Historikers und Philosophen Ernst Nolte im Juni 1986, der in suggestiver Form fragte, ob »der ›Klassenmord‹ der Bolschewiki das logische und faktische Prius des ›Rassenmords‹ der Nationalsozialisten« und der Nationalsozialismus mithin eine Reaktion auf den sowjetischen Kommunismus gewesen sei. In einer scharfen Replik erhob Habermas den allgemeinen Vorwurf der »apologetischen Tendenzen in der deutschen Zeitgeschichtsschreibung«, in der neokonservative Revisionisten »eine Art Schadensabwicklung« zugunsten einer »deutsch-national eingefärbte[n] Natophilosophie« betrieben.[84]

Die Kontroverse ging inhaltlich ziemlich durcheinander. Zugleich verkörperte der Historikerstreit einen doppelten Paradigmenwechsel des öffentlich akzeptierten Geschichtsbildes. Zum einen bekräftigte er eine bereits begonnene Entwicklung, nämlich den in der deutschen Öffentlichkeit lange völlig vernachlässigten Mord an den europäischen Juden in das Zentrum des Geschichtsbildes der NS-Zeit zu rücken.[85] Zum anderen verlor die klassische Nationalgeschichte, die grundsätzlich an die Traditionen anknüpfte, endgültig ihre Überzeugungskraft zugunsten eines Geschichtsbildes der Distanzierung und der Abkehr – womit auch die Nation als Bezugspunkt des bundesdeutschen Selbstverständnisses an Bedeutung verlor.

So argumentierte der Schriftsteller Günter Grass »dass im deutschen Selbstverständnis grenzüberschreitend einzig nur noch die Kultur tragfähig geblieben ist, erweitert um die Dimension deutscher Geschichte und geschichtlicher Verantwortung«, während »der politische Begriff von Nation in Deutschland bankrott ist und bleiben wird«. Er plädierte für ein neues Verständnis der Nation, die nur noch Kulturnation sei und auf eine staatliche Wiedervereinigung verzichte. »Ausgeschlossen wäre dadurch auch eine neuerliche politische Machtbildung in der Mitte Europas. Unsere Nachbarn in Ost und West müssten eine solche Entwicklung nicht mehr befürchten.«[86] Ohnehin hätten die Deutschen durch die nationalsozialistischen Verbrechen das moralische Recht auf einen Nationalstaat verwirkt.[87] Als »Holocaust identity« bezeichnet der Politikwissenschaftler Jan-Werner Müller diese Zentrierung des Selbstbildes um die deutsche Schuld.[88]

Viele dieser Positionen aus der Zeit der alten Bundesrepublik wurden im 21. Jahrhundert empirisch revidiert oder zumindest differenziert. Der deutsche »Sonderweg« erwies sich in transnationaler Perspektive als weniger besonders denn gedacht, während postkoloniale Ansätze das westliche Modell ohnehin nicht mehr als Norm akzeptierten. Was die Vorgeschichte des Ersten Weltkriegs betrifft, so offenbart die jüngere Forschung eine so dichte internationale Verflechtung, dass sich kein einzelner Hauptschuldiger benennen lässt. Und neuere Forschungen zu den deutschen Gewalttaten in Belgien im August 1914 deuten darauf hin, dass deutsche Soldaten nicht nur, wie lange angenommen, auf eingebildete Angriffe oder Beschuss aus den eigenen Reihen reagierten, sondern tatsächlich von belgischen Zivilisten bzw. belgischen Soldaten in Zivil beschossen wurden. Dass einer der Doyens der deutschen Weltkriegsforschung einräumte, er habe gelegentliche eigene Zweifel zurückgedrängt, weil »diese Fragestellung äußerst unbequem war und drohte, einen in der internationalen *scientific community* zu isolieren«,[89] verweist auf eine Besonderheit der deutschen Geschichtskultur seit den achtziger Jahren, die für das Selbstverständnis der Bundesrepublik konstitutiv wurde: den Primat der Schuld.

Umgang mit Vergangenheit: Vom Opfergefühl zur Schuldkultur

Der weltweit einzigartige deutsche Umgang mit historischer Schuld entwickelte sich über verschiedene Stationen und Umwege.[90] Die ersten Jahre nach dem Krieg gehörten den Alliierten, vor allem im Westen: Es waren die Jahre der »Entnazifizierung«. Der Nürnberger Prozess gegen die Hauptkriegsverbrecher, die Militärgerichtsprozesse gegen ca. 5000 Angeklagte in den drei westlichen Besatzungszonen (von denen 800 zum Tode verurteilt und die Urteile mindestens zu einem Drittel vollstreckt wurden) sowie die Nürnberger Nachfolgeprozesse gegen 184 Vertreter der NS-Funktionselite stellten die justizielle Seite der Aufarbeitung dar. 100000 ehemalige Parteifunktionäre und SS-Mitglieder wurden allein in der amerikanischen Besatzungszone bis zu drei Jahre lang interniert, und alle Beamten, die vor dem 1. Mai 1937 in die NSDAP eingetreten waren, wurden aus dem öffentlichen Dienst entlassen. Ein Problem der Entnazifizierung lag darin, dass in der amerikanischen Besatzungszone zunächst die leichteren Fälle, erst ab 1947 die der schwer Belasteten verhandelt wurden. Mit dem Wandel der internationalen Großwetterlage wurden die Urteile aber zunehmend milder, so dass der

Eindruck entstand, die »Kleinen« würden hart bestraft, während man die »Großen« laufen lasse. Überhaupt wurde die Entnazifizierung zunehmend als Anmaßung der Sieger, als »Siegerjustiz« und als »Umerziehung« kritisiert.

Auf deutscher Seite fiel der Umgang mit der nationalsozialistischen Vergangenheit sehr gemischt aus. Grundsätzlich rivalisierten eine Kultur, die auf Anerkennung der Schuld und Aufklärung der NS-Verbrechen setzte, und eine Kultur des Schweigens, der es um die Bewahrung der Ehre ging, nicht zuletzt durch die Errichtung von Tabus.[91] In diesem Sinne dominierte in den fünfziger Jahren, nach dem Auslaufen der alliierten Entnazifizierung, ein »kommunikatives Beschweigen«, wie es Hermann Lübbe genannt hat.[92]

Die fünfziger Jahre waren auch die Jahre der »Bewältigung der frühen NS-Bewältigung«, die den überwiegenden Teil der Säuberungsmaßnahmen der Westalliierten rückgängig machte.[93] 1951 verfügte das sogenannte »131er«-Gesetz die Wiedereinstellung bzw. Versorgung der ehemaligen Berufssoldaten und Beamten, die wegen ihrer NSDAP-Zugehörigkeit durch die Alliierten entlassen worden waren. Gleichzeitig ging eine Gnadenwelle für verurteilte Kriegsverbrecher durch das Land. Einstige NS-Funktionäre, auch Angehörige der Funktionselite, die Besatzung und Vernichtung organisiert hatten, wurden wirtschaftlich und sozial integriert, solange sie öffentlich die neue Ordnung akzeptierten und auf neonazistische Betätigung verzichteten. Umgekehrt führten viele ein weitgehend unauffälliges, angepasstes Leben, das über die Brücke des Opportunismus in den neuen Staat und seine Gesellschaft führte.[94]

Dabei neigten viele Deutsche zunächst einmal mehr dazu, sich selbst als Opfer zu sehen. Überhaupt galten als Opfer des Nationalsozialismus vor allem Deutsche: die Opfer Hitlers und des Regimes, Insassen der Konzentrationslager, Soldaten und Kriegsgefangene, die Opfer von Bombenkrieg, Flucht und Vertreibung, schließlich die Opfer von Besatzungsherrschaft und Entnazifizierung sowie von Mangel und Hunger nach dem Ende des Krieges.[95] Bis in die siebziger Jahre richtete sich die Erinnerung an den Nationalsozialismus hingegen nicht auf die Massenverbrechen. Die von Raul Hilberg, dem Pionier der Holocaust-Forschung, bereits 1961 in Chicago publizierte Gesamtdarstellung des Judenmordes erschien in Deutschland erst 1982 in einem kleinen Verlag. Bis dahin hatte das Thema in Deutschland keine besondere Aufmerksamkeit gefunden; zudem galten jüdische Historiker als betroffen und daher als nicht objektiv. Im Zentrum des deutschen Interesses und Erinnerns standen vielmehr die »Machtergreifung« und die »Dämonie des Bösen«: die Verführung der Deutschen durch Hitler. Mit solchen Formulierungen gewann die nationalsozialistische Herrschaft zugleich die Qualität einer tragischen Verstrickung, die konkrete, persönliche Verantwortung überlagerte.

Symptomatisch dafür war der populäre Mythos um Albert Speer, der als Rüstungsminister eine Schlüsselrolle im Zweiten Weltkrieg gespielt hatte. Er verstand es, sich als unpolitischen Technokraten und »anständigen« Nazi zu stilisieren, der von Auschwitz nichts gewusst habe, da der Krieg und die Verbrechen von einer ganz kleinen Gruppe um Hitler geplant und befohlen worden seien. Abgesehen davon, dass all dies nicht stimmte und Speer sehr viel mehr gewusst hatte, als er später zugab, verlagerte diese Lesart die Schuld auf Hitler, das System und das Böse – und wenn schon Speer nichts gewusst hatte, dann galt das natürlich umso mehr für die gewöhnlichen Deutschen. Ebenso symptomatisch waren Speers nachträgliche Distanzierungen. Er verband bewusstes Verschweigen mit einer Form des Bedauerns, das sich uneindeutiger, verschleiernder und entpersonalisierter Redeweisen bediente, wenn er zum Beispiel davon sprach, er habe sich von »scheußlichen Sachen« und Ereignissen separiert, »die einem unangenehm waren«.[96]

Verführung, Verstrickung, Nichtwissen waren rhetorische Formeln der Selbstviktimisierung und des Selbstmitleids, wie Alexander und Margarete Mitscherlich unter dem suggestiven Titel »Die Unfähigkeit zu trauern« 1967 schrieben: »Die Gefühle reichen nur noch zur Besetzung der eigenen Person, kaum zu Mitgefühlen irgendwelcher Art aus. Wenn irgendwo überhaupt ein bedauernswertes Objekt auftaucht, dann ist es meist niemand anderer als man selbst.«[97] Gedacht wurde, etwa an den Jahrestagen schwerer Bombardements deutscher Städte, der deutschen Opfer; Gedenktage für die Opfer der NS-Verbrechen gab es zunächst nicht. Und als 1955 die letzten deutschen Kriegsgefangenen aus der Sowjetunion heimkehrten, stand hinter den berührenden Schilderungen menschlicher Schicksale ein Opferverständnis, in dem mehr als drei Millionen sowjetische Soldaten, die in deutscher Kriegsgefangenschaft ums Leben gekommen waren, überhaupt keine Rolle spielten.

Das war die eine Geschichte. Die andere, die sie schließlich verdrängen sollte, war die der aktiven Anerkennung der Schuld, und sie begann in den späten fünfziger Jahren. 1957/58 fand der Ulmer Prozess gegen Angehörige der Einsatzgruppen, die für Massenmorde im Zweiten Weltkrieg verantwortlich gewesen waren, großes öffentliches Aufsehen. 1958 wurde die »Ludwigsburger Zentralstelle« zur Aufklärung von NS-Verbrechen gegründet. Mit dem Prozess gegen Adolf Eichmann, den bürokratischen Organisator des Judenmordes, 1961 in Jerusalem und vor allem mit dem Frankfurter Auschwitz-Prozess 1963, in dem vor einem deutschen Gericht erstmals systematisch die industrielle Ermordung von Millionen Juden dargelegt wurde, begann eine Phase selbstkritischer Auseinandersetzung mit der Vergangenheit, jedenfalls in Teilen der westdeutschen Gesellschaft.[98]

Es dauerte freilich knapp zwei Jahrzehnte, bis sich dieser Wandel in der Breite durchsetzte. Die Ausstrahlung des US-amerikanischen Vierteilers »Holocaust« im deutschen Fernsehen im

Jahr 1979 und ihre überwältigende Resonanz verankerten das Thema im Bewusstsein der breiten deutschen Öffentlichkeit. Als Bundespräsident von Weizsäcker am 8. Mai 1985 zum Jahrestag des Kriegsendes sprach, betonte er, wo sein Vorgänger Theodor Heuss 1949 formuliert hatte, die Deutschen seien am Ende des Krieges paradoxerweise »erlöst und vernichtet in einem gewesen«,[99] besonders den Umstand der »Befreiung«. Damit richtete er, nach zeitgenössischer Debattenlage, den Fokus nicht auf die Niederlage der Nation, sondern auf die Opfer.[100] In den achtziger Jahren wurde die historische Schuld zum zentralen Inhalt des deutschen Geschichtsbildes. Dass Deutschland mit dem 2005 eröffneten Denkmal für die ermordeten Juden das Gedenken an ein selbst verübtes Verbrechen im Herzen seiner Hauptstadt verankerte, stellte eine weltweite und historische Besonderheit unter den nationalen Erinnerungskulturen und Selbstbildern dar.

Die wechselhafte Wahrnehmung nationalsozialistischer Verbrechen und ihrer Opfer spiegelt sich in der Geschichte der »Wiedergutmachung«.[101] Der Begriff klingt heute, angesichts millionenfachen Mordes, geradezu frivol unangemessen. Zeitgenössisch, in den fünfziger Jahren, stand er jedoch – im Gegensatz zum kalten Fachterminus der »Entschädigung« – für eine moralische Verpflichtung. »Wiedergutmachung« bezeichnet das größte Entschädigungsunterfangen in der Geschichte der Menschheit, wobei freilich die meisten Opfer entweder überhaupt keine Entschädigung erhielten oder nur mit einer verspäteten symbolischen Leistung bedacht wurden.[102]

Der Prozess begann im November 1947 mit dem Gesetz Nr. 59 der US-Militärregierung in der amerikanischen Besatzungszone. Nachdem die Bundesrepublik die staatliche Verantwortung übernommen hatte, wurde 1951 das »Gesetz zur Wiedergutmachung nationalsozialistischen Unrechts für Angehörige des öffentlichen Dienstes« erlassen – zusammen mit dem

»131er-Gesetz« zur Wiedereinstellung entlassener Beamter. Im Wunsch nach Ruhe und Integration wurde zwischen Tätern und Opfern nicht systematisch unterschieden. 1952 verpflichtete sich die Bundesrepublik im Luxemburger Abkommen, insgesamt 3,45 Milliarden D-Mark an den Staat Israel zu zahlen – in Relation zum Gesamtvolumen des jeweiligen Bundeshaushalts entspräche dies 2018 einer Summe von ca. 50 Milliarden Euro. Adenauer musste sich damit gegen zahlreiche Widerstände durchsetzen, und er legte zugleich den Grundstein einer Politik der Schuldanerkennung.

Bis zum Ende des 20. Jahrhunderts wurde der weit überwiegende Teil aller Wiedergutmachungsleistungen über das 1953 bzw. 1956 erlassene Bundesentschädigungsgesetz getätigt, das freilich aufgrund des Territorialitätsprinzips vor allem Deutsche, nicht ausländische Opfer betraf. Überhaupt erwies sich die Logik des Zivilrechts als inkompatibel mit dem Ausmaß des geschehenen Unrechts, allein schon, indem es materielle Schäden regulierte, Schädigungen der Persönlichkeit durch Haft in Ghettos oder Konzentrationslagern aber außerhalb seines Wirkungskreises blieben.[103]

Ansprüche von Ausländern galten als Reparationen. Im Londoner Schuldenabkommen von 1953 war deren Regelung aber bis zum Abschluss eines Friedensvertrags aufgeschoben und somit nach Lage der Dinge auf unbestimmte Zeit vertagt worden. Ersatzweise schloss die Bundesrepublik Abkommen über freiwillige Leistungen mit west-, nord- und südeuropäischen Staaten, nicht jedoch mit den Ostblockstaaten (mit Ausnahme eines Abkommens mit Polen für Opfer pseudomedizinischer KZ-Experimente). Polen hatte 1953 auf Reparationen verzichtet, änderte jedoch in den sechziger Jahren seine Position. Im Rahmen der Ostverträge wurde die Frage nicht thematisiert, wobei auf bundesdeutscher Seite die Rechtsauffassung vertreten wurde, mit der polnischen Aneignung der deutschen Ostgebiete samt dem hinterlassenen Eigentum entfalle die Grundlage weiterer Ansprüche.[104]

So stellten sich etliche offene Fragen, als die deutsche Wiedervereinigung 1989/90 zum Topthema der internationalen Politik wurde. Sie wurde aber bewusst nur mit einem Abkommen zwischen Deutschland und den vier alliierten Siegermächten, nicht mit einem Friedensvertrag mit allen am Krieg Beteiligten beschlossen, gerade um Reparationsansprüche zu vermeiden. 1991 und 1993 schloss die Bundesrepublik Globalabkommen mit Polen sowie mit Weißrussland, der Ukraine und Russland; das gezahlte Volumen von 1,5 Mrd. D-Mark fiel dabei angesichts der Zerstörungen des Weltkrieges eher symbolisch aus.[105]

Für die Bundesregierung galten die Reparationsfragen damit als erledigt – und dann kam die Frage der Entschädigung für ausländische Zwangsarbeiter in Deutschland im Zweiten Weltkrieg auf.[106] Wie sich zeigte, war die nationalsozialistische Vergangenheit mit der Wiedervereinigung mitnichten vergangen – im Gegenteil. Öffentliche Debatten über deutsche Schuld nahmen vielmehr deutlich zu.[107] Die Ausstellung »Verbrechen der Wehrmacht« sorgte 1995 für kontroverse Diskussionen bis in den Deutschen Bundestag hinein, die der Legende einer »sauberen Wehrmacht« endgültig den Garaus machten.[108] In der Folge wurden im frühen 21. Jahrhundert systematisch die NS-Vergangenheit von Ministerien, Behörden und Unternehmen sowie Kontinuitäten nach 1945 wissenschaftlich untersucht.[109] Diese Studien führten zu der Erkenntnis, dass das NS-Engagement in den betreffenden Institutionen und Organisationen weiter reichte und auch nach 1945 personell und inhaltlich längere Schatten warf als lange gedacht.[110]

Die deutsche Geschichtskultur unterscheidet sich grundlegend von anderen nationalen Erinnerungskulturen, indem sie auf eine »befreiende Abkehr« von der Vergangenheit statt auf ihre traditionsstiftende Kontinuität zielt. Sie ist nicht heldenstolz, sondern opferempathisch.[111] Die deutsche Öffentlichkeit hat aus dieser Kultur der Schuldanerkennung ein positives Selbstkonzept gemacht, das sich in Richtung einer »auf den Holocaust zentrierten anti-nationalistischen nationalen Zivilreligion«[112] bewegte. Wenn Außenminister Fischer den deutschen Militäreinsatz im Kosovo 1999 mit der Maxime »nie wieder Auschwitz« rechtfertigte und die deutsche »Willkommenskultur« des Herbstes 2015 auch mit der besonderen deutschen Verantwortung Deutschlands nach dem Holocaust begründet wurde,[113] diente die Geschichte als »wertbezogene Letztbegründung« von Politik.[114] Zugleich neigt diese Geschichtskultur der Identifikation mit den Opfern ihrerseits dazu, den Nationalsozialismus und die historische Schuld in selbstgewisser moralischer Distanzierung abermals als das Andere zu externalisieren.

Sonderweg nach Westen: Das »Modell Deutschland«

Neben der auf die deutsche Schuld zentrierten Erinnerungskultur wurde die politisch-kulturelle Verwestlichung zum zweiten Spezifikum des bundesdeutschen Selbstverständnisses. Die Westbindung in Verbindung mit der außenpolitischen Kultur der Zurückhaltung schlug sich in der staatlichen Repräsentation nieder – von der Qualität der auf Staatsbanketten ausgeschenkten Weine[115] bis zur Architektur staatlicher Bauten. Bonn war nicht nur wegen seiner überschaubaren Größe als Provisorium und als Manifestation der Bescheidenheit geeignet. Die zum Bundeshaus umfunktionierte Pädagogische Akademie war Anfang der dreißiger Jahre im Stil der »neuen Sachlichkeit« und im dominierenden Weiß jener Bauhausarchitektur errichtet worden, die in der Zwischenkriegszeit die internationale Avantgarde des Bauens verkörperte, bevor die Nationalsozialisten das Bauhaus 1933 schlossen.

An diese Architektur knüpften die staatlichen Repräsentationsbauten der jungen Bundesrepublik an. Der deutsche Pavillon auf der Weltausstellung in Brüssel 1958 verkörperte mit seiner Konstruktion aus Stahl und Glas weltoffene Modernität. Noch mehr galt dies für die Olympischen Spiele in München 1972. Mit seinem spektakulären Glasdach repräsentierte der Olympiapark ein ziviles Deutschland der »heiteren Spiele«,[116] in die dann die gewaltsame Realität des palästinensischen Terroranschlags gegen die israelische Mannschaft hereinbrach. Günter Behnisch, der das Münchener Olympiagelände entworfen hatte, wurde 1987 auch mit dem Neubau des Plenarsaals im Bonner Bundeshaus beauftragt. Er verband Transparenz mit den spielerischen Elementen der Postmoderne: Stahl und Glas statt Eisen und Blut. Beim Einzug im Oktober 1992 stand freilich der Auszug bereits fest, weil der Bundestag nach der Wiedervereinigung am 20. Juni 1991 beschlossen hatte, Parlament und Regierung nach Berlin zu verlegen. Dort bekam Axel Schultes, der zeitgleich mit Behnisch das deutlich monumentalere Kunstmuseum Bonn gebaut hatte, den Zuschlag für das neue Kanzleramt, das dann diesem Vorbild folgte.

Die alte Bundesrepublik zeigte sich durch und durch westlich: Demokratie und Marktwirtschaft, Pluralismus und Individualismus wurden zu unumstößlichen Grundwerten – die zu Beginn des 20. Jahrhunderts als Inbegriff der verachteten »Zivilisation« gegolten hatten. Die dem seinerzeit gegenübergestellte deutsche »Kultur« war bestenfalls noch Gegenstand von Verlustanzeigen. So sprach der Schriftsteller Botho Strauß von der »liberaldemokratischen Einrichtung« einer »Herrschaft alles Möglichen, die (…) alle Bindungen lose und schwächlich« mache und ihnen die existentielle Dimension faustischer Unbedingtheit nehme.[117] Dies reflektierte die ursprüngliche bürgerliche Kritik an einer Vereinzelung und Entwurzelung der Individuen in der Industriegesellschaft, an Konsumgesellschaft und Massenkultur – eine Kritik, die allerdings in den siebziger und achtziger Jahren auslief.[118] Sie lief vor allem deshalb ins Leere, weil es ausgerechnet die CDU als Sammelbecken bürgerlicher Kräfte war, die mit der Politik der Westbindung eine fundamentale Umorientierung der deutschen Gesellschaft beförderte – politisch, ökonomisch und kulturell. Demokratie und Marktwirtschaft sorgten für eine Aussöhnung mit Kapitalismus und Konsumgesellschaft; der *American way of life* hielt Einzug, auch wenn dies Adenauer schließlich in resignativen Kulturpessimismus trieb; und es war gerade die Regierung Kohl, die in den achtziger Jahren für eine ostentative Bekräftigung der transatlantischen Partnerschaft sorgte.

Die Bundesrepublik hatte Leitideen und Deutschlandbilder des Westens übernommen, traditionelle Selbstbilder hingegen ebenso aufgegeben wie einen affirmativen Bezug auf die eigene Geschichte. Ebenso verlor die Nation als Leitkategorie an Bedeutung. Karl Dietrich Bracher, einer der Nestoren der bundesdeutschen Politikwissenschaft, erhob für die Bundesrepublik als »postnationale Demokratie unter Nationalstaaten« denn auch »Bedenken gegen einen national-kollektiven Identitätsbegriff überhaupt«.[119] Stattdessen zeigte sich die Bundesrepublik wie kaum ein anderer europäischer Staat bereit, staatliche Hoheitsrechte auf die europäische Ebene zu übertragen. Die Bundesrepublik vollzog nicht weniger als einen grundlegenden Wechsel der deutschen Identität.

Ersatz stellte das Selbstverständnis als »Modell Deutschland« bereit. Dabei wurde die »Erfolgsgeschichte« der Bundesrepublik in zwei Versionen erzählt, und sie wirkte gerade daher besonders integrativ.[120] Die bürgerliche Version hob auf die Stabilitätsgeschichte der politischen Institutionen, auf eine prosperierende Marktwirtschaft und Massenwohlstand sowie auf Frieden und Freiheit durch die Westbindung ab. Die linke Lesart zielte auf Demokratisierung und Partizipation, Liberalisierung und Emanzipation, Individualisierung und Pluralismus. Beides kam zusammen, als die Bundesrepublik im Jahr 1989 ihren 40. Geburtstag feierte. »Wir können stolz auf das Geleistete und auf unseren gemeinsamen Staat sein. Daraus schöpfen wir Kraft für die Bewältigung der Zukunft.«[121] So formulierte der Koordinator der Bundesregierung ein Credo, dem sich die unterschiedlichen gesellschaftlich-politischen Strömungen anschließen konnten. Karl Dietrich Bracher bescheinigte der Bundesrepublik, dass sie eine neue, adäquatere Rolle als mittlere Macht mit einem engen Verhältnis zu Westeuropa« gewonnen habe, »in freiheitlicher Selbsteinschätzung und Weltoffenheit, aber ohne Großmachtträume«.[122] Und der sozialdemokratische Intellektuelle Peter Glotz stellte voller Zufriedenheit fest: Der »Übermut eines Staates, der ›über‹ der Gesellschaft zu thronen schien, ist gebrochen; wahrlich ein deutsches Wunder. (…) Endlich einmal ist den Deutschen ein ziviler Staat gelungen (…); wir mussten das große Tier zähmen. Es ist uns gelungen.«[123]

Sonderzug nach Pankow

Und die DDR? Sie verstand sich, so die Verfassung von 1974, als antifaschistischer »sozialistischer Staat der Arbeiter und Bauern«, gegründet als Gegenmodell zu Preußen, das in der DDR geographisch und historisch viel näher lag als in Westdeutschland. Die SED vollzog eine programmatische Abkehr vom preußisch-deutschen »Irrweg der Nation« (so der Titel eines Buches, das der spätere Kulturminister Alexander Abusch 1946 veröffentlicht hatte), der in den Nationalsozialismus geführt habe und sich, so die Ost-Berliner Sicht, in der Bundesrepublik fortsetzte.

Die Bodenreform in der sozialistischen Besatzungszone ab 1945, die Enteignung von Grundbesitzern mit über 100 Hektar Land und von vielen kleineren Besitzern mit dem Anspruch, »Junkerland in Bauernhand« zu geben, gestaltete die sozialökonomische Basis um. Auf der Ebene des kulturellen Überbaus antizipierte die SED sowjetische Preußenkritik und sprengte die Berliner und Potsdamer Schlösser der Hohenzollern sowie die

Garnisonkirche in Potsdam in die Luft. Denkmäler preußischer Könige wurden demontiert oder, wie das Reiterstandbild Friedrichs II. Unter den Linden, an weniger zentrale Orte verbracht.

Die DDR nahm den umgekehrten Weg der Bundesrepublik. Während nämlich im Westen die klassische Nationalgeschichte nach 1945 zunächst grundsätzlich in Kraft blieb und seit den sechziger Jahren durch die Übernahme früherer kritischer Außenwahrnehmungen Deutschlands abgelöst wurde, setzte in der DDR nach der scharfen anfänglichen Abkehr von nationalen Traditionen eine schrittweise Rückbesinnung auf das preußische Erbe ein. Nach dem Mauerbau von 1961 und in der Regierungszeit Erich Honeckers ab 1971 ging die SED daran, nicht mehr auf ein sozialistisches Gesamtdeutschland zu hoffen, sondern eine explizit sozialistische Nation der DDR zu begründen.[124] Entscheidende Grundlage dafür war, so der VIII. Parteitag der SED 1971, das ökonomisch-gesellschaftliche System. Dennoch wollte auch die DDR nicht auf die Ingredienzen des Nationenkonzepts aus dem 19. Jahrhundert verzichten, namentlich das Bild der Geschichte.

So begann in den siebziger Jahren eine schrittweise Rehabilitierung Preußens. Es wurde als ökonomisch weniger rückständig entdeckt denn ursprünglich angenommen, und so ließ es sich in das historische Verlaufsmodell des Übergangs vom Feudalismus zum Kapitalismus integrieren. Es war dann vor allem die große Preußen-Ausstellung in Westberlin im Jahr 1981 – Teil der Geschichtswelle in der Bundesrepublik seit den späten siebziger Jahren –, die auch die DDR herausforderte.[125] Im Vorlauf zur Westberliner Ausstellung charakterisierten die ostdeutschen Historiker Horst Bartel, Ingrid Mittenzwei und Walter Schmidt Preußen in einem programmatischen Aufsatz in der theoretischen Zeitschrift der SED als einen der »größten, stärksten und bedeutendsten deutschen Territorialstaaten«, dessen »reaktionäre« Elemente sie ablehnten, die »progressiven« jedoch hervorhoben.[126] Das hatte eine hochpolitische Dimension. Denn die Geschichtswissenschaft der DDR war keine Kunst um der Kunst willen, sondern unterlag den Vorgaben der SED, die Geschichtspolitik zum Zweck der Herrschaftslegitimation betrieb.[127]

Langsam wurde Preußen in der DDR wieder schick. 1978 strahlte das DDR-Fernsehen den fünfteiligen Film »Scharnhorst« aus, der »progressive« preußische Traditionen in sozialistische Positionen zu transformieren versuchte.[128] Der spektakulärste Akt der Preußen-Aneignung fand 1980 statt, als das Reiterstandbild Friedrichs II. von Preußen wieder an seinem alten Standort Unter den Linden aufgestellt wurde und Erich Honecker bei dieser Gelegenheit erstmals von Friedrich »dem Großen« sprach.[129] Die Aneignung der deutschen Geschichte setzte sich im Lutherjahr 1983 fort, als der Reformator nicht mehr als Bauernschlächter und Fürstenknecht, sondern als bedeutende Person der Weltgeschichte behandelt wurde. Bach, Händel und Schinkel wurden in der DDR als kulturelles Erbe gepflegt, bei Paraden der Nationalen Volksarmee wurden wieder Preußenmärsche gespielt,[130] und 1985 konnte der ostdeutsche Historiker Ernst Engelberg den ersten Band einer Bismarck-Biographie publizieren, die unter dem Titel »Urpreuße und Reichsgründer« auch in der Bundesrepublik erschien.[131]

Im selben Jahr publizierte Helmut Hanke, Forschungsbereichsleiter für Fragen der kulturellen Identität der DDR beim Institut für marxistisch-leninistische Kultur- und Kunstwissenschaften, einen Aufsatz über »Kulturelle Traditionen des Sozialismus«.[132] Darin veranschlagte er die Besonderheiten der Zeit nach 1945 überraschenderweise als eher gering und stellte stattdessen fest, dass langfristige mentale Traditionen auch in der DDR weiterwirkten. Als »typisch deutsch« galten dabei traditionelle Eigenschaften wie Arbeitsamkeit, Fleiß, Gründlichkeit, Genauigkeit, Ordnungsliebe auf der Habenseite gegenüber Borniertheit, provinzieller Enge, Spießbürgerlichkeit, Untertanengeist sowie romantischer Schwärmerei im negativen Sinne. Dies war ein klarer Gegensatz zur Abkehr von klassisch deutschen Traditionen, die sich in der Bundesrepublik gerade in den achtziger Jahren verfestigte. Dabei stellte Walter Friedrich, der Direktor des Leipziger Zentralinstituts für Jugendforschung, im November 1988 fest, dass der Mentalitätswandel in Richtung Individualismus und Pluralismus, der sich im Westen vollziehe, auch auf die DDR abstrahle. Er vollziehe sich dort aber langsamer und zeitversetzt; stattdessen habe die Gesellschaft der DDR, so Friedrich, in höherem Maße traditionelle Autoritäts- und Pflichtwerte bewahrt als die Bundesrepublik.[133]

Zwischen West und Ost öffnete sich somit eine zunehmend spürbare Lücke. In der Bundesrepublik wurde die Vorstellung der »Nation« durch eine Erinnerungskultur, in deren Zentrum die deutsche Schuld stand, durch die Übertragung staatlicher Hoheitsrechte auf die europäische Ebene sowie durch die postmoderne Dekonstruktion moderner Ordnungsvorstellungen grundsätzlich in Frage gestellt. In der DDR misslang der SED zwar ihr Vorhaben, ein eigenständiges Nationalbewusstsein zu stiften. Unter der Schale der »sozialistischen Nation« blieb aber das klassische Konzept der Nation intakt und wurde im November 1989, als die Mauer offen war und die deutsche Frage im Raum stand, umstandslos zugunsten von »Deutschland einig Vaterland« wiederbelebt. So gingen Ost- und Westdeutsche mit sehr verschiedenen sozialkulturellen Dispositionen und mit ebenso unterschiedlichen Vorstellungen von der Nation in die deutsche Einheit.

5 Vorstellungen von Europa

Neben der staatlichen Einheit gewann in der zweiten Hälfte des 20. Jahrhunderts ein neuer Faktor grundlegende Bedeutung für die deutsche Frage: die Einigung Europas. Hatte Otto von Bismarck 1876 gespottet, er habe »das Wort ›Europa‹ immer im Munde derjenigen Politiker gefunden, die von anderen Mächten etwas verlangten, was sie im eigenen Namen nicht zu fordern wagten«,[134] so trat der Politik der großen Mächte nach dem Zweiten Weltkrieg eine institutionalisierte europäische Integration an die Seite, die Zug um Zug und mit unbekanntem Ziel ein historisch neues europäisches Mehrebenensystem ausbildete. Dabei waren unterschiedliche Vorstellungen über dieses Europa – und über das, was man im eigenen Namen nicht zu fordern wagte – von erheblicher Bedeutung für den Integrationsprozess und damit auch für die deutsche Frage in Europa.

Die bundesdeutsche »Methode des Souveränitätsgewinns durch Souveränitätsverzicht«[135] ging nach 1949 von einem Niveau aus, auf dem es viel Souveränität zu gewinnen und wenig zu verlieren gab. Adenauer schwankte, wie bereits gesehen, pragmatisch zwischen einem Europa der Nationalstaaten und Vorstellungen der Vereinigten Staaten von Europa. Jedenfalls verfolgten die Bundesregierungen von Anfang an eine europa- und integrationsfreundliche Tradition; die europäische Einigung wurde zu einem festen Bestandteil der Staatsräson der Bonner Republik.[136]

In den achtziger Jahren wirkte insbesondere der liberale Außenminister Hans-Dietrich Genscher als Treiber. Er startete wesentliche Initiativen, um den zu Beginn der achtziger Jahre festgefahrenen Integrationsprozess wieder in Gang zu bringen. Um die Mitte des Jahrzehnts setzte tatsächlich ein europäischer Integrationsschub ein, der zum europäischen Binnenmarkt und zum

Europa von Maastricht führte und der eine der wichtigen Wegmarken der europäischen Einigung darstellt.[137]

Auch Bundeskanzler Kohl war von Haus aus proeuropäisch orientiert. Am 7. November 1988 umriss er seine Vorstellungen in einer Rede anlässlich des 100. Geburtstags von Jean Monnet, einem der Gründerväter der europäischen Integration:[138] Die Europäische Gemeinschaft, wie sie zu dieser Zeit noch hieß, dürfe keine bloße Freihandelszone sein, sondern müsse eine »echte Solidargemeinschaft« und eine politische Union werden. Dieser Begriff blieb immer etwas unscharf und meinte in Kohls Diktion in erster Linie, weitere staatlich-politische Hoheitsrechte auf die europäische Ebene zu übertragen, eine gemeinsame Außen- und Sicherheitspolitik zu institutionalisieren und das Europäische Parlament mit wesentlich größeren Kompetenzen auszustatten. Ihm schwebte eine subsidiarische und föderale Ordnung, im Grunde eine Bundesrepublik auf europäischer Ebene vor, wenn er dazu aufrief, die »Vereinigten Staaten von Europa« zu schaffen.

Unterdessen wurden 1988 die Weichen in Richtung Währungsunion gestellt.[139] Genscher hatte die französische Initiative vom 29. Dezember 1987, eine Zone mit einheitlicher Währung und gemeinsamer Zentralbank zu errichten, umgehend positiv aufgenommen. Er war jedoch auf den Widerstand der deutschen Ordnungspolitiker im Bundesfinanzministerium und in der Bundesbank gestoßen, die vor allem die Stabilität der Währung im Blick hatten. Sie bestanden darauf, dass sich erst die Volkswirtschaften einander angeglichen haben müssten, bevor dieser Prozess mit einer gemeinsamen Währung gekrönt werden könne – und das konnte dauern. Eine Vorentscheidung in diesem Konflikt fiel Ende Juni 1988 in Hannover, als der Europäische Rat ein Komitee einsetzte, um die »Prinzipien für die Entwicklung eines europäischen Währungsraums und ein Statut für die Errichtung einer Europäischen Zentralbank« zu entwerfen.

Dessen Leitung ging nicht, wie vor dem Gipfel erwartet, an den Präsidenten der Deutschen Bundesbank, sondern, wie im Vorfeld unter tätiger Mithilfe Kohls arrangiert, an den Präsidenten der Europäischen Kommission, Jacques Delors. Damit waren die deutschen Stabilitätspolitiker bereits auf den ersten Metern des Weges zur Währungsunion in ihrer Macht beschnitten.

Die europäische Währungsunion war also schon vor der deutschen Wiedervereinigung auf dem Weg, und sie war als solche auch nicht der Preis für die deutsche Einheit. Sie war der Preis für die deutsche Stärke in Europa. Der Preis für die Wiedervereinigung lag dann in dem Weg, auf dem die Währungsunion herbeigeführt werden sollte. Denn Anfang Dezember 1989 musste die Bundesregierung einwilligen, stärker den französischen Vorstellungen zu folgen, erst die Institutionen zu schaffen, als denen der deutschen Ordnungspolitiker, mit der wirtschaftlichen Konvergenz zu beginnen. Die Bonner Politik wurde nicht müde, deutsche Einheit und europäische Einigung als »zwei Seiten einer Medaille« zu kommunizieren und die Wiedervereinigung mit einer vertieften europäischen Integration zu verbinden. »Er frage sich, was er denn noch mehr tun könne, als beispielsweise die Schaffung einer Wirtschafts- und Währungsunion mitzutragen«, sagte Kohl im Dezember 1989 zum amerikanischen Außenminister James Baker. »Diesen Entschluss habe er gegen deutsche Interessen getroffen. Beispielsweise sei der Präsident der Bundesbank gegen die jetzige Entwicklung. Aber der Schritt sei politisch wichtig, denn Deutschland brauche Freunde.«[140]

Nach der Wiedervereinigung wurde Kohl zum wahren »Euro-Fighter«.[141] Für ihn ging es ums Ganze, wie er dem Bundesvorstand der CDU erläuterte: »Die Frage des Baus des europäischen Hauses unter irreversibler Einbindung des mit Abstand stärksten Landes, Deutschland, ist die Frage von Krieg und Frieden im 21. Jahrhundert.« Sie war die Konsequenz der bundesdeutschen Stärke in Europa, die durch die Wiedervereinigung

noch einmal potentiell zugenommen hatte: »Um die Ängste (...)
ringsum in der Nachbarschaft abzubauen (...), gibt es nur eine
wirkliche Chance: Das ist die volle Integration, die Politische
Union in Europa, und zwar die Wirtschafts- und Währungsunion ebenso wie die Politische Union« – die »politische Einigung bis hin zu allen nur denkbaren Vorstellungen«.[142]

Als das Bundesverfassungsgericht die Europäische Union in
seinem Urteil zum Vertrag von Maastricht vom 12. Oktober 1993
als »Staatenverbund« kennzeichnete und ihr damit die Qualität
als eigener, sich auf ein Staatsvolk stützender Staat explizit absprach,[143] musste Kohl allerdings vom Begriff der »Vereinigten
Staaten von Europa« Abstand nehmen. Ohnehin beklagte er, »er
finde niemanden« innerhalb der EU, der die Idee eines dezen-
tralen und subsidiarischen europäischen Bundesstaates »so versteht, wie wir es verstanden haben«.[144]

Dass Deutschland sich aus Idealismus für einen europäischen
Bundesstaat engagiere, war und ist in Frankreich schwer zu glauben. Dort wurde die europäische Integration sehr viel offensiver
als rational kalkulierte nationale Interessenpolitik betrieben.[145]
Der Primat der französischen Republik und die Souveränität der
Nation gegenüber europäischen Institutionen und gemeinschaftlichen Interessen standen in Paris nicht zur Disposition. Eine
Stärkung Europas diente in diesem Sinne, von de Gaulle bis Mitterrand, der Stärkung des französischen Nationalstaates und seinen Ambitionen, in Europa nach dem Zweiten Weltkrieg eine
Führungsrolle einzunehmen.

Daher bevorzugte Paris auch das Prinzip der Regierungszusammenarbeit gegenüber gemeinschaftlichen Institutionen wie
der Europäischen Kommission oder dem Parlament. Eine Ausnahme von dieser Zurückhaltung in Sachen politischer Integration machte die französische Politik traditionellerweise in Sachen
»soziales Europa«, also bei der Harmonisierung von Arbeits-
und Sozialpolitik sowie in der Industriepolitik. Die enge Zusam-

menarbeit mit Deutschland diente unterdessen dazu, den östlichen Nachbarn zu kontrollieren und seine Potentiale einzubinden. In dieser Spur lief auch die französische Initiative für die Währungsunion: Sie sollte die volkswirtschaftlichen »Asymmetrien« zwischen Deutschland und Frankreich abbauen und eine erneute wirtschaftliche und politische Dominanz Deutschlands in Europa verhindern, indem sie die »Atombombe« der Zinshoheit der Bundesbank entschärfte.

Für die französische Regierung besaß die wirtschafts- und währungspolitische Integration auf dem Weg nach Maastricht eindeutigen Vorrang vor der politischen. Die Währungsunion war Mitterrand, so die Einschätzung im Bonner Kanzleramt, »für die verbleibenden Jahre seiner Amtszeit das Ziel schlechthin«.[146] Um sie herbeizuführen, plädierte Paris – im Gegensatz zu den deutschen Stabilitätspolitikern – für die sogenannte Schöpfungstheorie: Erst sollten die Institutionen geschaffen werden, die volkswirtschaftliche Konvergenz werde dann folgen. Dementsprechend trat die französische Seite für verhandelbare, eher schwache Beitrittskriterien für die Währungsunion ein.[147]

Das sah die italienische Regierung genauso. Für die italienische Europapolitik stand dabei durchgängig das Ziel an erster Stelle, nicht »aus der ersten Liga Europas abzusteigen«[148] und von zentralen Entscheidungen und Entwicklungen ausgeschlossen zu werden. Deswegen herrschten in Italien auch Vorbehalte gegen das enge deutsch-französische Verhältnis, und daher favorisierte Rom eine starke politische Union Europas mit dem Primat der wirtschaftlichen Integration: eine Wirtschaftsunion, den Erhalt und den Ausbau der Gemeinsamen Agrarpolitik, eine Stärkung der Strukturfonds und ein starkes Europäisches Parlament.

Die europäische Integration hatte für italienische Politiker immer auch die innenpolitische Funktion des *vincolo esterno*, des »äußeren Zwangs«, um Modernisierungen und Reformen der italienischen Wirtschaft durchsetzen zu können. Das galt besonders im Falle der Währungsunion. Denn sie würde Italien mit seinem traditionellen Primat staatlicher Konjunktur- und Investitionspolitik, seiner hohen Staatsverschuldung und seiner schwachen Währung spürbare Reformanstrengungen als Voraussetzung für den Beitritt abverlangen. Eine größere wirtschaftliche Konvergenz in Europa, so hofften führende Vertreter der Banca d'Italia und des Schatzministeriums sowie Ökonomen wie Mario Draghi, würde die italienische Wirtschaft und Politik stärken und die Dominanz der Deutschen Bundesbank beenden. Dabei vertrat die italienische Seite die Schöpfungstheorie und plädierte für flexibel verhandelbare Regeln; die Kriterien von Maastricht hat Italien nie als unveränderlich anerkannt.[149]

Ganz anders als diese mediterrane Sicht nahm sich die britische Perspektive aus, zumal die von Premierministerin Margaret Thatcher. In einer Rede vor dem Europa-Kolleg in Brügge skizzierte sie im September 1988 ohne sonderliche Rücksicht auf die Gestimmtheit des Ortes ihren Gegenentwurf zu Kohls »Solidargemeinschaft« der »Vereinigten Staaten von Europa«: ein Europa der souveränen Staaten, des Binnenmarkts und des Freihandels, des freien Unternehmertums und des Wettbewerbs, das sich vor einem hüten müsse, nämlich dem Zentralismus und der Bürokratie aus Brüssel. Dorthin feuerte sie eine Breitseite ab:

> »Die Europäische Gemeinschaft ist eine Manifestation der europäischen Identität, aber nicht ihre einzige. (…) Die Gemeinschaft ist weder ein Ziel an sich. Noch ist sie eine institutionelle Vorrichtung, die permanent nach irgendwelchen intellektuellen Konzepten umgebaut werden sollte. Und sie darf auch nicht unter endlosen Regulierungen erstarren.«[150]

Das Thema »Europa« war von Beginn der europäischen Integration an, vom zweimaligen Beitrittsgesuch in den sechziger Jahren über den britischen Beitritt 1973 bis zum Brexit-Votum von 2016 und darüber hinaus, ein durchgängiger Streitpunkt innerhalb der britischen Politik.[151] Der große Vorbehalt galt der Gefährdung der nationalen, und das hieß im britischen Falle immer: der parlamentarischen Souveränität; zudem setzte London auf die besonderen britischen Beziehungen zu den USA. Entsprechend herrschte im Vereinigten Königreich wenig Bereitschaft, nationale Hoheitsrechte auf die supranationale Ebene europäischer Institutionen zu übertragen. Die Beziehungen zur Europäischen Gemeinschaft bzw. zur Europäischen Union wurden stets von wirtschaftlichen Interessen dominiert, und daher standen Binnenmarkt und Freihandel, stand Europa als Wirtschaftsgemeinschaft im Vordergrund (und im Zentrum der Kritik von linker Seite). Oder wie es Thatchers Nachfolger John Major im Oktober 1997 formulierte:

>»Emotional gesehen bin ich in Sachen vereintes Europa ein Agnostiker. Ich habe keine langfristige Vision eines europäischen Bundesstaates und ich möchte nicht, dass die Sprachen und die Kulturen der Mitgliedstaaten eingeschränkt werden. [Ich bin] ein Europäer aus Vernunft, nicht aus Leidenschaft.«[152]

Einen Automatismus vom Binnenmarkt zur Währungsunion sah die Regierung Thatcher nicht – und war dementsprechend schlecht vorbereitet, als es ernst wurde. Daher war sie auch nicht in der Lage, Koalitionen zugunsten der britischen Interessen zu schmieden. Am Ende blieben nur die von der Regierung Major verhandelten *opt-outs* – und ganz am Ende der Brexit.

6 1913, 1938, 1989:
Die deutsche Wiedervereinigung

In den europäischen Integrationsschub, der nach Maastricht
führte, platzten Ende der achtziger Jahre die osteuropäischen
Revolutionen und die deutsche Wiedervereinigung hinein. Von
einem Traum, der Wirklichkeit geworden sei, sprach Helmut
Kohl am 3. Oktober 1990. Und Bundespräsident Richard von
Weizsäcker bekundete in historischer Dankbarkeit: »Zum ersten
Mal bilden wir Deutschen keinen Streitpunkt auf der europäischen Tagesordnung.« Mit den Worten von Außenminister
Genscher: »Unsere Vereinigung ist Teil der europäischen Vereinigung. Wir verbinden mit unserer Vereinigung nicht den An-
spruch auf mehr Macht.« Deutschland wolle seine wiederge-
wonnene Souveränität »für eine neue Ordnung des Friedens in
Europa und für eine neue Weltordnung« nutzen.[153]

Mit der Wiedervereinigung sahen sich die Bundesdeutschen
am Ziel des »langen Weges nach Westen« (Heinrich August
Winkler), an dem sich auch die deutsche Frage der territorialen
Einheit und der verfassungsmäßigen Gestalt des Landes erübrigt
hatte. Durch den Beitritt der DDR zur Bundesrepublik konnte
das »Modell Deutschland« sich glänzend bestätigt sehen, sowohl
in der bürgerlichen Lesart von Stabilität und Wohlstand als auch
in der linksliberalen Version von Freiheit und Pluralismus.

Diese deutschen Glücksgefühle wurden allerdings nicht allenthalben und uneingeschränkt geteilt. Als neun Tage nach dem
Fall der Mauer die Staats- und Regierungschefs der Europäischen Gemeinschaft zu einem außerordentlichen Diner in Paris
zusammenkamen, verspürte Helmut Kohl ein »frostiges, gereiz-
tes Klima«. Er stellte fest »dass das Misstrauen gegen uns Deutsche wieder da« sei, vor allem in Paris und Den Haag, in Rom
und in London. Kohl suchte die europäischen Nachbarn mit der

Ankündigung zu beruhigen, es werde keinen deutschen Alleingang geben – und verschärfte die Vorbehalte erst recht, als er das Thema Wiedervereinigung dann mit seinem Zehn-Punkte-Plan vom 28. November 1989 ohne vorherige Absprache mit anderen Regierungen auf die Tagesordnung der internationalen Politik setzte.[154]

Bonn rechtfertigte die Initiative: In einem Fall von solch nationaler Bedeutung käme auch eine französische Regierung nicht auf die Idee, zuerst eine Erlaubnis in Deutschland einzuholen. Dass Mitterrand aber an einer schon länger geplanten Reise in die zerfallende DDR im Dezember 1989 festhielt, wurde im Kanzleramt als Affront gegen die Bundesrepublik aufgefasst. Und als Mitterrand Anfang 1990 wiederholt und gegen Kohls expliziten Willen forderte, die Bundesrepublik müsse die polnische Westgrenze noch vor der Vereinigung offiziell anerkennen, reagierte Kohl »deutlich verärgert und enttäuscht. Die Grenzen der Freundschaft werden für ihn sichtbar.«[155]

Ähnlich reagierte Kohl, als auch der niederländische Regierungschef Ruud Lubbers auf der Anerkennung der Grenze insistierte.[156] Zugleich war ihm klar, dass »man auf Schritt und Tritt auf tatsächliche oder vermeintliche Ängste stößt, zu denen sich Wirtschaftsneid und andere Vorbehalte« gesellten.[157] In seinem Unwillen gegenüber Mitterrand und Lubbers wurde zugleich der alte deutsche Hang zur Larmoyanz sichtbar, ebenso wie die Tendenz zu einem Gefühl der Benachteiligung, das schon »Kaiserin Friedrich«, die Witwe Kaiser Friedrichs III. und Tochter Queen Victorias, hundert Jahre zuvor an den Deutschen beobachtet hatte.[158]

Als es im Herbst 1989 quasi über Nacht mit der deutschen Einheit ernst wurde, hatte die Bundesrepublik durch vierzig Jahre Westintegration, Politik der Zurückhaltung und demokratische Stabilität den alten Deutschlandbildern des preußischen Militarismus und des Autoritarismus entgegengewirkt. Zugleich hatten die Jahre vor 1989 im Zeichen deutscher Prosperität und Hochzinspolitik gestanden, während der Streit um die Modernisierung der atomaren Kurzstreckenraketen die Frage nach der künftigen Position der Bundesrepublik im westlichen Bündnis aufgeworfen hatte. Am Vorabend der großen Revolutionen von 1989/90 hatte US-Präsident George Bush den Deutschen angeboten, »partners in leadership« zu sein. Als die Wiedervereinigung auf die Tagesordnung kam, war die Frage der deutschen Stärke in Europa schon da.

In den europäischen Hauptstädten wurde vermerkt, dass beide Supermächte die Deutschen sehr ernst nähmen.[159] Ein internes Papier des britischen Außenministeriums warnte im Oktober 1989 für den Fall einer deutschen Wiedervereinigung vor einem wirtschaftlich und politisch dominierenden Deutschland in Europa. Es sah aber auch Chancen durch die wirtschaftliche Integration der DDR, die der britischen Wirtschaft Möglichkeiten eröffne und die chronischen deutschen Außenhandelsüberschüsse mindern werde.[160] Den Vorschlag, die Entwicklung durch eine Intensivierung der Kontakte konstruktiv zu beeinflussen, überlas Margaret Thatcher allerdings geflissentlich.

Bei der britischen Premierministerin kam einiges zusammen. Sie sah sich nicht nur in einem persönlichen Gegensatz zum »wurstessenden, fettleibigen, tumben Teutonen«[161] Helmut Kohl, wie ein Vertrauter schrieb. Sie pflegte auch ein ausgeprägtes antideutsches Ressentiment in der Tradition des Vansittartismus, sie hegte originär sicherheitspolitische Befürchtungen gegenüber einer deutschen Wiedervereinigung, von der sie eine Destabilisierung Gorbatschows erwartete, und sie sorgte sich um die *balance of power*, wie sie sich im Nachkriegseuropa eingespielt hatte:

»Ein vereintes Deutschland ist einfach zu groß und zu mächtig, um bloß einer unter mehreren Spielern in Europa zu sein. Darüber hinaus hat sich Deutschland immer sowohl nach Osten wie nach Westen orientiert, wobei sich diese Tendenz heute eher in ökonomischer Expansion als in territorialer Aggression niederschlägt. Deutschland ist durch sein ganzes Wesen eher eine destabilisierende als eine stabilisierende Kraft in Europa.«[162]

Sie teilte ihre Befürchtungen mit François Mitterrand, von dem sie allerdings eine wichtige Einschätzung unterschied: Thatcher hielt eine vertiefte europäische Integration nicht für ein probates Gegenmittel. Mitterrand wiederum hatte mit der Währungsunion ein Ziel, während Thatcher nur dagegen war. Eine Allianz der Widersacher einer schnellen Einheit kam allerdings, als sich die deutsch-deutsche Entwicklung um die Jahreswende 1989/90 dramatisch beschleunigte, nicht zustande. Thatcher zog sich im Februar 1990 aus dem Prozess der Ausgestaltung der deutschen Einheit zurück und überließ ihn fortan der britischen Diplomatie.

Was die britische Öffentlichkeit betrifft, so ergaben verschiedene repräsentative Meinungsumfragen unterschiedliche Ergebnisse. Wenn sie auch nur eingeschränkt aussagekräftig waren, so lässt sich doch sagen, dass die Briten mehrheitlich eine deutsche Vereinigung befürworteten.[163] Als der britische Handels- und Industrieminister Nicholas Ridley Mitte Juli 1990 in einem Interview sagte, die Europäische Währungsunion sei ein Mittel zur deutschen Übernahme Europas und die Übertragung von Souveränitätsrechten sei so schlimm, als ob man sie Adolf Hitler übergäbe, musste er zurücktreten. Ein solches Deutschlandbild war also nicht ungestraft öffentlich sagbar. Zugleich traf Ridley einen neuralgischen Punkt: die Furcht vor einer deutschen Dominanz in Europa.

Deutschland sei zu mächtig, um nach dem Ende der Teilung Europas nicht dominant zu werden, und zu lange verletzt, um nicht das Bedürfnis nach Rehabilitation, ja Revanche zu haben.

Das schrieb der Direktor der Europäischen Abteilung im französischen Außenministerium nach dem Fall der Mauer.[164] Die
entscheidende Figur im französischen Spiel war freilich der Präsident. François Mitterrand war nicht gegen die deutsche Wiedervereinigung, wie es manchmal heißt. Dafür hatte er als Vertreter
der französischen Nation zu viel Verständnis für das Bedürfnis
nach nationaler Selbstbestimmung. Was er freilich ablehnte, war
eine Wiedervereinigung zuungunsten der europäischen Balance
und auf Kosten französischer Interessen. Er fürchtete schon vor
dem Mauerfall, Kohl werde sich der angebahnten Währungsunion doch noch entziehen, und umso mehr tat er dies nach dem
9. November. Als Kohl am 27. November vorschlug, den entscheidenden nächsten Schritt zur Währungsunion erst in einem Jahr
und nicht, wie Mitterrand es wollte, noch 1989 zu tun, und als der
deutsche Kanzler einen Tag später mit seinen Zehn Punkten
ohne Rücksprache mit Paris den politischen Startschuss zur Wiedervereinigung gab, setzte Mitterrand den Deutschen die Pistole
auf die Brust:[165] »Wenn die West-Integration stehen bleibe«,
so sagte er zu Außenminister Genscher, »gehe sie zurück. Wenn
sie zurückgehe, würden die Verhältnisse in Europa grundlegende Änderungen erfahren und neue privilegierte Bündnisse
entstehen. Es sei sogar nicht ausgeschlossen, dass man in die Vor-
stellungswelt von 1913 zurückfalle.« Und weiter: »Wenn Deutschland sich, um die DDR vergrößert, im europäischen Gesamtver-
band bewegt, wird sie [sic; gemeint: die Bundesrepublik] in der
Europäischen Gemeinschaft Freunde haben, sonst nur Partner
mit eigenen Reflexen. Die einzelnen Länder, auch Frankreich,
werden sich dann wieder unmittelbar an die Sowjetunion wen-
den.«[166] Unverhohlen drohte Mitterrand den Deutschen mit der
»Einkreisung«. Und er machte klar, dass die französische Regierung eine Wiedervereinigung nur gegen eine durch die Währungsunion verstärkte europäische Einbindung Deutschlands
akzeptiere. Im Hinblick auf die deutsche Bereitschaft dazu waren

die Pariser Verantwortlichen immer skeptischer als die Deutschen selbst. Offenkundig war die originäre deutsche Bereitschaft zur Selbsteinbindung für die französische Seite nicht recht vorstellbar.

Jedenfalls kulminierten im Zusammenhang der Wiedervereinigung französische Ängste vor einem deutschen Abrücken von der europäischen Einbindung des Landes. Hinzu kamen die Sorge, Deutschland könne die Rolle als mitteleuropäische Zentralmacht übernehmen, und die Befürchtung, die mühsam hergestellte Symmetrie zwischen dem nach dem Krieg politisch dominanten Frankreich und dem mindestens ökonomisch stärkeren Deutschland könnte aus der Balance geraten und die Raison der französischen Deutschland- und Europapolitik seit 1950 gefährden.[167] Als Kohl auf dem Gipfel des Europäischen Rats am 8./9. Dezember 1989 in Straßburg einwilligte, eine Regierungskonferenz für die Währungsunion einzusetzen und damit den entscheidenden nächsten Schritt in die Wege zu leiten, hatte Mitterrand den Durchbruch erreicht. Es gelang ihm, sein Ziel einer gemeinsamen Währung durchzusetzen – dass diese freilich das übergeordnete Ziel, die Machtbalance mit Deutschland zu wahren, nicht auf Dauer zu sichern vermochte, war zu diesem Zeitpunkt nicht abzusehen.

In der französischen Öffentlichkeit und in den Massenmedien wurde im Zusammenhang der Wiedervereinigung die Rückkehr des deutschen ökonomischen und politischen Hegemoniestrebens diskutiert. Dass dabei Bilder von Bismarck zurückkehrten, nicht aber Anspielungen auf die Nazizeit, war aus deutscher Warte nur auf den ersten Blick beruhigend. Ein zweiter Blick nämlich brachte in Erinnerung, dass Bismarck das eigentliche französische Trauma darstellte.[168] Erneut trat unterdessen ein ambivalentes Bild des romantisch-friedlichen und des aggressiv-militärischen Deutschlands hervor[169] – die Tradition der zwei Deutschlands war noch oder wieder da. Eine ausgiebige Presseberichterstattung und -kommentierung von links bis rechts brachte die einschlägigen Themen auf: die Gefahr einer deutschen Übermacht ebenso wie einer europäischen Kräfteverschiebung und des deutschen Abdriftens nach Osten – nur der linksliberale *Monde* schrieb, das Deutschland von 1990 sei »ein sattes Deutschland und war nie weniger romantisch und weniger militaristisch«. Durchgängig präsent waren die Sorge, die deutsche Stärke bedeute einen französischen Machtverlust, und die Notwendigkeit, die europäische Integration zu verstärken, um Deutschland einzubinden. Dabei standen dem kritischen Deutschlandbild der *classe politique* einschließlich der Nachrichtenmagazine eher positive Einstellungen in der französischen Öffentlichkeit gegenüber. Umfragen waren ebenso wie in Großbritannien im Ergebnis und in der Anlage uneinheitlich, ergaben aber größere Mehrheiten zugunsten einer deutschen Wiedervereinigung als in der britischen Öffentlichkeit. Zugleich war Deutschland als dominante Macht in Europa auch in der Wahrnehmung der französischen Öffentlichkeit als ein Besorgnis hervorrufender Faktor präsent.

Öffentliche Sympathien fanden Maueröffnung und Wiedervereinigung auch in der italienischen Öffentlichkeit.[170] Die regierenden Christdemokraten traf die Entwicklung allerdings völlig unvorbereitet. Ministerpräsident Giulio Andreotti, immerhin transnationaler Parteifreund Helmut Kohls, hatte schon 1984 bekundet, dass der »Pangermanismus etwas ist, das überwunden werden muss. Es gibt zwei deutsche Staaten und zwei sollen es auch bleiben.« Und einen Tag nach Kohls Zehn-Punkte-Programm sagte er zu Gorbatschow, »dies ist eine Nation, aber es sind zwei Staaten. Das ist unsere feste, sogar sehr feste Haltung.«[171] Die italienische Regierung vermochte allerdings keinen wirklichen Einfluss auf die Entwicklung zu nehmen und sah sich vielmehr im Februar 1990, als der Zwei-plus-Vier-Prozess der beiden deutschen Staaten und der vier alliierten Siegermächte

eingesetzt wurde, mit dem alten italienischen Trauma konfrontiert, »aus der ersten Liga Europas abzusteigen«. Jedenfalls rief
Außenminister Genscher dem wenig amüsierten italienischen
Außenminister zu: »You are not part of the game.«[172] Was
schließlich zu einer italienischen Positionsänderung führte, war
die deutsche Zusicherung, die deutsche Einheit in NATO und
EG einzubinden, vor allem durch die Wirtschafts- und Währungsunion, die schließlich als Kompensation für die italienische Marginalisierung im Wiedervereinigungsprozess angesehen wurde.

Helmut Kohls Zehn-Punkte-Plan vom 28. November 1989
fand in fast allen europäischen Hauptstädten ein Echo wie Donnerhall, und zwar ein überwiegend negatives. Das galt auch für
die niederländische Regierung, die ihn als deutsches Vorpreschen wahrnahm. Während in der Öffentlichkeit weitgehende
Zustimmung zu einer deutschen Wiedervereinigung herrschte,
sorgte sich die Regierung angesichts der ungewissen weiteren
Entwicklung und einer möglichen deutschen Dominanz. »Machen wir uns nichts vor«, sagte Ministerpräsident Lubbers am
15. Januar in einer Rede in Tilburg, »das Verlangen nach territorialer Expansion – und die Furcht davor – sind in unserem
Gedächtnis noch gegenwärtig und frisch.«[173]

Ebenso wie die niederländische wurde auch die belgische Regierung von den dramatischen Entwicklungen im Herbst 1989
überrascht. Allerdings kursierten in Belgien (wie in der gesamten Nachkriegszeit) weniger Vorbehalte als in Den Haag. Vielmehr trat Brüssel als eine von nur drei europäischen Regierungen vorbehaltlos für eine Wiedervereinigung ein. Die zweite war
die in Luxemburg – unter der Voraussetzung einer verstärkten
europäischen Integration, der Anerkennung der bestehenden
Grenzen und der Rücksicht auf die kleineren Mitgliedstaaten
der EG.[174]

Die dritte war die spanische unter Ministerpräsident Felipe

González.[175] In der spanischen Öffentlichkeit wurden allerdings auch die Risiken einer deutschen Einheit artikuliert: einmal mehr die bedrohte Stabilität der europäischen Ordnung und eine Verschiebung der europäischen Gewichte nach Osten samt eigener Marginalisierung, aber auch die mögliche Reduzierung von Leistungen aus dem europäischen Strukturfonds, wenn Mittel nach Osten flössen. Und noch eines kam für Spanien hinzu: Eine offensive Erklärung des Selbstbestimmungsrechts lenkte Wasser auf die Mühlen der Unabhängigkeitsbewegungen in Katalonien und im Baskenland.

Im europäischen Südosten waren die Stimmen kritischer. Als die Mauer fiel, steckte Griechenland in einer schweren Regierungskrise und in einem Zustand der politischen Lähmung. Während die Wiedervereinigung auch in der griechischen Öffentlichkeit auf positive Resonanz stieß,[176] kamen aufseiten der Linken die negativen Stereotype über Deutschland wieder auf. Als die griechische Regierung die Frage der Reparationen erneut aufgriff, stieß sie auf deutsche Abwehr. Bonn begründete diese mit dem Zwei-plus-Vier-Vertrag, in dem das Thema nicht erwähnt wurde, mit den Leistungen von 1960 (die einen Ausgleich für Verfolgte darstellten, aber nicht für Kriegszerstörungen) und mit den allgemeinen Zahlungen an Griechenland im Rahmen von NATO und Europäischer Gemeinschaft. Während Deutschland das Thema somit für erledigt hielt, blieb die Reparationsfrage auf der griechischen Tagesordnung. Vor diesem Hintergrund zogen griechische Ängste vor einem »Vierten Reich« und einem »deutschen Europa« auf, zumal der Vertrag von Maastricht als Ausdehnung der deutschen Stabilitätsregeln über den Rest Europas aufgefasst wurde. Zudem wurde die deutsche Jugoslawienpolitik in den neunziger Jahren, insbesondere die Anerkennung Sloweniens und Kroatiens, als Destabilisierung des Balkans verstanden. Der Boden für die Eskalation der Wahrnehmungen in der Euro-Schuldenkrise war bereitet.

In Prag hatte die oppositionelle Charta 77 einschließlich Vá-
clav Havel bereits im Jahr 1985 dazu aufgerufen, einen Friedensvertrag mit Deutschland zu schließen, der auch eine deutsche
Einheit erlaubte. Insgesamt war die Tschechoslowakei, die selbst
im Herbst 1989 einen noch rapideren Regimewechsel erlebte als
die DDR, auf eine deutsche Einheit weniger unvorbereitet als
andere europäische Regierungen. Was die tschechoslowakische
Sicht allerdings trübte, waren wie im griechischen Falle die Schatten der Vergangenheit. Auf eine Initiative vom Januar 1990 bezüg-
lich Ansprüchen von Verfolgten des NS-Regimes gab es zuerst
keine Reaktion in Bonn, bis sie Ende September vom Staatssekretär des Auswärtigen Amts abgelehnt wurde. Diese Frage
blieb im Folgenden ebenso offen wie die für die tschechische Seite
zentrale Bestätigung des »Bevölkerungstransfers« – zu deutsch:
der Vertreibung der Sudetendeutschen nach dem Zweiten Weltkrieg – und die Ungültigkeit des Münchner Abkommens von
1938.[177]

Waren dies heikle Punkte, so war Polen der schwierigste Fall.
Hier eskalierte ein Streit um die Grenze, der in der Sache letztlich gar nicht strittig war, zur erbittertsten Kontroverse im Zusammenhang der Wiedervereinigung.[178] Und gerade dies verriet
viel über gegenseitige Wahrnehmungen und Ängste. In Polen
waren die Sensoren für Entwicklungen und Veränderungen in
Deutschland besonders ausgebildet, und im Sommer 1989
waren die Themen gesetzt, die sich mit der Wiedervereinigung
stellten: die Frage der Grenze, die Gefahr einer deutsch-russischen Annäherung und eine drohende ökonomische Vormacht
Deutschlands.[179]

All dies verdichtete sich während des lange vorbereiteten
deutschen Regierungsbesuchs in Polen, zu dem Kohl und die
deutsche Delegation am 9. November 1989 aufbrachen. Zeichen
der Versöhnung wie ein gemeinsamer Gottesdienst auf Schloss
Kreisau in Schlesien und ein Bruderkuss zwischen Kohl und

dem polnischen Ministerpräsidenten Tadeusz Mazowiecki, der im August 1989 zum ersten Regierungschef aus den Reihen der polnischen Oppositionsbewegung *Solidarność* ernannt worden war, sollten an die bildmächtige Geste Mitterrands und Kohls anschließen, die 1984 auf dem deutschen Soldatenfriedhof in Verdun Hand in Hand der Gefallenen beider Länder gedacht hatten.

Als Kohl am frühen Abend des 9. November mit Lech Wałęsa, der Ikone der Solidarność, zusammentraf,[180] äußerte dieser »Furcht und Besorgnis vor unkontrollierbaren Entwicklungen«. Wiederholt kam er auf die Berliner Mauer zu sprechen: Er frage sich, »was geschehen werde, wenn die DDR ihre Grenzen voll öffne und die Mauer abreiße«, und bezweifelte, »ob die Mauer in ein bis zwei Wochen noch stehen wird«. Kohl ging darauf nicht näher ein, und das Gespräch endete zu ebenjenem Zeitpunkt, da Günter Schabowski in Ost-Berlin seine berühmte Pressekonferenz mit der folgenschweren Ankündigung einer neuen Reiseregelung beschloss, die seiner Kenntnis nach sofort, unverzüglich in Kraft trete.

Mit der Öffnung der Mauer stand die deutsche Frage im Raum. Sie war der Wendepunkt von einer Bürgerrevolution in der DDR hin zu einer nationalen Revolution, die zur deutschen Wiedervereinigung führte. Für die polnische Regierung war klar, worum es zuallererst gehen würde. Mazowiecki hatte schon nach seiner Regierungsübernahme im August, dem großen Machtwechsel in Polen, die Bereitschaft signalisiert, die Rechte der in Polen lange geleugneten deutschen Minderheit sowie das deutsche Recht auf eine Wiedervereinigung anzuerkennen. Im Gegenzug erwartete er die deutsche Anerkennung der polnischen Westgrenze.[181] Die Grenzfrage war für Polen mit der Anerkennung des polnischen Staates, der Kriegsursachen und der deutschen Schuld gegenüber Polen verbunden. Der polnische Philosoph und Politikwissenschaftler Jacek Maziarski schrieb am 2. März 1990 in der polnischen Wochenzeitung *Solidarność*, die deutsche Wiedervereinigung sei die Stunde der Wahrheit, denn sie werfe die für Polen grundsätzliche Frage auf, »ob das neue, sich vereinende Deutschland in einer vertraglichen Form die Oder-Neiße-Grenze anerkennt oder weiterhin versuchen wird, sie als ein Provisorium, das auf eine Entscheidung wartet, zu behandeln.«[182]

Wie sich zeigte, hatte es Polen vermocht, die Grenzfrage in den Rang einer Grundsatzfrage des europäischen Friedens zu heben – eine Dimension, die Kohl offenkundig unterschätzte. Kohl sah sich in Deutschland mit den Forderungen der Vertriebenen konfrontiert, die sich mit der Oder-Neiße-Grenze keineswegs abgefunden hatten und deren Unterstützung für die Unionsparteien wahlentscheidend sein konnte. Daher wollte Kohl die Vertriebenen mit in die Einheit nehmen, indem er ihnen die Zustimmung zur Grenze nicht vor dem Ende des Prozesses abverlangte.

Zwar beschloss der Bundestag am 8. November 1989 in einer Resolution: »Das Rad der Geschichte wird nicht zurückgedreht.«[183] Auch Kohl selbst sicherte den Polen zu, niemand in Deutschland wolle die Vereinigung mit »der Verschiebung bestehender Grenzen« verbinden.[184] Das sah auf den ersten Blick eindeutig aus. Kohl vermied aber eine offizielle öffentliche Festlegung, nicht zuletzt in seinem Zehn-Punkte-Programm, dem aus polnischer Sicht ein elfter Punkt über die polnische Westgrenze fehlte. Eine endgültige Anerkennung, so argumentierte Kohl mit Bezug auf das Urteil des Bundesverfassungsgerichts von 1973, könne erst ein gesamtdeutsches Parlament aussprechen. Dass eine weitere Resolution, die der Bundestag Anfang März 1990 auf Vorschlag der Regierungskoalition beschloss, »die Unverletzlichkeit der Grenzen gegenüber Polen« bekundete,[185] ließ sich, wenn man rechtlich argumentierte, sogar als Zusage zweiter Klasse auffassen; denn »Unverletzlichkeit« war schon beim Abschluss der Ostverträge der Begriff gewesen, um die definitive »Unveränderlichkeit« zu vermeiden.

Das Ganze eskalierte im März 1990 in einem hochemotionalen Streit, in dem sich die Bonner Regierung, innerhalb deren es durchaus gewichtige Stimmen für eine entgegenkommendere Haltung gegenüber Polen gab, international isoliert sah. Selbst US-Präsident George Bush, Kohls verlässlichster Partner, sagte Mazowiecki Unterstützung zu und vermittelte schließlich eine Lösung, die einen nach der Wiedervereinigung zu schließenden Grenzvertrag möglichst definitiv antizipierte. Am 14. November 1990 wurde der deutsch-polnische Grenzvertrag unterzeichnet und am 17. Oktober 1991 vom Deutschen Bundestag verabschiedet (wobei in Polen vor allem wahrgenommen wurde, dass die Ratifikation »bei einer größeren Anzahl von Gegenstimmen«[186] erfolgte). Am 17. Juni 1991 wurde schließlich der Vertrag über gute Nachbarschaft und freundschaftliche Zusammenarbeit unterzeichnet.

Die formalrechtlichen Fragen waren freilich nur der Ausdruck tiefer liegender Spannungen und unvereinbar unterschiedlicher Perspektiven. An der Grenzfrage kristallisierten sich die polnischen Ängste vor Deutschland, die alle negativen nationalen Bilder von Expansionslust und Aggressivität, Revisionismus und deutschem »Drang nach Osten« mobilisierten[187] und sich in einem polnischerseits unflexiblen Handeln manifestierten. Oder wie der Publizist Jerzy Surdykowski im März 1990 in der konservativ-liberalen *Rzeczpospolita* in einer Diktion schrieb, die über die Zeiten vertraut geworden war:

> »Die polnische Angst vor Deutschland ist begründet und verankert in der historischen Erfahrung (…). Die Polen mussten mit der deutschen Gefahr seit über tausend Jahren kämpfen, also wesentlich länger als irgendeine andere Nation. (…) Ja die Polen haben hundertfache Gründe, Angst vor einem vereinigten, freien und unabhängigen Deutschland zu haben.«[188]

Im polnischen Deutschlandbild nach 1945 hatten sich eine nationalpolnische Schicht der traditionellen Furcht vor Deutschland und eine ideologische Schicht der Systemgegensätze im Ost-West-Konflikt überlagert. Als der Kommunismus zusammengebrochen und der Kalte Krieg zu Ende war, blieb die ältere Schicht bestehen – und machte sich, trotz aller bilateralen und europäischen Annäherungen nach 1990, auch weiterhin bemerkbar, von der Kritik an der deutschen Stiftung »Flucht und Vertreibung« bis zum Gesetz gegen die Rede von den »polnischen Lagern« im Jahr 2018.[189]

Die Regierung der Sowjetunion hatte, als der Herbst der Revolutionen begann, zunächst ganz auf dem Status quo der deutschen Zweistaatlichkeit bestanden.[190] Binnen weniger Wochen allerdings entglitt nicht nur der Regierung in Ost-Berlin, sondern auch der Vormacht in Moskau die Kontrolle über die Ereignisse. Gorbatschow war weder in der Lage, den Zug zur Wiedervereinigung zu stoppen oder zu verlangsamen, noch konnte er die Fahrt in eine für die Sowjetunion günstige Richtung lenken. Statt konstruktive Initiativen zu lancieren oder harte Verhinderung zu praktizieren, kam der Kreml nicht über den Modus des Reagierens hinaus. Dabei wurde die Bundesrepublik als kraftvolle Macht wahrgenommen, und entsprechend ausgeprägt war die Sensibilität für selbstbewusste deutsche Aussagen mit nationaler Tonlage. Vor allem fühlte sich Gorbatschow von Kohl durch dessen Zusage, keine nationalen Alleingänge vorzunehmen, getäuscht, nachdem der bundesdeutsche Kanzler am 28. November 1989 die Zehn Punkte proklamiert hatte. Die Reaktionen fielen ähnlich harsch aus wie diejenigen Mitterrands, und wieder war es Außenminister Genscher, der sich anhören musste, Kohl glaube »offenbar schon, dass seine Musik ertönt – ein Marsch – und er selbst hat begonnen, nach ihr zu marschieren«. Und Außenminister Schewardnadse setzte noch eins drauf: So etwas »hätte sich nicht einmal Hitler erlaubt«.[191]

Doch es half nichts. Die Widerstände gegen die schnelle deutsche Vereinigung von 1990 fanden nicht zusammen, und die Sowjetunion hatte letztlich nichts zu gewinnen. Ende Januar beschlossen Gorbatschow und seine Entourage, sich künftig an der Bundesrepublik zu orientieren – das hieß: die DDR fallenzulassen.[192] Letztlich willigte Gorbatschow, indem er der Mitgliedschaft des vereinten Deutschlands in der NATO zustimmte, in eine Wiedervereinigung zu westlichen Maximalvorstellungen ein.[193] Wenn der Westen allerdings geglaubt hatte, all dies sei insgesamt einvernehmlich und unter Schonung der Sowjetunion vonstattengegangen,[194] so sah er sich spätestens im Jahr 2005 eines anderen belehrt, als Wladimir Putin den Untergang der Sowjetunion zur »größten geopolitischen Katastrophe des 20. Jahrhunderts«[195] erklärte und fortan das Ziel verfolgte, die Niederlage von 1989/91 und die Ordnung von 1990 zu revidieren.

7 Spiegelbilder:
Zivilmacht und Machtpotentiale

Als die alliierten Siegermächte des Zweiten Weltkriegs am 5. Juni 1945 die oberste Staatsgewalt in Deutschland für sich in Anspruch nahmen, war die deutsche Niederlage so total, wie sie nur sein konnte. Nach bedingungsloser Kapitulation, Besatzung und Entwaffnung hatte Deutschland seine militärischen und politischen Ressourcen verloren. Die westlichen Besatzungszonen behielten jedoch, im Unterschied zur sowjetischen, einen substantiellen Teil ihrer ökonomischen Ressourcen, den die Bundesrepublik im schwerindustriellen Bereich zu Beginn der fünfziger Jahre in die westeuropäische Montanunion einbrachte. Es gelang der Bundesrepublik, ihre Wirtschaft im Übergang zur Konsumgesellschaft und im Rahmen des über zwanzig Jahre währenden

Booms zu neuer Prosperität zu bringen. Ihre ökonomische Stärke wurde in den siebziger und achtziger Jahren zu einem Machtpotential, das sich auch in zunehmendem politischem Einfluss niederschlug, vor allem innerhalb der westlichen Welt. Zugleich wurde das »Modell Deutschland«, das sich durch ökonomische Leistungskraft, Massenwohlstand und sozialen Frieden auszeichnete, zu einem Faktor deutscher *soft power* – das war eine neue Erfahrung für Deutschland.

Unterdessen befanden sich die sicherheitspolitischen Interessen der Bundesrepublik, die sich in der Westbindung niederschlugen, in einem Zielkonflikt mit den nationalpolitischen, einer deutschen Wiedervereinigung. Unter den Bedingungen des Ost-West-Konflikts blieb der Bundesrepublik wiederholt nur die Anpassung an die Hauptlinie der westlichen Politik, während die DDR ohnehin auf den Kurs der Sowjetunion verpflichtet war. In den späteren achtziger Jahren traten allerdings neue Differenzen auf: einerseits zwischen der DDR-Führung Erich Honeckers und der reformkommunistischen Politik Michail Gorbatschows, die schließlich im Untergang sowohl der DDR als auch der Sowjetunion endeten. Auf der anderen Seite warf der Konflikt innerhalb der NATO um die Modernisierung der Kurzstreckenraketen die Frage auf, ob die Bundesrepublik erstmals eigene Wege gehen würde. US-Präsident Bush versuchte diese Spannung durch das Angebot gemeinsamer Führung einzufangen. Einen anderen Spannungsherd, die überragende Bedeutung der Bundesbank mit ihrer Zinspolitik für die europäische Wirtschaft, suchte die Bundesrepublik dadurch einzuhegen, dass sie sich durch eine Währungsunion verstärkt europäisch einband.

Mit Hilfe westlicher Selbsteinbindung erreichte die Bundesrepublik schließlich, als sich die weltpolitische Konstellation änderte, auch das alte nationalpolitische Ziel einer Wiedervereinigung. Damit war die deutsche Frage verfassungs- und territorialpolitisch beantwortet. Wieder neu stellte sich freilich die Frage nach der Vereinbarkeit von deutscher Stärke und europäischer Ordnung. Würde die historische Innovation der institutionellen Einbindung der Bundesrepublik den entscheidenden politischen Unterschied zwischen dem Deutschland von 1871 und dem von 1990 machen?

Jedenfalls sahen die Deutschen sich selbst ganz anders als je zuvor, sie hatten ihre Selbstbilder über vier Jahrzehnte bundesdeutscher Geschichte ausgewechselt. Die deutsche »Kultur« war von der westlichen »Zivilisation« abgelöst worden. Mit der These des deutschen Sonderwegs von Autoritarismus und Militarismus hatten die alten Außenwahrnehmungen von Deutschland auch im deutschen Geschichtsbild Einzug gehalten. Zugleich entwickelte die Bundesrepublik insbesondere seit den achtziger Jahren einen weltweit einzigartigen Umgang mit schuldhafter Vergangenheit. Er nahm zuweilen zivilreligiöse Züge an, und in Verbindung mit einer moralisierenden Externalisierung der schuldhaften Vergangenheit eröffnete er zugleich die Versuchung eines neuerlichen kulturellen Überlegenheitsdenkens.

Dies galt auch für das Selbstverständnis als »Zivilmacht«, das an die Stelle deutscher Tugenden von Tapferkeit und Opferbereitschaft, preußischer Militärkultur und erst recht des Heldenkults des Soldatischen getreten war. Es setzte auf ökonomische Macht und *soft power*, Multilateralismus und friedliche Mittel. Diese Orientierung verband sich wiederum mit der Tradition, sich selbst für machtloser und schwächer zu halten, als Deutschland von außen gesehen wurde.

Wohl mochten sich die Außenwahrnehmungen Deutschlands in den Jahrzehnten nach dem Weltkrieg durch Demokratisierung und westliche Einbindung der Bundesrepublik deutlich verändern. Doch viele Wahrnehmungsmuster blieben bestehen, vor allem die Wahrnehmung Deutschlands in Kategorien von Stärke und Macht, wenn auch nach 1945 nicht aktuell, so doch im Hinblick auf deutsche Potentiale. Aus französischer Sicht war die Augenhöhe mit Deutschland das entscheidende Thema, aus britischer die *balance of power*, aus italienischer die Sorge vor der eigenen Marginalisierung und aus polnischer die Angst, erneut zum Opfer der Deutschen zu werden.

Mindestens aufseiten der westlichen Partner wurde die europäische Einbindung der Bundesrepublik als positiv angesehen. Das idealistische Selbstverständnis als Zivilmacht wurde den Deutschen aber weithin nicht geglaubt. Wahrscheinlich liegt es daran, dass Heterostereotype immer Spiegel der Selbstbilder sind. Für Frankreich war die Europapolitik jedenfalls nationale Interessenpolitik; in Polen reflektierte der Verdacht, die Deutschen könnten die Geschichte umdeuten, eigene Formen des Umgangs mit Vergangenheit; und in Griechenland stieß die deutsche Kultur der Schuld und ihrer individuellen Zurechnung auf eine Kultur der Ehre, die weniger auf individuelles Handeln als vielmehr auf übermächtige äußere Umstände schaut und das Heil nicht in Reue, sondern im Vergessen findet.[196]

Jedenfalls wirkten Vorbehalte gegen Deutschland weiter, und sie kamen vor allem dann auf, wenn Veränderungen zugunsten der deutschen Machtposition anstanden. Die potentielle Vormacht Deutschlands war und blieb ein Bedrohungsszenario. In aller Deutlichkeit zeigte sich diese Diskrepanz der Wahrnehmungen im Zusammenhang der deutschen Wiedervereinigung, als viele Deutsche nicht wahrhaben wollten, dass andere sie so anders sahen als sie sich selbst.

Zugleich erwies sich 1989/90, dass die Vergemeinschaftung der deutschen Machtmittel, die Einbindung in die institutionellen Strukturen der westlichen Staatengemeinschaft und die Einfügung in die westliche Gedankenwelt der Bundesrepublik nicht nur militärische und politische Sicherheit verschafften. Sie eröffneten ihr auch die Möglichkeit, eigene Ziele durchzusetzen, wenn sich nationale Interessen und internationale Ordnung im

Einklang befanden bzw. in Einklang bringen ließen. Ob und wie dies gelingen würde, das war die große Frage an ein größeres Deutschland in einer weniger festgefügten, fluideren dritten europäischen Nachkriegsordnung.

»Es geht um die Wahrnehmung
des Nachbarn als gleichwertig«

Adam Krzeminski, geboren 1945, habe ich im November 2015
bei einem Abendessen in der deutschen Botschaft in Warschau
kennengelernt, als der französische Botschafter ein Symposium
über Frankreich und die deutsch-polnische Grenze 1989/90 ver-
anstaltete. Im Gespräch mit diesem Journalisten, Intellektuellen
und Deutschlandkenner ist mir erstmals klargeworden, warum
die Polen in dieser Frage so kontrovers reagierten, obwohl sie
doch auch von deutscher Seite aus in der Sache gar nicht mehr
strittig war. Wir kamen darauf zurück, als ich ihn im Dezember
2017 in Warschau traf.

Herr Krzeminski, warum haben die Polen Helmut Kohl 1989
nicht geglaubt, dass die Deutschen mit der Vereinigung
keineswegs die polnische Westgrenze in Frage stellen
würden? Kohl sagte öffentlich, niemand in Deutschland
wolle die Vereinigung mit der Verschiebung bestehender
Grenzen verbinden, und der Bundestag erklärte am
8. November 1989: »Das Rad der Geschichte wird nicht
zurückgedreht.« War das nicht eindeutig genug?

Es ging nicht um eine Frage des Glaubens, sondern um
die Wahrnehmung des Nachbarn als gleichwertig. Für

Kohl standen innerparteiliche Gründe im Vordergrund, für Mazowiecki (den damaligen polnischen Premierminister) war diese Frage nicht verhandelbar. Willy Brandt hat mir einmal gesagt: »Seien Sie auf der Hut vor der deutschen Juristerei.«

Was ist Ihre Kritik an Kohl?

Kohl war ein glühender Westeuropäer, aber mit Ostmitteleuropa hatte er nichts zu tun. Er hat Polen nicht als gleichwertigen Partner akzeptiert, und er war nach 1990 nie in Polen. Er hat auch den Grenzvertrag mit Polen nicht selbst unterzeichnet, wie Brandt 1970 den Warschauer Vertrag, sondern er hat Genscher das machen lassen. Kohl wollte zeigen: Der Kanzler der Einheit hat seinen Namen nicht unter den Grenzvertrag gesetzt. Wolfgang Schäuble sagte 1990 auf der Wartburg: Wir *müssen* die Grenze anerkennen. Was fehlte, war der vorbehaltlose Wille zum deutsch-polnischen Ausgleich.

Konnten Sie nicht verstehen, dass Kohl Rücksicht auf die Vertriebenen in Deutschland nehmen musste, um sie mit in die deutsche Einheit zu nehmen?

Nein. Es gibt Momente, in denen man etwas ohne Rücksicht auf taktische Winkelzüge tun muss. Kohl hatte nicht den Mumm zu sagen: Es muss gemacht werden, und ich will es machen. Er gab der innenpolitischen Taktik den Vorrang vor der historischen Aufgabe.

Aber die neunziger Jahre standen doch im Zeichen des deutsch-polnischen Freundschaftsvertrags und der Annäherung?

Das war in der Tat eine große deutsch-polnische Leistung. Aber man hat die Schwachstellen übersehen oder bagatellisiert, etwa in der Erinnerungsdebatte oder der Entschädigungsfrage. Die Debatte um die Kriegserinnerungen wurde nicht mit ausreichender Tiefe und Verständigungsbereitschaft geführt. Es war nicht die große deutsch-polnische Lösung.

Haben Sie Verständnis für die deutsche Erinnerung der Vertreibung?

Ich habe über die Vertreibung immer große persönliche Betroffenheit empfunden. Das Problem war die Debatte. In der deutschen Erinnerung an die Vertreibung wurde die deutsch-polnische Geschichte unter den Teppich gekehrt, die Vertreibung von ihrem Grund abgelöst. Die deutsche Erinnerung konzentriert sich auf den Holocaust, und sie vernachlässigt die Zerstörung Polens und die Eliminierung seiner Führungsschicht. Das Grundproblem liegt darin, dass Polen nicht als gleichwertig anerkannt, sondern als Saisonstaat behandelt wurde. Im deutschen Bewusstsein fiel die Oder-Neiße-Grenze an einen Nachbarn, der kein Sieger war. Dass Königsberg an die Sowjetunion ging, war für Erika Steinbach kein Problem, Breslau und Stettin hingegen fielen an die Pollacken. Hier liegt der legitime Ansatz Kaczyńskis: Er möchte für voll genommen werden. Allerdings tut er alles, um ebendies zu verhindern.

Was erwarten Sie von Deutschland?

Zunächst habe ich eine Erwartung an die Polen selbst: Stehvermögen, Gelassenheit und Distanz zu sich selbst. Es gibt keine genetische Vererbung historischer Erfahrungen: Der Enkel eines Massenmörders kann ein Heiliger sein, der Enkel eines Märtyrers ein Massenmörder.

Und Deutschland?

Der deutschen Gesellschaft ist nur schwer zu vermitteln, dass man zuerst Europäer, dann Deutscher ist. Ich erwarte von den Deutschen eine wirklich europäische Rolle: Sie sollten mehr Europäer als Deutsche sein und es damit auch anderen erleichtern, Europäer zu werden – wobei ich Ideen einer europäischen Republik gegenwärtig für unrealistisch und damit für kontraproduktiv halte, sondern auf postklassische Nationalstaaten setze, wie es Heinrich August Winkler formuliert hat.

Europa leidet bis heute unter dem Ungleichgewicht, dass die Ostmitteleuropäer historisch Kolonialisierte sind, die Westeuropäer hingegen Kolonialmächte. Die Ostmitteleuropäer müssen sich von dem Komplex befreien, Kolonisierte gewesen zu sein. Und die Westeuropäer müssen ihre Attitüde ablegen, als Kolonialmacht über andere bestimmen zu können. Europa ist wichtiger als Polen und Deutschland – allein schon, um einen größeren Auslauf zu haben, wie ein Tier im Zoo.

IV Hegemon oder Hippie-Staat?
Die deutsche Frage seit 1990

1 Neue alte Ordnung, alte neue Frage

Mit der deutschen Wiedervereinigung war die deutsche Frage in der Version von 1949 beantwortet. Das vereinte Deutschland bestand fortan als parlamentarische Demokratie auf dem Territorium der Bundesrepublik, der DDR und Westberlins. Wie nach 1945 und anders als 1648, 1815 und 1919 fand auch nach 1989 kein großer internationaler Kongress statt, der eine umfassende Neuordnung und eine neue Sicherheitsarchitektur entworfen hätte. Stattdessen wurde mit dem Zwei-plus-Vier-Vertrag ein Übereinkommen zwischen Deutschland und den vier alliierten Siegermächten verhandelt, das im September 1990 als »abschließende Regelung in bezug auf Deutschland« unterzeichnet wurde. Alles andere blieb außen vor.[1]

Die dritte europäische Nachkriegsordnung des 20. Jahrhunderts wurde daher ohne explizite Neuordnung auf der Grundlage der westlichen Institutionen aus der Zeit des Ost-West-Konflikts errichtet, also von NATO und Europäischer Gemeinschaft, die 1992 in Maastricht zur Europäischen Union wurde. Die Konferenz für Sicherheit und Zusammenarbeit in Europa, die in den siebziger Jahren als blockübergreifende Institution aus der Taufe gehoben worden war, wurde hingegen nicht zu einer tragenden Institution der internationalen Ordnung weiterentwickelt. Stattdessen wurden NATO und EU auf die Staaten des ehemaligen sowjetischen Machtbereichs (im Falle der baltischen Staaten auch auf ehemalige Republiken der Sowjetunion) ausgedehnt. Dies stand im Gegensatz zum ursprünglichen Bestimmungsgrund der NATO als Verteidigungsbündnis im Ost-West-Konflikt. Allerdings offenbarten die Auflösung der Sowjetunion und die Kriege in Jugoslawien zu Beginn der neunziger Jahre, wie viel Instabilität und Gewalt in Europa drohten. Es galt, eine neuerliche Entwicklung zu verhindern, wie sie nach dem Ersten Weltkrieg mit der Auflösung der Vielvölkerreiche stattgefunden hatte. Tatsächlich gab es Parallelen zur Ordnung nach 1919 (die Auflösung eines multinationalen Reiches) und nach 1945 (die Übernahme bestehender Strukturen). Der entscheidende Unterschied aber lag darin, dass die institutionellen Strukturen nach 1989 deutlich stabiler waren als die nach dem Ersten Weltkrieg und deutlich geregelter als nach dem Zweiten.

Das bewahrte die Ordnung von 1990 aber nicht vor einem doppelten Dilemma, das nach etlichen Jahren massiv spürbar wurde. Denn der Westen stand vor dem Problem, sowohl dem Sicherheitsbedürfnis der postkommunistischen Staaten zu genügen, das sich vor allem gegen Russland richtete, als auch den russischen Nachfolger der Sowjetunion in die neue Staatenordnung zu integrieren. Ersteres gelang, allerdings um den Preis der Ungleichbehandlung der ehemaligen Staaten der Sowjetunion. NATO und EU versagten der Ukraine und Georgien aus realpolitischen Rücksichten auf Russland, was sie nicht nur Polen, sondern auch den baltischen Staaten gewährten. Und ein dauerhaft tragfähiges Verhältnis zu Russland gewann der Westen auch nicht.

Das Ende des Ost-West-Konflikts besiegelte die historische Niederlage der Sowjetunion, nach deren Auflösung 1991 Russland nicht mehr Weltmacht, sondern nur noch Großmacht war. Die neunziger Jahre waren das Jahrzehnt der russischen Schwäche, in dem Moskau als Juniorpartner des Westens agierte. Der 1997 etablierte NATO-Russland-Rat, der Russland integrieren sollte, blieb letztlich eine Institution der Achtundzwanzig gegenüber dem Einen. Und dieser protestierte vergeblich gegen die Osterweiterung der NATO bis auf das Territorium der vormaligen Sowjetunion. Wladimir Putin betrieb dann seit 2005 die Revision dessen, was er als machtpolitische Demütigung Russlands betrachtete. Er strebte nach neuer russischer Größe und einer neuen Weltordnung, in der die USA nicht mehr dominierten. Diese Politik schloss nicht nur ein russisches Narrativ der Benachteiligung ein, sondern nahm auch für sich in Anspruch, über die Ukraine oder Georgien zu bestimmen. Und sie setzte mit der Annexion der Krim und der Unterstützung der Separatisten in der Ostukraine nicht nur auf militärisch unterfütterten Druck, sondern auch auf kriegerische Gewalt.

Kennzeichen der Ordnung von 1990 waren unterdessen, neben der Beibehaltung der westlichen Institutionen aus der Zeit des Kalten Krieges, ein technologischer und ökonomischer Globalisierungsschub sowie die Hegemonie der USA. Als einzig verbliebene Supermacht gewannen sie eine ungekannte Machtfülle. Die Vereinigten Staaten waren die weltweit stärkste Militärmacht sowie die Wirtschaftsmacht mit der größten technologischen Innovationskraft, insbesondere auf dem zentralen Zukunftsfeld der Digitalisierung, und sie verfügten über die ökonomischen Kapazitäten eines großen Binnenmarktes. Um die Jahrtausendwende erreichte die amerikanische Hegemonie ihren Zenit. Dabei war schon in den neunziger Jahren während der Präsidentschaft Bill Clintons das Konzept der »Schurkenstaaten« gegen einen islamischen Fundamentalismus entwickelt worden, mit dem George W. Bush nach dem 11. September 2001 den »war on terror« führte. Der Krieg gegen den Irak von 2003, dessen offizielle Begründung sich als falsch herausstellte, führte nach einem schnellen militärischen Sieg in ein politisches Desaster. Es trug zur Radikalisierung und Destabilisierung des gesamten Nahen Ostens bei, der ohnehin eine der instabilsten Krisenregionen der Welt war und dessen politische Ordnung nach den Aufstandsbewegungen des »Arabischen Frühlings« 2011 weitgehend implodierte.

Die NATO stand also vor enormen globalen Problemen, und ihre Mitglieder orientierten sich sehr unterschiedlich. Die USA neigten zu einem zunehmenden Unilateralismus. Das Vereinigte Königreich lehnte sich traditionell eng an die USA an, während Frankreich die Bildung einer Gegenmacht anstrebte und die Bundesrepublik klassischerweise vermittelte. Die neuen NATO-Mitglieder in Ostmitteleuropa optierten in erster Linie antirussisch und proamerikanisch, während Südosteuropa, wie vor 1914, abermals zur Sphäre russischer Beeinflussungsversuche wurde.

Die daraus resultierenden Zentrifugalkräfte erfassten im 21. Jahrhundert auch die Europäische Union, die zunächst 1992, mit dem Vertrag von Maastricht und ihrer Umwandlung von der »Gemeinschaft« in die »Union«, einen Konstitutionalisierungsschub erfahren hatte.[2] In dessen Zentrum stand die Währungsunion, die bis 2002 verwirklicht wurde. Sie beruhte auf zwei Säulen. Erstens wurde die Geldpolitik in die Hände einer supranationalen, unabhängigen Zentralbank gelegt, deren Hauptaufgabe darin bestand, die Preisstabilität zu gewährleisten. Die Fiskalpolitik verblieb unterdessen in der Verantwortung der Einzelstaaten, denen die Währungsunion ein System von Regeln auferlegte, dabei aber die gegenseitige Haftung für die einzelstaatlichen Schulden ausschloss.

Mit dieser Stabilitätsorientierung, so die allgemeine Ansicht, war die Ausgestaltung der Währungsunion zu deutschen Bedingungen erfolgt, während die Währungsunion an sich als deutsches Zugeständnis galt.[3] Dabei trafen in der Europäischen Union sehr unterschiedliche Wirtschaftskulturen aufeinander. Die angelsächsische Kultur (auch wenn das Vereinigte Königreich nicht Mitglied der Währungsunion wurde) vertraute auf die »unsichtbare Hand« des Marktes und verschmolz seit den achtziger Jahren mit der amerikanischen Kapitalmarktkultur. Die Kultur des Wirtschaftsraums, der von Skandinavien bis Norditalien und von der Seine bis an die Oder reichte, setzte auf freiwillig akzeptierte Spielregeln statt möglichst freier Märkte. Hinzu kam als Drittes die Kultur der südeuropäischen Regionen, die dem Staat misstraute und stattdessen auf Traditionen weicher Währungen baute. Schließlich entwickelte sich eine vierte Form der Wirtschaftskultur unter den Sonderbedingungen der postkommunistischen Transformationsgesellschaften in Ostmitteleuropa.[4]

Daneben existierten unterschiedliche Rechtskulturen. Das angelsächsische Rechtsverständnis setzt auf Regeln, die allerdings in Krisenfällen zugunsten von Ausnahmen zurücktreten können. Das deutsche Rechtsverständnis betont hingegen aus historischen Gründen die Verbindlichkeit des Rechts gerade in Krisensituationen. In mediterranen Ländern wiederum werden fixierte rechtliche Normen allgemein als weniger bindend betrachtet. Damit fehlten der Währungsunion politisch-kulturelle Grundlagen, die sie nicht eigens schaffen konnte.

Parallel zur Währungsunion und zum Vertrag von Maastricht übertrugen die Staaten der Europäischen Union noch in einem weiteren zentralen Bereich staatliche Hoheitsrechte auf eine europäische Ebene: die Hoheit über ihre Grenzen. 1997 wurde das Schengen-Abkommen in den Rechtsrahmen der EU übernommen. Es stellte Freizügigkeit innerhalb gemeinsamer Außengrenzen her, beließ deren Sicherung aber in den Händen der betreffenden Staaten. Asylrechtlich bestimmte das Dubliner Übereinkommen, dass Asyl in dem Land beantragt werden muss, das ein Asylbewerber zuerst betritt. Diese Regelungen sorgten, wie sich zeigte, für erhebliche Disparitäten innerhalb der EU, was Migrationsdruck, Aufnahmeentscheidungen und staatliche Leistungen betrifft. 2015 kollabierte dieses System im Zuge einer Massenzuwanderung, die sich über die Balkanstaaten vor allem nach Deutschland bewegte. Erst durch die unilaterale Schließung der sogenannten Balkanroute sowie durch ein Abkommen der EU mit der Türkei im März 2016 konnte das System wieder notdürftig stabilisiert werden.

Was die politische Union betraf, die Helmut Kohl so sehr am Herzen lag, verstärkte der Vertrag von Maastricht die Regierungszusammenarbeit im Bereich der Außen- und Sicherheitspolitik sowie der Innen- und Justizpolitik, ohne diese Felder jedoch supranational zu vergemeinschaften. Zugleich erweiterten die Vertragsänderungen seit Maastricht die Möglichkeiten von Mehrheitsentscheidungen im Ministerrat sowie die Mitbestimmungsrechte des Parlaments. Ein *grand design* einer politischen Union war damit freilich ebenso wenig verbunden wie eine europäische Verfassung. Ein Anlauf dazu scheiterte 2005, nachdem schon der Vertrag von Maastricht bei Volksabstimmungen in Dänemark und Frankreich nur sehr knapp angenommen worden war. Die Europäische Union blieb wie seit ihren Anfängen ohne klare Zielvorstellung ihrer weiteren Entwicklung. Sie folgte stattdessen dem Prinzip der »immer engeren Union der Völker Europas«, wie es in Artikel 1 des EU-Vertrages hieß. Deren Grenze signalisierte freilich das Bundesverfassungsgericht, das die EU im Maastricht-Urteil von 1993 zwar als »Staatenverbund« charakterisiert, aber nicht als einen »sich auf ein europäisches Staatsvolk stützenden Staat« anerkannt hatte.[5]

Die Vertiefung der Europäischen Union, die schon vor 1989 begonnen hatte, war das eine. Sie wurde überlagert vom Ende des Ost-West-Konflikts und der Frage, wie sich das vereinte Westeuropa gegenüber der während des Kalten Krieges zunehmend in Vergessenheit geratenen östlichen Hälfte Europas verhalten sollte. Die Osterweiterung, die 1989 als Aufgabe hinzukam, machte den Integrationsprozess ungleich schwieriger, weil es kaum gutgehen konnte, die Union zugleich zu vertiefen und zu erweitern. Aber was war die Alternative?[6] Es war vor allem die deutsche Regierung, die gegen französische Bedenken auf die Osterweiterung drängte. Nachdem der Prozess im Juni 1993 auf den Weg gebracht worden war, erlebte die Union 2004 mit der Aufnahme von zehn neuen Mitgliedern die größte Erweiterung ihrer Geschichte. Bei allen Schwierigkeiten, die damit einhergingen: Sie trug in erheblichem Maße dazu bei, Entwicklungen wie nach dem Ersten Weltkrieg zu verhindern, als die Regionen der zerfallenen Vielvölkerreiche zu Territorien der Instabilität und der Gewalt wurden. Und dies war die wohl bedeutendste Leistung der Europäischen Union nach 1989/90. Nur werden verhinderte Katastrophen meist nicht als solche wahrgenommen.

Was das vereinte Deutschland betraf, so stellte sich wie 1871 die Frage, wie sich das starke Deutschland in der Mitte Europas mit der Ordnung des Kontinents vertragen würde. Deutschland hatte durch die Wiedervereinigung an Territorium und an Bevölkerung gewonnen. Während Territorium im 21. Jahrhundert kein signifikantes, erst recht kein trennscharfes Kriterium von Macht ist – die Fläche Frankreichs ist 1,8-mal so groß wie diejenige Deutschlands und 2,6-mal so groß wie die des Vereinigten Königreichs –, sagt die Bevölkerungszahl schon mehr aus. Und da legte Deutschland, nachdem die alte Bundesrepublik, Frankreich, Großbritannien und Italien allesamt um die 60 Millionen Einwohner gehabt hatten, mit der Wiedervereinigung auf 80 Millionen zu und wurde zum mit Abstand bevölkerungsreichsten Land westlich von Russland. Zugleich hatte das Ende der Teilung Europas Deutschland wieder zur Macht in der Mitte des Kontinents gemacht, zumal die USA ihr Engagement in Europa reduzierten.

Zugleich verzichtete Deutschland im Zwei-plus-Vier-Vertrag auch weiterhin auf Atomwaffen und verfügte in der Folge nach wie vor nur sehr eingeschränkt über Instrumente von militärischer *hard power*. Dafür war die westdeutsche Ökonomie in den achtziger Jahren in eine neue Boomphase eingetreten, die nicht zuletzt auf Exporten von hochtechnologischen Produkten wie Maschinen und Kraftfahrzeugen beruhte.[7] Die Bundesrepublik profitierte als Ausrüster von *emerging markets* vor allem vom Export in Volkswirtschaften, die sich nach dem Ende des Ost-West-Konflikts sprunghaft entwickelten, nicht zuletzt nach China.[8]

Auf der anderen Seite nahmen die Folgekosten der Wiedervereinigung, der »Aufbau Ost« in der ehemaligen DDR, weit größere Dimension an als 1990 angenommen. Statt aus der Privatisierung des volkseigenen Vermögens der DDR 600 Milliarden D-Mark zu erlösen, wie 1990 kalkuliert worden war, schloss die zu diesem Zweck gegründete Treuhandanstalt ihre Bücher zum 31. Dezember 1994 mit einem Defizit von 230 Milliarden D-Mark.[9] Finanziert wurde die Einheit durch eine massiv ansteigende Staatsverschuldung sowie die Arbeitslosen- und Rentenversicherung. Dies setzte einen Teufelskreis im beitragsfinanzierten Sozialstaat in Gang: Steigende Beiträge verteuerten den Faktor Arbeit, dadurch stiegen die Arbeitslosigkeit und in ihrem Gefolge die Sozialausgaben bei rückläufigen Beitragseinnahmen. Deutschland schien sich mit der Einheit strukturell übernommen zu haben. »Die deformierte Gesellschaft« wurde nach der Jahrtausendwende in der deutschen Öffentlichkeit diagnostiziert, der sich die bange Frage stellte: »Ist Deutschland noch zu retten?«[10]

Institutionell blieb das vereinte Deutschland Mitglied der NATO und der Europäischen Gemeinschaft. Damit war die deutsche Wiedervereinigung in einem Maße zu westlichen Bedingungen geregelt worden, wie es kein Wiedervereinigungsszenario seit der deutschen Teilung vorausgesehen hatte. Dabei lag gerade in dieser internationalen institutionellen Einbindung der zentrale Unterschied zum Kaiserreich, das als Großmacht in einem institutionell nicht weiter regulierten System von Großmächten agiert hatte.

Dem entsprach das eingeübte integrationsfreundliche Selbstverständnis bundesdeutscher Politik: »Die Frage des Baus des europäischen Hauses unter irreversibler Einbindung des mit Abstand stärksten Landes, Deutschland«, so Helmut Kohl mit dem ganzen Gewicht politischer Sinngebung, »ist die Frage von Krieg und Frieden im 21. Jahrhundert.«[11] Dieses Deutschland verstand sich, so formulierte Heinrich August Winkler die Mehrheitsmeinung zumindest unter den politischen Eliten, als »postklassischer demokratischer Nationalstaat unter anderen«[12] und als »Zivilmacht«. Es setzte auf Kooperation und Transfer von Wohlstandsgewinnen, war weit über das Maß fast aller anderen europäischen Partner hinaus zur Einbindung in supranationale Institutionen bereit und verpflichtete sich auf gemeinsame multinationale Normen. Kurzum: Deutschland konzentrierte sich auf *soft power* und hielt möglichst Abstand von militärischer Gewalt.[13] Auch dies unterschied das wiedervereinigte Deutschland vom Deutschen Kaiserreich.

Zugleich stand das Deutschland von 1990 aufgrund seiner zentralen geographischen Lage, seiner wirtschaftlichen Leistungsfähigkeit, seiner kulturellen Ausstrahlung, Dynamik und Bevölkerungszahl wieder im Range einer europäischen Großmacht, ja es war die »Zentralmacht Europas« (Hans-Peter Schwarz). Das wiederum verband das Deutschland von 1990 mit dem von 1871.

2 Phoenix in und aus der Asche: Die Außenpolitik des vereinten Deutschlands

Die deutsche Außenpolitik der ersten beiden Jahrzehnte nach der Wiedervereinigung verfolgte eine Mischung aus Kontinuität und Wandel. Um Kontinuität bemühte sich vor allem die Regierung Kohl bis 1998, um jeden Verdacht neuer deutscher Großmachtambitionen im Keim zu ersticken. Der Zwei-plus-Vier-Vertrag bestätigte die territorialen Verluste Deutschlands von 1945 und dessen Verzicht auf atomare Waffen. Insbesondere die europäische Selbsteinbindung einschließlich der Einführung des Euro war für Kohl Staatsräson mit dem Odium der historischen Mission, wie er nach dem Abschluss des Vertrages von Maastricht verkündete:

> »Vieles von dem, was in den Amtsstuben in ganz Europa – ich schließe dabei Deutschland nicht aus – heute noch gedacht wird – ich denke an die Widerstände und Überlegungen, dass etwas, was noch nie dagewesen war, deswegen auch nicht kommen könne –, wird durch die Entwicklung hinweggefegt werden. Es ist ein dynamischer Prozess eingeleitet worden, den wir in dieser Form in der modernen Geschichte noch nie hatten.«[14]

Mit dem Ziel einer politischen Union und einer europäischen Integration »bis hin zu allen nur denkbaren Vorstellungen«[15] verzichtete die Regierung Kohl explizit auf nationale Vormachtansprüche. Zugleich nahm sie Rücksicht auf die kleineren Staaten, nicht zuletzt indem sie die Osterweiterung der EU federführend beförderte. Die freiwillige Übernahme von finanziellen Bürden und die Großzügigkeit gegenüber anderen Staaten verband sich dabei mit ordnungspolitischer Nonchalance. Dass politische Integration vor ökonomischer Räson ging, zeigte sich spätestens bei der Einführung des Euro, die Kohl 1998 gegen erhebliche stabilitätspolitische Bedenken der Bundesbank durchsetzte.[16]

Dass Kohl in der großen Krise des Europäischen Währungssystems im September 1992 Frankreich und dem Franc mit substantiellen Unterstützungsmaßnahmen zu Hilfe kam, nicht aber Großbritannien und dem Pfund,[17] deutete unterdessen auf eine grundlegende strategische Entwicklung der achtziger Jahre hin: das Auseinanderdriften des *couple franco-allemand* auf der einen und des britischen Inselstaates auf der anderen Seite. Margaret Thatcher hatte eine klare Vorstellung von den Schwierigkeiten, die eine vertiefte europäische Integration mit sich bringen würde, aber sie besaß keine tragfähige eigene Idee für eine europäische Ordnung nach dem Ende des Kalten Krieges. Kohl und Mitterrand hingegen hatten eine solche Idee. Sie kämpften für die *ever closer union* bzw. die Europäische Währungsunion, aber sie unterschätzten die Schwierigkeiten, die daraus folgten. Nachdem das Vereinigte Königreich in den siebziger Jahren, über zwei Jahrzehnte nach dem Beginn der europäischen Integration, in diesen Prozess eingestiegen war, bewegte es sich ein Jahrzehnt später schon wieder an den Rand, um schließlich ganz auszusteigen. Was die Kooperation der drei europäischen Großmächte westlich von Russland betraf, kamen einmal mehr nur zwei von dreien zusammen. Wieder verpasste Europa eine Chance, seine Kraftquellen zu bündeln.

Überdies wurde die Zivilmacht in den neunziger Jahren mit den militärischen Realitäten und veränderten Erwartungen an das vereinte Deutschland konfrontiert.[18] Die bundesdeutsche Devise »Nie wieder Krieg« hatte immer auch bedeutet, dass andere die militärische Arbeit erledigten. Noch einmal praktizierte die Bundesrepublik im Zweiten Golfkrieg von 1991 die eingeübte Methode der sogenannten Scheckbuchdiplomatie, indem Deutschland 10 Prozent der Kriegskosten sowie Logistik und Aktivitäten außerhalb der Gefahrenzone übernahm; bei der UN-Mission in Kambodscha 1992/93 stellte Deutschland Sanitätssoldaten. Aber die Erwartungen gingen weiter. Bei den NATO-Einsätzen auf dem Balkan beteiligten sich deutsche Soldaten an der Flugaufklärung, wobei sie möglicherweise Feuerleitfunktion für andere Luftwaffen hätten übernehmen müssen. Ob dies im Widerspruch zu Art. 87a des Grundgesetzes stand (»Außer zur Verteidigung dürfen die Streitkräfte nur eingesetzt werden, soweit dieses Grundgesetz es ausdrücklich zulässt«), musste schließlich das Bundesverfassungsgericht prüfen. Am 12. Juli 1994 erließ es ein wegweisendes Urteil,[19] das die Möglichkeit der Entsendung von Truppen im Rahmen eines Systems gegenseitiger Sicherheit eröffnete, sie aber an einen Beschluss des Bundestages band. Seitdem war die Frage militärischer Auslandseinsätze Deutschlands keine verfassungsrechtliche, sondern eine politische. Mit allem Nachdruck stellte sie sich 1999, als die NATO gegen das serbische Vorgehen im Kosovo intervenierte. Mit einer signifikanten Verschiebung von »Nie wieder Krieg« zu »Nie wieder Auschwitz« begründete Außenminister Fischer den ersten robusten militärischen deutschen Auslandseinsatz nach dem Zweiten Weltkrieg.[20]

Somit leistete die Regierung Schröder eine neuerliche Anpassung an die Erwartungen innerhalb des westlichen Bündnisses und setzte zugleich neue Akzente. Deutschland beteiligte sich im Folgenden an militärischen Missionen, beispielsweise in Afghanistan 2001, im Kongo 2003, im Libanon 2006 oder bei der Anti-Piraterie-Aktion vor Somalia 2008. Dabei folgten die deutschen Regierungen keinem *grand design*, sondern situationsbezogenen Erwägungen oder Erwartungen. Zugleich legte die Regierung Schröder ein neues deutsches Selbstbewusstsein an den Tag und betonte das Recht, eigene Interessen zu vertreten und Entscheidungen gegen die Partner zu treffen, vor allem gegenüber den USA.[21] Als Außenminister Fischer dem amerikanischen Verteidigungsminister vor dem dritten Golfkrieg von 2003 entgegenhielt »I am not convinced«,[22] ging Deutschland erstmals seit 1949 in offene Opposition zur amerikanischen Politik. Dies bedeutete eine Wende der deutschen Bündnispolitik, weg von der Tradition der Bündnissolidarität und der Anpassung an die vorwaltenden internationalen Tendenzen.

Während der ersten rot-grünen Regierung in Deutschland strebte unterdessen die ökonomische Vereinigungskrise ihrem Höhepunkt zu. Im Jahr 2005 erreichte die Zahl der Arbeitslosen einen neuen Höchstwert von 4,57 Millionen im Jahresmittel; in den neuen Ländern überschritt die Arbeitslosenquote die Schwelle von 20 Prozent.[23] Zurückhaltung der Tarifparteien hinsichtlich der Löhne, die Unternehmenssteuerreform der Regierung Schröder und die Sozialreformen der »Agenda 2010« verbesserten zugleich die deutsche Wettbewerbsfähigkeit. Sie begründete einen deutlichen Anstieg der Exporte und einen neuen, langanhaltenden Wirtschaftsaufschwung nach 2005, den selbst die Weltfinanzkrise von 2008 nur kurz dämpfte. Das Ergebnis war eine wachsende neuerliche Dominanz der deutschen Volkswirtschaft in Europa, vor allem durch ihre steigenden Außenhandelsüberschüsse. Wie hatte Kohl 1989 die »gewaltige Kehrseite« deutscher wirtschaftlicher Stärke benannt: »erhebliche, ganz erhebliche psychologische Verwerfungen«.[24]

Nachdem die Regierung Schröder Grundlagen für den deutschen Aufschwung gelegt hatte und zugleich auf Distanz zur US-Regierung gegangen war, bemühte sich Angela Merkel, die im Herbst 2005 ins Amt kam, um eine Normalisierung der transatlantischen Beziehungen. Ihre Kanzlerschaft wurde zugleich von einer besonderen Häufung internationaler Krisen geprägt: 2008 machte das gewaltsame russische Vorgehen gegen Georgien deutlich, welche Gewaltpotentiale in dieser Region schlummerten, wie sich ab 2014 mit der russischen Annexion der Krim und den gewaltsamen Auseinandersetzungen in der Ostukraine bestätigte. Der Weltfinanzkrise von 2008 folgte ab 2010 die Euro-Schuldenkrise, in der die Europäische Währungsunion an den Rand des Scheiterns geriet. Nach den Aufstandsbewegungen in den arabischen Staaten im Jahr 2011 brach dort kein neuer Völkerfrühling aus, wie viele im Westen hofften. Stattdessen brach die ohnehin instabile politische Ordnung in weiten Teilen des Nahen Ostens und Nordafrikas zusammen. Diese Entwicklung gipfelte im Bürgerkrieg in Syrien – mit der Konsequenz von Migrationsbewegungen, die auch Europa in Form unregulierter

Massenzuwanderung erreichten und deren die EU kaum Herr wurde. Dies war wohl zugleich ein Faktor, der zum mehrheitlichen Votum der britischen Wähler vom Juni 2016 beitrug, die Europäische Union zu verlassen.

Diese Europäische Union besitzt das historische Verdienst, dass Luxemburg, Belgien und Polen nicht mehr Einmarschgebiete für die Armeen benachbarter Großmächte sind, sondern Präsidenten europäischer Institutionen stellen. Zugleich aber gelang es ihr nicht, trotz des Amtes einer Hohen Vertreterin der EU für die Außen- und Sicherheitspolitik (und obwohl diese mehr als anderthalbmal so viele Einwohner repräsentiert wie der amerikanische Außenminister) als gewichtiger weltpolitischer Akteur aufzutreten. Das lag zum einen daran, dass die Erweiterungen und die gleichzeitige Vertiefung zu einer Überlastung der Union führten. Zum anderen machten die Krisen im Bereich der Währung und der Grenzen schwere Nord-Süd- und Ost-West-Spannungen innerhalb der Union sichtbar. Hinzu kam schließlich der Bedeutungsverlust Frankreichs als Folge seiner zunehmenden ökonomischen Schwäche.

Vor diesem Hintergrund wandelte sich die Rolle Deutschlands in Europa seit 2005. Wiederholt war erneut von deutscher Hegemonie in Europa die Rede. Aber war das tatsächlich so? Was die materiellen, vor allem die ökonomischen Ressourcen betrifft, lautet die Antwort: ja. Mit seiner wirtschaftlichen Stärke war Deutschland die Vormacht in Europa. Im Hinblick auf die Ideen und Normen sieht die Bilanz gemischter aus. Mit ihrer Verpflichtung auf Freiheit und Menschenwürde, Demokratie, Rechtsstaatlichkeit und Frieden stimmte die Bundesrepublik ganz mit den grundlegenden Werten und den Zielen der Europäischen Union überein. Zugleich machten sich aber die Unterschiede zwischen den politischen Kulturen in Europa bemerkbar, etwa im Hinblick auf die Verbindlichkeit von Regeln. So hatte sich Deutschland zwar mit Stabilitätskriterien für die Währungsunion durchsetzen können. In der europäischen Realität wurden diese jedoch nur eingeschränkt beachtet; stattdessen wurde den Deutschen das Beharren auf den Regeln als unflexibler Legalismus vorgehalten.

In den europäischen Institutionen besaß Deutschland zwar Gewicht, aber keine Dominanz. Im Europäischen Parlament war es aufgrund des Prinzips der degressiven Proportionalität am stärksten unterrepräsentiert, und im Rat der Europäischen Zentralbank konnte sich der Präsident der vermeintlich mächtigen Bundesbank in den entscheidenden Fragen nicht durchsetzen. Im Europäischen Rat, dem gerade in Krisen entscheidenden Gremium, besaß Deutschland besonderes Gewicht und zugleich keine Mehrheit. In der Euro-Schuldenkrise schwenkte Kanzlerin Merkel von der anfänglichen Option, dass Staaten aus der Währungsunion ausscheiden können müssten, zu einer konditionierten Rettungspolitik um. Ob Deutschland seinen Willen auch gegen Widerstreben durchgesetzt hatte, wie Max Weber »Macht« definiert hatte, war Ansichtssache: Deutsche Ordnungspolitiker und Verfassungsrechtler waren der Meinung, Deutschland habe Verrat an Maastricht begangen, während die anderen Teilnehmer der Währungsunion die deutsche Politik als Diktat empfanden. Und in der Flüchtlingskrise konnte Deutschland mit dem Ansinnen, Flüchtlinge auf die Mitgliedstaaten zu verteilen, zwar einen Mehrheitsbeschluss im Rat erzwingen, diesen aber faktisch nicht umsetzen.

3 Gemischte Gefühle:
Die Nachbarn und ihre neuen Deutschen

Schauen wir nun auf die Ebene der Wahrnehmungen im vereinten Deutschland, so fallen drei Diskurse ins Auge. Der erste war der über die »innere Einheit« oder die weiter bestehende »Mauer in den Köpfen«.[25] Die DDR hatte den westlichen Identitätswandel einschließlich der Abkehr von der Nation nicht mitvollzogen. Das Selbstverständnis des vereinten Deutschlands beruhte aber ganz überwiegend auf den westlichen Traditionen der Bundesrepublik. Die westdeutsche Dominanz war ein wesentlicher Grund für ein Gefühl der Benachteiligung und der Abwertung, das sich bald nach der Wiedervereinigung bei vielen Ostdeutschen breitmachte. In messbaren Zahlen zeigten sich Differenzen zwischen Ost- und Westdeutschen im Wahlverhalten. Zunächst bescherten die Wahlen der aus der SED hervorgegangenen PDS, die sich als Regionalpartei der Einheitsverlierer zu inszenieren verstand, unerwartete Erfolge. Und im dritten Jahrzehnt der deutschen Einheit erzielten rechtspopulistische Kräfte ihre besten Ergebnisse in den neuen Ländern. Wie die Linkspartei gewann dort auch die AfD bei der Bundestagswahl vom 24. September 2017 mehr als doppelt so hohe Stimmenanteile wie in der alten Bundesrepublik.

Der zweite Diskurs drehte sich um »Leitkultur« und »Patriotismus«. Als die Fußball-Weltmeisterschaft 2006 in Deutschland unter nie dagewesenem Einsatz bundesdeutscher Nationalfarben als »Sommermärchen« gefeiert wurde, standen sich in Deutschland zwei Positionen gegenüber: die Freude über einen zivilen Patriotismus[26] auf der einen Seite und die Sorge vor neuem Nationalismus und Rassismus auf der anderen, denn »jede Bildung einer nationalen In-Group bildet auch eine Out-Group«, wie es bei der Grünen Jugend hieß.[27] Von Ernst-Moritz Arndts »Des Deutschen Vaterland« bis zu Thomas de Maizières »Wir sind nicht Burka«[28] 2017: Die permanente Debatte um die deutsche Identität war und ist offenkundig *das* Wesensmerkmal der deutschen »Identität« schlechthin.[29]

Eine dritte Dauerdebatte drehte sich um deutsche Führung und Verantwortung in Europa. Auf der einen Seite wurde die Sorge geäußert, Deutschland kehre sich vom Konzept der Zivilmacht ab und orientiere sich stattdessen in Richtung Unilateralismus und Vorrang nationaler Interessen.[30] Auf der anderen Seite wurde Deutschland als »risikoscheuer Handelsstaat« kritisiert, der sich der Verantwortung entziehe, seine Führungsaufgabe aktiv zu gestalten[31] – wobei zumeist eher vage blieb, wie die konkrete Umsetzung aussehen sollte.

Unterdessen entwickelten sich gegenüber dem neuen Deutschland in den Nachbarländern gemischte Gefühle, in denen sich – historisch keineswegs zum ersten Mal – Bewunderung deutscher Leistungsfähigkeit, Furcht vor Deutschlands Potentialen und aktuelle Kritik an seiner Politik mischten. Das von Helmut Kohl regierte vereinte Deutschland wurde jedoch alles in allem, auch in Frankreich und zumindest in der Rückprojektion, als benevolente Macht betrachtet.[32] Insbesondere in den ostmitteleuropäischen Staaten gewann Deutschland wegen seines Einsatzes für die Osterweiterung der EU hohe Anerkennung, Respekt und Sympathie.[33] Explizit würdigte der polnische Außenminister Radosław Sikorski Ende 2011 die deutsche Unterstützung und Solidarität gegenüber Polen während der politischen und wirtschaftlichen Umgestaltung des Landes nach 1989. Und er fügte hinzu:

> »Ich bin wohl der erste polnische Außenminister der Geschichte, der dies sagt, aber bitte: Ich fürchte weniger die deutsche Macht, als dass ich beginne, deutsche Untätigkeit zu fürchten. (…) Sie sind Europas unverzichtbare Nation geworden. Sie dürfen nicht versäumen zu führen. Nicht dominieren, sondern bei den Reformen die Führung übernehmen.«[34]

Hier tat sich das deutsche Dilemma im 21. Jahrhundert auf: Zwar wurde, das war in dieser Form historisch neu, der Ruf nach deutscher Führung laut. Stets stand ihm jedoch die alte Angst vor der deutschen Vormacht gegenüber. Die deutsche Rolle bei der Osterweiterung nährte im Westen, vor allem in Frankreich, die Sorge, Deutschland könne die Rolle als mitteleuropäische Zentralmacht übernehmen.[35] Dabei ging die Angst vor der Rückkehr eines Deutschlands, das die eigenen Interessen über die der Gemeinschaft stellte,[36] nahtlos in den Vorwurf über, es mangele der deutschen Politik an Rücksicht und Solidarität. Schon die deutsche Anerkennung Sloweniens und Kroatiens im Jugoslawienkonflikt 1991 war in anderen europäischen Hauptstädten als unsolidarisches Vorpreschen aufgefasst worden.[37] Der Vertrag von Maastricht wurde in Italien als »typisch deutsches Produkt« und als »Ausdehnung der deutschen geldpolitischen Regeln auf den Rest Europas« ausgelegt. Deutschland erschien aus dieser Perspektive als großes, prosperierendes Land, das kein Verständnis für andere Mitgliedstaaten aufbrachte.[38]

Vor allem die selbstbewusster auftretende Politik der Regierung Schröder wurde weithin als Rückwendung zu nationalen Interessen wahrgenommen, die nicht zwingend mit gemeinschaftlichen Interessen übereinstimmten und gegen die europäischen Partner durchgesetzt worden seien, wie der sozialistische portugiesische EU-Kommissar António Vitorino kritisierte.[39] In Polen wiederum wurde das deutsche Nein zum Irakkrieg 2003 als unsolidarisches Ausscheiden aus der Bündnisloyalität aufgefasst.[40]

An den Regierungen Merkel wurde vor allem die passive deutsche Haltung in Bezug auf die Sicherheitspolitik kritisiert, die einen adäquaten deutschen Beitrag zur Lastenteilung verhindere, beispielsweise im Falle der Intervention in Libyen 2011. Mit der Verweigerung von *hard power commitment* stehle sich Deutschland aus der Verantwortung, lautete eine verbreitete Kritik. Sie warf zugleich die Frage auf, ob Deutschland sich aus dem westlichen Bündnis und seinen Verpflichtungen lösen und gar eigene Wege gegenüber Russland und China gehen könne.[41]

Hinzu kam die verbreitete Einschätzung, die deutsche ökonomische Stärke sei für die jeweils eigene Schwäche verantwortlich. Das galt für das Vereinigte Königreich in den neunziger Jahren, und es war im 21. Jahrhundert in Griechenland und in Italien zu beobachten; dort wurde die eigene Volkswirtschaft als Opfer einer deutschen Dynamik gesehen, die zu Lasten anderer Mitgliedstaaten gehe.[42] Die französische Öffentlichkeit wiederum stand unter dem Eindruck des *double décrochage*, des ökonomischen und politischen Rückfalls gegenüber Deutschland nach der Wiedervereinigung.[43] Ohnehin war die Bezugnahme auf Deutschland in Frankreich, wie französische Beobachter konstatierten, allgegenwärtig, ja »obsessiv«; jedenfalls war die Aufmerksamkeit für Deutschland in Frankreich deutlich größer als umgekehrt.[44]

Hier kursierten traditionelle Deutschlandbilder in modifizierter Form, die sich nicht nur hinsichtlich fröhlich-folkloristischer Klischees, sondern grundlegend von den deutschen Selbstbildern unterschieden. Eine Erklärung dafür mag darin liegen, dass Fremdbilder immer auch Selbstbilder spiegeln; jedenfalls war der fundamentale Wandel der deutschen Selbstbilder nach 1945, beispielsweise die originäre Bereitschaft zur europäischen Selbsteinbindung, aus der Sicht der anderen offenkundig kaum vorstellbar.

Das galt nicht zuletzt für Polen. Radosław Sikorskis Rede war ein später Reflex auf die deutsch-polnische Annäherung in den neunziger Jahren. 1991 war der Nachbarschaftsvertrag unterzeichnet worden, und in der Folge wurden Institutionen wie deutsch-polnische Regierungskonsultationen und das französisch-deutsch-polnische »Weimarer Dreieck« eingerichtet. Seit Ende der neunziger Jahre ließ diese Annäherung allerdings nach, und 2003 klagte Janusz Reiter, der vormalige polnische Botschafter in Bonn: »Die Deutschen verstehen die Polen nicht mehr, und die Polen vertrauen den Deutschen nicht mehr.«[45] In Polen ging die Sorge um, als »Europäer zweiter Klasse« behan-

delt zu werden, was sich in der Ablehnung von Ideen eines »Europas der zwei Geschwindigkeiten« und in Skepsis gegenüber
einer starken deutsch-französischen Achse niederschlug.[46] Der
Wunsch, als gleichwertiger Partner anerkannt zu werden, wurde
durch den alten Rapallo-Komplex ergänzt und verstärkt. Besonders konfliktträchtig blieben Debatten über die jüngere Geschichte. Dabei stand vor allem Erika Steinbach, die Präsidentin
des Bundes der Vertriebenen, im Mittelpunkt, nachdem sie 1991
als Mitglied des Deutschen Bundestages gegen die Ratifizierung
des deutsch-polnischen Grenzvertrags gestimmt hatte. Ein weiterer Streitpunkt war die »Stiftung Flucht, Vertreibung, Versöhnung«, die 2005 von der Bundesregierung initiiert wurde und, so
die deutsche Perspektive, das Gedenken an die Vertreibung der
Deutschen aus den Ostgebieten in einen internationalen Kontext stellen sollte. Von polnischer Seite stand hingegen stets der
Verdacht im Raum, Deutschland wolle die eigene Geschichte zu
Lasten Polens umschreiben, indem es die eigene Täterrolle in
Frage stelle und Polen als Täter umdeute.[47] Dass dies auch einen
Reflex des polnischen Selbstbildes darstellen könnte, legten
Stimmen der liberalen polnischen Opposition nahe. Sie kriti-
sierten eine internalisierte polnische Opferperspektive und den
Heldenkult, den die polnische Rechte und deren Nationalge-
schichtsschreibung pflegten.[48]

4 Wilhelm ante portas? Die Euro-Schuldenkrise

Es war die Euro-Schuldenkrise, mit der die deutsche Frage in der
Form von 1871 endgültig und mit aller Macht nach Europa zu-
rückkehrte: die Frage nach der Vereinbarkeit von deutscher
Stärke und europäischer Ordnung.[49]

Die Einführung des Euro hatte für die mediterranen Teilnehmer der Währungsunion einen erheblichen Rückgang des Zinsniveaus zur Folge gehabt. Dies führte zu einer massiv ausgeweiteten Kreditaufnahme vor allem bei den Banken in den reicheren Ländern der Eurozone. So wuchs die Verschuldung im Ausland, und ebenso nahmen die Haushaltsdefizite zu. Das sollten die Bedingungen des Stabilitäts- und Wachstumspaktes – ein Haushaltsdefizit von nicht mehr als 3 Prozent und eine öffentliche Gesamtverschuldung von nicht mehr als 60 Prozent des BIP – zwar eigentlich verhindern. Aber es war gerade Deutschland im Bunde mit Frankreich gewesen, auf dessen Betreiben hin der Sanktionsmechanismus 2003/04 ausgesetzt worden war, der damit seine Glaubwürdigkeit verloren hatte.

Das war ein Präzedenzfall, und zugleich waren es Peanuts verglichen mit dem, was ab 2009 passierte. Die von den USA ausgehende *Subprime*-Krise hatte 2007/08 einen Teufelskreis von steigenden Zinsen, sinkender Liquidität und Rezession in Gang gesetzt, der alsbald auch Europa erfasste. Im Mai 2010 eskalierte die Krise, als die Renditen griechischer Staatsanleihen explosionsartig anstiegen und Griechenland an den Kapitalmärkten faktisch kein Geld mehr bekam. Ein eilig zusammengerufener Sondergipfel der Staats- und Regierungschefs der Eurozone am 7. Mai in Brüssel sah sich vor dem Abgrund, den EZB-Präsident Trichet mit einem Wort benannte: »Lehman« – der Name des Bankhauses, durch dessen Zusammenbruch am 15. September 2008 die *Subprime*-Krise außer Kontrolle geraten war. Da es in der Währungsunion keinen funktionsfähigen Ersatz für die Möglichkeit gab, volkswirtschaftliche Ungleichgewichte durch eine Anpassung der Wechselkurse auszugleichen, wurden die Probleme mitten in die Währungsunion hineingeleitet.

Die Euro-Rettungspolitik

Grundsätzlich gab es vier Alternativen: Die Teilnehmer der Währungsunion konnten das Prinzip der Selbstverantwortung, wie es in ihrem Gründungsvertrag vertraglich verankert war, konsequent anwenden. Dann hätte zumindest Griechenland die Währungsunion verlassen müssen, wofür es allerdings kein vertraglich vorgesehenes Szenario gab. Die zweite Möglichkeit lag in vertraglich ebenfalls nicht vorgesehenen Transfers, wie sie der französische Präsident Sarkozy vorschlug. Die dritte Option lag in einer Steigerung deutscher Löhne und öffentlicher Ausgaben, um die deutschen Außenhandelsüberschüsse zu senken. Die vierte Möglichkeit schließlich bestand in konditionierten Krisenhilfen, um den Haushalt zu konsolidieren und Strukturreformen vorzunehmen. Auch diese Maßnahmen widersprachen Artikel 125 des Vertrages über die Arbeitsweise der Europäischen Union, der eine gegenseitige Schuldenhaftung ausschloss. Da sich Bundeskanzlerin Merkel aber auf die Devise »scheitert der Euro, dann scheitert Europa«[50] festlegte, wurde dieser Weg gewählt.

Die Euro-Rettungspolitik begann 2010 und bestand aus drei Elementen. Erstens wurde der »Rettungsschirm« aufgespannt. Verschiedene Institutionen, die 2013 im Europäischen Stabilitätsmechanismus (ESM) zusammengeführt wurden, stellten in Verbindung mit dem Internationalen Währungsfonds 80 Milliarden Euro an Krediteinlagen und 620 Milliarden Euro an Garantien für Griechenland, Irland, Portugal, Spanien, Zypern und Slowenien bereit. Zweitens wurde auf deutsches Betreiben hin der stabilitätsorientierte Fiskalpakt beschlossen. Er verlangte, als Voraussetzung für Hilfen aus dem ESM die »Schuldenbremse« nach deutschem Vorbild in nationales Verfassungsrecht zu übertragen. Zugleich gab er das Ziel eines grundsätzlich ausgeglichenen Haushalts sowie den Abbau der Gesamt-Schuldenstandsquote auf 60 Prozent vor. Je länger die Krise dauerte, desto mehr wurde drittens die Europäische Zentralbank zum Schlüsselspieler. Getreu der von EZB-Präsident Mario Draghi ausgegebenen Devise »to do whatever it takes«[51] betrieb sie eine expansive Geldpolitik durch Niedrigstzinsen und Anleihekäufe (und entlastete damit die Regierungen von der Verantwortung für die Euro-Rettung). Hinzu kommt das System der sogenannten Target-Salden, über das die EZB als Verrechnungsstelle grenzüberschreitender Überweisungen von Banken enorme Volumina von Verbindlichkeiten auflaufen ließ.

Die Bundesregierung begründete ihre Politik mit unterschiedlichen und wechselnden Argumenten, wobei sie sich nach innen einer anderen Kritik – nämlich: zu viele Hilfen zu leisten – erwehren musste als nach außen, wo ihr vorgehalten wurde, sie tue zu wenig. Finanzminister Schäuble begründete das erste Rettungspaket im Mai 2010 mit den unkalkulierbaren Risiken eines griechischen Ausscheidens aus der Währungsunion, das den Austritt anderer europäischer Länder nach sich ziehen und ähnliche Folgewirkungen haben könne wie die Finanzkrise von 2008. Zudem argumentierte er mit einer historischen Verpflichtung Deutschlands, das durch die europäische Einigung eine zweite Chance erhalten habe, und schließlich auch mit gemeinsamen europäischen Werten.[52]

Angela Merkel betonte den Nutzen der Rettungspolitik für das eigene Land: Deutschland gehe es nur gut, wenn es Europa gutgehe, und Deutschland profitiere vom Euro. Zweitens argumentierte auch sie historisch, indem sie auf die deutsche Verantwortung für den Frieden in Europa seit 1945 verwies. Und drittens beschwor sie die Solidarität der Mitgliedstaaten der Europäischen Union, die sie zur alternativlosen »Schicksalsgemeinschaft« erklärte.[53]

Dass die deutsche Politik irritiert und beleidigt auf Kritik von außen reagierte, erinnerte an Helmut Kohl im Prozess der Wiedervereinigung 1989/90. »Ich war erschrocken, wie schnell die Wahrnehmungen sich verzerrten«, sagte Bundespräsident Joachim Gauck in einer Rede zur europäischen Idee am 22. Februar 2013, um dann die bereits zitierten Worte zu sprechen, deren Anklang an den »Platz an der Sonne« ihm wahrscheinlich gar nicht bewusst war: »Wir wollen andere nicht einschüchtern, ihnen auch nicht unbedingt unsere Konzepte aufdrücken, wir stehen allerdings zu unseren Erfahrungen und wir möchten diese gern vermitteln.«[54]

In der deutschen Öffentlichkeit herrschte eine kritische Grundstimmung vor, »Zahlmeister Europas«[55] zu sein und für die Schwächen anderer Länder in Haftung genommen zu werden. Dabei wurde neben den »gierigen Griechen«[56] vor allem »Krankreich«, wie die *Bild* kalauerte, als reformunfähiger Schüler angesehen, der seine Hausaufgaben nicht mache.[57] Ausländischen Beobachtern fiel zudem eine Besonderheit der deutschen Debatte auf, nämlich die etymologische Verbindung von »Schulden« und »Schuld« (im Gegensatz zur sprachlichen Trennung von *debts* und *guilt* oder *dettes* und *faute*). Damit erhalten Schulden im Deutschen eine moralische Komponente, wie sie auch im Begriff des »Defizitsünders« zum Ausdruck kommt.

Auseinandersetzungen in Deutschland

Die deutsche Expertenkritik an der Euro-Rettungspolitik stammte unterdessen aus zwei ganz unterschiedlichen Lagern: Sie wurde einerseits von Verfassungsrechtlern und Ordnungspolitikern, andererseits von Anhängern des Zivilmachtkonzepts, Makroökonomen und Vertretern einer *ever closer union* geäußert, allerdings mit ganz unterschiedlicher Zielrichtung. Die verfassungsrechtliche Kritik zielte darauf, dass die EZB ihr Mandat, Preisstabilität zu garantieren, überziehe und damit eine Finanz- und Wirtschaftspolitik ohne parlamentarisches Mandat

betreibe. Zudem beschädige eine durch die Verträge nicht ge-
deckte Rettungspolitik die Währungsunion als Rechtsgemeinschaft.[58] Die ordnungspolitische Kritik vertrat nicht zuletzt der
Chefvolkswirt der EZB, Jürgen Stark, der aus Protest gegen die
Euro-Rettungspolitik 2011 von diesem Amt zurücktrat.[59] Die
Konvergenz der europäischen Volkswirtschaften, wie die Vertreter der Schöpfungstheorie, die sich 1990 durchgesetzt hatten, sie
erhofften, habe sich als Illusion herausgestellt. Das Problem der
Währungsunion liege in fortwährenden strukturellen Problemen der südeuropäischen Länder und in unterschiedlichen
Wirtschaftskulturen: Deutschland und einige Nordländer favo-
risierten eine Begrenzung und den Abbau von Schulden sowie
angebotsorientierte Strukturreformen; die Südländer hingegen
setzten auf aktives Krisenmanagement mit expansiver keynesia-
nischer Geld- und Fiskalpolitik, um durch Inflationierung aus
der Krise herauszuwachsen. Die Grundpfeiler der Währungsunion – der Stabilitäts- und Wachstumspakt sowie der Haftungsausschluss – seien in der Euro-Krise und durch die Rettungspolitik schwer beschädigt und nicht nachhaltig repariert
worden, der Fiskalpakt von 2011 werde jedenfalls faktisch nicht
angewendet.[60] Und das Hilfsprogramm für Griechenland, so der
Chef des Münchener ifo-Instituts, »war eine einzige Irreführung. Weil die Kredite nicht zurückgezahlt werden können, sind
es eigentlich Transfers.«[61] Notwendig sei demgegenüber eine
Rückkehr zu den Prinzipien der Verträge: Eigenverantwortung
und Haftung, Regeln und Reformen anstelle weiterer Verge-
meinschaftungen und fiskalischer Integration.[62]

Demgegenüber monierte die eher links bzw. unionistisch mo-
tivierte Kritik der Rettungspolitik, dass die deutsche Regierung
trotz der enormen geo-ökonomischen Stärke des Landes gerade
nicht bereit gewesen sei, besondere Lasten für die Stabilisierung
der Eurozone zu übernehmen, etwa einen Schuldenschnitt, Eurobonds oder Maßnahmen zum Abbau der deutschen Außenhan-

delsüberschüsse. Stattdessen habe sie den Krisenstaaten Rezepte verschrieben – und mehr als das: sie auch gegen die Widerstände der europäischen Partner durchgesetzt –, die Deutschland wirtschaftlich erfolgreich gemacht hatten und dort innenpolitische Unterstützung fanden, die aber für die Krisenstaaten und ihre Probleme überhaupt nicht passten.[63]

Internationale Kritik

Diese Positionen trafen sich mit der internationalen Kritik, die rund um Deutschland herum an der deutschen Politik geübt wurde. Eine der prominentesten und hartnäckigsten Stimmen war die von Martin Wolf, dem Mitherausgeber und Chefkommentator der *Financial Times*, der lange eher wirtschaftsliberal ausgerichtet gewesen war, sich nun aber wieder stärker keynesianisch orientierte. Es sei eine Fehlannahme, so Wolf, die Krise allein auf die Verschuldung der südeuropäischen Länder zurückzuführen. Sie sei ebenso durch die sich verstärkenden Asymmetrien in der Eurozone bedingt, das heißt durch die deutschen Außenhandelsüberschüsse. (Von »Asymmetrien« hatte schon die französische Regierung 1987 gesprochen, und sie waren seinerzeit der Grund für den Vorschlag einer Währungsunion gewesen.) Anpassungsmaßnahmen in der Eurozone dürften nicht allein von den Schuldnerstaaten eingefordert werden, indem ihnen Austeritätspolitik auferlegt werde, sondern müssten symmetrisch durchgeführt werden. Neben Reformen in den Südländern seien daher eine Reduzierung der Außenhandelsüberschüsse, höhere Löhne in Deutschland sowie Instrumente der Risikoteilung wie etwa Eurobonds erforderlich. Die deutschen Präferenzen hingegen – Lohnzurückhaltung zwecks internationaler Wettbewerbsfähigkeit, Haushaltsdisziplin und Preisstabilität – seien zwar für Deutschland richtig, aber kein Modell für die Eurozone, da sie nicht vorrangig über den Export funktionieren könne.

Die deutsche Politik auf die gesamte Eurozone zu übertragen verschlimmere die Krise vielmehr. Die deutsche Euro-Krisenpolitik habe deflationäre Tendenzen in den Krisenstaaten verstärkt und zu einem Rückgang der Nachfrage, zu geringem Wirtschaftswachstum, einem Anstieg der Arbeitslosigkeit und weiterer Verschuldung geführt. »Das war nun die schlimmste beider Welten«, so Wolfs vernichtende Bilanz, »das griechische Volk hat gelitten. Es ist ärmer als zuvor. Aber ein produktiveres Griechenland ist nicht entstanden.« Der Untergang der Eurozone sei nur durch die Politik der EZB verhindert worden. Deutschland hingegen sei nicht bereit gewesen, das Nötige zu tun. Eine »weise Vormacht« aber hätte sich fragen müssen: »Wie kann mein Verhalten zur Stabilität und zum Erfolg des Systems beitragen, von dem auch ich profitiere und für das ich verantwortlich bin?«[64]

Der britische Publizist Hans Kundnani stellte die deutsche Rolle in der Euro-Schuldenkrise explizit in die Tradition des Kaiserreichs. Dass die Deutschen die Krise als Folge einer verantwortungslosen Verschuldung der südeuropäischen Länder ansahen, für die sie jetzt zahlen sollten, knüpfe an die deutsche Tradition an, sich selbst als Opfer zu sehen. Und dass die deutsche Krisenpolitik Europa eine Austeritätspolitik nach Maßgabe der eigenen Präferenzen aufzwinge, statt die eigenen Außenhandelsüberschüsse zu reduzieren, betrachtete Kundnani als national-egoistische geo-ökonomische Hegemonie anstelle kooperativer Führung.[65] Auch wenn das Urteil nicht überall in dieser Schärfe formuliert wurde, so war die Kritik an einer dominanten, allein nationalen Interessen und Präferenzen folgenden deutschen Rettungspolitik in Europa weit verbreitet. Es habe Deutschland, so ergab eine Erhebung unter Wissenschaftlern europäischer Thinktanks, an Kooperationsbereitschaft und Empathie, an Solidarität und Sensibilität für die nationalen Situationen anderer Staaten gefehlt. Deutschland habe Macht ausgeübt, ohne die damit einhergehende Verantwortung wahrzunehmen. Deutsche Führung, um die Probleme der Eurozone zu lösen, war erwünscht, deutsche Dominanz nach Maßgabe nationaler Interessen wurde hingegen abgelehnt.[66]

Athener Gespräche

Im Zentrum der Euro-Schuldenkrise stand Griechenland, das aufgrund der Hartnäckigkeit der Krise und der Vehemenz der politischen Auseinandersetzungen vor allem mit Deutschland einen Sonderfall unter den Krisenstaaten darstellte.[67] Hier schlugen die Wogen der Ressentiments gegenüber Deutschland besonders hoch. Um den griechischen Wahrnehmungen auf den Grund zu gehen, habe ich in Athen mit den Politikwissenschaftlern George Tzogopoulos und Manos Papazoglou, der früheren Athener Oberbürgermeisterin und griechischen Außenministerin Dora Bakogianni, dem Philosophen Nikos Dimou sowie den Journalisten Angelos Athanasopoulos und Yannis Palaiologos Gespräche geführt. Sie ergeben ein differenzierteres Bild, als es aus der verfügbaren Literatur und der oftmals polemisch aufgeladenen (beiderseitigen) Medienberichterstattung zu gewinnen ist, und liegen daher den folgenden Ausführungen zugrunde.

In Griechenland wurden die Auflagen für die Rettungspolitik als Diktat empfunden, was nicht zuletzt an der Art und Weise der Kommunikation von deutscher Seite lag. Die Wahrnehmung auf griechischer Seite war dementsprechend: Der französische Präsident Hollande und der italienische Ministerpräsident Renzi gerierten sich als Freunde Griechenlands und gewannen ein positives Image, taten aber nichts für Griechenland, während Deutschland reale Unterstützung leistete, diese aber nicht kommunizierte. Hinzu kam, dass die Ziele der Sparauflagen aufgrund der Höhe der griechischen Verschuldung von vornherein illusorisch waren und selbst eine reformbereite Regierung keine

Chance gehabt hätte, sie erfolgreich umzusetzen. Was folgte, war der freie Fall der griechischen Ökonomie.

Dies hinterließ Gefühle der Demütigung, der Bedrohung der nationalen Souveränität und der Abhängigkeit – eine Grundlage langwährender kollektiver Ressentiments. Im Rückgriff auf lange historische Linien wurde die deutsche Politik in der griechischen Öffentlichkeit als Versuch einer neuen Okkupation Griechenlands gesehen. Bilder von einer Invasion deutscher Panzer in Griechenland und Karikaturen deutscher Politiker mit Nazi-Emblemen rückten die deutsche Politik in den Kontext des Zweiten Weltkriegs, deutscher Kriegsverbrechen und des Nationalsozialismus. Dabei setzte die Politik den Ton, den die Medien aufnahmen und verstärkten.

Die antideutsche Stimmung in Griechenland brach 2010 abrupt aus und verstärkte sich bis 2012, bevor der neue Ministerpräsident Antonis Samaras sich zwischen 2012 und 2015 um Beruhigung bemühte. In dieser Zeit blieb das antideutsche Ressentiment eine Sache der Populisten, bis im Januar 2015 die linksradikale Partei Syriza die Parlamentswahlen gewann und mit Alexis Tsipras den Ministerpräsidenten stellte. Insbesondere sein Finanzminister Yanis Varoufakis verschärfte den Kurs gegenüber den Sparauflagen der Rettungspolitik und gegen die deutsche Regierung, wobei vor allem Finanzminister Wolfgang Schäuble als Feindbild figurierte. Zum Wendepunkt wurde der Juli 2015, als Tsipras ein Referendum gegen die Sparauflagen durchführen ließ, diese dann aber in einer abrupten Kehrtwende akzeptierte, worauf Varoufakis zurücktrat. Für das politische Überleben des Ministerpräsidenten sei inhaltliche Konsistenz dabei weniger wichtig gewesen als der öffentliche Nachweis des Widerstandes, auch wenn dieser vergeblich blieb, erklärt George Tzogopoulos ein Muster, das sich auf die griechische Antike und die Schlacht bei den Thermopylen zurückführen lässt. Kurz danach ließ die Flüchtlingskrise allerdings neue Gemeinsamkeiten hervortreten. Aus griechischer Warte zeigte sich Deutschland nun verantwortungsvoll und solidarisch, und so brachte diese Krise zumindest die Regierungen wieder zusammen.

Nichtsdestoweniger erschien Deutschland in der Euro- bzw. Griechenlandkrise als »große europäische Macht, die systematisch ihren Einfluss ausweitet und dabei zunehmend in die Rolle eines europäischen Hegemons schlüpft« und eine »Germanisierung Europas« anstrebe.[68] Diese Einschätzung beruhte, so Christos Katsioulis, auf einem stabilen Fundament aus längerfristig wirkenden Vorurteilen, Stereotypen und nicht aufgearbeiteter Vergangenheit. Und sie resultierte aus einer Tendenz zur Selbstviktimisierung: Griechische Politiker machten Deutschland, so sagten mir Yannis Palaiologos und George Tzogopoulos, zum Sündenbock für eigene Fehler und Probleme Griechenlands. Reformprogramme wurden parlamentarisch beschlossen, aber nur sehr bedingt umgesetzt, so dass strukturelle Reformen und Privatisierungsmaßnahmen weithin ausblieben. Überhaupt zeigten sich meine Gesprächspartner sehr skeptisch über die Reformfähigkeit Griechenlands – sie hoffen in der langen Perspektive auf eine jüngere Generation.

Was aber erwarten sie von Deutschland? Allgemein herrschte der Eindruck, Deutschland habe Angst davor, die ihm zukommende europäische Führungsrolle zu spielen. Diese Rolle müsse Deutschland aber endlich wahrnehmen und sie strategisch verstehen, einschließlich der Dimension von *hard power*. Zugleich müsse Deutschland diese Rolle auch kommunizieren, das Einverständnis der anderen suchen und Rücksicht auf die kleineren Staaten nehmen. Yannis Palaiologos geht so weit zu sagen, dass Deutschland die europäischen Interessen nicht gegen, aber vor seine nationalen Interessen setzen müsse. Zuallererst appelliert er allerdings an die nationale Selbstverantwortung: »Wir sollten erst unsere eigenen Probleme lösen, bevor wir über Deutschland reden.«

Die Sicht der anderen

Die Neigung, die deutsche Politik für die eigenen Probleme verantwortlich zu machen, war im Kontext der Euro-Schuldenkrise auch in Italien anzutreffen.[69] Dabei traten die grundlegenden politisch-kulturellen bzw. ökonomisch-kulturellen Differenzen zwischen einer inflationsbereiten italienischen Wachstums- und Konjunkturpolitik und der deutschen Stabilitäts- und Ordnungspolitik offen zutage. Zugleich gewann die italienische Regierung einmal mehr den Eindruck, von den Entscheidungen ausgeschlossen zu werden. Die deutsche Politik wurde als überheblich und unsolidarisch empfunden und Deutschland letztlich als Hauptverantwortlicher der europäischen Krise erachtet. In Italien wurde Deutschland »eher als ein Grund zur Sorge denn als Partner« gesehen.

Gegenüber dem traditionell ambivalenten italienischen Verhältnis zu Deutschland war das postfranquistische Spanien stark proeuropäisch und deutschfreundlich orientiert. Die Euro-Schuldenkrise bedeutete allerdings insofern einen Einschnitt, als Spanien sich vom Subjekt in die Rolle des Objekts versetzt sah und befürchten musste, erneut an die wirtschaftliche und politische Peripherie Europas zurückzufallen. Dass der massive Abstieg mit der deutschen Politik assoziiert wurde, trübte das spanische Deutschlandbild deutlich ein.[70]

Ähnliches war in Portugal zu beobachten. Das Land passte sich der deutschen Stabilitätspolitik an, als es Zuflucht unter dem Rettungsschirm suchte. Indem es harte Spar- und Strukturmaßnahmen durchsetzte, nahm es sich selbst, ganz im Gegensatz zur griechischen Tragödie, als Musterschüler der Rettungspolitik wahr. Dass Deutschland allerdings Eurobonds ablehnte, wurde als unilaterale, rein nationalen Interessen folgende Politik kritisiert. Damit nötige, so hieß es, ein Starker dem Schwachen seine Entscheidungen auf, statt die Währungsunion zu vervollständigen. Das Deutschlandbild trübte sich ein, und es entstand die Vorstellung eines der »pax Germanica« unterworfenen europäischen Kontinents.[71]

Eine entscheidende Rolle für die Euro-Rettungspolitik und für das Deutschlandbild spielte Frankreich, das zwischen politischer Schlüsselmacht und Gegengewicht zu Deutschland einerseits und potentiellem Krisenstaat andererseits changierte.[72] War die Augenhöhe mit Deutschland traditionell ein zentrales Thema der französischen Selbstwahrnehmung, so galt dies erst recht nach der deutschen Wiedervereinigung. Während Deutschland prosperierte, war Frankreichs Wirtschaft seit der Einführung des Euro deutlich schwächer geworden. Dies führte auf französischer Seite (ähnlich wie Ende der achtziger Jahre) zu dem Eindruck, angesichts zunehmender ökonomischer Asymmetrien die Gleichrangigkeit mit Deutschland zu verlieren. Einmal mehr standen dabei Faszination und Bewunderung für die deutsche Wirtschaftskraft sowie Disziplin und Arbeitsethos neben der Sorge vor einer deutschen Dominanz. Der deutsche Beitrag zur Euro-Rettungspolitik wurde als gesetzeszentriert und zu langsam kritisiert, und es mangelte den Deutschen in den Augen der Franzosen an Empathie und Solidarität. Dahinter standen unterschiedliche Finanz- und Wirtschaftskulturen, da Frankreich traditionell auf staatsinterventionistische Wachstumsanreize anstelle stabilitätsorientierter Haushaltskonsolidierung setzte. Diese galt auf französischer Seite als »Austerität«, und die deutschen Sozialreformen sowie die Praxis der Lohnzurückhaltung, die der deutschen Wettbewerbsfähigkeit einen mächtigen Schub gegeben hatten, wurden als Lohndumping und illegitime Wettbewerbsvorteile angesehen.

Der Eindruck der deutschen Dominanz ließ in Frankreich alte Stereotype und historische Vergleiche aufkommen. Wieder bestimmte Bismarck anstatt nationalsozialistischer Insignien das Bild der Deutschen in Frankreich, und wieder war dies kein Zeichen besonderer Zurückhaltung, da der eiserne Kanzler mit der

Pickelhaube für das noch größere französische Trauma stand und nach wie vor emotionale antideutsche Ressentiments transportierte. So steckte zum Beispiel der linke französische Sozialist und zeitweilige Wirtschaftsminister Arnaud Montebourg den gesamten Horizont von Kritik an und Ressentiments gegen Deutschland ab: Die »Diktate der Frau Merkel« knüpften an den deutschen Nationalismus seit Bismarck an, und es sei an der Zeit, die eigenen Werte gegen den deutschen Egoismus und eine extrem gefährliche Politik zu verteidigen, die in die Zerstörung der Eurozone führe.[73] Was von Deutschland (und der Währungsunion) hingegen erwartet wurde, war die Rolle eines wohlwollenden Hegemons, der seine eigene Stärke und seine Mittel zum Wohle der Gemeinschaft einsetzte, statt sich auf die Einhaltung von Regeln und fiskalische Stabilität zu fixieren. Konkret hieß dies: Abbau der Leistungsbilanzüberschüsse, Steigerung der Lohnstückkosten, Investitionen und Ankurbelung des Privat- und Staatskonsums.[74]

In Rumänien herrschte einerseits die in Ostmittel- und Südosteuropa verbreitete positive Beurteilung der deutschen Rolle bei der Osterweiterung der EU vor. Sie mischte sich jedoch mit Kritik an der einseitig auf Konsolidierung bezogenen Ausrichtung des Fiskalpakts, und auch hier wurde der Vorwurf mangelnder Solidarität geäußert. Deutschland müsse sich der großen Verantwortung bewusst werden, die es für die Entwicklung der gesamten EU habe, und verhindern, dass sich die EU in zwei Lager spalte.[75] Auch in Ungarn war ein grundsätzlich positives Deutschlandbild verbreitet, das sich allerdings mit der Angst vor deutscher Dominanz und deutschen Interessen verband, namentlich der deutschen Fiskaldisziplin. Die Ungarn sahen sich dabei ebenso wie Portugal als europäische Musterknaben, was Strukturanpassungen und Schuldenbremse betraf, fürchteten jedoch wie Spanien, Italien und Polen, zu Europäern zweiter Klasse degradiert zu werden.[76]

Vorbehaltlose Unterstützung gab es nur in einigen wenigen Staaten: Bulgarien dankte Deutschland die Rolle als Vorkämpfer der EU-Osterweiterung. Dänemark, die Niederlande und die baltischen Staaten unterstützten die deutsche Politik, und insbesondere tat dies Finnland. Das finnische Selbstbild als hart arbeitende Menschen, die den Regeln folgen, ähnelte dem finnischen Bild der Deutschen. Ideen einer Transferunion oder von Eurobonds lehnten die Finnen strikt ab, während sie deutsche Führung als unvermeidlich akzeptierten.[77]

»Austerität« oder »Konsolidierung«: Diskrepanz der Perspektiven

In der Sicht der Euro-Schuldenkrise standen zwei in sich geschlossene, aber völlig unterschiedliche und unvereinbare Erklärungszusammenhänge nebeneinander. Aus der Perspektive der Bundesregierung, deutscher Verfassungsrechtler und Ordnungsökonomen sowie weniger europäischer Unterstützer hatten sich Griechenland und die südeuropäischen Länder nach der Einführung des Euro sehenden Auges überschuldet. Obwohl die Verträge über die Währungsunion eine gegenseitige Haftung eigentlich ausschlossen, habe Deutschland in dieser Situation aus historischer und europäischer Verantwortung Unterstützungsmaßnahmen für die Krisenstaaten geleistet – und sich somit als solidarischer Europäer gezeigt.

Die internationale Kritik (sowie die nationale Kritik von Makroökonomen, Zivilmachtvertretern und Unionisten) hielt dem entgegen, Ursache der Euro-Schuldenkrise sei nicht nur die Überschuldung der Südländer gewesen, sondern ebenso der deutsche Außenhandelsüberschuss. Den aber habe Deutschland nicht antasten wollen und den Krisenländern daher eine harte und zudem krisenverschärfende Austeritätspolitik aufgezwungen. Deutschland war aus dieser Warte kein solidarischer

Europäer, sondern ein egoistischer geo-ökonomischer Nationalist.

Diese unterschiedlichen Sichtweisen fanden in konträren Begriffen Ausdruck. Was auf der einen Seite als »Austerität«, »Legalismus« und »Lohndumping« kritisiert wurde, nannte sich auf ordnungspolitischer deutscher Seite »Haushaltskonsolidierung«, »Rechtsgemeinschaft« und »Wettbewerbsfähigkeit«. Dort galten Eurobonds und Transferunion, die aus makroökonomischer Perspektive als »Instrumente der Risikoteilung« und als »symmetrische Anpassung« gefordert wurden, als No-Go. Die unterschiedlichen Sprachen repräsentierten unterschiedliche politische und ökonomische Kulturen, die sich auch in der Beurteilung der berühmten *no bail out*-Klausel im Artikel 125 des Vertrages über die Arbeitsweise der Europäischen Union niederschlugen: Der dort vereinbarte Haftungsausschluss war für das Verständnis der Währungsunion in Deutschland von zentraler Bedeutung, außerhalb Deutschlands hingegen weithin irrelevant. Was Martin Wolf und die Makroökonomen als zwingende ökonomische Notwendigkeit forderten, die Risikoteilung, erschien aus deutscher Perspektive als Bruch der vertraglich vereinbarten Grundlagen der Selbstverantwortung – und warf zugleich die Frage nach dem Verhältnis zwischen Vertragsgrundlagen bzw. historischer Genese und aktuellen Erfordernissen auf.

Mit der Euro-Schuldenkrise stellten sich Fragen über Fragen. Sie offenbarten zugleich eine Diskrepanz der Perspektiven, der Wahrnehmungen und der gegenseitigen Beurteilungen, die derjenigen zu Zeiten der wilhelminischen Weltpolitik zumindest auf phänomenologischer Ebene recht ähnlich war. Für die politische Dimension der Außenwahrnehmung Deutschlands war diese Krise jedenfalls mit denen vor 1914 durchaus zu vergleichen. Und die internationalen Krisen nahmen zu.

5 Humanitäres Vorbild oder »Bully Europas«?
Die Flüchtlingskrise

Seit der »Arabellion« 2011 und dem darauf folgenden Verfall staatlicher Ordnungen richteten sich Wanderungsbewegungen aus dem Nahen Osten zunehmend nach Europa. Hinzu kamen Migranten aus Afghanistan und Pakistan sowie aus Nordafrika. Zunächst versuchten sie, Italien über das Mittelmeer zu erreichen, wobei viele bei Havarien unsicherer Boote zu Tode kamen. Seit 2015 nahmen sie vermehrt den Landweg über Griechenland, Mazedonien und Serbien, die sogenannte »Westbalkanroute«, nachdem sie von der Türkei aus die ostgriechischen Ägäisinseln erreicht hatten. Griechenland ließ die Migranten nach Norden weiterreisen, statt sie entsprechend dem Schengener Abkommen und der Dublin-III-Verordnung zu registrieren und ihren Antrag auf internationalen Schutz zu bearbeiten.[78]

Als die Zahlen 2015 sprunghaft anstiegen, häuften sich humanitäre Tragödien. In Österreich wurde am 27. August ein Kühllastwagen entdeckt, in dem 71 Menschen qualvoll zu Tode gekommen waren. Als Anfang September eine rasch wachsende Zahl von Migranten unter zunehmend prekären Bedingungen am Budapester Bahnhof Keleti im Freien campierte, entschieden der österreichische Bundeskanzler Faymann und Bundeskanzlerin Merkel am 4./5. September, ihnen die Einreise nach Österreich und Deutschland zu gestatten.

Die »Willkommenskultur« …

In Deutschland erwartete sie eine Welle der Hilfsbereitschaft, eine medial breit unterstützte »Willkommenskultur«, die zugleich eine Sogwirkung auf den Migrationsstrom ausübte. Währenddessen bemühte sich Merkel um eine europaweite Verteilung von Flüchtlingen, die seitens der meisten europäischen Länder allerdings unter Verweis auf den deutschen Alleingang bei der Erlaubnis der Einreise abgelehnt wurde. Die Innenminister der EU beschlossen zwar am 22. September 2015 mit Mehrheitsentscheidung und auf deutschen Druck hin, 120 000 Flüchtlinge aus Ungarn, Italien und Griechenland auf andere EU-Mitgliedstaaten umzuverteilen.[79] Doch wurde dieses Kontingent weder den aktuellen Zahlen gerecht – schon Mitte August korrigierte die Bundesregierung die Zahl der allein im Jahr 2015 in Deutschland erwarteten Flüchtlinge auf 800 000 – noch wirklich umgesetzt.

Die Bundesregierung kündigte zwar am 13. September an, Kontrollen an der Grenze zu Österreich wiederaufzunehmen, an der die Migranten Deutschland erreichten. Sie sah aber von einer Zurückweisung der Einreisewilligen ab, wie sie Artikel 18 des deutschen Asylgesetzes vorschrieb,[80] zumal der Europäische Gerichtshof für Menschenrechte 2011 die Rückführung nach Griechenland untersagt hatte, da dort keine menschenwürdigen Aufenthaltsbedingungen herrschten.

Während die Bundesrepublik somit eine monatelange Masseneinreise zuließ, verhandelte Kanzlerin Merkel über ein europäisches Abkommen mit der Türkei, das schließlich am 18. März 2016 geschlossen wurde. Damit verpflichtete sich die Türkei, illegale Migration aus der Türkei in die EU auf dem See- oder Landweg zu verhindern. Ob es primär an diesem Abkommen lag oder daran, dass die Westbalkanroute neun Tage zuvor von den Anrainerstaaten unter Führung Österreichs gesperrt worden war – die Reduzierung des akuten Massenzustroms wurde tatsächlich erreicht, ohne dass freilich die zugrundeliegenden Probleme gelöst worden wären. Mit den Erfahrungen von 2015 spitzten sich allerdings die Debatten um die Rolle Deutschlands in Europa abermals zu.

Als syrische Asylbewerber im September 2015 am Münchener Hauptbahnhof und in ganz Deutschland mit dem Slogan »Refugees welcome« begrüßt wurden, verdichtete sich ein deutsches Selbstbild der Humanität, des Einsatzes für Diversität und gegen Diskriminierung.[81] Die Maxime des Ausgleichs von Benachteiligung fand mit der »Willkommenskultur« auch auf globale Migranten und Asylbewerber Anwendung. Die »Willkommenskultur« wurde im Herbst 2015 in der öffentlichen und medialen Debatte in Deutschland zur »öffentlichen Meinung« (auch hier wieder im Sinne dessen, was öffentlich gesagt werden konnte, ohne auf substantiellen Widerspruch zu stoßen und sich zu isolieren). Eine medienwissenschaftliche Analyse ergab, dass die »Willkommenskultur« in den Massenmedien in Übereinstimmung mit der Regierungspolitik als »moralisch intonierte Verpflichtungsnorm« kommuniziert wurde. Kritische Gegenmeinungen hingegen wurden bis zum Spätherbst 2015 kaum aufgegriffen, und wenn doch, dann in »belehrendem oder (…) auch verächtlichem Ton«.[82] Die »Willkommenskultur« verdrängte auch die Anwendung geltenden nationalen Asylrechts und die Akzeptanz von Grenzen als legitime staatliche Instrumente. Und sie verband sich mit der deutschen Geschichtskultur im Zeichen der Schuld, indem zum Beispiel am Jahrestag der Befreiung von Auschwitz im Januar 2016 im Deutschen Bundestag eine explizite Beziehung zwischen der Erinnerung an den Holocaust und der Aufnahme von Migranten hergestellt wurde.[83] Dass dieses moralisch aufgeladene kulturelle Selbstbild einer grenzen- und bedingungslosen Humanität, das Heinrich August Winkler als »neue Form von deutscher Arroganz« kritisierte,[84] ein fragiles Konstrukt darstellte, zeigte sich nach den Vorgängen in der Silvesternacht 2015/16. Nachdem große Gruppen von Migranten am Kölner Hauptbahnhof Frauen sexuell bedrängt hatten, kippte die Stimmung teils gar in das gegenteilige Extrem.

... und ihre internationale Wahrnehmung

Die deutsche Regierungspolitik und die Willkommenskultur stießen weltweit auf eine Mischung aus Bewunderung und Unverständnis. Bewunderung richtete sich auf die deutsche Humanität und die Übernahme von Verantwortung. Was dies in historischer Perspektive und damit im Hinblick auf ein umfassendes Deutschlandbild bedeutete, schrieb Jonathan Freedland am 11. September 2015 im *Guardian*:

> »München wird für immer mit dem Bierkeller verbunden sein, in dem Hitler seine ersten hetzerischen Reden hielt. Aber jetzt wird es auch als der Ort erinnert werden, wo uniformierte Polizisten 2015 erschöpfte syrische Kinder mit Stofftieren begrüßten.«[85]

Diese Politik wurde zugleich als positive deutsche Vorstellung nach der Euro-Krise gesehen, die obendrein die europäische Ehre gerettet habe: »In einer Krise, in der es wenig gibt, auf das Europa stolz sein könnte, ist Frau Merkels Führung eine leuchtende Ausnahme.«[86] Solche Stellungnahmen stammten eher aus der frühen Zeit der Flüchtlingskrise, nach der Erlaubnis an die Migranten in Budapest, nach Deutschland zu kommen, aber vor der monatelangen zugelassenen Massenzuwanderung. Doch auch noch Ende 2015 kürte das *Time Magazine* die deutsche Bundeskanzlerin zur »Person of the Year 2015«:

> »Deutschland hat die letzten 70 Jahre damit zugebracht, Gegenmittel gegen seine toxische nationalistische, militaristische und genozidale Vergangenheit zu testen. Merkel hat es mit einem Set von Werten getan – Humanität, Großzügigkeit, Toleranz –, um zu demonstrieren, wie Deutschlands große Stärke genutzt werden kann, um zu retten, statt zu zerstören. Selten kann man einen

Führer dabei beobachten, wie eine alte nationale Identität abgestoßen und eine neue angenommen wird.«[87]

Höchste moralische Wertschätzung äußerte auch der Generalsekretär der Vereinten Nationen, Ban Ki Moon, der die »humane politische Führung sowie die Solidarität Deutschlands« ebenso wie Kanzlerin Merkel zum »Vorbild« erklärte.[88] Und mit einem zeitlichen Abstand von zwei Jahren ergab eine Erhebung der deutschen Gesellschaft für Internationale Zusammenarbeit, dass gerade die im Land selbst so umstrittene deutsche Politik in der Flüchtlingskrise »das Bild vom tüchtigen und effizienten Deutschen« in der Wahrnehmung internationaler Eliten »gewissermaßen weichgezeichnet und um die Facette des humanitären Weltbürgers ergänzt« habe.[89]

Auf der anderen Seite machte sich aber auch Kritik an der deutschen Politik breit, vor allem mit zunehmender Dauer. Der ungarische Regierungschef Viktor Orbán betrieb einen restriktiven Kurs der Zurückweisung gegenüber den Asylmigranten auf der Balkanroute und berief sich dabei auf die geltenden europäischen Abmachungen. Er kritisierte die deutsche Politik, die eine Verteilung von Migranten auf die europäischen Staaten auch gegen deren Willen erzwingen wolle, als »moralischen Imperialismus«[90] und stand mit dieser Einschätzung nicht allein. Selbst im linksliberalen *Guardian* beobachtete eine Kommentatorin einen »Hauch von passiver Aggression in der Art und Weise, mit der Deutschland in diesen Tagen seine Güte hervorhebt«.[91]

Eine weitere Kritik zielte darauf, dass Deutschland in der Flüchtlingspolitik auf eigene Faust handelte und sich nicht mit den anderen Regierungen abstimmte, bis hin zur Durchsetzung der Verteilung von Migranten qua Mehrheitsentscheid. Deutschland habe sich als »Bully Europas« verhalten und den Kontinent dadurch politisch gespalten.[92] Schließlich wurde der deutschen Politik, besonders nach der Kölner Silvesternacht, politische

Naivität und »edel gesinnte Torheit« vorgehalten.[93] Deutschland verhalte sich, so der britische Zeithistoriker und Politikwissenschaftler Anthony Glees, wie ein »Hippie-Staat«.[94] Obendrein hätten der Verlust der Kontrolle über die Grenzen und die Weigerung Merkels, das Problem der Immigration ernsthaft zu behandeln, im Vereinigten Königreich den Wunsch erzeugt, die Kontrolle über Migration wiederzuerlangen. Und dieser Wunsch sei ausschlaggebend dafür gewesen, dass die Mehrheit der Abstimmenden im Referendum vom Juni 2016 zugunsten des Brexit votiert habe.[95]

Der Brexit und das deutsche Dilemma

Der Austritt des Vereinigten Königreichs aus der Europäischen Union verändert die *balance of power* in Europa. Nachdem es durch seinen Beitritt zur Europäischen Gemeinschaft zu einem aktiven Mitspieler in der modernen Version des Europäischen Konzerts geworden war, gibt Großbritannien diese Position auf. Damit verlagert sich das Gewicht auf die deutsch-französische Achse, wobei Deutschland angesichts der Entwicklung der Kräfteverhältnisse zwischen beiden Ländern vielfach als einzig verbleibende »wirkliche Führungskraft für das europäische Projekt« angesehen wird: »Jetzt steht Deutschland auf der Kommandobrücke.«[96]

International gilt Deutschland am Ende des zweiten Jahrzehnts im 21. Jahrhundert, so der vormalige Generalsekretär der Vereinten Nationen Kofi Annan, als »Stützpfeiler des multilateralen, regelgestützten Staatensystems«[97] und als Träger von *soft power*: durch das Eintreten für Rechtsstaatlichkeit, Freiheit, Demokratie und Menschenrechte, die Bereitschaft zum Ausbau der europäischen Integration und das Auftreten als Zivilmacht, für die militärische Mittel nur im Ausnahmefall in Frage kommen.[98]

Zugleich stellt sich, angefangen mit der NATO-Vorgabe an ihre Mitglieder, die Verteidigungsausgaben auf zwei Prozent des Haushaltsvolumens zu erhöhen, die Frage nach der *hard power*, und sie verbindet sich mit der Frage, inwiefern Deutschland wirklich zu führen bereit ist. Der 2017 gewählte französische Präsident Emmanuel Macron, so die französische Journalistin Natalie Nougayrède, sehe Europa als »Rahmen, in dem sich französische ›grandeur‹ entfalten könne und müsse. Er setzt Europa mit einer neuen Form des französischen Patriotismus, wenn nicht der Hybris gleich.« Deutschland hingegen gleiche einem »kantianischen Dorf in einer immer hobbesianischeren Welt. Kann das wahr sein?«[99]

Die »deutsche Identität« sei eben »durchtränkt von ihrem metaphysischen Idealismus, während die Briten den Pragmatismus pflegen und die Franzosen cartesianische Rationalisten sind«, so griff der britische Bankmanager und anglikanische Priester, Politiker und Deutschenfreund Stephen Green 2017 klassische Zuschreibungen auf. Dabei habe Deutschland eine radikale Abkehr von seiner »gequälten faustischen Selbstüberhebung« vollzogen, [100] vor allem durch die kritische Aufarbeitung der schuldhaften eigenen Vergangenheit. Diese Erinnerungskultur mache die Besonderheit der deutschen Identität im 21. Jahrhundert aus. Das war auch die Botschaft, mit der Neil MacGregor »Germany« 2014 der britischen Öffentlichkeit in einer großen Ausstellung im British Museum präsentierte.[101]

Deutschland führe eine Koalition der »Vegetarier und Radfahrer«[102] an, spottete hingegen der polnische Außenminister Witold Waszczykowski über die deutsche Neigung zu *soft power*. Der nationalkonservative polnische Parteivorsitzende Jarosław Kaczyński verband diese Kritik zugleich mit alten Stereotypen und neuer Selbstviktimisierung: Es handele sich um eine Koalition von Mächten, »die Polen so klein wie möglich halten wollen […,] damit die Polen zum Vorteil anderer schuften« und Polen

»zu einer Art Kolonie verkommt«. Währenddessen wolle Merkel die imperiale Macht Deutschlands wiederherstellen und eine strategische Achse mit Russland bilden.[103]

Was sich hier abbildete, war ein doppeltes deutsches Dilemma im frühen 21. Jahrhundert. Zum einen wurde deutsche Führung sowohl eingefordert als auch kritisiert. Zum anderen öffnete sich in der Euro-Schuldenkrise ebenso wie in der Flüchtlingskrise die alte Wahrnehmungsfalle: Was die Deutschen als ihr gutes Recht oder ihre moralische Pflicht ansahen, erschien von außen als Streben nach Vormacht. Dabei wurden alte Muster in den Selbstbildern und Außenwahrnehmungen sichtbar. Die »Willkommenskultur« ebenso wie Tendenzen, Verfassungspatriotismus mit nationalem Überlegenheitsgefühl zu verbinden,[104] erinnerten an die kulturelle Selbstüberhebung der »deutschen Tugenden«, wenn auch mit ganz anderen Inhalten. Und wenn Deutschland von außen mit Idealismus und einem aggressiven »Willen zur Macht«[105] identifiziert wurde, dann schienen die Deutschlandbilder des 19. Jahrhunderts wieder auf.

Nichts Neues also unter der Sonne, nach über zweihundert Jahren, könnte man fast meinen. Aber war denn nicht alles, war nicht vor allem Deutschland ganz anders geworden? Und wie mit alldem im 21. Jahrhundert umgehen?

»Vorbild sein, statt Befehle zu erteilen«

Nikos Dimou, geboren 1935, ist einer der bedeutendsten Intellektuellen Griechenlands. Sein Buch »Über das Unglück, ein Grieche zu sein« schrieb er noch zu Zeiten der griechischen Diktatur zu Beginn der siebziger Jahre – und es liest sich heute, als sei es gestern geschrieben worden. Dasselbe gilt für sein Buch »Die Deutschen sind an allem schuld«, das 2014 auf Deutsch erschien und auf Dialoge aus den neunziger Jahren zurückgreift. Der zeitlose Philosoph empfing mich in seiner Wohnung in Athen.

Herr Dimou, wie nehmen Sie Deutschland wahr?

Ich habe die Deutschen anders erlebt als die meisten Griechen, nicht als Besatzer oder als Touristen. Ich kam 1954 als Student nach München, und da lag die Stadt noch in Trümmern. Während der sechs Jahre, die ich blieb, habe ich erlebt, wie eine neue Phase der deutschen Geschichte begann, und ich habe mich mit der Stadt verändert. Ich kam in einen Kreis von ehrgeizigen und intelligenten jungen Menschen, die jeden Montag in der »Brennessel« diskutierten. Dort habe ich selbst ein Referat über die damals kaum bekannten »Four Quartets« von T. S. Eliot gehalten – fortan galt ich als der Grieche, der Eliot kennt.

Das literarische München war eine interessante Gesellschaft gebildeter Leute. Freilich habe ich auch einen Nazi-Historiker getroffen, der nicht mehr im Dienst war und der sich über die »Siegergeschichte« beklagte, während Deutschland in Wahrheit das Opfer sei. Was er sagte, war in sich konsistent und verkehrte Welt in einem – und mir wurde klar, was Kant mit der Historie als dem Haufen meinte, aus dem jeder Historiker sich etwas nimmt.

Sie haben gesagt, letztlich seien die Deutschen an allem schuld, allen voran Johann Joachim Winckelmann im 18. Jahrhundert.

Winckelmann hat im alten Griechenland das Ideal der Vollkommenheit gefunden und uns den Mythos der antiken Humanität als Identität in der modernen Welt verpasst. Winckelmann hat auch zur Befreiung Griechenlands von der türkischen Herrschaft im 19. Jahrhundert beigetragen: Die Seeschlacht von Navarino im Oktober 1827 war die erste humanitäre Intervention der drei Großmächte Großbritannien, Frankreich und Russland – zugunsten dieses Ideals des antiken Griechenlands. Dadurch haben die Griechen allerdings ein Ego bekommen, das viel zu groß für sie war. Die Bauern und Fischer des Unabhängigkeitskrieges hatten kaum ein Bild vom alten Griechenland, sie nutzten die antiken Tempel als Steinbrüche. Dass sie die direkten Nachfolger von Sokrates und Platon sein sollten, aber heute eine kleine arme Nation sind, erzeugte eine gespaltene Identität von Überlegenheitsgefühl und Minderwertigkeitskomplex. Das wirkt bis heute.

Ohne die Antike wäre Griechenland nicht Mitglied der Europäischen Währungsunion geworden?

Sicher nicht. Diese verordnete Identität der antiken Tradition ist für die Griechen Fluch und Segen zugleich.

Wo liegt das Hauptproblem Griechenlands?

Griechenland fehlen wesentliche Entwicklungsschritte der europäischen Geschichte: die Renaissance, die Reformation, die Aufklärung und ein Bürgertum in den Städten, aus dem sich eine moderne Zivilgesellschaft entwickeln konnte. Der starre Dogmatismus der griechisch-orthodoxen Kirche hat viel dazu beigetragen. Mit der Unabhängigkeit von 1830 wurde Griechenland vom tiefsten Mittelalter in die Moderne katapultiert – und das wirkt bis heute nach. Denn was in Griechenland fehlt, ist eine Tradition kritisch-rationalen Denkens. Debatten in Griechenland werden sehr von Instinkt und Gemüt bestimmt und neigen daher zur Sprunghaftigkeit. Im Jahr 2006 ergab eine Umfrage, dass Deutschland die in Griechenland beliebteste Nation sei. Ab 2010 wurden die Deutschen zur bei weitem unbeliebtesten.
Das Identitätsproblem, Klientelismus und Korruption verbinden sich zu einem Paket, das Griechenland an einer vernünftigen Reformpolitik hindert. Gesetze werden erlassen, aber nie umgesetzt. Es bleibt nur die Hoffnung auf einen langsamen Kulturwandel. Was Griechenland braucht, sind zwei Dinge: einen energischen politischen Führer und ein Programm der Modernisierung von der Wurzel her.

Was kann, was sollte Deutschland tun?

Deutschland sollte die Griechen indirekt beeinflussen, durch Beispiele, Vorbild und Taten, aber nicht durch Druck. Denn die Griechen reagieren sehr unwillig auf Befehle. Das war der Fehler der Euro-Rettungspolitik: Reformprojekte nicht als Idee zur Diskussion zu stellen, sondern als Befehle zu kommunizieren.

V Wer hat Angst vor Deutschland?

1 Die Geschichte eines europäischen Problems ...

Deutsche Frage eins – zwei – drei

Schon 1648 galt, und so ist es geblieben: Die deutsche Geschichte war in besonderem Maße Teil der europäischen Geschichte, und immer hatten die europäischen Geschicke besondere Auswirkungen auf Deutschland. Was die Deutschen die »deutsche Frage« und andere das »deutsche Problem« nennen, wandelte sich im Laufe der Zeit und nahm mindestens drei verschiedene Formen an. Die Westfälische Ordnung von 1648 ebenso wie der Wiener Kongress von 1814/15 bauten auf eine politisch schwache Mitte Europas ohne einen geeinten deutschen Staat. Dagegen kämpfte im 19. Jahrhundert die deutsche Nationalstaatsbewegung, die zunächst die Frage beantworten musste: »Was ist des Deutschen Vaterland?« Die erste deutsche Frage, wie sie 1848/49 zur Debatte stand, war die nach den Grenzen und nach der Verfassung eines geeinten deutschen Staates.

Die Reichsgründung von 1871 beantwortete diese Frage zugunsten der preußisch-deutschen Lösung und der konstitutionellen Monarchie des Kaiserreichs. Dem folgte die zweite deutsche Frage: Konnte sich ein starkes Deutschland in der Mitte Europas in die europäische Ordnung einfügen? Bismarck folgte ab 1875 den international geteilten Erwartungen, den Status quo zu wahren. Dazu betrieb er ein Bündnissystem, das Spannungen zwischen den Mächten nutzte und sogar schürte. Bismarck war kein »ehrlicher Makler«, und seine Politik wurde zunehmend prekär. Aber sie war eine Form des Investments in die europäische Ordnung.

Anders das wilhelminische Deutschland, das als ökonomisch und technisch boomendes Land über abermals gewachsene Ressourcen verfügte. Die Reichsleitung hatte aber allein die deutsche Perspektive im Blick, als sie zu einer Weltpolitik der »freien Hand« überging. Was sie selbst als Streben nach Gleichberechtigung verstand, werteten Vertreter anderer Mächte als offensiven Vormachtanspruch. Dass sie Deutschland zugleich versagten, was sie für sich selbst in Anspruch nahmen, erzeugte auf deutscher Seite ein Gefühl der Benachteiligung in weltpolitisch dynamischen Zeiten. Damit war das wilhelminische Deutschland nicht in der Lage, einen konstruktiven Beitrag zur europäischen Ordnung zu leisten, sei es als vermittelnde Kraft, sei es durch aktive Versuche einer Verständigung mit anderen Mächten.

Weder bestand im frühen 20. Jahrhundert ein europäischer Konsens über die Ordnung Europas, noch existierten tragfähige Institutionen zur verlässlichen Konfliktvermeidung. Stattdessen verfestigte sich eine Bündniskonstellation, in der Frankreich, Großbritannien und Russland auf der einen und die Mittelmächte Deutschland, Österreich-Ungarn und (eingeschränkt) Italien auf der anderen Seite standen. Daraus erwuchs ein Gefühl gegenseitiger Bedrohung, das sich schließlich zur Gewissheit verselbständigte, dass ein Krieg unvermeidlich kommen werde. Die Julikrise trug Züge einer sich selbst erfüllenden Prophezeiung.

Nach dem Ersten Weltkrieg veränderte sich die östliche Hälfte der europäischen Landkarte radikal. Die multinationalen Vielvölkerreiche wurden aufgelöst, während das alte Mächtesystem im Westen weiterbestand. Die Pariser Friedensordnung teilte den Kontinent in *haves* und *have-nots*. Die Machtpotentiale des Deutschen Reiches wurden empfindlich beschnitten, aber nicht zerstört. Da der durch den Versailler Vertrag verfügte Machtverzicht für den Großteil des politischen Spektrums in Deutschland keine akzeptable Option war, stellte sich die deutsche Frage in einer dritten Form: Nun ging es darum, ob Deutschland einen Wiederaufstieg zur gleichberechtigten Großmacht *innerhalb* der bestehenden Ordnung oder durch ihre vorsätzliche Zerstörung anstreben würde.

Gustav Stresemann war in den zwanziger Jahren gewillt, die verbliebenen ökonomischen Ressourcen Deutschlands zugunsten einer Revisionspolitik einzusetzen, deren Besonderheit darin lag, dass sie die Perspektive der anderen, namentlich das französische Sicherheitsbedürfnis, in die eigenen Vorstellungen mit einbezog, statt die eigenen Ansprüche absolut zu setzen. Es war der Versuch, deutsche Interessen und europäische Ordnung auf friedlichem Wege miteinander zu vereinbaren, auch wenn beides weiter auseinanderlag als zu Zeiten Bismarcks oder Wilhelms II. Das Gegenteil dessen war die nationalsozialistische Politik, die sich mit ihrem agonalen Weltbild des permanenten Krieges zwischen den Rassen völlig aus den Ansätzen ausklinkte, die einen übernationalen Konsens suchten. Stattdessen stellten die NS-Führer alle deutschen Ressourcen in den Dienst eines Eroberungs- und Vernichtungskrieges, der in umfassender Zerstörung und in der totalen Kapitulation endete.

Nach 1945 hatte sich die Frage einer deutschen Vormacht erledigt, und die deutsche Frage stellte sich wieder in der Form wie vor 1871, als Frage nach dem Territorium und der Verfassung eines vereinten deutschen Staates. Ein zentraler Unterschied lag allerdings darin, dass die beiden deutschen Staaten erstmals fest in internationale Institutionen eingebunden waren. Die DDR war dabei sehr viel direkter abhängig von der imperialen Sowjetunion als das westliche Deutschland von den hegemonialen USA.

Doch auch die Bundesrepublik musste immer wieder Anpassungsleistungen erbringen, indem sie beispielsweise die nationale Frage einer Wiedervereinigung hinter die sicherheitspolitischen Interessen des westlichen Bündnisses zurückstellte. Unterdessen gewann die Bundesrepublik zunehmendes ökonomisches und politisches Gewicht, das sich Ende der achtziger Jahre in neuartigen Spannungen innerhalb der NATO bemerkbar machte und die Frage aufwarf, ob die Bundesrepublik möglicherweise neue, eigene Wege gehen könnte.

War Deutschland nach 1945 in Folge einer Verschiebung der internationalen Rahmenbedingungen geteilt worden, so galt dies auch für die Wiedervereinigung von 1990, mit der zugleich die deutsche Frage von 1945/49 beantwortet war. Abermals stellte sie sich nun, wie nach 1871, in ihrer zweiten Variante: ob ein starkes Deutschland sich mit der europäischen Ordnung verträgt. Mit einiger zeitlicher Verzögerung aufgrund der unerwartet hohen Folgelasten der Wiedervereinigung trat Deutschland seit 2005 zudem einmal mehr als stärkste ökonomische Macht in Europa hervor. Anders als in der wilhelminischen Ära herrscht innerhalb der Europäischen Union allerdings ein Konsens über die Grundwerte der europäischen Ordnung, auch wenn Unterschiede der politischen, der ökonomischen und der Rechtskulturen nicht zu übersehen sind. Hinzu kommen, als ein weiterer Unterschied, verbindliche internationale Institutionen, wobei die Europäische Union im Bereich der Währungsunion sowie des Grenzregimes von Schengen allerdings erhebliche Funktionsschwächen erkennen ließ. Deutschland ist in diese Institutionen eingebunden, und an Deutschland vorbei geht, wie sich in der Euro-Schuldenkrise zeigte, in der EU kaum etwas; andererseits blieb der Präsident der Bundesbank im Rat der EZB mit der deutschen Stabilitätspolitik stets in der Minderheit. Ob Deutschland überstimmt wird oder ob es dominant ist – das ist nicht zuletzt eine Frage der Wahrnehmungen.

Das Spiegelkabinett der Wahrnehmungen

Unterschiedliche Wahrnehmungen, die ihre jeweils eigene Logik haben, bestimmen die deutsche Frage seit dem 19. Jahrhundert. Auf deutscher Seite sind es gerade die permanenten Debatten über die deutsche Identität, von Johann Gottlieb Fichtes »Reden an die deutsche Nation« bis zum Streit über die Frage, ob der Islam zu Deutschland gehöre, die ein Wesensmerkmal der deutschen »Identität« darstellen.

Der Grund dafür liegt im deutschen Selbstverständnis als Kulturnation, das auf das frühe 19. Jahrhundert zurückgeht – mit allem romantischen Überschuss. Dass dieses Selbstbild in kulturelle Selbstüberhöhung umschlagen konnte, war dabei von vornherein angelegt, zumal das deutsche Nationalbewusstsein durch Abgrenzung von und in Abwehr gegen Frankreich entstand.

Da Selbstbilder immer heterogener sind als Fremdbilder, lassen sich deutsche Selbstbilder noch schwerer fassen als die Außenwahrnehmungen von Deutschland. Was sich bestimmen lässt, sind Meinungen, die im öffentlichen Raum geäußert werden können, ohne damit auf fundamentalen Widerspruch zu stoßen und sich zu isolieren. In diesem abstrakten Sinne herrschte in Deutschland nach der Gründung des Kaiserreichs weithin Genugtuung darüber, endlich nicht mehr, wie im Dreißigjährigen Krieg oder in den napoleonischen Kriegen, Verfügungsmasse und Aufmarschgebiet anderer Mächte zu sein. Zugleich blieb, wenn das wilhelminische Deutschland von Gleichberechtigung sprach, ein permanentes Gefühl der Benachteiligung bestehen. Das galt insbesondere für die deutsche Furcht vor der »Einkreisung« durch eine französisch-britisch-russische Entente vor 1914. Im Wechselspiel mit der so wahrgenommenen Ausgrenzung entwickelten die Deutschen ein ethnisch-kulturelles Überlegenheitsgefühl. Es gründete auf »deutschen Tugenden«

wie Innerlichkeit, Ernsthaftigkeit und Tiefe, Tapferkeit, Mut und Opferbereitschaft, Fleiß, Gewissenhaftigkeit und Pflichtbewusstsein sowie Treue und Gottesglauben, und es erhob sich moralisch nicht nur über chinesische »Schlitzaugen und Schlenkerbeine« oder die russische »Knute«, sondern auch über den englischen »Geldbeutel«. Im Ersten Weltkrieg entstand daraus eine zugespitzte Gegenüberstellung von deutscher Kultur und deutschem Heldenvolk auf der einen Seite und einer oberflächlichen westlichen Zivilisation materialistischen Händlertums auf der anderen. In der Zwischenkriegszeit schließlich radikalisierten sich bereits vor 1914 angelegte Muster und bildeten eine hybride Mischung: In den zwanziger Jahren stand die traumatische und nicht akzeptierte Kriegsniederlage samt dem daraus erwachsenden Opferhabitus im Vordergrund, in den Dreißigern dagegen das Überlegenheitsgefühl des rassenideologischen Herrenmenschentums.

Nach 1945 erfolgte dann, mit zeitlicher Verzögerung, der scharfe Bruch, ein grundlegender Wechsel der Selbstbilder. Die Bundesdeutschen übernahmen vormalige Außenwahrnehmungen von Deutschland, die zuvor nur eine Minderheit der Deutschen geteilt hatte, vor allem die kritische Vorstellung vom preußisch-deutschen Militarismus und Autoritarismus; der deutsche »Sonderweg« wurde vom positiven Selbstkonzept in eine negative Deutung der nationalen Tradition gewendet. In den achtziger Jahren etablierte sich zudem eine besondere Geschichtskultur, die auf der Vorstellung einer befreienden Abkehr von der eigenen Geschichte statt auf identitätsstiftender Kontinuität gründete. Die Westdeutschen übernahmen die Leitbilder der westlichen »Zivilisation« wie Demokratie und Pluralismus, während die Traditionen der deutschen »Kultur« und der »deutschen Tugenden« höchstens im Fußball eine zum Sprichwort reduzierte Gültigkeit behielten. Die Bundesdeutschen erlebten diese Entwicklung als »Ankunft im Westen«,[1] und zumindest ihre Eliten nahmen sich selbst – wie es in kaum einem anderen europäischen Staat der Fall war – als Europäer wahr, die kein deutsches Europa, sondern ein europäisches Deutschland anstreben.

Die DDR ging den umgekehrten Weg. Sie wurde gegen die preußischen Traditionen und gegen das nationale Erbe gegründet. Seit den siebziger Jahren aber eignete die DDR sich die preußische Geschichte wieder an, als die SED versuchte, eine eigene sozialistische Nation zu begründen. In der Folge war die Idee der Nation in der DDR 1989 deutlich präsenter als in der westlichen Bundesrepublik.

Das bundesdeutsche Selbstverständnis prägte freilich das vereinte Deutschland. Es verstand sich als Zivilmacht mit einer Friedenskultur, die auf Selbsteinbindung und Multilateralismus, *soft power* und humanitären Imperativ setzte. Die Inhalte hatten sich verändert; ein universalisierender Kulturnationalismus um 1914[2] war durch einen universalisierenden Humanitarismus ersetzt worden. Das deutsche Selbstverständnis als Kulturnation aber wirkte ebenso weiter wie eine Tendenz zur moralisch-kulturellen Selbstüberhöhung. Kontinuitäten zeigten sich auch in der Neigung, den Blick auf die eigene Perspektive zu reduzieren, statt die Sicht der anderen einzubeziehen, sowie in der Larmoyanz, sich selbst als benachteiligt zu empfinden, wie es etwa in der Rede von den Deutschen als »Zahlmeister Europas« zum Ausdruck kommt. Stets neigten und neigen die Deutschen zudem dazu, sich selbst als schwächer, harmloser und friedlicher anzusehen, als die anderen dies tun.

Die Außenwahrnehmungen von Deutschland waren geprägt durch Erinnerungen an Kriege und Gewalt, deren literarischer Anfang bereits in Lukans »furor teutonicus« im ersten nachchristlichen Jahrhundert lag. Aus polnischer Sicht äußerte sich dies im Stereotyp vom deutschen »Drang nach Osten«, in dem sich Bilder der Kreuzritter im Mittelalter mit den Erfahrungen der polnischen Teilungen im 18. Jahrhundert, des Hitler-Stalin-Pakts und des deutschen Vernichtungskrieges verbanden. Dabei setzt sich die Angst vor der deutsch-russischen Bedrohung bis zum Projekt der Nord-Stream-Pipeline für Erdgas durch die Ostsee im frühen 21. Jahrhundert fort.

Im Westen waren die Deutschenbilder vor 1870 widersprüchlich, geprägt von gewalttätigen Barbaren, gemütlichen und gehorsamen Biedermännern sowie Genies in Wissenschaft und Kunst. Die Reichsgründung markierte einen tiefen Einschnitt, in Frankreich löste sie einen wahren Schock aus. Dort wendete sich das Selbstbild vom Bewusstsein der eigenen Überlegenheit in die Erfahrung der Unterlegenheit und der Demütigung, die sich durch die militärische Niederlage von 1940 wiederholte. Deutschland nach 1871 verkörperte die Bedrohung durch einen strukturell übermächtigen Nachbarn, auf den die früheren Preußenbilder übertragen wurden. In Frankreich und nicht zuletzt im Vereinigten Königreich war das Bild zweier Deutschlands verbreitet: das von Wissenschaft und Kunst auf der einen Seite und das der preußischen Obrigkeitsstaatlichkeit und des Militarismus auf der anderen.

Mit seiner zunehmenden Wirtschaftskraft wurde Deutschland gegen Ende des 19. Jahrhunderts mehr und mehr als Bedrohung empfunden. Dabei herrschte in den europäischen Hauptstädten und Öffentlichkeiten eine Vorstellung von Macht als Nullsummenspiel – was der eine gewinnt, verliert der andere –, die sich mit Doppelstandards paarte: Der eigene Machtzuwachs wurde als legitim aufgefasst, der deutsche hingegen als Expansionismus verstanden, wobei die sprunghafte wilhelminische Weltpolitik das Ihre dazu tat. So drehten sich vor 1914 die Negativspiralen immer stärker reduzierter, einseitiger und polarisierter Bilder voneinander. Mechanismen der Selbstaufwertung gingen mit der Abwertung der anderen einher, wobei individuelle Charaktereigenschaften zu kollektiven moralisch-

kulturellen Seinsmerkmalen aufgeladen wurden. Diese Stereotype gipfelten im August 1914 in Bezeichnungen wie »Hunnen«
und »Schlächter« für die Deutschen.

In der Zwischenkriegszeit dominierten die französische Angst
vor den intakt gebliebenen deutschen Machtpotentialen und ein
schlechtes Gewissen der Briten über einen zu hart ausgefallenen
Versailler Vertrag, bis in den dreißiger Jahren wieder ein differenzierteres Bild einzog. Dieser Perzeptionswandel fand zeitversetzt zur politisch-kulturellen Entwicklung in Deutschland statt,
und so konzedierten die Westmächte Hitler, was sie Stresemann
und der deutschen Republik versagt hatten. Ein unbedingter
Wille zum Frieden führte in den dreißiger Jahren dazu, dass die
westlichen Nachbarn den Nationalsozialismus und seine Ambitionen zur Zerstörung der europäischen Ordnung unterschätzten.

Vernichtungskrieg und Besatzungsherrschaft wurden schließlich zur prägenden Erfahrung vor allem in Polen. Der deutsche
»Drang nach Osten« und die Sorge vor einem Revisionismus
deutscher Schuld wurden zu Konstanten der polnischen Wahrnehmung. Zugleich dienten sie der Immunisierung gegenüber
der eigenen Geschichte, etwa wenn es darum ging, sich mit polnischer Kollaboration oder mit der Vertreibung der Deutschen
nach dem Krieg auseinanderzusetzen. In Griechenland war die
Erfahrung einer harten und gewaltsamen deutschen Besatzungsherrschaft prägend, und das Ausbleiben von Reparationen nach
1945 begründete das Narrativ des vergeblich gebliebenen Kampfes gegen die Nationalsozialisten. Zugleich wurde die deutsche
Herrschaft als Grund für den eigenen wirtschaftlichen Niedergang gesehen – diese Sicht bildete zugleich die Blaupause für die
Wahrnehmung Deutschlands in der Euro-Schuldenkrise.

Während sich die Deutschen nach 1945 in der »Stunde null«
am Boden sahen, hatten die Außenwahrnehmungen in den Nachbarländern stets die potentielle Stärke Deutschlands im Blick, die

dessen erneute Vormacht ermöglichen könnte. Im Vereinigten Königreich stand der Vansittartismus, der die Deutschen als »gemeingefährliche Irre« qualifizierte, für eine Tradition der Wahrnehmung Deutschlands, die mindestens bis Margaret Thatcher wirkmächtig war. Und auch für Charles de Gaulle war klar: »Deutschland bleibt Deutschland.«

Erfahrungen mit einem demokratischen und international eingebundenen Deutschland führten in den siebziger und achtziger Jahren dazu, dass sich der Blick auf Deutschland entspannte. Ein »Deutschland, das eine freiheitlich-demokratische Verfassung, ähnlich wie die Bundesrepublik, besitzt und in die europäische Gemeinschaft integriert ist«, hatte schon der Deutschlandvertrag von 1954/55 zur Voraussetzung dafür erklärt, dass die Westmächte eine deutsche Wiedervereinigung unterstützten. Aber die deutsche Frage, jedenfalls die Frage der deutschen Stärke in Europa, war nicht dadurch erledigt, dass Deutschland eine Demokratie geworden war. Die Furcht vor der deutschen Vormacht blieb bestehen, seit den achtziger Jahren vor allem auf ökonomischem Gebiet. Für das Vereinigte Königreich stand die *balance of power* im Mittelpunkt, zumal auf der Insel traditionell in Kategorien klassischer Machtstaatspolitik gedacht wurde und die deutsche Geschichte aus britischer Sicht vor allem aus Bismarck, Wilhelm II. und Hitler bestand. Für Frankreich ging es in erster Linie um die Augenhöhe mit Deutschland und die Sorge vor einem »deutschen Europa«. In Italien und Spanien kursierte die Sorge vor der Marginalisierung, und in Polen herrschte die Angst, wieder zum Opfer zu werden.

Dass sich die Deutschen und ihre Selbstbilder nach 1945 grundlegend gewandelt hatten und dass sie für ein europäisches Deutschland eintraten, war offenkundig kaum vorstellbar. Jedenfalls wurde ein solcher Wandel der deutschen Motive weithin nicht geglaubt oder mit Skepsis betrachtet. So stieß die deutsche

Wiedervereinigung zwar nicht auf konkrete politische Widerstände, aber doch auf vielfältige Bedenken. Diese verschärften
sich mit den großen Krisen in den 2010er Jahren. Die Euro-Rettungspolitik wurde weithin als Diktat eines nationalen Egoismus
und als Ausdruck eines deutschen Legalismus angesehen, und
die deutsche Flüchtlingspolitik samt der mangelnden Absprache
mit den anderen europäischen Regierungen wurde nicht nur
von Viktor Orbán als »humanitärer Imperialismus« kritisiert.
Zugleich zog aber gerade die Flüchtlingspolitik auch internationale Bewunderung auf sich, und Deutschland galt allgemein als
Rollenmodell eines multilateral eingebundenen demokratischen
Stabilitätsankers. »Cool Germany« titelte der *Economist* im April
2018: »It is becoming more diverse, open, informal and hip.«[3]

Aufs Ganze gesehen prägten drei Konstanten die Außenwahrnehmungen von Deutschland: erstens die Vorstellung von zwei
Deutschlands, von »Kant und Bismarck«, zweitens die Wahrnehmung der deutschen Stärke und ein Gefühl der Bedrohung
durch einen deutschen Vormachtanspruch, und drittens der
Eindruck, die Deutschen seien erratisch und unberechenbar –
in der Euro-Schuldenkrise erschienen sie als legalistisch, während die Flüchtlingspolitik 2015 das geltende Recht beiseiteließ.
Hinzu kamen wiederholt Doppelstandards im Umgang und eine
Tendenz, Deutschland für eigene Probleme verantwortlich zu
machen, ob berechtigt oder nicht. Neu ist unterdessen seit 1989
der Ruf nach deutscher Führung in Europa.

Strukturen – Handeln – Wahrnehmungen

Ob zutreffend oder nicht: Welche Rolle spielen Wahrnehmungen für die internationale Politik? Die Juli-Krise 1914 fand in
einem Panoptikum der Wahrnehmungen statt, in dem sich jede
Seite von der anderen bedroht sah und einen Krieg zunehmend
als unausweichlich erwartete. Entsprechend wurde jede Hand-

lung der jeweils anderen Seite interpretiert. Frankreich suchte »Revanche für Sedan«, die Reichsleitung wollte den »eisernen Ring« um Deutschland sprengen, und Russland trat auf dem Balkan der Habsburgermonarchie entgegen. Mit der politischen Eskalation lief das Räderwerk der militärischen Mechanismen an, das, einmal in Gang gekommen, aufgrund der geopolitischen und militärstrategischen Grundlagen des Schlieffen-Plans nicht mehr zu stoppen war. Wahrnehmungen lagen auch der Appeasement-Politik der späten dreißiger Jahre gegenüber Hitler zugrunde, wobei sich das Muster der wilhelminischen Ära auf fatale Weise verkehrte. Vor 1914 war, was die Deutschen selbst als ihr gutes Recht auf Gleichberechtigung verstanden, den anderen als deutsches Vormachtstreben erschienen. In den späten dreißiger Jahren erschien Hitlers tatsächliches Vormachtstreben den Briten, aus schlechtem Gewissen über den Vertrag von Versailles, als Recht der Deutschen auf Gleichberechtigung. Jedenfalls strukturierten Wahrnehmungen Deutschlands – im Falle der Appeasement-Politik ironischerweise seine Unterschätzung – das politische Handeln.

Und auch wenn die verbreiteten Vorbehalte gegen eine deutsche Wiedervereinigung 1989/90 nicht zu konkreten Konsequenzen führten, so lautet die historische Schlussfolgerung doch: Perzeptionen sind relevant, und zwar in einem dynamischen Wechselspiel mit Strukturen und politischem Handeln. Im frühen 21. Jahrhundert steht Deutschland wieder vor der klassischen Wahrnehmungsfalle: Was die Deutschen als ihr gutes Recht oder ihre sittliche Pflicht betrachten, sehen andere als deutsches Vormachtstreben. Zugleich hat sich, wie bereits festgestellt, ein neues Dilemma aufgetan: Seit 1990 wird deutsche Führung erwartet, doch wenn sie ausgeübt wird, steht der Vorwurf der Dominanz im Raum.

Die politische Schlussfolgerung lautet: Politisches Handeln muss Strukturen *und* Perzeptionen berücksichtigen und vereinbaren. Es muss Rücksicht auf die Wahrnehmungen der anderen nehmen und ihre Perspektiven einbeziehen, und es muss zugleich strukturgerecht sein. Es muss also rücksichtslose Führung ebenso vermeiden wie eine alles überdeckende Rücksichtnahme, die dazu führen würde, dass die notwendigen Entscheidungen versäumt werden. Einmal mehr entpuppt sich die Politik der deutschen Frage in Europa als Kunst der Balance: zwischen Realpolitik und Rücksichtnahme.

2 … und wie sich damit umgehen lässt

Wie lassen sich nun deutsche Stärke und europäische Ordnung, deutsche Interessen und europäisches Gemeinwohl vereinbaren? Wie kann Deutschland seine Leistungskraft bewahren, ohne die anderen zu erdrücken, und wie können die Mitgliedstaaten von der EU und von Deutschland profitieren, ohne Deutschland um seine Wettbewerbsfähigkeit zu bringen? Das ist die entscheidende Frage, und sie stellt sich umso dringlicher, je mehr die Unberechenbarkeit sowohl der US-amerikanischen als auch der russischen Politik zunimmt und globale Krisen ein starkes, handlungsfähiges Europa nötig machen. Dabei beruht eine gute Ordnung, in Anlehnung an das Konzept von Robert W. Cox, auf kraftvollen Ressourcen, funktionierenden Institutionen und geteilten Normen. Und sie muss, wie die historischen Überlegungen gezeigt haben, machtpolitische Erfordernisse, gegenseitige Wahrnehmungen und politisches Handeln in Einklang bringen. Die historische Analyse kann dazu keinen detaillierten Fahrplan konkreter politischer Maßnahmen beitragen. Sie kann aber als Kompass dienen, um die allgemeine Richtung zu bestimmen. Und die sollte geklärt sein, bevor konkrete Schritte unternommen werden.

Erste These (für alle): Perspektivwechsel –
den Teufelskreis der Opfergeschichten durchbrechen

Ein Grundübel der Beziehungen innerhalb Europas liegt in der Neigung, sich selbst als Opfer zu sehen. Das gilt für die wilhelminische Larmoyanz vor 1914 ebenso wie für die deutsche Klage im frühen 21. Jahrhundert, »Zahlmeister Europas« zu sein; es gilt für griechische Regierungen, die Deutschland zum Schuldigen der Probleme Griechenlands erklären, und es gilt für aktuelle polnische Versuche, »sich als Superopfer zu stilisieren«.[4] Verstärkt wird dieses Opferbild durch sozialpsychologische Mechanismen: Menschen neigen dazu, die Einheitlichkeit und die Stärke der Fremdgruppe gegenüber der Eigengruppe zu überschätzen und ein positives Selbstbild über Selbstaufwertung durch Fremdabwertung zu gewinnen. Diese Mechanismen greifen im frühen 21. Jahrhundert ähnlich wie um 1900, auch wenn sie im heutigen Europa durch Institutionen und ein grundsätzlich geteiltes Set von Normen eingehegt sind.

Was auf allen Seiten erforderlich ist, wäre mehr Empathie. Sie beginnt mit dem ebenso einfachen wie grundlegenden Mechanismus, die eigene Perspektive nicht absolut zu setzen, sondern die Perspektive der anderen mit einzubeziehen und eingefahrene Stereotype in Frage zu stellen. Insofern lautet die Devise: mehr Stresemann wagen. Aus einer solchen Haltung erwachsen, auch und gerade im Falle von Differenzen, Verständnis füreinander und gegenseitige Wertschätzung. Aus deutscher Sicht bedeutet dies, klarer zu sehen, warum andere wie zum Beispiel Polen ein dauerhaftes Problem mit Deutschland haben; und es bedeutet zu erkennen, dass die Öffentlichkeiten der anderen europäischen Staaten Deutschland für stärker halten, als die Deutschen selbst dies tun. Für die Öffentlichkeiten anderer europäischer Staaten bedeutet es, die kooperativen Absichten Deutschlands anzuerkennen, ohne ständig finstere deutsche Vormachtambitionen zu unterstellen. Und für die deutsche Öffentlichkeit und Politik wiederum bedeutet es zu reflektieren, ob das eigene Handeln nicht tatsächlich zu deutscher Vormacht und deutschem Übergewicht führt.

Zweite These (für die anderen): Selbstverantwortung ohne Doppelstandards und falsche Erwartungen

Dreierlei kommt hinzu, was im Umgang mit Deutschland hilft. Das eine ist, Doppelstandards in der Bewertung Deutschlands und unvereinbare Erwartungen an Deutschland zu vermeiden – etwa, beständig Führung von Deutschland zu erwarten, um sie dann umgehend zu kritisieren. Dies ist zumeist der Fall, wenn die deutsche Politik nicht den eigenen Erwartungen entspricht. Und als Zweites: nicht von Deutschland (oder der Europäischen Union) die Lösung der eigenen Probleme zu erwarten. Das wäre in der Tat, worüber sich Bismarck schon 1876 mokierte, als er sagte, er »habe das Wort ›Europa‹ immer im Munde derjenigen Politiker gefunden, die von anderen Mächten etwas verlangten, was sie im eigenen Namen nicht zu fordern wagten«. Drittens sollten andere europäische Staaten von Deutschland nicht erwarten, wozu auch sie selbst nicht bereit wären, nämlich europäische Interessen über die deutschen zu stellen. Denn aus europäischem Interesse gegen die nationalen Interessen zu handeln würde nicht nur gravierende Fehlanreize setzen, sich auf Deutschland zu verlassen. Es wäre in Deutschland auch ebenso schwer umzusetzen wie in anderen Staaten und würde die Legitimität der Europäischen Union in Deutschland auf Dauer untergraben.

Dritte These (für die Deutschen):
Gelassenheit, Rücksicht und europäisches Investment

Ein »Platz an der Sonne« hätte von deutscher Seite in historischer Perspektive drei Dinge vorausgesetzt. Erstens: Gelassenheit und Vertrauen auf die eigenen Kraftquellen statt Benachteiligungskomplex, Fünf-vor-zwölf-Panik und die Antizipation von Untergangsszenarien. Sowohl vor 1914 als auch nach 1919 waren die Zukunftsperspektiven für Deutschland günstiger und die längerfristigen Chancen größer, als die Zeitgenossen es wahrnahmen. Ohne dass dies ein Freibrief wäre, Probleme selbstzufrieden zu ignorieren: Eine Besonderheit Deutschlands im 20. Jahrhundert lag in einer Kraft, die alle Katastrophen und Rückschläge überstand und die sich im frühen 21. Jahrhundert abermals offenbarte.

Zweitens: ein rücksichtsvoller Umgang mit den kleinen Staaten in Europa und Respekt ihnen gegenüber – was auch heißt, auf moralisierendes Sendungsbewusstsein und Überlegenheitsgefühl zu verzichten. Und drittens: deutsches Investment in Europa. Die historische Perspektive zeigt, dass deutsche Stärke und europäische Ordnung nur dann vereinbar waren, wenn Deutschland einen aktiven Beitrag leistete, der einen Mehrwert für die anderen Teilnehmer sichtbar machte: seien es Bismarcks (wie auch immer motiviertes) diplomatisches Investment in Gleichgewichtsdiplomatie, sei es Stresemanns Bemühen um einen Ausgleich mit Frankreich, Brandts Geste der Demut in Warschau oder Kohls Bereitschaft, europäische Lasten auf deutsche Rechnung zu nehmen.

Aber wie kann das gelingen? Die Diskussionslage ist komplex, und einfache Lösungen gibt es nicht. Was die Wirtschafts- und Währungsunion betrifft, so fordern Makroökonomen von Deutschland mehr Bereitschaft zur »Risikoteilung« (etwa durch Eurobonds oder Maßnahmen einer Transferunion) und zur Anpassung an die anderen Volkswirtschaften (durch höhere Löhne und öffentliche Ausgaben), um die deutschen Außenhandelsüberschüsse zu senken. Das Ergebnis wäre mit erheblicher Wahrscheinlichkeit ein Verlust an deutscher Wettbewerbsfähigkeit nicht nur innerhalb Europas, sondern auch auf den Weltmärkten. Dem gegenüber steht die deutsche Forderung, dass die anderen Länder ihrer volkswirtschaftlichen Schwäche durch innere Reformen begegnen. Sie stößt wiederum auf das Gegenargument, Ungleichgewichte innerhalb der Währungsunion ließen sich nicht durch verbesserte Wettbewerbsfähigkeit aller Teilnehmer lösen, und sie wird als deutsches Diktat empfunden. Zugleich verschafft die Währungsunion Deutschland Vorteile gegenüber der alten D-Mark. Denn mit der Möglichkeit einer Anpassung der nationalen Währungen ist auch der Preis entfallen, den die bundesdeutsche Exportindustrie periodisch für die offenen Märkte in Europa zu entrichten hatte. Dafür sollte Deutschland bereit sein, eine Kompensation zu erbringen.

Die Kunst, noch einmal, liegt in der Balance, damit Deutschland und Europa voneinander profitieren können, ohne einander zu schaden. Deutschland hat das Recht, seine Interessen zu wahren, auf den Prinzipien der Verträge von Maastricht (vor allem der nationalen Verantwortung für die Fiskalpolitik) zu bestehen und Vorschläge abzulehnen, die deutschen Interessen widersprechen. Zugleich sollte Deutschland mehr in die europäische Ordnung investieren. Zusätzliches Engagement kann in klar definierten Vertiefungen der europäischen Integration (dazu die nächste These) und einem großzügigen Beitrag zur Finanzierung entsprechender Gemeinschaftsaufgaben bestehen, beispielsweise zur europäischen Asyl- und Migrationspolitik. Es kann aber auch in Form direkter Unterstützungsleistungen für andere Länder oder bestimmte Anliegen erfolgen; das ganz große historische Beispiel dafür ist der amerikanische Marshall-Plan von 1948. Dabei werden zusätzliche Investitionen insbesondere dann als wohlwollende Führung wahrgenommen, wenn Deutschland sie als freiwillige Leistungen erbringt, während zusätzliche institutionalisierte Ansprüche an Deutschland – Eurobonds oder vieles, was sich hinter Begriffen wie »Wirtschaftsunion«, »Risikoteilung« oder »Solidarität« verbirgt – aus den genannten Gründen problematisch sind.

Vierte These (für die Europäische Union):
Flexibilisierung statt *ever closer union*

Die deutsche Frage in Europa lässt sich seit der zweiten Hälfte des 20. Jahrhunderts und erst recht im 21. Jahrhundert nicht mehr ohne die europäische Integration beantworten. Diese hat mit dem Vertrag von Maastricht und der Osterweiterung einen Integrationsschub erlebt, der die Europäische Union bis heute prägt. Zieht man eine Bilanz der gesamten Entwicklung,[5] so sind auf der Habenseite vor allem der Binnenmarkt sowie der Beitrag zu verzeichnen, den die EU zu einer friedlichen Entwicklung in Ostmittel- und Südosteuropa geleistet hat. Auf der Sollseite hingegen stehen Fehlermeldungen in zwei grundlegenden Bereichen, in denen die Staaten der Europäischen Union zentrale staatliche Hoheitsrechte übertragen haben: der Währung und der damit verbundenen Fiskalpolitik sowie der Grenzen und der Sicherheit. Die Euro-Schuldenkrise hat enthüllt, dass die politisch-ökonomischen Kulturen in Europa so unterschiedlich sind, dass die in Maastricht vereinbarte Währungsunion nicht auf einem verlässlichen Fundament steht. Und in der Flüchtlingskrise überlagerten sich nationales Asylrecht, das europäische Recht von Schengen und Dublin sowie das humanitäre Völkerrecht auf so dysfunktionale Weise, dass eine unregulierte Massenzuwanderung entstand. Sie ließ sich nur mit der unilateralen Schließung der Migrationswege durch die Balkanstaaten und mit einem Abkommen zwischen der EU und der Türkei notdürftig stoppen, ohne dass die grundlegenden Probleme gelöst wurden. Zwei Pfeiler des europäischen Integrationsschubs seit den mittleren achtziger Jahren haben sich somit als nicht hinreichend stabil erwiesen. Aus diesem Befund werden üblicherweise zwei gegensätzliche Schlussfolgerungen gezogen. Die eine lautet: »mehr Europa«, um die Funktionsmängel nicht konsequent ausgestalteter Institutionen zu beheben und den europäischen Bundesstaat im Sinne der *ever closer union* zu vollenden. Das Gegenargument besagt, dass *more of the same* die Probleme nicht löse, die Europäische Union sich mit einer Haltung des »vorwärts immer, rückwärts nimmer« vielmehr um Kritikfähigkeit und Korrekturbereitschaft gebracht habe.

Die Alternative zu einem Entweder-Oder liegt in einer ergebnisoffenen Bestandsaufnahme: Wo funktionieren europäische Institutionen, und wo tun sie es nicht? Wo ist »mehr Europa« sinnvoll und wo auch weniger? Im ersten Fall sind Aufgaben zu definieren, die gemeinsam besser zu bewältigen sind als einzelstaatlich und die somit auch gemeinsam – und unter großzügiger deutscher Beteiligung – zu finanzieren sind: zum Beispiel im Bereich einer übergreifenden Sicherheits- und Verteidigungspolitik (wie die Ende 2017 avisierte Ständige Strukturierte Zusammenarbeit PESCO), einer koordinierten Asyl- und Migrationspolitik, gemeinsamer Strategien im Bereich der Digitalisierung, grenzüberschreitender Netzinfrastrukturen und Verkehrswege. Sollte die Währungsunion nach der Rettungspolitik ihrer Mitgliedstaaten und der EZB funktionieren, besteht kein Handlungsbedarf – wenn aber nicht, sind Revisionen von Integrationsschritten, etwa Austritte von Mitgliedstaaten, konstruktiv zu erwägen, statt sie über Sprachformeln wie die der »Alternativlosigkeit« auszuschließen. Und auch im Asyl- und Zuwanderungsrecht ist eine funktionsfähige europäische Lösung vorzuziehen; wenn sie aber nicht zu erreichen ist, sind funktionierende nationale Lösungen besser als dysfunktionale europäische. Eine flexible Europäische

Union wäre sowohl zur Vertiefung als auch zum Rückbau in der Lage.

Eine flexible Union wäre überdies bereit, unterschiedliche Dichten der Integration in Europa zu akzeptieren, nicht nur ein »Europa der verschiedenen Geschwindigkeiten«, die doch alle auf denselben Endzustand hinsteuern sollen. Statt sich auf die Dichotomie eines Ganz-oder-gar-Nicht zu verengen: Ein offeneres Europa aus Europäischer Währungsunion, Europäischer Union (ohne grundsätzliche Verpflichtung auf die gemeinsame Währung) und einer Peripherie mit geringerer Integrationstiefe wäre nicht zuletzt ein Instrument für einen flexiblen Umgang mit dem Brexit, mit der Ukraine, dem Westbalkan oder der Türkei.

Es ist weder ein historisches Gesetz noch ist es ausgeschlossen, dass am Ende irgendwann einmal ein europäischer Bundesstaat steht, so wie im 19. Jahrhundert aus den deutschen Einzelstaaten der Nationalstaat hervorgegangen ist. Ihn aber aktiv anzustreben, stünde im Widerspruch zu den Erfahrungen mit der *ever closer union* und dem Integrationsschub seit den achtziger Jahren. Denn sie haben gezeigt, dass es politisch-kultureller Voraussetzungen bedarf – zum Beispiel einer europäischen Öffentlichkeit und eines Grundkonsenses über Institutionen und Normen –, die einstweilen nicht vorhanden sind. Und die Bereitschaft, einen vollständigen europäischen Bundesstaat oder eine europäische Republik zu gründen,[6] erscheint jedenfalls außerhalb Deutschlands auf absehbare Zeit eher gering.

Fünfte These (über die Union hinaus): Europa *à la carte* und *Elysée à trois*

Immer wieder wird beklagt, dass die Europäische Union weltpolitisch nicht handlungsfähig sei, und immer wieder wird die Forderung erhoben, wie es Emmanuel Macron und Angela Merkel Anfang 2018 einmal mehr in Davos taten, Europa müsse stark sein.[7] Das Brüssel der 27 wird es aber nicht werden, denn dort ist die so wichtige Balance zwischen europäischen Rücksichten und machtpolitischen Anforderungen nicht im Lot.

Aber Europa ist mehr als die Europäische Union. Und wenn Europa weltpolitisch stark sein soll, braucht es eine Außen- und Sicherheitspolitik, die Ideen und Realismus, nationale Interessen und supranationale Ordnung, multilaterale Institutionen und nationalstaatliche Kooperation in die Balance bringt.[8] Die Voraussetzung für ein global handlungsfähiges Europa liegt darin, dass es seine Kraftquellen ausschöpft – und das sind neben der Europäischen Union die großen Nationalstaaten, die sich als Akteure in einer multiplen Welt keineswegs überholt haben, wie viele Kosmopoliten meinen. Die USA, Russland und China kämen nicht auf die Idee, sich nicht in erster Linie als Nationalstaaten zu verstehen. Auch in Europa sind nach wie vor die Nationalstaaten – mit der angelsächsischen Betonung auf den »Staaten«, nicht auf »Nationen« im Sinne homogener Gemeinschaften – Träger derjenigen Demokratie, die der »Staatenverbund« der Europäischen Union einstweilen nicht ist.

Staaten verhalten sich auch keineswegs zwingend antagonistisch und rivalisierend. Wie die Beispiele des französisch-deutschen Elysée-Vertrags, des französisch-deutsch-polnischen »Weimarer Dreiecks«, der Visegrád-Gruppe oder der deutsch-französischen Vermittlung im Ukraine-Konflikt zeigen, sind Kooperation und koordinierte Führung zwischen Nationalstaaten sehr wohl möglich. Sie erfordern ein Set von geteilten Ideen und Normen und den Willen zur Kooperation – und Personen, die sie betreiben.

Ein starkes Europa braucht koordinierte Führung, die vorhandene Ressourcen zur Geltung bringt und die machtpolitischen Notwendigkeiten zugleich mit gegenseitiger Rücksicht verbindet – das ist die große Herausforderung. Der Koalitionsvertrag der Bundesregierung vom 7. Februar 2018 sieht vor, die deutsch-französische Zusammenarbeit zu verstärken und zu erneuern.[9] Warum nicht noch einen entscheidenden Schritt weiter gehen und auch das Vereinigte Königreich einbeziehen? Eine geopolitische Partnerschaft der drei Staaten mag auf den ersten Blick, zumal angesichts versteifter britischer Haltungen, unrealistisch scheinen. Aber wer hätte 1945 den Elysée-Vertrag für möglich gehalten?

Schauen wir also noch einmal hin: Deutschland, Frankreich und das Vereinigte Königreich bringen zusammen ein Gewicht von 210 Millionen Einwohnern, drei G7-Staaten, zwei Atommächten mit Ständigem Sitz im Weltsicherheitsrat und einer Exportsupermacht auf die weltpolitische Waage. Eine britisch-deutsch-französische Kooperation würde eine konstruktive Form der politischen Führung in Europa eröffnen. Sie böte die Möglichkeit eines konstruktiven Umgangs mit dem Brexit – und sie wäre ein Projekt von geradezu historischer Dimension, mit dem das wiederholte Versagen gemeinschaftlicher Führung in Europa seit dem 19. Jahrhundert überwunden werden könnte. Immer wieder hatten zwei gegen einen gestanden, Briten und Franzosen in der ersten Hälfte des 20. Jahrhunderts gegen Deutschland, und seit den achtziger Jahren entzweiten sich Franzosen und Deutsche gegenüber den Briten. Ansätze der Kooperation gab es in den zwanziger Jahren im Zusammenhang der Verträge von Locarno, die allen drei Außenministern den Friedensnobelpreis einbrachten.

Aber worum könnte es einem solchen *Elysée à trois* überhaupt gehen? Vor allem um *ad hoc*-Kooperationen im Bereich der Außen- und Sicherheitspolitik neben NATO und EU (vergleichbar dem deutsch-französischen Engagement im Ukraine-Konflikt), zudem um wissenschaftliche und technologische Zusammenarbeit nach dem Vorbild von Airbus, um handels- oder wirtschaftspolitische Kooperation – allgemein: um Kooperationen ergänzend zu EU- bzw. NATO-Strukturen; das Treffen der Leiter der Auslandsgeheimdienste im Rahmen der Münchener Sicherheitskonferenz am 16. Februar 2018 markiert eine unter vielen Möglichkeiten.[10] Entscheidend ist der Wille zu konstruktiver Kooperation.

Wird aber eine solche Dreierkooperation nicht auf scharfe Ablehnung in Spanien, Italien und Polen stoßen, zumal die drei nächstgrößeren Staaten traditionell fürchten, von den Großen marginalisiert zu werden, und schon die deutsch-französische Kooperation beargwöhnen? Der Einwand ist berechtigt. Und doch kann er keine Vetoposition begründen. Denn wie die historische Analyse gezeigt hat, liegt die Maßgabe für ein starkes Europa gerade darin, Rücksichten auf die Wahrnehmung der anderen und machtpolitische Notwendigkeiten miteinander zu verbinden. Daher lässt sich die Dreierkooperation auch um Konsultationen und Kooperationen *à six* oder auch einen europäischen Sicherheitsrat ergänzen, wie ihn Angela Merkel ins Gespräch gebracht hat[11] – das eine tun, ohne das andere zu lassen. Überhaupt sind vielfältige Formen bi- und multilateraler Kooperation innerhalb und neben der Europäischen Union möglich. Der Diskurs der *ever closer union* hat schon auf sprachlicher Ebene viele Möglichkeiten diskreditiert, die sich bei genauerem Hinsehen als konstruktive Chancen erweisen. Dies gilt nicht zuletzt für ein Europa *à la carte*: Von den europäischen Unionisten als Schreckbild verbreitet, eröffnet es in Wahrheit reichhaltige Möglichkeiten der Kooperation, statt ein Einheitsgericht für alle zu verordnen.[12]

So erschließt die historische Perspektive den Blick auf ein offenes und flexibles Europa, das seine Kraftquellen ausschöpft, um neue Attraktivität nach innen und neue Stärke nach außen zu gewinnen – ein Europa, das deutsche Stärke und europäische Ordnung ebenso miteinander verbindet wie Ideen und Interessen, Führung und Rücksicht, Europäische Union und europäische Nationalstaaten. Was es braucht, sind historisch inspirierte Kreativität, politischer Wille und kooperative Führung. Dann ist, wie die Geschichte zeigt, vieles möglich.

Making-of

Dieses Buch beruht auf einer Reihe von begrifflichen Voraussetzungen und theoretischen Grundlagen, und es arbeitet mit methodischen Instrumenten, die im Folgenden kurz erläutert werden sollen.

Macht und Hegemonie

Auf den vorhergehenden Seiten ist oft von »Macht« oder »Stärke« die Rede. Was ist damit eigentlich gemeint? Sind das nicht viel zu ungenaue Begriffe? Tatsächlich sind sie schwer zu fassen, und bis heute gibt es keine brauchbarere Definition von »Macht« als diejenige, die Max Weber 1922 formuliert hat: Macht ist die »Chance, innerhalb einer sozialen Beziehung den eigenen Willen auch gegen Widerstreben durchzusetzen«.[1]

Macht äußert sich in verschiedenen Formen. Klassisch sind physische sowie wirtschaftliche bzw. technologische Macht, die vor allem durch Androhung von Gewalt oder von Nachteilen bei Nichtbefolgen sowie durch Belohnung von Gefolgsamkeit ausgeübt wird. Solcher *hard power* hat der amerikanische Politikwissenschaftler Joseph Nye Formen der *soft power* an die Seite gestellt, mit denen der eigene Wille durchgesetzt werden kann: den gewinnenden Einfluss von Kultur und Werten, *good governance* und Gemeinschaftsinstitutionen, internationale Kooperation und Verantwortung. Als »*soft-power*-Idylle« (Christian Hacke) erschien lange Zeit die »postmoderne Welt der EU-Mitgliedstaaten« mit ihren offenen Grenzen innerhalb der Union, dem Verzicht auf militärische Gewaltanwendung und der Orientierung an Wohlstand und Demokratie – bis sie nach 2008 durch die Euro-Schuldenkrise, die russische Revisionspolitik und die Flüchtlingskrise mit der kalten Welt der *hard power* konfrontiert wurde.[2]

Als Grundlagen von Macht und Vormacht hat der neomarxistische kanadische Politikwissenschaftler Robert W. Cox drei Kategorien von *hard* und *soft power* identifiziert: materielle Ressourcen, geteilte Normen bzw. Wertvorstellungen sowie funktionierende Institutionen. Erst wenn die drei Ebenen zusammenwirken – so die Annahme, die auch der Analyse unterschiedlicher Konstellationen seit 1870 in diesem Buch zugrunde liegt –, kann Macht ein dauerhaftes Führungsverhältnis, eine hegemoniale Stellung begründen.[3] Dabei besteht ein Unterschied zwischen Führung bzw. Hegemonie einerseits und direkter Herrschaft andererseits, den schon Heinrich Triepel 1938 herausgestellt hat: Führung und Hegemonie setzen im Gegensatz zur direkten Herrschaft die Zustimmung der Gefolgsstaaten voraus.[4]

Macht als Nullsummenspiel zwischen Staaten – was der eine gewinnt, verliert der andere – und Weltpolitik als Wechselspiel zwischen den Hegemonialbestrebungen des Stärkeren und den Gegenbewegungen schwächerer Staaten, das ist das Thema und so lautet die Grundannahme der realistischen Schule der internationalen Politik. Eine hegemoniale Ordnung ist dabei nur dann stabil, wenn der Hegemon öffentliche Güter (*public goods*) bereitstellt und dadurch die Interessen der anderen Staaten im System gewahrt bleiben.[5] An dieser Stelle berührt sich die realistische Schule mit der *Hegemonic Stability Theory* aus der politischen Ökonomie: Sie versteht Führung als eine aktive Ordnungsfunktion, die das übernationale Interesse in den Vordergrund rückt. Voraussetzung solcher Führung ist, dass die führende Macht bereit ist, einen größeren Preis für die Führung zu zahlen als andere. Das wiederum sichert ihr Akzeptanz, Prestige und Macht.[6]

Ökonomische Faktoren spielen auch für den liberalen Institutionalismus eine zentrale Rolle, der auf die Vorteile institutionalisierter internationaler Zusammenarbeit schaut, statt Macht als Nullsummenspiel anzusehen. Hegemonie ist in dieser Sicht eine Situation, in der »ein Staat mächtig genug ist, um die grundlegenden Regeln zwischenstaatlicher Beziehungen zu setzen, und das auch will«. Legitimität und Stabilität gewinnt eine solche Ordnung allerdings nur, wenn die Führungsmacht ihre Machtressourcen vergemeinschaftet und somit Kooperationsgewinne auf alle Beteiligten verteilt werden.[7] Ähnlich zielt die neomarxistische, auf Antonio Gramsci zurückgehende Theorie des bereits zitierten Robert W. Cox darauf ab, dass eine Hegemonie nur dann als legitim angesehen wird, wenn die kleineren Staaten den Eindruck haben, von dieser Ordnung zu profitieren.[8]

Die genannten Hegemonietheorien schwanken zwischen empirischer Analyse und normativer Vorgabe, aber sie haben eines gemeinsam: In ihrem Zentrum steht die Annahme, dass eine Führungsmacht in die gemeinsame Ordnung investieren muss, damit sie akzeptiert wird und stabil bleibt.

Struktur und Handlung: Geopolitik und deutsche Außenpolitik

Die europäische Geschichte in der Neuzeit wurde durch unterschiedliche Organisationsprinzipien und Führungsverhältnisse bestimmt. Sie waren das zentrale Thema einer von der realistischen Schule inspirierten, geopolitisch orientierten Geschichtsschreibung, die diese Geschichte als »Kampf um die Vormacht« versteht – und zuletzt eine Renaissance erlebt hat. Vom Spanien

Karls V. über das Frankreich Ludwigs XIV. und Napoleons, von Preußen-Deutschland über den Nationalsozialismus bis zur Eurokrise sei die zentrale Frage immer gewesen, so Brendan Simms, ob Europa durch eine einzelne Macht vereint oder dominiert wurde – und immer sei es in erster Linie um Deutschland gegangen.[9] Henry Kissinger interpretierte die europäische Geschichte der Neuzeit als Schwanken zwischen einem Gleichgewicht der Kräfte und Versuchen, eine Hegemonie zu etablieren. Die Gründung des Deutschen Reiches habe 1871 einen »neuen Giganten« in der Mitte Europas hervorgebracht, was ein allgemein akzeptiertes Gleichgewicht erschwert habe.[10]

Ebendies bezeichnete der Historiker Ludwig Dehio 1955 als »halbhegemoniale Stellung des Bismarckreiches« auf dem europäischen Kontinent: Es war nicht mächtig genug, um den Kontinent dem eigenen Willen zu unterwerfen, aber doch so machtvoll, dass es von anderen als Bedrohung wahrgenommen wurde. Mittellage und Größe des Deutschen Reiches führten daher zu einer strukturellen Destabilisierung Europas.[11]

Dass die Frage nach der Stellung Deutschlands in der Mitte Europas sich nach der deutschen Wiedervereinigung von 1990 auf strukturell ähnliche Weise stellte, führte den Politikwissenschaftler Herfried Münkler im 21. Jahrhundert zu einer normativen Konsequenz: Deutschland habe die zentrale Verantwortung als Macht in der Mitte, um »Europa zusammenzuhalten, den immer wieder neu auftretenden Zentrifugalkräften entgegenzuwirken, Interessendivergenzen abzubauen und Ausgleichsprozesse zu moderieren«.[12] Dies sah der britische Journalist und politische Intellektuelle Hans Kundnani in der Euro-Schuldenkrise allerdings alles andere als erfüllt. In Anlehnung an Ludwig Dehio interpretiert er Deutschland als halbhegemoniale geo-ökonomische Macht, die ökonomische Durchsetzungsfähigkeit mit militärischer Abstinenz verbinde. Auf diese Weise habe sie jedoch nicht der europäischen Ordnung gedient, sondern sei allein dem nationalen Interesse gefolgt.[13]

Hier berührt sich die Strukturgeschichte der Geopolitik mit der Handlungsgeschichte der deutschen Außen- und Europapolitik und der internationalen Beziehungen – *dem* Thema der klassischen Politikgeschichte »von Bismarck bis Hitler«.[14] War der Nationalsozialismus aus geopolitischer Sicht eher eine Episode im ewigen Wechselspiel des Kampfes um Vorherrschaft in Europa, so erscheint er im Hinblick auf die handelnde Politik als der Höhepunkt deutschen Macht- und Expansionsstrebens – und die Geschichte nach 1945 als Abkehr von dieser Tradition durch Westbindung, Selbsteinbindung und Souveränitätsverzicht.

Dieser Zugang prägt auch das politikwissenschaftliche Konzept der »Zivilmacht«, das der Politikwissenschaftler Hanns Maull 1990 aufbrachte und seither immer wieder angepasst hat. »Zivilmacht« beschreibt die besondere außenpolitische Kultur der Bundesrepublik. Sie ist gekennzeichnet durch Verrechtlichung und Multilateralisierung der internationalen Politik, militärische Zurückhaltung und den Einsatz von *soft power*. Hinzu kommt die Bereitschaft, Hoheitsrechte an supranationale Institutionen abzutreten und »kurzfristige, nationale Nutzenerwägungen globalen Zielsetzungen unterzuordnen«. Zugleich formuliert der Begriff der »Zivilmacht« eine Idealvorstellung, nämlich die Idee einer Zivilisierung von Außenpolitik. Es handelt sich also sowohl um ein analytisches als auch (und mehr noch) ein normatives Konzept.[15] Stärker realpolitisch, aber ebenfalls mit einer politikwissenschaftlichen Mischung von analytischen und normativen Argumenten argumentierte demgegenüber der Zeithistoriker Hans-Peter Schwarz. Er forderte 1994, das vereinte Deutschland müsse seine Rolle als »Zentralmacht Europas« aktiv gestalten, ohne in eines der beiden Extreme Zurückhaltung oder Hegemonie zu verfallen.[16]

Perzeptionen: Kollektive Wahrnehmungen, Stereotype und Sozialpsychologie

Die bislang aufgeführten Autoren und Forschungen thematisieren geopolitische Strukturen und interessengeleitete Handlungen. Was sie nicht thematisieren, sind kollektive Wahrnehmungen und ihre Bedeutung. Dabei hatte schon Max Weber festgestellt: »Interessen (materielle und ideelle), nicht: Ideen, beherrschen unmittelbar das Handeln der Menschen. Aber: Die ›Weltbilder‹, welche durch ›Ideen‹ geschaffen wurden, haben sehr oft als Weichensteller die Bahnen bestimmt, in denen die Dynamik der Interessen das Handeln fortbewegte.«[17]

Nun hat es seit den siebziger Jahren durchaus Studien über Deutschlandbilder gegeben, eine Fülle sogar. Sie waren entweder Gegenstand der literaturwissenschaftlichen Komparatistik, oder sie waren Teil des Bemühens, die klassische Politikgeschichte um Perzeptionen und Mentalitäten zu erweitern.[18] In ein systematisches Verhältnis zu Strukturen und politischem Handeln wurden sie aber von der Geschichtsschreibung ebenso wenig gesetzt wie von der Politikwissenschaft der Internationalen Beziehungen.[19] Stattdessen wurden kollektive Wahrnehmungen zu einem zentralen Gegenstand der konstruktivistischen Kulturgeschichte und der Nationalismusforschung. Sie arbeiteten heraus, wie sich die modernen Nationen über Feindbilder konstituierten und sich nationale Stereotype mit dem Aufkommen einer modernen Massenpresse im späten 19. Jahrhundert verstärkten.[20]

Stereotype sind pauschale und wertende Bilder von menschlichen Gruppen, die nicht auf individuellen Erfahrungen beruhen, sondern die in der Öffentlichkeit kursieren und von ihren Benutzern übernommen werden.[21] Zu unterscheiden ist zwischen Außenwahrnehmungen (Heterostereotypen) und Selbstbildern (Autostereotypen), die freilich in einem engen wechselseitigen Verhältnis stehen. Denn Fremdbilder sind, meist als Gegenbilder, immer auch Projektionen von Selbstbildern. Dabei sind Heterostereotype für gewöhnlich stärker ausgeprägt als Autostereotype.[22] Beide Formen von Stereotypen entstehen zumeist in konkreten historischen Situationen und gründen auf besonders emotionalen Momenten; einmal entstanden und verbreitet, sind sie dann nur schwer zu verändern. Stereotype sind langlebig, aktualisierbar, abrufbar – und handlungsrelevant.[23]

Als kollektive Phänomene sind Stereotype zugleich Gegenstand von sozialpsychologischen Erklärungen. Vier davon möchte ich besonders erwähnen, weil sie helfen, die Gegenstände dieses Buches besser zu erfassen.

Erstens: der Außengruppenhomogenitätseffekt.[24] Er beruht auf der Tatsache, dass Menschen nur eine begrenzte Zahl von Informationen verarbeiten können. Sie müssen also deren Komplexität reduzieren, und sie versuchen erfahrungsgemäß zugleich, kognitive Dissonanzen[25] zu vermeiden. Daher neigen sie dazu, Informationen über ihre Umwelt aufzunehmen, die ihre Vormeinungen bestätigen, abweichende Informationen hingegen auszublenden oder abzuwerten. Dabei werden Fremdgruppen als homogen und geschlossen wahrgenommen, während die eigene Gruppe in aller Regel als heterogen empfunden wird – dies ist auch der Grund, warum Fremdbilder für gewöhnlich stärker ausgeprägt sind als Selbstbilder. Solche Phänomene machen sich verstärkt in Zeiten von Krisen und Verunsicherung bemerkbar, wie nicht zuletzt in der Euro-Schuldenkrise, als alte Stereotype wieder auftraten.

Zweitens die Theorie der sozialen Identität.[26] Menschen suchen Zugehörigkeit zu sozialen Gruppen und haben ein grundlegendes Bedürfnis nach einem positiven Selbstkonzept. Sozialpsychologische Experimente haben gezeigt, dass selbst eine zufällige Gruppenzugehörigkeit unter minimalen Bedingungen der Gruppenbildung – zum Beispiel die Aufteilung einer Reisegruppe auf zwei Fahrzeuge – zu Begünstigungen der Eigengruppe und zu Herabsetzungen der Fremdgruppenmitglieder führt. Ungleich stärker galt dies für die zentrale Kategorie sozialer Großgruppenbildung im 19. Jahrhundert: die Nation. Um die *ingroup* zu favorisieren und die *outgroup* abzuwerten, nehmen Gruppen soziale Vergleiche vor und wählen dazu ihnen passend erscheinende Kategorien aus; so verglichen die Deutschen im Kaiserreich ihre Kultur mit Polen, während sie Frankreich ihre eigene Sittlichkeit entgegenhielten.

Wie sich dies verstärkt ins Negative und nach außen wendet, erklärt drittens die Theorie der Gruppenemotionen (*Intergroup Emotions Theory*).[27] Ihr zufolge basieren kollektive Ressentiments zumeist auf einem Gefühl der Ungerechtigkeit und mangelnder Fairness, das auf eine empfundene Demütigung oder Geringschätzung zurückgeht. Der eigene Misserfolg wird als ungerecht, der Statusgewinn anderer als Zurücksetzung bzw. als Beeinträchtigung des eigenen Selbstwertgefühls erlebt. Solche Ressentiments erweisen sich oft als sehr langlebig und untergraben die Legitimität der existierenden Ordnung. Dieser Mechanismus kann helfen, Selbstbilder und Außenwahrnehmungen in Frankreich nach 1871, in Deutschland nach 1919 oder in Griechenland nach 2010 zu erklären.

Schließlich besagt die Theorie des realistischen Gruppenkonflikts,[28] dass Konflikte aufgrund begrenzter Ressourcen entstehen, zu denen auch immaterielle Güter wie Macht oder Prestige gehören. Zwischen Gruppen bedeutet dies, dass die Verbundenheit mit der eigenen Gruppe zunimmt, während zugleich negative Stereotype und Diskriminierungen gegenüber der Fremdgruppe entstehen. Abbauen lassen sich solche Stereotype hingegen, wie Experimente gezeigt haben, durch gemeinsame übergeordnete Ziele.

Diese sozialpsychologischen Modelle sind kein Passepartout zur Erklärung historischer Situationen, und ihre Anwendung birgt stets die Gefahr des Zirkelschlusses. Gleichwohl können sie hilfreiche Instrumente sein, um Phänomene zu ordnen und Mechanismen zu erklären.

Wege und Fallen

Wenn nun von kollektiven Wahrnehmungen die Rede war, so stellt sich zugleich die Frage: Gibt es sie eigentlich wirklich? Oder handelt es sich nicht vielmehr um unterkomplexe Klischeebehauptungen? Tatsächlich gibt es nicht »das« Deutschlandbild »der« französischen Öffentlichkeit – vielmehr existiert eine unüberschaubare Vielzahl unterschiedlicher Gruppen, Strömungen und Einzelmeinungen, und man wird immer Personen finden, die etwas anderes sagen. Andererseits besagen individuelle Erfahrung und politische Beobachtungen ebenso wie die wissenschaftliche Stereotypenforschung und die Sozialpsychologie: ja, es gibt kollektive Wahrnehmungen und Bilder, Topoi und Vorurteile von Gruppen und ganzen Gesellschaften.

Aber wie lassen sie sich identifizieren? Hier hilft die klassische Definition von Elisabeth Noelle-Neumann. »Öffentliche Meinung« ist demzufolge, was in der politischen Öffentlichkeit gesagt werden kann, ohne auf substantiellen Widerspruch zu stoßen. Es geht also nicht um Einzelmeinungen, sondern um das Sagbare, um Diskurse, um den Mainstream. Es liegt auf der Hand, dass deren breite internationale Rekonstruktion über einen Zeitraum von fast 150 Jahren nicht mit Hilfe strenger sozialstatistisch-empirischer Methoden zu leisten ist. Methodische Richtschnur war vielmehr – unter aktiver Bekämpfung der eigenen Neigung zur kognitiven Abkürzung – eine an Hans-Georg Gadamer und Karl Popper orientierte Hermeneutik: Auf der Grundlage vorliegender Forschungen, auf denen dieses Buch zwangsläufig in hohem Maße beruht, wurden Hypothesen über Wahrnehmungsmuster gebildet, Quellen nach dem Schneeballprinzip gesammelt und durch ihre Auswertung Vormeinungen überprüft und revidiert, bis eine widerspruchsfreie Erklärung erreicht war und nicht mehr falsifiziert wurde. Das Ergebnis sind nicht Abbilder der Realität im Maßstab eins zu eins, sondern verallgemeinernde Abstraktionen kollektiver Wahrnehmungen nationaler Öffentlichkeiten bzw. Elitendiskurse, die es freilich möglich machen, allgemeine Tendenzen zu erkennen und historische Entwicklungen zu beschreiben.

Es versteht sich daher von selbst, dass die Quellen, aus denen dieses Buch schöpft, kein geschlossenes Corpus mit dem Anspruch auf Vollständigkeit sein können, sondern ein breites Spektrum umfassen, aus dem eine Zusammenschau gewonnen wird: zeitgenössische Analysen, Aufzeichnungen von Entscheidungsträgern, Botschafterberichte, publizistische Debatten, Meinungsumfragen, Ausstellungen (bzw. ihre Kataloge), Karikaturen, Filme, Reiseberichte und Reiseführer, Wörterbücher und Schulbücher. Hinzu kommen signifikante Einzelstücke wie zum Beispiel die Handbücher der britischen und der amerikanischen Armee für Soldaten in Deutschland am Ende des Zweiten Weltkriegs. Dabei sind explizite Meinungsäußerungen insgesamt stärker gewichtet worden als durch Meinungsumfragen erhobene Daten. Dadurch stehen zwar Meinungen von Bevölkerungen hinter den Aussagen politischer Eliten zurück; diese sind nach meiner Einschätzung jedoch in aller Regel für das öffentlich Sagbare originärer und signifikanter und für den Zusammenhang von Perzeptionen und Handeln auch von direkterer Relevanz. Hinsichtlich der ausgewählten Öffentlichkeiten konzentriert sich dieses Buch einerseits auf einen festen Stamm an Ländern (Deutschland, Vereinigtes Königreich, Frankreich, Italien, Polen und etwas eingeschränkt Russland), und es nimmt andererseits flexibel und situationsorientiert weitere Staaten in den Blick. Dass ich dabei in hohem Maße darauf angewiesen war, auf Forschungsliteratur und die dort ausgewerteten

Quellen zurückzugreifen, möchte ich noch einmal ausdrücklich betonen.

Was die Forschungsliteratur betrifft, so hatte dieses Buch mit der Besonderheit zu tun, dass viele Titel zugleich Quelle für bestimmte Wahrnehmungen waren. Heinrich August Winklers Publikationen über den »langen Weg nach Westen« zum Beispiel sind gewichtige historische Analysen (also Forschungsliteratur) und repräsentieren zugleich eine bestimmte, deutsche Sicht der Dinge (sind also Quelle). Hans-Peter Schwarz' »Zentralmacht Europas« oder Hanns W. Maulls Konzept der »Zivilmacht« verbinden politikwissenschaftliche Bestandsaufnahmen ebenso mit deutschen Positionsbestimmungen wie Hans Kundnanis »German Power« eine politisch-ökonomische Analyse mit einer zeitgenössischen britischen Wahrnehmung.

Ein weiteres Problem dieses Buches liegt darin, dass die drei Ebenen von geopolitischer Struktur, politischem Handeln und gegenseitigen Perzeptionen in Beziehung zueinander gesetzt werden sollen – dafür aber keine brauchbaren methodisch-theoretischen Konzepte existieren, auf die sich zurückgreifen ließe. Auch hier bleibt nur der pragmatische Rückgriff auf einzelne Instrumente, vor allem die skizzierten Hegemonietheorien und sozialpsychologischen Ansätze. Zudem sind die einzelnen Kapitel nach Struktur, Handlung und Wahrnehmungen aufgebaut, woraus am Ende jeweils das Zusammenwirken der drei Ebenen resümiert wird. Dabei wird keine durchgehende faktographische Erzählung angestrebt, vielmehr werden bewusst thematische Schwerpunkte im Hinblick auf die Fragestellungen des Buches gesetzt. Aus diesem Grund wird das Gespräch zwischen Gustav Stresemann und Aristide Briand in Thoiry 1926, das Potentiale und Grenzen der deutschen Position in Europa in der Zwischenkriegszeit offenbarte, umfangreicher behandelt als zum Beispiel die Verlaufsgeschichte des Ersten Weltkriegs. Dies gilt auch für die Geschichte des Zweiten Weltkriegs, der insbesondere im

Hinblick auf seine Rezeption in den europäischen Ländern, mithin im Kapitel über die Nachkriegszeit thematisiert wird.

Schließlich noch eine Wahrnehmungsfalle, die sich dem Autor selbst stellt. Der Ansatz dieses Buches, auf Heterostereotype und Selbstbilder zu schauen, vermeidet ontologische Vorstellungen von »nationalem Interesse«, »verspäteter Nation« oder von »Identität« als vorgegebenen Größen. Zugleich läuft er Gefahr, alles in Wahrnehmungskategorien aufzulösen. Das gilt auch für den Autor selbst: Er will eine unabhängige Analyse leisten und ist zugleich selbst Teil des analysierten Settings, denn auch er ist ja Träger von deutschen Selbstwahrnehmungen und bestimmten Sichtweisen. So lässt sich die Frage stellen: Kann ein Beteiligter überhaupt eine analytische Aussage tätigen, oder bleibt er immer in seiner Perspektive als Akteur befangen? Der Einwand ist berechtigt. Denn die Verschränkung der Perspektiven von Beobachtern und Beobachtetem existiert zwar grundsätzlich immer (auch der Historiker antiker Gewaltpraxis ist von eigenen Gewalterfahrungen geprägt), es gibt also keinen archimedischen Punkt der historischen Analyse. In diesem Fall aber ist die Verschränkung der Perspektiven unmittelbar Teil des Untersuchungsgegenstandes und somit besonders prekär. Sie lässt sich allerdings nicht vermeiden, und daher wäre die Alternative: gar keine analytischen Aussagen zu treffen. Wer dies bejaht, wird mit diesem Buch leider nicht viel anfangen können. Ansonsten bleibt nur das Bemühen, die eigene Perspektive als Beteiligter zu reflektieren, der Versuch, sie zu überwinden, und das Ergebnis zur Diskussion zu stellen.

In diesem Sinne habe ich auch noch eine weitere Herangehensweise gewählt, indem ich eine Reihe von Gesprächen über Deutschland in Europa geführt habe, insbesondere in Athen, Budapest, London, Paris und Warschau. Im griechischen Falle sind sie explizit in die Darstellung in Kapitel IV.4 eingeflossen; darüber hinaus habe ich vier Gespräche ausgewählt und zwischen den einzelnen Kapiteln wiedergegeben, um die unterschiedlichen Perspektiven auf Deutschland auf diese Weise zu illustrieren.

Dank

Die Idee zu diesem Buch geht auf zwei Situationen des Nichtverstehens zurück. Im April 2012 saß ich am Rande einer Tagung über die europäischen Revolutionen von 1989 beim Frühstück mit meinem Pariser Kollegen und Freund Frédéric Bozo zusammen. Wir sprachen über Europa, und abgesehen davon, dass ich beständig vom »Stabilitätspakt« und er vom »Wachstumspakt« sprach, war ihm der Gedanke nicht nahezubringen, dass Helmut Kohl in den neunziger Jahren nicht nur aus harter deutscher Interessenpolitik, sondern auch aus europapolitischem Idealismus heraus gehandelt haben könnte. Etwas später strapazierte der politische Ökonom und Publizist Hans Kundnani mein Verständnis mit seiner Kritik an der nationalegoistischen deutschen »Austeritätspolitik« in mehreren Gesprächen bis zum Äußersten – bis ich verstand, dass in unserem Nichtverstehen zwei in sich logische, aber unvereinbare Lesarten aufeinandertrafen. So kam ich auf die Idee, meine eigenen Positionen und die meiner Gesprächspartner als Quelle für einen größeren Zusammenhang zu verstehen. Es ging nicht mehr darum, wer recht hatte, sondern um die Erklärung dieser unterschiedlichen Perspektiven – und um ihre historische Dimension. Auch diese Idee geht auf ein Gespräch mit Hans Kundnani am Rande der Antrittsvorlesung für meine Gastprofessur an der London School of Economics 2012/13 zurück.

Dass aus diesen Ideen das vorliegende Buch werden konnte, wäre ohne vielfältige Unterstützung nicht möglich gewesen, für die ich von Herzen danken möchte. Angefangen mit meinem Mainzer Team: Sarina Hoff, Jens Münster, Anette Neder und insbesondere Bastian Knautz haben mir wesentlich geholfen, die Quellen und die Literatur auszuwerten, die diesem Buch zugrunde liegen, und Stefan Boß hat die Recherchen vervollständigt. Sie alle waren zugleich sehr anregende und hilfreiche Gesprächspartner. Das gilt vor allem für eine dreitägige Klausur in Speyer, auf der wir das gesamte Manuskript kritisch diskutiert haben und an der auch Bernhard Dietz und Thorsten Holzhauser teilgenommen haben. Dankbar bin ich auch für die stets zuverlässige Unterstützung durch Annette Bessell im Sekretariat.

Angeregt haben mich auch die Teilnehmerinnen und Teilnehmer meiner Hauptseminare über Deutschlandbilder. Manchen Gedanken, den wir erarbeitet haben, werden sie in diesem Buch wiederfinden – eine schöne Erfahrung, dass die gute alte Einheit von Forschung und Lehre nach wie vor aktuell ist.

Dankbar bin ich »meiner« Johannes Gutenberg-Universität, von der ich mich stets sehr entgegenkommend unterstützt weiß und die mir mit einer Freistellung die nötigen Freiräume eröffnet hat, um dieses Manuskript abzuschließen. Möglich wurde dies durch die Finanzierung einer zweisemestrigen Vertretung seitens der Deutschen Forschungsgemeinschaft. Perfekt wurde diese Freistellung durch ein *honorary fellowship* am Historischen Kolleg in München, wo ich von Oktober 2017 bis Februar 2018 in Schreibklausur gehen konnte. Karl-Ulrich Gelberg, Elisabeth Hüls, Jörn Retterath und Regina Schlicht haben mir das Leben ebenso angenehm gemacht wie die studentischen Hilfskräfte, die nach meinem Kollegvortrag so aufmerksam waren, mir einen Teller mit Häppchen zu reservieren und mich vor dem Schicksal des Vortragsredners zu bewahren, als Letzter zu einem Buffet zu kommen, an dem es nichts mehr gibt.

Für anregenden Austausch und angenehme Begegnungen während der Münchener Zeit danke ich auch Rainer A. und Jana Blasius, Renate und Daniel Böhmer sowie Irmgard Schnabel, Nikolaus von Bomhard, Detlef Felken, Johannes und Eva Hürter, Gregor und Karin Kirchhof, Stefan Kornelius, Antje Korsmeier, Thilo Schabert, Christiane Schmidt, Ulrike Wegner und Michael Wolffsohn. Französische Perspektiven haben mir Gespräche mit Frédéric Bozo, Hélène Miard-Delacrois und Thibaut de Champris eröffnet. In Halle waren Manfred Hettling und Patrick Wegner inspirierende Gesprächspartner. In London und Cambridge war mir der Austausch mit Hans Blomeier, Anne McElvoy und Martin Ivens, Christopher Clark, Andreas Gestrich, Stephen Green, Mark Leonard, Quentin Peel, Anthony Robinson, Brendan Simms und Kristina Spohr sehr hilfreich. Dankbar bin ich für die Gespräche mit Angelos Athanopoulos, Dora Bakogianni, Nikos Dimou, Yannis Palaiologos, Manos Papazoglou und George Tzogopoulos in Athen, die Jeroen Kohls mit viel Engagement vermittelt und organisiert hat. In Warschau haben mich Włodzimierz Borodziej, Adam Krzeminski, Andrzej Leder, Rolf Nikel und Miloš Řezník mit polnischen Sichtweisen vertrauter gemacht. Vier dieser Gespräche schlagen sich in Form von verschriftlichten Interviews zwischen den Hauptkapiteln dieses Buches nieder.

Das fertige Manuskript haben Wolfgang Elz, Peter Hoeres, Gregor Kirchhof und Konstanze Werner gelesen. Ihre konstruktiven Kommentierungen sind dem Buch sehr zugutegekommen.

Eine sehr angenehme Erfahrung war die Zusammenarbeit mit dem Verlag S. Fischer, mit Jörg Bong, Nina Sillem und besonders Tanja Hommen, die das Manuskript so aufmerksam und konstruktiv lektoriert hat; es ist immer deprimierend, was ein gutes Lektorat noch alles zu verbessern findet ... Ein großer Dank geht an Matthias Landwehr, der die gesamte Entstehung dieses Buches mit gutem Rat und kräftiger Tat begleitet hat.

Schließlich danke ich unseren Lieblingsnachbarn, die ihren fürsorglichen Blick auf meinem Arbeitszimmer ruhen ließen, meinem Laufpartner Steven Ihm für den gemeinsamen Kampf gegen körperlichen Verfall sowie Thomas Christ für eine Freundschaft schonungsloser Offenheit. Und vor allem meinen vier Frauen: Silvana, Johanna, Almut und Maria haben die Entstehung dieses Buches und manche an »Papa ante Portas« erinnernde häusliche Situation einmal mehr mit einer souveränen Mischung aus Zugewandtheit und Ironie, entnervtem Fatalismus und liebevoller Nachsicht begleitet.

Mainz, im Juni 2018
Andreas Rödder

Anmerkungen

Mehr als ein Jahrhundertproblem

1 Gabor Steingart, Deutschland – Der Abstieg eines Superstars. München 2004; vgl. Rödder, ›Modell Deutschland‹, S. 345.

2 Dehio, Deutschland und die Epoche der Weltkriege, S. 15.

3 Bernhard von Bülow, Rede vor dem Deutschen Reichstag, 6. Dezember 1897, in: Fürst Bülows Reden nebst urkundlichen Beiträgen zu seiner Politik. Gesammelt und hg. von Johannes Penzler. Bd. 1. 1897–1903. Berlin 1907, S. 8.

4 Eyre Crowe, Memorandum on the Present State of British Relations with France and Germany, 1. Januar 1907, BDOW III, S. 406.

5 Joachim Gauck, Rede zu Perspektiven der europäischen Idee, 22. Februar 2013, *http://www.bundespraesident.de/SharedDocs/ Reden/DE/Joachim-Gauck/Reden/2013/02/130222-Europa.html* (Aufruf am 8. Januar 2018).

6 Rede von Staatspräsident Macron an der Sorbonne: Initiative für Europa. Paris, 26. September 2017, *https://de.ambafrance.org/ Initiative-fur-Europa-Die-Rede-von-Staatsprasident-Macron-im-Wortlaut* (Aufruf am 1. März 2018).

7 Wie dieses Mosaik der Wahrnehmungen und ihrer Entwicklung zusammengestellt worden ist und wo die methodischen Schwierigkeiten eines solchen Verfahrens sowie die Grenzen seiner Ergebnisse liegen, wird im Kapitel »Making of: Begriffe, Theorie und Methode« diskutiert.

I Furor und Feingeist:
Die deutsche Frage bis 1914

1 Gruner, Die deutsche Frage in Europa, S. 25.

2 Heinz Duchhardt, Deutsche Verfassungsgeschichte 1495–1806. Stuttgart 1991, S. 160–170.

3 Ebda., S. 170.

4 Münkler, Macht in der Mitte, S. 125.

5 Vgl. dazu Paul W. Schroeder, The Transformation of European Politics, 1763–1848. Oxford 1994.

6 Vgl. Schulze, Staat und Nation in der europäischen Geschichte, S. 110 f.

7 Anderson, Imagined Communities.

8 Vgl. Schulze, Staat und Nation in der europäischen Geschichte, S. 242.

9 Vgl. Langewiesche, Kulturelle Nationsbildung, S. 82–102.

10 Vgl. Safranski, Romantik, S. 176–192 und 340 f.

11 Vgl. Borchmeyer, Was ist deutsch?

12 Vierzehnte Rede: Beschluss des Ganzen, in: Johann Gottlieb Fichte, Reden an die deutsche Nation. Hg. von Alexander Aichele. Hamburg 2008, S. 249; Safranski, Romantik, S. 177; Dieter Borchmeyer, Was ist deutsch? S. 44–65 und 84–97.

13 Heinrich Heine, Vorwort zu Deutschland. Ein Wintermärchen (17. September 1844), in: ders., Sämtliche Werke in vier Bänden. Bd. I. München 1969, S. 415; Borchmeyer, Was ist deutsch? S. 364 f. Vgl. auch Gruner, L'Image de L'Autre, S. 40 f.

14 Ernst Moritz Arndt, Gedichte. Vollständige Sammlung. Berlin 1860, S. 233–235.

15 Jeismann, Vaterland der Feinde, S. 76, zum Folgenden S. 80–83 und 94 f., und ders., Was bedeuten Stereotypen, S. 88.

16 Vgl. Tümmers, Der Rhein, S. 223–226.

17 Die Wacht am Rhein, das deutsche Volks- und Soldatenlied des Jahres 1870. Mit Portraits, Facsimiles, Musikbeilagen, Uebersetzungen. Hg. von Georg Scherer und Franz Lipperheide. Berlin 1871, S. VII f.

18 Lucan, Bellum civile I 255 f.

19 Gruner, L'Image de L'Autre, S. 46, zum Folgenden S. 39.

20 Appel, Madame de Staël, S. 267–269; vgl. auch Espagne, »De l'Allemagne«.

21 Flaubert, Dictionnaire des idées reçues, S. 5: »Allemands. Peuple de rêveurs (vieux).«

22 Gruner, L'Image de L'Autre, S. 46.

23 Vgl. Ramsden, Don't mention the War, S. 21 f.; Tümmers, Der Rhein, S. 194–200; Gertrude Cepl-Kaufmann / Antje Johanning, Mythos Rhein. Kulturgeschichte eines Stromes. Darmstadt 2003, S. 108–122; Pulzer, Der deutsche Michel in John Bulls Spiegel, S. 4.

24 Vgl. Thomas Hodgskin, Travels in the North of Germany. Edinburgh 1820. Bd. 1, S. vii-xvi; Henry Mayhew, German Life and Manners as seen in Saxony at the Present Day. Bd. II. London 1864, S. 589 f.; The Letters of George Eliot. Selected with an Introduction by R. Brimley Johnson. London 1926, S. 81–92 und 96 f. (»From Journal«: Weimar, August-Oktober 1854, und Dresden Juli 1858); Robbins, Present and Past, S. 17–21; Kennedy, Idealists and Realists, S. 140.

25 Green, Dear Germany, S. 8.

26 Vgl. Koch-Hillebrecht, Die Deutschen sind schrecklich, S. 65–72.

27 Lemberg, Das Deutsche Reich im polnischen Urteil, S. 71.

28 Jerzy Kałążny, Hambach. Die Gemeinschaft der Freunde, in: Hahn / Traba (Hg.), Deutsch-Polnische Erinnerungsorte. Bd. 2. Paderborn 2014, S. 111–121.

29 Broszat, 200 Jahre deutsche Polenpolitik, S. 81–85; Volkmann, Die Polenpolitik des Kaiserreichs, S. 25 f.

30 Vgl. Churgov, Nationales Interesse und Deutschlands Rolle; Schulze-Wessel, Rußlands Blick auf Preußen.

31 Maxim Korzow, Wenn die Russen an die Deutschen denken, in: Trautmann (Hg.), Die häßlichen Deutschen, S. 119–125; Günter Trautmann, Deutsche und Deutschland aus (sowjet-)russischer Sicht, in: ebda., S. 126–144, hier S. 130 f.; Kopolew, Lehrmeister und Rivalen; ders., Deutsch-russische Wahlverwandtschaft.

32 Vgl. von Rauch, Eindrücke russischer Reisender, S. 62–64; vgl. auch Swetlana Obolenskaja, Belächelt und bewundert. Deutsch-

land und die Deutschen in den Augen der Russen im 19. Jahrhundert, in: Unsere Russen. Unsere Deutschen. Bilder vom Anderen 1800–2000. Hg. vom deutsch-russischen Museum Berlin-Karlshorst e. V. Berlin 2007, S. 46–63.

33 Vgl. Lugvinov, Russische Deutschlandbilder.

34 Von Rauch, Eindrücke russischer Reisender, S. 66; vgl. auch Kopolew, Deutsch-russische Wahlverwandtschaft, S. 41 f.

35 Dirk Kemper / Galina Woronenkowa, Russland, in: Stierstorfer (Hg.), Deutschlandbilder im Spiegel anderer Nationen, S. 301–328, bes. S. 309 und 315; Lugvinov, Russische Deutschlandbilder, S. 166–169.

36 Benjamin Disraeli, Rede vor dem Unterhaus, 9. Februar 1871, Hansard's Parliamentary Debates, Series III, Bd. CCIV, S. 81 f.

37 Martin Kirsch, Monarch und Parlament im 19. Jahrhundert. Der monarchische Konstitutionalismus als europäischer Verfassungstyp – Frankreich im Vergleich. Göttingen 1999, S. 299–373.

38 Nipperdey, Deutsche Geschichte 1866–1918 II, S. 202–250, bes. S. 202–216, der Begriff der Militärmonarchie S. 215.

39 Das Deutsche Reich umfasste 1871 540 858 Quadratkilometer, Österreich-Ungarn 676 615, Russland 24 484 624, Frankreich 542 400, das Vereinigte Königreich 243 610, ohne koloniale Besitzungen mit unterschiedlichem rechtlichen Status.

40 Vgl. Wolfram Fischer, Wirtschaft und Gesellschaft Europas 1850–1914, in: ders. (Hg.), Handbuch der europäischen Wirtschafts- und Sozialgeschichte. Bd. 5: Europäische Wirtschafts- und Sozialgeschichte von der Mitte des 19. Jahrhunderts bis zum Ersten Weltkrieg. Stuttgart 1985, S. 1–207, hier S. 14.

41 Dehio, Deutschland und die Epoche der Weltkriege, S. 15.

42 Zur Strukturanalyse des europäischen Staatensystems von 1871 vgl. auch Hildebrand, Das vergangene Reich, S. 13–26; Kissinger, Die Vernunft der Nationen, S. 144–152; Simms, Struggle for Supremacy, S. 243–248.

43 Vgl. Hildebrand, Das vergangene Reich, S. 28–33, Johannes Janorschke, Bismarck, Europa und die »Krieg-in-Sicht«-Krise von 1875. Paderborn 2010.

44 Vgl. Helmuth von Moltke (der Ältere), Denkschrift vom 27. Januar 1871: Aufmarsch gegen Frankreich und Russland, in: Stig Förster (Hg.), Moltke. Vom Kabinettskrieg zum Volkskrieg. Eine Werkauswahl. Bonn 1992, S. 598–609, hier S. 603.

45 Vgl. Calleo, The German Problem Reconsidered, S. 5.

46 Diktat des Reichskanzlers Fürsten von Bismarck, z. Z. in Kissingen. Niederschrift des Legationssekretärs Grafen Herbert von Bismarck, 15. Juni 1877, in: Die Große Politik der Europäischen Kabinette 1871–1914. Sammlung der diplomatischen Akten des Auswärtigen Amtes. Bd. 2. Der Berliner Kongreß, seine Voraussetzungen und Nachwirkungen. Berlin 1927, S. 153 f., hier S. 154.

47 James Young Simpson, The Saburov Memoirs or Bismarck and Russia. Being fresh Light on the League of the Three Emperors 1881. Cambridge 1929, S. 111 (unter dem Datum des 20. Januar 1880).

48 Eugen Wolf, Vom Fürsten Bismarck und seinem Haus. Tagebuchblätter. Berlin 1904, S. 16.

49 Lothar Gall, Bismarck. Der weiße Revolutionär. Berlin 1980, S. 642.

50 Staatssekretär Graf Herbert von Bismarck. Aus seiner politischen Privatkorrespondenz. Hg. von Walter Bußmann. Göttingen 1964, S. 457 f.

51 Aufzeichnung des Unterstaatssekretärs des Äußeren Maximilian Graf von Berchem, 25. März 1890, in: Institut für Auswärtige Politik in Hamburg (Hg.), Die Auswärtige Politik des Deutschen Reiches 1871–1914. Bd. I. 2. Hälfte. Berlin 1928, S. 461–465, hier S. 463 f.

52 Rede Bernhard von Bülows vor dem Deutschen Reichstag, 6. Dezember 1897, Fürst Bülows Reden nebst urkundlichen Beiträgen zu seiner Politik. Bd. 1. Berlin 1907, S. 6 f.

53 Vgl. Münkler, Macht in der Mitte, S. 130 f.

54 Alfred von Tirpitz in einem Brief an den früheren Chef der Admiralität Albrecht von Stosch am 13. Februar 1896, in: Alfred von Tirpitz, Erinnerungen. Leipzig 1920, S. 55.

55 Vgl. Klaus Hildebrand, Deutsche Außenpolitik 1871–1918. (Enzyklopädie deutscher Geschichte. Bd. 2.) München 1989, S. 36–41.

56 Vgl. Gruner, L'Image de L'Autre, S. 51–53.

57 Wilhelm I., Thronrede zur Eröffnung des Reichstags, 21. März 1871,

in: Stenographische Berichte über die Verhandlungen des Deutschen Reichstags. I. Legislaturperiode. I. Session. 1871. Bd. 1, S. 2.

58 Wilhelm II., Thronrede zur Eröffnung des Reichstags, 25. Juli 1888, in: Obst (Hg.), Die politischen Reden Kaiser Wilhelms II., S. 11.

59 Grunewald, Frankreich aus der Sicht der Preussischen Jahrbücher, S. 208.

60 Wilhelm II., Festansprache zum 25. Jahrestag der Begründung des Deutschen Reiches, 18. Januar 1896, in: Obst (Hg.), Die politischen Reden Kaiser Wilhelms II., S. 145.

61 Vgl. dazu Neitzel, Weltmacht oder Untergang, S. 394–400.

62 Heinrich von Treitschke, Politik. Vorlesungen. Gehalten an der Universität zu Berlin. Bd. 1. Hg. von Max Cornelius. 5. Aufl. Leipzig 1922, S. 42.

63 Eyre Crowe, Memorandum on the Present State of British Relations with France and Germany, 1. Januar 1907, BDOW III, S. 402–406; vgl. dazu Neitzel, Weltmacht oder Untergang, S. 266; Calleo, The German Problem Reconsidered, S. 5.

64 Fürst Bülows Reden nebst urkundlichen Beiträgen zu seiner Politik. Bd. 1. Berlin 1907, S. 6 f.

65 Benz, Nationalstolz, S. 22

66 Vgl. dazu Kap. I.2.

67 Gödde-Baumanns, Frankreichbilder deutscher Historiker, S. 26; Elisabeth Fehrenbach, Die Reichsgründung in der deutschen Geschichtsschreibung, in: Reichsgründung 1870/71. Tatsachen, Kontroversen, Interpretationen. Hg. v. Theodor Schieder. Stuttgart 1970, S. 259–290, hier S. 263.

68 Grunewald, Frankreich aus der Sicht der Preussischen Jahrbücher, S. 196 f.; Mommsen, Die »deutsche Idee der Freiheit«, S. 43.

69 Wehler, Deutsche Gesellschaftsgeschichte 3, S. 463.

70 Mommsen, Die »deutsche Idee der Freiheit«, S. 44 und 55.

71 Wehler, Deutsche Gesellschaftsgeschichte 3, S. 883. Vgl. auch Ute Frevert (Hg.), Militär und Gesellschaft im 19. und 20. Jahrhundert. Stuttgart 1997; Wolfram Wette (Hg.), Schule der Gewalt. Militarismus in Deutschland 1871–1945. Berlin 2005.

72 Vgl. Doerry, Übergangsmenschen, S. 170 f.

73 Knox, Erster Weltkrieg und military culture, S. 292–294, das Zitat des Großen Generalstabs: Kriegsbrauch im Landkriege. Berlin 1902, S. 3.

74 Helga Abret:»Antifranzösische Zeichnungen machen wir nicht ...« Der Simplicissimus und Frankreich 1896–1914, in: Abret / Grunewald (Hg.), Visions allemandes de la France, S. 233–262, hier S. 257–259; Gödde-Baumanns: Frankreichbilder deutscher Historiker, S. 30.

75 Dieter Groh / Peter Brandt, »Vaterlandslose Gesellen«. Sozialdemokratie und Nation 1860–1990. München 1992, S. 8 f.

76 Stargardt, German idea of militarism, S. 55; Wolfgang Kruse, Krieg und nationale Integration. Eine Neuinterpretation des sozialdemokratischen Burgfriedensschlusses 1914/15. Essen 1994, S. 22 und 25.

77 Stenographische Berichte über die Verhandlungen des Reichstags. XII. Legislaturperiode. I. Session. Bd. 227, Sitzung vom 25. April 1907, S. 1098.

78 Vgl. Sozialdemokratische Partei Deutschlands, Protokoll über die Verhandlungen des Parteitags (...) zu Essen vom 15. bis 21. September 1907. Berlin 1907, S. 229–263.

79 Vgl. Stargardt, German idea of militarism, S. 57–59.

80 Stenographische Berichte über die Verhandlungen des Reichstags. IX. Legislaturperiode. IV. Session. 1895/97. Bd. 1, Sitzung vom 30. Januar 1896, S. 638.

81 Wilhelm II., 27. Juli 1900: Verabschiedung von nach China eingeschifften Truppen in Bremerhaven (»Hunnenrede«), zit. nach Sösemann, Die sog. Hunnenrede Wilhelms II., S. 350.

82 Vgl. zum Beispiel Wilhelm II., Rede anlässlich eines Besuches in Gnesen, 8. August 1905, in: Obst (Hg.), Die politischen Reden Kaiser Wilhelms II., S. 269 f.; vgl. dazu Paul Rohrbach, Der deutsche Gedanke in der Welt (1912), nach Rash, German Images of the self and the other, S. 142–144, dort auch S. 203 f.; Sebastian Conrad, Globalisierung und Nation im Deutschen Kaiserreich. München 2006, S. 279–315.

83 Wilhelm II., Rede anlässlich eines Festmahls für die Provinz West-
falen, 31. August 1907, in: Obst (Hg.), Die politischen Reden Kaiser
Wilhelms II., S. 287, nach einem Zitat aus Emanuel Geibels Ge-
dicht »Deutschlands Beruf« von 1861 (dort: »Und es mag am deutschen Wesen / Einmal noch die Welt genesen«).

84 Die folgenden Ausführungen stützen sich auf die Masterarbeit von
Nico Heilemann, Die deutsche Wahrnehmung Chinas im Kaiserreich. Mainz 2017; vgl. Liu Jing, Wahrnehmung des Fremden:
China in deutschen und Deutschland in chinesischen Reiseberichten. Vom Opiumkrieg bis zum Ersten Weltkrieg. Diss. Freiburg
2001; Fang, Chinabild in der deutschen Literatur, S. 90–96, 107–111
und 123.

85 So der Geograph und Forschungsreisende Ferdinand von Richt-
hofen, China. Ergebnisse eigener Reisen und darauf gegründeter
Studien. Bd. 2. Das nördliche China. Berlin 1882, S. 694.

86 Fang, Chinabild in der deutschen Literatur, S. 158.

87 Michael Georg Conrad, In purpurner Finsterniss. Berlin 1895,
S. 251.

88 Vgl. Ute Mehnert, Deutschland, Amerika und die »Gelbe Gefahr«.
Zur Karriere eines Schlagwortes in der Großen Politik 1905–1917.
Stuttgart 1995; Helwig Schmidt-Glintzer, Die gelbe Gefahr, in:
Zeitschrift für Ideengeschichte 8 (2014), S. 43–58.

89 Vgl. Hans Voges, Das Völkerkundemuseum, in: François / Schulze
(Hg.), Deutsche Erinnerungsorte 1, S. 305–321, bes. S. 308–311
und 318–321; Anne Dreesbach, Gezähmte Wilde. Die Zurschau-
stellung »exotischer« Menschen in Deutschland 1870–1940.
Frankfurt am Main 2005.

90 Joseph Arthur Comte de Gobineaus Essai sur l'inégalité des races
humaines wurde zwischen 1853 und 1855 verfasst und erschien
1899–1901 in deutscher Übersetzung; 1894 wurde die Gobineau-
Gesellschaft gegründet.

91 Vgl. Rash, German Images of the self and the other, S. 81–115;
Winkler, Der lange Weg nach Westen 1, S. 227–236.

92 Vgl. Chickering, We Men who feel most German; Uwe Puschner /
Walter Schmitz / Justus H. Ulbricht (Hg.), Handbuch zur »Völki-

schen Bewegung« 1871–1918. München 1999; Stefan Breuer, Die Völkischen in Deutschland. Kaiserreich und Weimarer Republik. Darmstadt 2008.

93 Daniel, Einkreisung und Kaiserdämmerung, S. 302.

94 Wilhelm II., 27. Juli 1900: Verabschiedung von nach China einge-schifften Truppen in Bremerhaven, nach: Sösemann, Die sog. Hun-nenrede Wilhelms II., S. 350.

95 Vgl. dazu Kap. III.4.

96 Christoph Nübel, Bedingt kriegsbereit. Kriegserwartungen in Europa vor 1914, in: APuZ 12/2013, S. 22–27. Vgl. auch Jörn Leon-hard, Bellizismus und Nation. Kriegsdeutung und Nationsbestim-mung in Europa und den Vereinigten Staaten 1750–1914. München 2008, S. 813–818.

97 Levsen, Elite, Männlichkeit und Krieg, S. 133 f., 150, 159 f., 162, 165, 165 f., 168.

98 Berger, Britischer und deutscher Nationalismus im Vergleich, S. 104 und 112.

99 Vgl. Lindner, Koloniale Begegnungen, bes. S. 16, 34 f., 298 f., 308–313. Zum Unterschied im Hinblick auf Migrationskontrollen, die deutscherseits gegenüber Polen und Juden stärker ethnisch-national motiviert waren und der ethnischen Homogenisierung dienten, während sie auf britischer Seite auf die Verhinderung von Armut und Krankheit zielten, vgl. Christine Reinecke, Grenzen der Freizügigkeit. Migrationskontrolle in Großbritannien und Deutschland 1880–1930. München 2010, S. 85–87, 131 und 193 f.; vgl. auch Christian Jansen, Der Bürger als Soldat. Die Militarisie-rung europäischer Gesellschaften im langen 19. Jahrhundert. Ein internationaler Vergleich. Essen 2004.

100 Vgl. Elisabeth A. Drummond, »Einen kräftigen Damm gegen die polnische Hochflut zu errichten« – Kultur und Natur im deut-schen Ostmarkendiskurs 1886–1914, in: Wolfgang Bialas (Hg.), Die nationale Identität der Deutschen. Philosophische Imaginationen und historische Mentalitäten. Frankfurt am Main 2002, S. 99–113; Patrick Bormann, Furcht und Angst als Faktoren deutscher Welt-politik 1897–1914, in: Borman / Freiberger / Michel (Hg.), Angst in

den Internationalen Beziehungen, S. 75–79 und 84 f.; Volkmann, Polenpolitik des Kaiserreichs, S. 195–236.

101 Heinrich von Treitschke, Politik. Vorlesungen. Gehalten an der Universität zu Berlin. Bd. 1. Hg. von Max Cornelius. 5. Aufl. Leipzig 1922, S. 43.

102 Peter Jahn, Befreier und halbasiatische Horden. Deutsche Russenbilder zwischen Russischen Kriegen und Erstem Weltkrieg, in: Unsere Russen. Unsere Deutschen. Bilder vom Anderen 1800–2000. Hg. vom deutsch-russischen Museum Berlin-Karlshorst e. V. Berlin 2007, S. 14–29, hier S. 18.

103 Jahr, »Das Krämervolk der eitlen Briten«, S. 116.

104 Gödde-Baumanns, Frankreichbilder deutscher Historiker, S. 26; Grunewald, Frankreich aus der Sicht der Preussischen Jahrbücher, S. 198–200.

105 Friedrich von Bernhardi, Deutschland und der nächste Krieg. 2. und 3. Aufl. Stuttgart/Berlin 1912, S. 114.

106 Erste »Balkonrede« Wilhelms II. zum Kriegsbeginn, 31. Juli 1914, in: Obst (Hg.), Die politischen Reden Kaiser Wilhelms II., S. 362.

107 Vgl. dazu Klaus Hildebrand, No Intervention. Die Pax Britannica und Preußen 1865/66–1869/70. München 1997.

108 Kennedy, Idealists and Realists, S. 142.

109 Lady Emily Russell an Queen Victoria, 27. Dezember 1880, Letters of Queen Victoria. A selection from Her Majesty's correspondence between the years 1837 and 1901. Second Series, Vol. III. London 1928, S. 169 f.

110 Letters of the Empress Frederick, hg. von Frederick Ponsonby. London 1928, S. 220, 247, 272 und 332.

111 Vgl. J. E. E. Acton, Luther, in: ders., Lectures on Modern History, hg. von John Neville Figgis / Reginald Vere Lawrence. London 1906, S. 90–107.

112 Kennedy, Idealists and Realists, S. 144; Andrew James Anthony Morris, Radicalism against War, 1898–1914. London 1972, S. 218 f., das Zitat S. 219. Vgl. auch Hoeres, Krieg der Philosophen, S. 89–98.

113 Kennedy, Idealists and Realists, S. 147; Neitzel, Weltmacht oder Untergang, S. 233–239.

114 Vgl. Kennedy, Idealists and Realists, S. 147 f.; Gruner, L'image de L'Autre, S. 52 f.; Robbins, Present and Past, S. 17–21 und 25–27.

115 Pulzer, Der deutsche Michel in John Bulls Spiegel, S. 14; Geppert / Rose, Machtpolitik und Flottenbau vor 1914, S. 429 f.

116 Keith Robbins, Sir Edward Grey. London 1971, S. 131 (»Germany is our worst enemy & our greatest danger«); vgl. auch William Mulligan, From case to narrative: The Marquess of Landsdowne, Sir Edward Grey and the threat from Germany, 1900–1906, in: *International History Review* 30 (2008), S. 273–302, hier S. 292.

117 Eyre Crowe, Memorandum on the Present State of British Relations with France and Germany, 1. Januar 1907, BDOW III, S. 402–406, deutsche Übersetzung nach: Die britischen amtlichen Dokumente über den Ursprung des Weltkrieges 1898–1914. Vom britischen Auswärtigen Amt autorisierte deutsche Ausgabe. Bd. III. Berlin 1929, S. 660 f.

118 Vgl. BDOW III, Appendix B, S. 420–433, sowie Appendix C, S. 433–438: Extract from General Report on Germany for 1906, 24. Mai 1907.

119 Vgl. Ramsden, Don't mention the War, S. 50 und 58; Kennedy, Idealists and Realists, S. 143; Gruner, L'Image de L'Autre, S. 54; Geppert, Pressekriege; Geppert / Rose, Machtpolitik und Flottenbau vor 1914, S. 431–434; Daniel, Einkreisung und Kaiserdämmerung, S. 284–290 und 295.

120 Geppert / Rose, Machtpolitik und Flottenbau vor 1914, S. 405–417, das Zitat nach: Maurice V. Brett / Viscount Esher (Hg.), Journals and Letters of Reginald Viscount Esher. Bd. 2. London 1938, S. 251.

121 Flaubert, Dictionnaire des idées reçues, S. 5.

122 Bariéty, Das Deutsche Reich im französischen Urteil, S. 204 (dort das Zitat), 209 und 219.

123 Zit. nach Gruner, L'image de L'Autre, S. 50 f.

124 Bariéty, Das Deutsche Reich im französischen Urteil, S. 208.

125 Vgl. Gruner, L'Image de L'Autre, S. 51.

126 Elme-Marie Caro, La Morale de la Guerre. Kant et M. de Bismarck, in: *Revue des Deux Mondes* 90 (1870), S. 579–594; Helmut Ber-

schin, Deutschland im Spiegel der französischen Literatur. München 1992, S. 22.

127 Paul Valéry, Une conquête methodique. Paris 1925 (dt.: Eine methodische Eroberung. Zürich 1946), hier S. 17, 19, 22, 29, 32 f., 37.

128 Bendick, Wirkung und Verarbeitung nationaler Kriegskulturen, S. 404 f.

129 Jules Cambon, französischer Botschafter in Berlin, an Herrn Stéphen Pichon, Minister des Äußern, Berlin, 6. Mai 1913, in: Alfred von Wegener (Hg.), Das Französische Gelbbuch von 1914. Berichtigter und durch die nachträglich bekannt gewordenen Dokumente ergänzter Wortlaut der ersten amtlichen Veröffentlichung der Französischen Regierung über den Kriegsausbruch. Berlin 1926, S. 13–15.

130 Vgl. Jacques Bertillon, La dépopulation de la France. Ses conséquences, ses causes, mesures à prendre pur la combattre. Paris 1911, bes. S. 11.

131 Wolfgang Altgeld, Das Deutsche Reich im italienischen Urteil, in: Hildebrand (Hg.), Das Deutsche Reich im Urteil, S. 107–121, hier S. 109–113.

132 Weber, Timor Teutonorum, S. 59 f. und 64.

133 Andreas Lawaty, Das Ende Preußens in polnischer Sicht. Zur Kontinuität negativer Wirkungen der preußischen Geschichte auf die deutsch-polnischen Beziehungen. Berlin 1986, S. 16 (nach Tadeusz Łepkowski).

134 Zu diesen Wahrnehmungen vgl. Lemberg, Das Deutsche Reich im polnischen Urteil, S. 71–74.

135 Zit. nach Wajda, Die Deutschen im Spiegel der polnischen Publizistik, S. 134.

136 Henryk Sienkiewicz, Die Kreuzritter. Historischer Roman (1900). Übers. aus dem Polnischen von E. und R. Ettlinger. Erftstadt 2005, das folgende Zitat S. 187. Zur Schlacht bei Grunwald als Erinnerungsort vgl. Frithjof Benjamin Schenk, Tannenberg / Grunwald, in: François / Schulze (Hg.), Deutsche Erinnerungsorte 1, S. 438–454.

137 Szymon Rudnicki, Dmowskis Haltung zu den Deutschen und

Deutschland, in: Dieter Bingen / Peter Olivier / Kazimierz Woycicki (Hg.), Die Destruktion des Dialogs. Zur innenpolitischen Instrumentalisierung negativer Fremd- und Feindbilder. Polen, Tschechien, Deutschland und die Niederlande im Vergleich, 1900–2005. Wiesbaden 2007, S. 35–48, hier S. 38–43.

138 Roman Dmowski, La question polonaise, 1909, zit. nach Meyer, Deutschland und Polen, S. 72.

139 Niemcy, Rosja i kwestia polska (Deutschland, Russland und die polnische Frage), 1908; zit. nach Gehrke, Der polnische Westgedanke, S. 263.

140 Hans Lemberg, »Der Drang nach Osten«. Mythos und Realität, in: Andreas Lawaty / Hubert Orlowsky (Hg.), Deutsche und Polen. Geschichte – Kultur – Politik. 2. Aufl. München 2006, S. 37 (auch das folgende Zitat).

141 Lemberg, Das Deutsche Reich im polnischen Urteil, S. 73 f.

142 Maria Konopnicka, Rota (um 1908), zit. nach Meyer, Deutschland und Polen, S. 72.

143 Piotr Przybyla, 1410, »Gedächtnisfrisch«. Deutsche und polnische Tannenberg-/Grunwald-Imaginationen zwischen Geschichte und Gedächtnis (1789–1914), in: Narrative des Nationalen. Deutsche und polnische Nationsdiskurse im 19. und 20. Jahrhundert. Hg. von Izabela Surynt und Marek Zybura. Osnabrück 2010, S. 159–180, hier 177.

144 Przybyla, 1410, S. 174.

145 Lemberg, Das Deutsche Reich im polnischen Urteil, S. 74.

146 Alexander I. Herzen, Mein Leben. Memoiren und Reflexionen, Bd. 2: 1852–1868. Berlin 1962, S. 40–42 und 190–223; vgl. auch Altrichter, Das Deutsche Reich aus russischer und sowjetischer Sicht, S. 182; Stökl, Die historischen Grundlagen des russischen Deutschlandbildes, S. 21.

147 Obolenskaja, Der Deutsch-Französische Krieg und die russische Öffentlichkeit, S. 102, 113, 115–117, 120, 123 und 127.

148 Altrichter, Das Deutsche Reich aus russischer und sowjetischer Sicht, S. 184, vgl. auch von Rauch, Eindrücke russischer Reisender, S. 68 f.

149 Vgl. Altrichter, Das Deutsche Reich aus russischer und sowjetischer Sicht, S. 184–187 und 191.

150 Busch, Wachsende Aggressivität gegen das Wilhelminische Reich, S. 254–257; Altrichter, Das Deutsche Reich aus russischer und sowjetischer Sicht, S. 193 f.

151 Uwe Liszkowski, Zur Aktualisierung der Stereotype »Die deutsche Gefahr« im russischen Neoslavismus, in: ders. (Hg.), Rußland und Deutschland. Stuttgart 1974, S. 278–294, hier S. 281 und 294; Obolenskaja, Der Deutsch-Französische Krieg und die russische Öffentlichkeit, S. 108 und 110 f.

152 Busch, Wachsende Aggressivität gegen das Wilhelminische Reich, S. 246; Hartmut König, Die Verschlechterung der deutsch-russischen Beziehungen 1871–1890 in der sowjetischen Geschichtsschreibung, in: Uwe Liszkowski (Hg.), Rußland und Deutschland. Stuttgart 1974, S. 239–256, hier S. 279–282 und 284.

153 Pabst, Der übermächtige Nachbar, S. 29 f. und 33; Vortrag von Jacco Pekelder an der Universität Mainz am 25. April 2018.

154 Pabst, Der übermächtige Nachbar, S. 34 f. und 37 f.

155 Hoesch, Südosteuropäische Urteile über das Deutsche Reich, S. 125, 128 f. und 131. Vgl. allg. auch Korinna Schönhärl, Finanziers in Sehnsuchtsräumen. Europäische Banken und Griechenland im 19. Jahrhundert. Göttingen 2017.

156 Cox, Social Forces, States and World Orders, S. 136 f. und 139; ders., Gramsci, Hegemony and International Relations, S. 171.

157 Vgl. dazu das Kapitel »Making-of« (Kollektive Wahrnehmungen, Stereotype und Sozialpsychologie).

158 Vgl. dazu und zu den anderen hier genannten sozialpsychologischen Mechanismen ebda.

159 So der Chef des Großen Generalstabes, Helmuth von Moltke (der Jüngere), in der Besprechung Kaiser Wilhelms II. mit militärischen Führungsspitzen in Berlin am 8. Dezember 1912, zit. nach Walter Görlitz (Hg.), Der Kaiser … Aufzeichnungen des Chefs des Marinekabinetts Admiral Georg Alexander von Müller über die Ära Wilhelms II. Göttingen 1965, S. 125; vgl. auch Mommsen, The Topos of Inevitable War.

160 Unterredung Admirals v. Capelle mit Herrn v. Gwinner am 22. August 1914, in: Alfred von Tirpitz, Deutsche Ohnmachtspolitik im Weltkriege. Hamburg 1916, S. 67.

II Hunnen und Henker (1914–1945)

1 Hans-Ulrich Wehler, Beginn einer neuen Epoche der Weltkriegsgeschichte, FAZ vom 6. Mai 2014, S. 10, Andreas Wirsching, Schlafwandler und Selbstmitleid, Süddeutsche.de (27. Juli 2014). URL: *http://www.sueddeutsche.de/politik/ausbruch-des-ersten-weltkrieges-schlafwandler-und-selbstmitleid-1.2047555* (Aufruf am 13. März 2018)

2 Clark, Schlafwandler, S. 523–529, bes. 527 f., und 603–623, bes. S. 619.

3 Vgl. Stephen Schröder, Die englisch-russische Marinekonvention. Das Deutsche Reich und die Flottenverhandlungen der Tripelentente am Vorabend des Ersten Weltkriegs. Göttingen 2006.

4 Clark, Schlafwandler, S. 464–467 und 617 (dort das Zitat).

5 Vgl. Andreas Hillgruber, Riezlers Theorie des kalkulierten Risikos und Bethmann-Hollwegs politische Konzeption in der Julikrise, in: HZ 202 (1966), S. 333–351; Hildebrand, Das vergangene Reich, S. 302–314.

6 Aufzeichnung des Staatssekretärs des Auswärtigen Amts, Gottlieb von Jagow, über ein Gespräch mit dem Chef des Generalstabs, Helmuth von Moltke, im Frühjahr 1914, Egmont Zechlin, Motive und Taktik der Reichsleitung 1914. Ein Nachtrag, in: *Der Monat* 209 (1966), S. 91–95, hier S. 92.

7 Schmidt, »Revanche pour Sedan«, S. 416.

8 Ebda., S. 396.

9 Clark, Schlafwandler, S. 563–577.

10 Schmidt, »Revanche pour Sedan«, S. 420.

11 Reichskanzler Bethmann Hollweg in der Sitzung des preußischen Staatsministeriums am 30. Juli 1914, in: Imanuel Geiss (Hg.): Julikrise und Kriegsausbruch. Eine Dokumentensammlung. Bd. 2. Hannover 1964, S. 371–375, hier S. 373.

12 Kurt Riezler, Tagebucheintrag vom 14. Juli 1914, in: Kurt Riezler, Tagebücher, Aufsätze, Dokumente. Eingel. und hg. von Karl Dietrich Erdmann. Neuausg. mit einer Einl. von Holger Afflerbach. Göttingen 2008, S. 185.

13 Keller, Schuldfragen, S. 43–99.

14 Leonhard, Büchse der Pandora, S. 170–174, bes. S. 172.

15 »The Huns«, Karikatur in *The Westminster Gazette*, 25. Mai 1915, S. 3; Schramm, Deutschlandbild in der britischen Presse 1912–1919, S. 382 f.; Robbins, Present and Past, S. 29 f.

16 Schramm, Deutschlandbild in der britischen Presse 1912–1919, S. 390–392; vgl. auch Gruner, L'Image de L'Autre, S. 54. Vgl. allgemein auch Ramsden, Don't mention the War, S. 91–133, und Hoeres, Krieg der Philosophen, S. 103–105.

17 Tatjana Filippowa, Von der Witzfigur zum Unmenschen – Die Deutschen und die Kriegsausgaben von »Nowyj Satirikon« und »Krokodil«, in: Dagmar Herzog (Hg.), Traum und Trauma. Russen und Deutsche im 20. Jahrhundert, München 2003, S. 122, 124 und 126 f.

18 Gautier, Deutschenangst – Deutschenhass, S. 15.

19 André Suarès, Nos et Eux. Paris 1915. Deutsche Übersetzung nach Wolfgang Leiner, Das Deutschlandbild in der französischen Literatur. Darmstadt 1989, S. 185.

20 Jacques Rivière, Der Deutsche. Erinnerungen und Betrachtungen eines Kriegsgefangenen. Dt. Düsseldorf 2014, S. 29 (zuerst franz. 1918 unter dem Titel L'Allemand).

21 Henri Bergson, Rede in der Académie de Sciences Morales, 8. August 1914. Zit. nach: Romain Rolland, Das Gewissen Europas. Tagebuch der Kriegsjahre 1914–1919. Aufzeichnungen und Dokumente zur Moralgeschichte Europas in jener Zeit. Bd. 1. Juli 1914 bis November 1915. Berlin 1963, S. 47.

22 Aufruf »An die Kulturwelt« von 93 deutschen Gelehrten und Künstlern, 4. Oktober 1914, in: von Ungern-Sternberg / von Ungern-Sternberg, Der Aufruf »An die Kulturwelt!« S. 144–147, hier S. 144; vgl. auch Peter Hoeres, Publizistische Mobilmachung. Britische Intellektuelle für den Krieg 1914, in: Themenportal Europäische

Geschichte, 2008, *www.europa.clio-online.de/essay/id/artikel-3466* (zuletzt abgerufen am 8. April 2018).

23 Der Klassiker dazu ist Norbert Elias, Wandlungen des Verhaltens in den westlichen Oberschichten des Abendlandes (= Über den Prozeß der Zivilisation, Bd. 1). 4. Aufl. Frankfurt am Main 1977 (zuerst 1939). Elias verortete die Entstehung des Gegensatzes von Kultur und Zivilisation im 18. Jahrhundert (»Tiefe« vs. »Oberfläch-lichkeit«, »Aufrichtigkeit« vs. »Falschheit«, äußere Höflichkeit vs. wahre Tugend), wurde aber durch die Begriffsgeschichte relativiert, die die Trennung der Begriffe Kultur und Zivilisation erst um 1880 und zunächst ohne nationale Zuschreibung lokalisiert; v. a. in der Philosophie galt »Zivilisation« als äußerlich und wirtschaftlich ge-genüber Kunst als Ausdruck von Humanität und Innerlichkeit, vgl. Barbara Beßlich, Wege in den »Kulturkrieg«. Zivilisationskritik in Deutschland 1890–1914. Darmstadt 2000, S. 26; Jörg Fisch, Zivilisa-tion, Kultur, in: Geschichtliche Grundbegriffe. Bd. 7. Stuttgart 1997, S. 679–774, hier S. 749 und 751 f.; Michael Pflaum, Die Kultur-Zivi-lisations-Antithese im Deutschen, in: Sprachwissenschaftliches Colloquium Bonn (Hg.), Europäische Schlüsselwörter. Bd. 3: Kul-tur und Zivilisation. München 1967, S. 313–320 und 327.

24 Jürgen von Ungern-Sternberg, Wie gibt man dem Sinnlosen einen Sinn? Zum Gebrauch der Begriffe ›deutsche Kultur‹ und ›Milita-rismus‹ im Herbst 1914, in: Wolfgang J. Mommsen (Hg.), Kultur und Krieg. Die Rolle der Intellektuellen, Künstler und Schriftstel-ler im Ersten Weltkrieg. München 1996, S. 77–96.

25 Borchmeyer, Was ist deutsch? S. 860.

26 Thomas Mann, Betrachtungen eines Unpolitischen. Berlin 1919, S. XXXIII f., 372–430 (»Von der Tugend«), 431–499 (»Einiges über Menschlichkeit«) und 500–552 (»Vom Glauben«). Vgl. auch diffe-renzierend Borchmeyer, Was ist deutsch? S. 845–871.

27 Werner Sombart, Händler und Helden. Patriotische Besinnun-gen. München 1915, S. 4–6; vgl. Friedrich Lenger, Werner Som-bart. 1863–1941. Eine Biographie. München 1994, S. 245–252.

28 Michael Geyer, Militarismus, in: Geschichtliche Grundbegriffe. Bd. 4, Stuttgart 1978, S. 1–46, hier S. 39–44.

29 Aufruf »An die Kulturwelt« von 93 deutschen Gelehrten und Künstlern, 4. Oktober 1914, in: von Ungern-Sternberg / von Ungern-Sternberg, Der Aufruf »An die Kulturwelt!«, S. 144–147, hier S. 145.

30 Erklärung der Hochschullehrer des Deutschen Reiches, 16. Oktober 1914, Berlin 1914, S. 1.

31 Zit. nach Fischer, Griff nach der Weltmacht, S. 93 f.

32 Vgl. die Rede des SPD-Vorsitzenden Hugo Haase vor dem Reichstag, in: Stenographische Berichte über die Verhandlungen des Reichstags. XIII. Legislaturperiode. II. Session. Bd. 306, Sitzung vom 4. August 1914, S. 9, Sp. 1; Susanne Miller, Burgfrieden und Klassenkampf. Die deutsche Sozialdemokratie im I. Weltkrieg. Düsseldorf 1974, S. 181–183 und 204.

33 Vgl. Bründel, Volksgemeinschaft oder Volksstaat, S. 73.

34 Vgl. zum Folgenden Hildebrand, Das Vergangene Reich, S. 383–411; Kissinger, Vernunft der Nationen, S. 234–263; MacMillan, Friedensmacher, S. 217–280; Raphael, Imperiale Gewalt und mobilisierte Nation, S. 65–77; Simms, Struggle for Supremacy, S. 318–326; zum allgemeinen europäischen Kontext Ian Kershaw, Höllensturz. Europa 1914 bis 1949. München 2016 (zuerst engl. 2015), S. 139–214.

35 Vgl. Benjamin Conrad, Umkämpfte Grenzen, umkämpfte Bevölkerung. Die Entstehung der Staatsgrenzen der Zweiten Polnischen Republik 1918–1923. Stuttgart 2014 (S. 164–180 zu den manipulierten Ergebnissen der Volksabstimmungen in Oberschlesien).

36 Vgl. Robert Gerwarth / John Horne, Paramilitarismus in Europa nach dem Ersten Weltkrieg. Eine Einleitung, in: dies. (Hg.), Krieg im Frieden. Paramilitärische Gewalt in Europa nach dem Ersten Weltkrieg. Aus dem Englischen übersetzt von Ulrike Bischoff. Göttingen 2013, S. 7–27, hier S. 7–14.

37 Zum Folgenden vgl. MacMillan, Friedensmacher, S. 217–280.

38 Vgl. Statistisches Reichsamt (Hg.), Statistisches Jahrbuch für das Deutsche Reich 45 (1926), S. 411, und 50 (1931), S. 448.

39 Hillgruber, »Revisionismus«, S. 600.

40 Herfried Münkler, Ordnung ohne Hüter, FAZ vom 3. Juli 2017, S. 6.

41 Robert Vansittart, An Aspect in International Relations in 1930, 1. Mai 1930, DBFP IA. Bd. VII, S. 834–852, hier S. 850 (Zitat), 835.

42 Friedrich Ebert, An die heimkehrenden Truppen, 10. Dezember 1918, in: ders., Schriften, Aufzeichnungen, Reden. Mit unveröffentlichten Erinnerungen aus dem Nachlaß. Bd. 2. Hg. v. Friedrich Ebert junior. Dresden 1926, S. 127–130, hier S. 127.

43 Vgl. Barth, Dolchstoßlegenden und politische Desintegration; Gerd Krumeich, Die Dolchstoß-Legende, in: François / Schulze (Hg.), Deutsche Erinnerungsorte I., S. 585–599.

44 Bendick, Wirkung und Verarbeitung nationaler Kriegskulturen, S. 414.

45 Stéphane Audoin-Rouzeau, Die Delegation der »gueules cassées« in Versailles am 28. Juni 1919, in: Gerd Krumeich (Hg.), Versailles 1919. Ziele – Wirkung – Wahrnehmung, Essen 2001, S. 280–287.

46 So zum Beispiel Ernest Lavisse, Lettre à MM. les plénipotentiaires de l'Allemagne«, *Le Temps* vom 2./3. Mai 1919, S. 1. *http://gallica.bnf.fr/ark:/12148/bpt6k243632t/f1.item.r=crime.zoom* (Aufruf am 16. April 2018).

47 Heinrich Otto Meisner, Weihnachtsrundschau. III. Politik, in: *Preußische Jahrbücher* 234 (1933), S. 277–281, hier S. 278.

48 Vgl. Martin Süß, Rheinhessen unter französischer Besatzung. Vom Waffenstillstand im November 1918 bis zum Ende der Separatistenunruhen im Februar 1924. Stuttgart 1988, hier S. 164–172.

49 Sir Horace Rumbold an den Leiter des Central Department im Foreign Office, Sargent, 28. Februar 1930, DBFP IA. Bd. VII, S. 487. Zum Weimarer Revisionismus vgl. Salewski, Das Weimarer Revisionssyndrom; Hillgruber, »Revisionismus«, S. 620; Heinemann, Die verdrängte Niederlage, S. 13 f., 254 und 258.

50 Jacques Bariéty, Die französische Politik in der Ruhrkrise, in: Klaus Schwabe (Hg.), Die Ruhrkrise 1923. Wendepunkt der internationalen Beziehungen nach dem Ersten Weltkrieg. Paderborn 1984, S. 11–27; allgemein: ders., Les relations franco-allemandes après la première guerre mondiale. Paris 1977.

51 Hermann J. Rupieper, The Cuno Government and Reparations 1922–1923. Den Haag 1979, S. 24.

52 Vgl. z. B. Witteck, Auf ewig Feind? S. 272 f.

53 Stresemann an die deutsche Botschaft in London, 19. April 1926,

ADAP B. Bd. II,1, Dok. 150, S. 363–376 (das Zitat S. 363) sowie die Karte im Anhang zu diesem Band; Aufzeichnung des Ministerialdirigenten Dirksen vom 29. Dezember 1925 (dieser Karte zufolge die Einschätzung der Relation von zurückgeforderten und abgetretenen Gebieten), ebda., Dok. 21, S. 72 f.; Hillgruber, Revisionismus, S. 604 und 609; Jonathan Wright, Gustav Stresemann. Weimar's greatest Statesman. Oxford 2002, S. 324–329.

54 Vgl. z. B. Oberst von Stülpnagel an den Vortragenden Legationsrat von Bülow, 6. März 1926, ADAP B. Bd. I,1, Dok. 144, S. 343.

55 Gustav Stresemann, Brief an Kronprinz Wilhelm, 7. September 1925, in: Stresemann, Vermächtnis. Bd. II: Locarno und Genf. Berlin 1932, S. 553–555, hier S. 555.

56 Gustav Stresemann, Rede vor dem Zentralvorstand der DVP, 22. November 1925, in: Wolfgang Elz (Bearb.), Stresemann-Reden 1925, *http://www.geschichte.uni-mainz.de/neuestegeschichte/Dateien/ Text_1925.pdf*, S. 399.

57 Gustav Stresemann, Rede vor Studenten in Dresden, 31. Januar 1926, in: Wolfgang Elz (Bearb.), Stresemann-Reden 1926, *http:// www.geschichte.uni-mainz.de/neuestegeschichte/Dateien/Text_1926. pdf*, S. 25 (erstes Zitat); Rede auf dem Parteitag der DVP in Köln, 2. Oktober 1926, ebd., S. 319 (zweites Zitat).

58 Stresemann an die deutsche Botschaft in London, 19. April 1926, ADAP B. Bd. II,1, Dok. 150, S. 363, 369 (Zitat) und 374.

59 Niederschrift Stresemanns vom 20. September aufgrund von »Notizen, die am 17. September, in unmittelbarem Anschluss an die Besprechung, gemacht worden sind«. Gustav Stresemann, Was in Thoiry besprochen wurde, 20. September 1926, in: Stresemann, Vermächtnis. Bd. III. Von Thoiry bis zum Ausklang. Berlin 1933, S. 15–24, hier S. 16. Zum Gespräch von Thoiry vgl. vor allem Christian Baechler, Gustave Stresemann (1878–1929). De l'imperialisme à la sécurité collective. Straßburg 1996, S. 687–695.

60 Georges Suarez, Briand. Sa vie, son œuvre avec son journal et des nombreux documents inédits. Bd. VI: L'artisan de la paix, Paris 1952, S. 228.

61 Leopold von Hoesch an den Staatssekretär im Auswärtigen Amt,

von Schubert, 5. November 1926, ADAP B. Bd. I,2, Dok. 182, S. 426–433, hier S. 431.

62 Erich Eyck, Geschichte der Weimarer Republik. Bd. 2, Erlenbach-Zürich/Stuttgart 1956, S. 100.

63 Gustav Stresemann, Rede vor dem Zentralvorstand der DVP, 22. November 1925, in: Wolfgang Elz (Bearb.), Stresemann-Reden 1925, *http://www.geschichte.uni-mainz.de/neuestegeschichte/Dateien/ Text_1925.pdf*, S. 423.

64 Walter Dauch an Julius Curtius, 23. Oktober 1930, ADAP B. Bd. XVI, Dok. 18, S. 41.

65 Julius Curtius vor dem Reichstag, 10. Februar 1931, Verhandlungen des Reichstags. Stenographische Berichte, Bd. 444, S. 884A.

66 Vgl. dazu Andreas Rödder, Stresemanns Erbe. Julius Curtius und die deutsche Außenpolitik 1929–1931. Paderborn 1996, S. 104–113.

67 Julius Curtius, Der Young-Plan. Entstellung und Wahrheit. Stuttgart 1950, S. 77.

68 Leopold von Hoesch an das Auswärtige Amt, 25. Juli 1930, ADAP B. Bd. XV, Dok. 160, S. 385.

69 Vgl. Gerhard Hirschfeld, Gesellschaftsbilder – Feindbilder, in: ders. (Hg.), Kriegserfahrungen. Studien zur Sozial- und Mentalitätsgeschichte des Ersten Weltkriegs. Essen 1997, S. 336–340; Chickering, We Men who feel most German, S. 300.

70 Vgl. Levsen, Elite, Männlichkeit und Krieg, S. 285, 287 f., 307, 326–328 und 340–342.

71 Knox, Erster Weltkrieg und military culture.

72 Claus von Stauffenberg, Schwur, in: Peter Hoffmann, Claus Schenk Graf von Stauffenberg. Die Biographie. München 2007, S. 422.

73 Friedrich Hielscher, Innerlichkeit und Staatskunst, in: Arminius. Kampfschrift für deutsche Nationalisten 7/46 (26. Dezember 1926), S. 6–8; Gertrud Prellwitz, Drude. Roman einer neuen Jugend. Dritter Band: Flammenzeichen. Oberhof 1926, S. 6; vgl. auch Uwe Puschner / Walter Schmitz / Justus H. Ulbricht (Hg.), Handbuch zur »Völkischen Bewegung« 1871–1918. München 1999; Stefan Breuer, Die Völkischen in Deutschland. Kaiserreich und Weimarer Republik. Darmstadt 2008. Vgl. auch Bernd Faulenbach, Ideologie

des deutschen Weges. Die deutsche Geschichte in der Historiographie zwischen Kaiserreich und Nationalsozialismus. München 1980.

74 Vgl. Eberhard Jäckel, Hitlers Weltanschauung. Entwurf einer Herrschaft. 3. Aufl. Stuttgart 1986, S. 29–78, 93 und 97–119, bes. S. 118; Wolfram Wette, Die Wehrmacht: Feindbilder, Vernichtungskrieg, Legenden. Frankfurt am Main 2002, S. 25 f.; Hans Umbreit, Die deutsche Herrschaft in den besetzten Gebieten 1942–1945, in: Das Deutsche Reich und der Zweite Weltkrieg, Bd. 5/1: Kriegsverwaltung, Wirtschaft und personelle Ressourcen 1942–1944/45. Stuttgart 1999, S. 30–32; in international vergleichender Perspektive Oliver Zimmer, Nationalism in Europe, 1918–1945. in: John Breuilly (Hg.), The Oxford Handbook of the History of Nationalism. Oxford 2013, S. 414–434.

75 Kurt Oesterle, Marthas Söhne. Roman. Tübingen 2016, S. 10.

76 Ian Kershaw, Hitler. Bd. 2: 1936–1945. München 2002, S. 406 f.

77 Peter Lieb, Konventioneller Krieg oder NS-Weltanschauungskrieg? Kriegführung und Partisanenbekämpfung in Frankreich 1943/44. München 2007, S. 506 f.; Andrea Erkenbrecher, A Right to Irreconcilability? Oradour-sur-Glane, German-French Relations and the Limits of Reconciliation after World War II, in: Birgit Schwelling (Hg.), Reconciliation, Civil Society, and the Politics of Memory: Transnational Initiatives in the 20th and 21st Century. Bielefeld 2012, S. 167–200.

78 Gerhard Schreiber, Deutsche Kriegsverbrechen in Italien. Täter, Opfer, Strafverfolgung. München 1996, S. 8 und 194 f.; Hagen Fleischer, Griechenland, in: Wolfgang Benz (Hg.), Dimension des Völkermords: die Zahl der jüdischen Opfer des Nationalsozialismus. München 1991, S. 241–274; Mark Mazower, Inside Hitler's Greece. The experience of occupation, 1941–44. New Haven 1993, S. XIII (dt.: Griechenland unter Hitler. Das Leben während der deutschen Besatzung 1941–1944. Frankfurt am Main 2016); Gerd R. Ueberschär (Hg.), Orte des Grauens: Verbrechen im Zweiten Weltkrieg. Darmstadt 2003, S. 60–70.

79 Hans Umbreit, Die deutsche Herrschaft in den besetzten Gebieten

1942–1945, in: Das Deutsche Reich und der Zweite Weltkrieg, Bd. 5/2: Kriegsverwaltung, Wirtschaft und personelle Ressourcen 1942–1944/45. Stuttgart 1999, S. 232–242; Mark Spoerer, Zwangsarbeit unter dem Hakenkreuz. Ausländische Zivilarbeiter, Kriegsgefangene und Häftlinge im Deutschen Reich und im besetzten Europa 1939–1945. Stuttgart / München 2001; Beate Kosmala, Der deutsche Überfall auf Polen. Vorgeschichte und Kampfhandlungen, in: Włodzimierz Borodziej (Hg.), Deutsch-polnische Beziehungen 1939 – 1945 – 1949. Eine Einführung. Osnabrück 2000, S. 19–41; Bogdan Musial, Die deutsche Besatzungspolitik in Polen 1939–1945, in: ebda., S. 43–111; Christian Hartmann, Unternehmen Barbarossa. Der deutsche Krieg im Osten 1941–1945. München 2011, bes. S. 115 f.; ders., Verbrecherischer Krieg – verbrecherische Wehrmacht? Überlegungen zur Struktur des deutschen Ostheeres, in: Christian Hartmann u. a., Der deutsche Krieg im Osten. Facetten einer Grenzüberscheitung. München 2009, S. 3–72, hier S. 51 f.; Christian Streit, Keine Kameraden: die Wehrmacht und die sowjetischen Kriegsgefangenen 1941 – 1945. Stuttgart 1978; Alfred Streim, Die Behandlung sowjetischer Kriegsgefangener im »Fall Barbarossa«: eine Dokumentation. Heidelberg 1981; Dieter Pohl, Die Herrschaft der Wehrmacht. Deutsche Militärbesetzung und einheimische Bevölkerung in der Sowjetunion 1941–1944. München 2008, S. 183–198; Felix Römer, Der Kommissarbefehl: Wehrmacht und NS-Verbrechen an der Ostfront 1941/42. Paderborn 2008; Christian Gerlach, Kalkulierte Morde. Die deutsche Wirtschafts- und Vernichtungspolitik in Weißrussland 1941–1944. Hamburg 1999; Hans Umbreit, Auf dem Weg zur Kontinentalherrschaft, in: Das Deutsche Reich und der Zweite Weltkrieg, Bd. 5/1: Kriegsverwaltung, Wirtschaft und personelle Ressourcen 1939–1941. Stuttgart 1999, S. 30–32.

80 Raul Hilberg, Die Vernichtung der europäischen Juden: die Gesamtgeschichte des Holocaust. Berlin 1982; Peter Longerich, Politik der Vernichtung. Eine Gesamtdarstellung der nationalsozialistischen Judenverfolgung. München 1998; Saul Friedländer, Das Dritte Reich und die Juden. Bd. 2: Die Jahre der Vernichtung 1939–1945.

München 2006; Christian Gerlach, Der Mord an den europäischen Juden. Ursachen, Ereignisse, Dimensionen. München 2017.

81 Dazu auf der vergleichenden Mikroebene Levsen, Elite, Männlichkeit und Krieg, S. 279, 296, 306 f. und 329–331.

82 Henry L. Stimson, Memorandum by the Secretary of State of a Conversation With the British Prime Minister (MacDonald) at Sciberscross Farmhouse, Scotland, 7. August 1931, in: FRUS 1931. Bd. 1, S. 514–517, hier S. 516.

83 Vgl. Alter, Herausforderer der Weltmacht, S. 173 f.; Gruner, L'Image de L'Autre, S. 40 f.; Hans-Joachim Possin, Begegnungen mit Deutschland 1928–1934. Deutschlandbilder in englischen Reiseberichten, in: Hans-Jürgen Diller u. a. (Hg.), Images of Germany. Heidelberg 1986, S. 85–112, hier S. 105–107; Ramsden, Don't mention the War, S. 152–155.

84 Detlef Wächter, Von Stresemann zu Hitler. Deutschland 1928 bis 1933 im Spiegel der Berichte des englischen Botschafters Sir Horace Rumbold. Frankfurt am Main 1997, S. 119–186 und 240–250.

85 Robbins, Present and Past, S. 36; Kennedy, Idealists and Realists, S. 152 f.

86 Robbins, Present and Past, S. 49–52; Ramsden, Don't mention the War, S. 171.

87 Vgl. Jörg Später, Vansittart. Britische Debatten über Nazis und Deutsche 1902–1945. Göttingen 2003, S. 127–138; Ramsden, Don't mention the War, S. 184–188, die Zitate S. 185 f.

88 Ramsden, Don't mention the War, S. 211, vgl. auch den (im November 1944 vom britischen Foreign Office herausgegebenen) Leitfaden für britische Soldaten in Deutschland 1944, S. 4 f. und 12, sowie den amerikanischen Pocket Guide to Germany für amerikanische Soldaten 1944 (hg. von der Morale Service Division unter Leitung des US-Deutschlandexperten John J. McCloy, neu hg. von Sven Felix Kellerhoff, Handbuch für amerikanische Soldaten in Deutschland. München 2015), S. 43 f.

89 Viscount D'Abernon, Memoiren. Bd. III: Locarno (1924–1926), übers. von Antonina Vallentin. Leipzig o. J., S. 244 (engl. Original: An Ambassador of Peace. Lord D'Abernon's Diary. Bd. III: The

Years of Recovery, January 1924 – October 1926. London 1930, S. 207 f.).

90 Eliza Marian Butler, The Tyranny of Greece over Germany (1935), zit. nach der Paperback-Ausgabe Boston o. J. (1958?), S. 3.

91 Alan John Percivale Taylor, The Course of German History. A Survey of the Development of German History since 1815. London 1961 [zuerst 1945], S. 1.

92 Leitfaden für britische Soldaten in Deutschland 1944, S. 31 f. und 9.

93 Memorandum on the German Character, prepared by Brigadier W. E. Van Cutsen (Research Branch, Control Commission for Germany, British Element), distributed to all officers of the Control Commission for Germany (British Element), 1. März 1945, The National Archives Kew, FO 371/46864: 1945, Germany File No. 257.

94 Leitfaden für britische Soldaten in Deutschland 1944, S. 49; vgl. auch »Notes on the mentality of the German Officer« (Series III), Memorandum prepared by Brigadier W. E. Van Cutsen (Control Commission for Germany, British Element) on the mentality of German officers as experienced officers formerly British Service Attachés in Berlin, 15th Jan. 1945.

95 Pocket Guide to Germany für amerikanische Soldaten 1944 (hg. von der Morale Service Division unter Leitung des US-Deutschlandexperten John J. McCloy), zit. nach Handbuch für amerikanische Soldaten in Deutschland, S. 35, das folgende Zitat S. 49.

96 Jacques Bainville, Geschichten zweier Völker. Ausg. Bremen 1985, S. 55.

97 Dazu und zum Folgenden Ilić, Deutschlandbild im französischen Parlament, S. 260 f.

98 Beaupré, Trauma des großen Krieges, S. 189 f., das Zitat S. 190.

99 Bendick, Wirkung und Verarbeitung nationaler Kriegskulturen, S. 405–408 und 421.

100 Vgl. Ilić, Deutschlandbild im französischen Parlament, S. 262 f., und Beaupré, Trauma des großen Krieges, S. 68 f., 72 f. und 93.

101 Gautier, Deutschenangst, Deutschenhaß, S. 75 f., 83–92 und 103 f.

102 Ebda., S. 287.

103 Charles de Gaulle auf einer Pressekonferenz am 12. Oktober 1945,

zit. nach Pierre Maillard, De Gaulle et l'Allemagne. Le Rêve in-achevé. Paris 1990, S. 87.

104 Bariéty, Das Deutsche Reich im französischen Urteil, S. 216 f.

105 Vgl. zum Folgenden Pabst, Der übermächtige Nachbar, S. 27–47, hier S. 38–43 und 46 f.

106 Lemberg, Das Deutsche Reich im polnischen Urteil, S. 78 f.; Zybura, Polnische Deutschland- und Deutschenbilder im Wandel, S. 23 f.

107 Lemberg, Das Deutsche Reich im polnischen Urteil, S. 79.

108 Weber, Timor Teutonorum, S. 75; Zybura, Polnische Deutschland-und Deutschenbilder im Wandel, S. 23 f.

109 Lemberg, Das Deutsche Reich im polnischen Urteil, S. 81 f.

110 Jiři Kořalka, Das Deutsche Reich im tschechischen und slowa-kischen Urteil, in: Hildebrand (Hg.), Das Deutsche Reich im Urteil, S. 85–105, hier S. 101–103.

111 Maxim Korzow, Wenn die Russen an die Deutschen denken, in: Trautmann (Hg.), Die häßlichen Deutschen, S. 119–125.

112 Altrichter, Das Deutsche Reich aus russischer und sowjetischer Sicht, S. 196; Uwe Liszkowski, Die deutsche Einheit in der Politik von Zarenreich und Sowjetstaat 1870–1990, in: *Historische Mitteilungen* 5 (1992), S. 233–252, hier S. 238.

113 Zit. nach Churgov, Nationales Interesse und Deutschlands Rolle, S. 320.

114 Luks, Hitler und das nationalsozialistische Regime aus der Sicht Stalins und der Stalinisten, S. 12–15 und 26 f.

115 Ebda., S. 24 f. und 30–32.

116 Altrichter, Das Deutsche Reich aus russischer und sowjetischer Sicht, S. 179–202, hier S. 181 und 200 f.; Günter Trautmann, Deut-sche und Deutschland aus (sowjet-)russischer Sicht, in: Traut-mann (Hg.), Die häßlichen Deutschen, S. 126–144, hier S. 132 f.

III »Deutschland bleibt Deutschland« (1945–1990)

1 Vgl. dazu Kissinger, Vernunft der Nationen, S. 12–23 und 894–930; Simms, The Struggle for Supremacy, S. 484–498.

2 Harry S. Truman, Rede vor dem US-Kongress, 12. März 1947, in:

Heiko Meiertöns, Die Doktrinen U. S.-amerikanischer Sicherheitspolitik. Völkerrechtliche Bewertung und Einfluss auf das Völkerrecht. Baden-Baden 2006, S. 113.

3 Ernst Rudolf Huber (Hg.), Quellen zum Staatsrecht der Neuzeit.
Bd. 2: Deutsche Verfassungsdokumente der Gegenwart (1919–1951).
Tübingen 1951, S. 648.

4 Hastings Lionel Ismay zu einer Gruppe britischer Abgeordneter
der Conservative Party, 1949, zit. nach Elizabeth Knowles, Oxford
Dictionary of Modern Quotations. Oxford 2007, S. 163.

5 Haftendorn, Deutsche Außenpolitik, S. 13.

6 Vgl. Loth, Europas Einigung, S. 9–15.

7 Bulmer / Paterson, Germany as the EU's reluctant hegemon?,
S. 1387.

8 Konrad Adenauer, Anlage zum Schreiben an Oberbürgermeister
Heinrich Weitz, Duisburg, 31. Oktober 1945, in: Konrad Adenauer,
Briefe 1945–1947. Bearb. von Hans Peter Mensing. Berlin 1983,
S. 130.

9 Haftendorn, Deutsche Außenpolitik, S. 442.

10 Konrad Adenauer, Teegespräche 1950–1954. Bearb. v. Jürgen Küsters. Berlin 1984, S. 93; vgl. auch Konrad Adenauer, Bericht über
die politische Lage vor dem Bundesvorstand der CDU, 11. Oktober
1954, in: Günter Buchstab (Bearb.), Adenauer: »Wir haben wirklich etwas geschaffen.« Die Protokolle des CDU-Bundesvorstands
1953–1957. Düsseldorf 1990, S. 246–333, hier S. 257 f.

11 Schwarz, Anmerkungen zu Adenauer. Ausg. München 2007, S. 100,
104–113 und 201–206 (auch zum folgenden Absatz).

12 Aufzeichnung des Staatssekretärs Carstens, 17. Oktober 1966,
AAPD 1966 II, S. 1374–1383, die Zitate S. 1377, 1379 und 1381, das
Zitat vom Dilemma im folgenden Absatz S. 1382.

13 Werner Link, Die Entstehung des Moskauer Vertrages im Lichte
neuer Archivalien, in: VfZ 49 (2001), S. 295–315, hier S. 313.

14 Egon Bahr, Rede vor der Evangelischen Akademie in Tutzing,
15. Juli 1963, DzD IV. Bd. 9, S. 572.

15 Heinrich Potthoff, Im Schatten der Mauer. Deutschlandpolitik 1961
bis 1990. Berlin 1999, S. 39, schreibt das Zitat nach Egon Bahr dem

stellvertretenden Außenminister der DDR, Otto Winzer zu, Arnulf Baring hingegen (Machtwechsel. Die Ära Brandt-Scheel. 4. Aufl. Stuttgart 1983, S. 210) Walter Ulbricht.

16 Vgl. Rödder, Deutschland einig Vaterland, S. 45–49.

17 Aufzeichnung des Ministerialdirektors Ruhfus über die erste Gesprächsrunde am 5. Januar 1979 nach Stichworten von Helmut Schmidt, AAPD 1979 I, Dok. 2, S. 9. Vgl. Kristina Spohr, Helmut Schmidt and the Shaping of Western Security in the Late 1970s: the Guadeloupe Summit of 1979, in: *The International History Review*, DOI: 10.1080/07075332.2013.836125, sowie dies., Helmut Schmidt. Der Weltkanzler. Aus dem Englischen von Werner Roller. Darmstadt 2016, S. 208–218.

18 Helmut Kohl vor der Bundestagsfraktion der CDU/CSU am 24. Oktober 1989, zit. nach Wirsching, Abschied vom Provisorium, S. 532; vgl. auch Harold James, Making the European Monetary Union. Cambridge 2012, S. 207 f.

19 Jacques Attali, Verbatim. Tome III: Chronique des années 1988–1991. Paris 1995, S. 74 (17. August 1988); Frédéric Bozo, Mitterrand, the End of the Cold War, and German Unification. New York 2005, S. 53.

20 Vgl. dazu Rödder, 21.0, S. 281–285.

21 Kohl gegenüber der CDU/CSU-Fraktion im Deutschen Bundestag am 27. September 1983, Archiv für Christlich-Demokratische Politik Sankt Augustin, 08–001, 1071/1, 10/12, S. 18.

22 George Bush, Rede in der Mainzer Rheingoldhalle, 31. Mai 1989, Public Papers of the Presidents of the United States. George Bush. 1989/I. Washington, D. C. 1990, S. 650–654, das Zitat S. 651.

23 Vgl. dazu Kap. II.4, das folgende Zitat nach Ramsden, Don't mention the War, S. 186.

24 Vgl. Frieder Günther, Gespiegelte Selbstdarstellung: Der Staatsbesuch von Theodor Heuss in Großbritannien im Oktober 1958, in: Paulmann (Hg.), Auswärtige Repräsentationen, S. 185–203.

25 Ramsden, Don't mention the War, S. 267.

26 Thatcher, Downing Street Years, S. 791.

27 Ramsden, Don't mention the War, S. 262.

28 Art 7 (2) des Vertrages über die Beziehungen zwischen der Bundesrepublik Deutschland und den Drei Mächten (Deutschlandvertrag) in der geänderten Fassung vom 23. Oktober 1954, in: Bundesgesetzblatt 1955, II, S. 306–309, hier S. 309.

29 Zit. nach *Spiegel* vom 25. September 1989, S. 17.

30 Duncan Wilson an M. Stewart, 14. Juli 1969, DBPO III. Bd. 1, S. 179–187, hier S. 183.

31 Dominik Geppert, Großbritannien und die neue Ostpolitik der Bundesrepublik, in: VfZ 57 (2009), S. 385–412; Klaus Larres, Germany and the West: The »Rapallo Factor« in German Foreign Policy from the 1950s to the 1990s, in: ders. / Panikos Panayi (Hg.), The Federal Republic of Germany Since 1949. Politics, Society and Economy Before and After Unification. London 1996, S. 285–301.

32 Vgl. Peter Hasenberg, »The Teuton's inbred mistake …« Das Deutschlandbild im britischen Agentenroman, in: Hans-Jürgen Diller u. a. (Hg.), Images of Germany. Heidelberg 1986, S. 217–245, hier S. 227–240.

33 Ramsden, Don't mention the War, S. 363–417, bes. S. 367–392 und 397 f.

34 Weber, Timor Teutonorum, S. 112 f. und 120 f.

35 Charles de Gaulle, Rede in Bar-le-Duc, 28. Juli 1946, in: Charles de Gaulle, Discours et messages. Bd. II: Dans l'attente (Février 1946 – Avril 1958). Paris 1970, S. 12–17, das Zitat S. 13.

36 Knut Linsel, Charles de Gaulle und Deutschland 1914–1969. Sigmaringen 1998, S. 113–129; Alain Peyrefitte, C'était de Gaulle. Bd. 1: »La France redevient la France«. Paris 1994, S. 346; Raymond Poidevin, Die Neuorientierung der französischen Deutschlandpolitik 1948/49, in: Josef Foschepoth (Hg.), Kalter Krieg und Deutsche Frage. Göttingen 1985, S. 129–144; Andreas Wilkens, Von der Besetzung zur westeuropäischen Integration. Die französische Deutschlandpolitik der Nachkriegszeit (1945–1950), in: *Historische Mitteilungen* 4 (1991), H. 1, S. 1–21.

37 Über die Freundschaft hinaus …: Deutsch-französische Beziehungen ohne Illusionen, hg. vom Deutsch-Französischen Institut Ludwigsburg. Stuttgart 1988, S. 64–66, hier S. 64.

38 DDF 1967. Bd. 1, S. 167.

39 Vortrag vor dem Rat für Auswärtige Angelegenheiten, 4. Februar 1966, in: Charles de Gaulle, Lettres, notes et carnets. Janvier 1964 – Juin 1966. Paris 1987, S. 246–249, hier S. 246. Darüber machte sich auch Konrad Adenauer (mit scharfer Kritik an seinem Nachfolger Ludwig Erhard) zunehmend Sorgen, vgl. Paul Adenauer, Konrad Adenauer – Der Vater, die Macht und das Erbe. Das Tagebuch des Monsignore Paul Adenauer 1961–1966. Hg. von Hanns Jürgen Küsters. Paderborn 2017, z. B. S. 368, 370 f. und 379.

40 Wilkens, Der unstete Nachbar, S. 190; vgl. auch Georges-Henri Soutou, Präsident Georges Pompidou und die Ostpolitik, in: Gottfried Niedhart u. a. (Hg.), Deutschland in Europa. Nationale Interessen und internationale Ordnung im 20. Jahrhundert. Mannheim 1997, S. 171–179.

41 In der Straßburger Handelskammer hieß es 1969: »Wenn die Entwicklung so weitergeht, dann sind wir in weniger als zehn Jahren vollkommen germanisiert«, zit. nach Weber, Timor Teutonorum, S. 100.

42 Pütz, Ewiger Hegemon versus politischer Zwerg, S. 20–22; Uterwedde, Von Egoisten und Reformisten, S. 203–205; Dietmar Hüser, Selbstfindung durch Fremdwahrnehmung in Kriegs- und Nachkriegsjahren. Französische Nation und deutscher Nachbar seit 1870, in: Aschmann / Salewski (Hg.), Das Bild »des Anderen«, S. 55–79, hier S. 69 f. und 74 f.

43 Memorandum des französischen Wirtschafts- und Finanzministers Édouard Balladur vom 29. Dezember 1987, in: Henry Krägenau / Wolfgang Wetter, Europäische Währungsunion. Vom Werner-Plan zum Vertrag von Maastricht. Analysen und Dokumentation. Baden-Baden 1993, Dok. 60, S. 337 f.; vgl. auch Marsh, The Euro, S. 112–116.

44 Wilkens, Der unstete Nachbar, S. 191.

45 Asterix und die Goten. Großer Asterix-Band VII. Stuttgart 1990 (zuerst 1963 unter dem Titel »Astérix et les goths«), das Zitat S. 36.

46 Vgl. Anjo Harryvan / Jan van der Harst, »The Irritability of a Small Nation with a Great Past«. The Netherlands and German Unifica-

tion 1989–1991, in: Gehler / Graf (Hg.), Europa und die deutsche Einheit, S. 489–504, hier S. 492.

47 Vgl. Steven van Hecke, Less Europe in a Larger Union. Belgium and its Old and New Eastern Neighbours, in: Gehler / Graf (Hg.), Europa und die deutsche Einheit, S. 505–519, hier S. 507.

48 Vgl. Siebo Janssen, Von der deutschen Wiedervereinigung bis Lissabon. Luxemburg als kleines Land und »großer« europapolitischer Akteur? In: Gehler / Graf (Hg.), Europa und die deutsche Einheit, S. 521–544, hier S. 521 f. und 524.

49 Vgl. Deborah Cuccia, Italien und die deutsche Einigung 1989–1990, in: Gehler / Graf (Hg.), Europa und die deutsche Einheit, S. 677–699, bes. S. 682–684; Federico Niglia, Italy's Perception of Germany and German Europeanism, 1992–2012, in: Möller / Roderick, Germany, S. 10–15.

50 Vgl. Birgit Aschmann, »Mein Freund Felipe.« Spanien und die deutsche Einheit, in: Gehler / Graf (Hg.), Europa und die deutsche Einheit, S. 639–661, hier S. 641–643.

51 Vgl. Andreas Stergiou, Greece, German Reunification, and the 1995 EU Enlargement, in: Gehler / Graf (Hg.), Europa und die deutsche Einheit, S. 701–720.

52 Vgl. Mark Mazower, Griechenland unter Hitler. Das Leben während der deutschen Besatzung 1941–1944. Frankfurt am Main 2016, S. 47–66, 93–102 und 199–202.

53 Vgl. Dimitris K. Apostolopoulos, Die deutsch-griechischen Wirtschaftsbeziehungen in der Nachkriegszeit, in: Wolfgang Schultheiß / Evangelos Chrysos (Hg.), Meilensteine deutsch-griechischer Beziehungen [Berlin 2010], S. 275–290; Dietrich Briesemeister, Spanien, in: Stierstorfer (Hg.), Deutschlandbilder, S. 229–254; Carlo Masala, Italia und Germania. Die deutsch-italienischen Beziehungen 1963–1969. Vierow bei Greifswald 1997; Ioannis Zelepos, Griechische Migration nach Deutschland, in: Deutschland Archiv, 23. Januar 2017, *www.bpb.de/241095* (Aufruf am 19. April 2018).

54 Adam Krzeminski, Der Kniefall, in: François / Schulze, Deutsche Erinnerungsorte 1, S. 638–653, hier S. 638 und 643 (dort die Zitate).

55 Hubert Orłowski, Gesichter der Deprivation, in: Hans Henning

Hahn / Robert Traba (Hg.), Deutsch-Polnische Erinnerungs-orte. Bd. 1: Geteilt / Gemeinsam. Paderborn 2015, S. 445–472, bes. 451–457.

56 So zum Beispiel der polnische Staatspräsident Boleslaw Bierut in einem Glückwunschtelegramm an die DDR vom 8. Mai 1950, in: Johannes Maass (Hg.), Dokumentation der deutsch-polnischen Beziehungen 1945–1959. Bonn 1960, S. 35.

57 Vgl. Bender, Normalisierung, S. 4, 6 und 8; Dieter Bingen, Die deutsch-polnischen Beziehungen nach 1945, in: APuZ 5–6/2005, S. 9–17, hier S. 10.

58 Zybura, Von der »deutschen Gefahr« zum »deutschen Tor nach Europa«, S. 28–30.

59 Ryszard Wojna, Das Fundament der Normalisierung (Aus: Zycie Warszawy vom 18. Mai 1972), in: Jacobsen / Tomala (Hg.), Wie Po-len und Deutsche einander sehen. S. 117–119.

60 Deutsch-polnischer Vertrag vom 7. Dezember 1970, zit. nach: Außenpolitik der Bundesrepublik Deutschland. Dokumente von 1949 bis 1994. Hg. aus Anlass des 125. Jubiläums des Auswärtigen Amts. Köln 1995, S. 341.

61 Władysław Gomułka, Rede vor dem ZK der PVAP, 14. Dezember 1970, in: Jacobsen / Tomala (Hg.), Bonn–Warschau 1945–1991, Dok. 61, S. 230 und 233.

62 Vgl. Adam Krzeminski, Der Kniefall, in: François / Schulze (Hg.), Deutsche Erinnerungsorte 1, S. 648 und 653; vgl. auch Michael Wolffsohn / Thomas Brechenmacher, Denkmalsturz? Brandts Knie-fall. München 2005, bes. S. 26–41; Friedrich Kießling, Täter reprä-sentieren: Willy Brandts Kniefall in Warschau. Überlegungen zum Zusammenhang von bundesdeutscher Außenrepräsentation und der Erinnerung an den Nationalsozialismus, in: Paulmann (Hg.), Auswärtige Repräsentationen, S. 205–224; Corinna Felsch / Magda-lene Latowska, Verfrühte Helden? Brief der (polnischen) Bischöfe und Willy Brandts Kniefall, in: Hans Henning Hahn / Robert Traba (Hg.), 20 Deutsch-Polnische Erinnerungsorte. Paderborn 2018, S. 457–475, bes. S. 471 f.

63 Władysław Gomułka, Rede vor dem ZK der PVAP, 14. Dezember

1970, in: Jacobsen / Tomala (Hg.), Bonn–Warschau 1945–1991, Dok. 61, S. 233.

64 Vgl. Entscheidungen des Bundesverfassungsgerichts, Bd. 36. Tübingen 1974, Nr. 1 (31. Juli 1973), S. 1–37, hier S. 16: »Das Deutsche Reich existiert fort (…), besitzt nach wie vor Rechtsfähigkeit, ist allerdings als Gesamtstaat mangels Organisation, insbesondere mangels institutionalisierter Organe, selbst nicht handlungsfähig.« Zu den alliierten Vorbehaltsrechten vgl. Art. 2, zum Friedensvertragsvorbehalt Art. 7 des Deutschlandvertrages vom 23. Oktober 1954.

65 Vgl. Mieczysław Tomala, Wie sehe ich Deutschland? In: Jacobsen / Tomala (Hg.), Wie Polen und Deutsche einander sehen, S. 163–172.

66 Vgl. Furman, Deutsche machen die Sowjetbürger neugierig und ratlos, S. 110–112; Günter Trautmann, Deutsche und Deutschland aus (sowjet-)russischer Sicht, in: ebda., S. 126–144, hier S. 126 f. und 132 f.; Hannes Adomeit, Rußland und Deutschland. Perzeptionen, Paradigmen und politische Beziehungen 1945–1995, in: Niedhart u. a. (Hg.), Deutschland in Europa, S. 334.

67 Nikolaus Heidorn, Das Westdeutschlandbild der Pravda. Die Darstellung der Bundesrepublik Deutschland und West-Berlins in der sowjetischen Presse. Hamburg 1993, S. 50–60 und 84–89.

68 Furman, Deutsche machen die Sowjetbürger neugierig und ratlos, S. 115 f.

69 Botschaft Moskau an das Bundeskanzleramt 12. September 1985, Bundesarchiv Koblenz, B 136/30422, wird abgedr. in: Dokumente zur Deutschlandpolitik, Bd. VII/2.

70 Furman, Deutsche machen die Sowjetbürger neugierig und ratlos, S. 113.

71 Vgl. Kießling, Die undeutschen Deutschen, S. 33–37 und 415.

72 Cornelißen, Der wiederentstandene Historismus, S. 100 und 104 (dort das Zitat).

73 Christoph Cornelißen, Gerhard Ritter. Geschichtswissenschaft und Politik im 20. Jahrhundert. Düsseldorf 2001, S. 597–622, das Zitat S. 603, zu Fischers USA-Reise S. 604–613.

74 Herbert, Geschichte Deutschlands im 20. Jahrhundert, S. 774.

75 Priemel, The Betrayal, S. 40–59.

76 Helmut Schelsky, Die skeptische Generation. Düsseldorf 1957; Clemens Albrecht u. a., Die intellektuelle Gründung der Bundesrepublik. Eine Wirkungsgeschichte der Frankfurter Schule. Frankfurt am Main 1999, S. 506; alternativ wird diese Kohorte als »45er-Generation« bezeichnet, vgl. Dirk Moses, Die 45er. Eine Generation zwischen Faschismus und Demokratie, in: *Neue Sammlung* 40 (2000), S. 233–263.

77 Paul Nolte, Hans-Ulrich Wehler. Historiker und Zeitgenosse. München 2015, S. 36–46.

78 Priemel, The Betrayal, S. 409; vgl. Winkler im Gespräch mit dem Deutschlandfunk 2011, *http://www.deutschlandfunk.de/kursiv-lese empfehlung-von-heinrich-august-winkler.1310.de.html?dram: article_id=194535* (Aufruf am 6. März 2018): »Ich bin 1961, als ich in Londoner Archiven arbeitete als Student, in einer Buchhandlung auf ein Buch gestoßen mit dem Titel ›The German Idea of Freedom‹ – die deutsche Freiheitsidee – von einem amerikanischen Historiker mit einem deutschen Namen: Leonard Krieger. Und darin wurde die Idee der deutschen Abweichung vom Westen historisch seit der Reformation so überzeugend entwickelt, dass ich dachte: Daran muss man arbeiten!«

79 Hans-Ulrich Wehler, Das Deutsche Kaiserreich 1871–1918. 7. Aufl. Göttingen 1994 [zuerst 1973], S. 60–63.

80 Vgl. Cornelißen, Der wiederentstandene Historismus; Thomas Welskopp, Identität ex negativo. Der ›deutsche Sonderweg‹ als Metaerzählung in der bundesdeutschen Geschichtswissenschaft der siebziger und achtziger Jahre, in: Konrad Jaransch / Martin Sabrow (Hg.), Die historische Meistererzählung. Deutungslinien der deutschen Nationalgeschichte nach 1945. Göttingen 2002, S. 109–139; Andreas Rödder, Sonderwege. Modernisierungstheorien aus Bielefelder Sicht, in: Jürgen Danyel / Jan-Holger Kirsch / Martin Sabrow (Hg.), Fünfzig Klassiker der Zeitgeschichte. Göttingen 2007, S. 140–143; Bernd Jürgen Wendt, »Sonderweg« oder »Sonderbewusstsein«? Über eine Leitkategorie der deutschen Geschichte im 19. und 20. Jahrhundert, in: ders. (Hg.), Vom schwierigen Zu-

sammenwachsen der Deutschen. Nationale Identität und Nationalismus im 19. und 20. Jahrhundert, Frankfurt am Main 1992, S. 111–142.

81 Kritisch dazu: David Blackbourn / Geoff Eley, The Peculiarities of German History. Bourgeois Society in Nineteenth-Century Germany. Oxford 1984.

82 Vgl. dazu »Historikerstreit«. Die Dokumentation der Kontroverse; Herbert, Historikerstreit; Kailitz, Die politische Deutungskultur im Spiegel des »Historikerstreits«; Klaus Große Kracht, Debatte: Der Historikerstreit, in: Docupedia-Zeitgeschichte, *http://docupedia. de/zg/Historikerstreit* (Aufruf am 27. März 2018); Gerrit Dworok, »Historikerstreit« und Nationswerdung. Ursprünge und Deutung eines bundesrepublikanischen Konflikts. Köln 2015.

83 Vgl. Wirsching, Abschied vom Provisorium, S. 466–491; Peter Hoeres, Von der »Tendenzwende« zur »geistig-moralischen Wende«. Konstruktion und Kritik konservativer Signaturen in den 1970er und 1980er Jahren, in: VfZ 61 (2013), S. 93–119.

84 Historikerstreit. Die Dokumentation der Kontroverse, S. 45 (Nolte-Zitate) sowie 62 und 75 (die Zitate von Habermas).

85 Wegweisender Markstein dafür war der Stuttgarter Kongress über den Judenmord von 1984, vgl. Eberhard Jäckel / Jürgen Rohwer (Hg.), Der Mord an den Juden im Zweiten Weltkrieg. Entschlussbildung und Verwirklichung. Stuttgart 1985.

86 Günter Grass an Bundespräsident Richard von Weizsäcker, 6. September 1985, Bundesarchiv Koblenz, B 136/20606, erscheint in: Dokumente zur Deutschlandpolitik, Bd. VII/2.

87 Günter Grass, Kurze Rede eines vaterlandslosen Gesellen. Rede in der Evangelischen Akademie Tutzing, 2. Februar 1990, in: ders., Ein Schnäppchen namens DDR. Letzte Reden vorm Glockengeläut. Frankfurt am Main 1990, S. 13.

88 Müller, Another Country, S. 84.

89 Gerd Krumeich, Vorwort, in: Ulrich Keller, Schuldfragen. Belgischer Untergrundkrieg und deutsche Vergeltung im August 1914. Paderborn 2017, S. 12.

90 Vgl. zum Folgenden Frei, 1945 und wir; sowie Herbert, Geschichte

Deutschlands im 20. Jahrhundert, S. 566–580, 657–669, 769–777 und 1010–1022.

91 Kießling, Die undeutschen Deutschen, S. 131–135 und 138 f.; Müller, Another Country, S. 31.

92 Hermann Lübbe, Der Nationalsozialismus im deutschen Nachkriegsbewusstsein, in: HZ 236 (1983), S. 579–599, das Zitat S. 594.

93 Frei, 1945 und Wir, S. 30–34; Herbert, Geschichte Deutschlands, S. 660 f.

94 Herbert, Geschichte Deutschlands, S. 665–667.

95 Zur zeitgenössischen Sprache vgl. Kießling, Die undeutschen Deutschen, S. 84–104 sowie 130–141.

96 Martina Christmeier / Alexander Schmidt (Hg.), Albert Speer in der Bundesrepublik. Vom Umgang mit deutscher Vergangenheit. Ausstellungskatalog des Dokumentationszentrums Reichsparteitagsgelände. Peterberg 2017, S. 15. Für die kritische Speer-Historiographie vgl. zuerst Matthias Schmidt, Albert Speer. Das Ende eines Mythos. Bern 1982; Isabell Trommer, Rechtfertigung und Entlastung. Albert Speer in der Bundesrepublik. Frankfurt am Main 2016; Martin Kitchen, Speer, Hitler's Architect. New Haven 2015; Magnus Brechtken, Speer – eine deutsche Karriere. Berlin 2017.

97 Alexander und Margarete Mitscherlich, Die Unfähigkeit zu trauern. 21. Aufl. München 1977, S. 37.

98 Brunner / Frei / Goschler, Komplizierte Lernprozesse, S. 9.

99 Theodor Heuss, Rede vor dem Parlamentarischen Rat, 8. Mai 1949, in: Theodor Heuss, Die großen Reden. Der Staatsmann. Tübingen 1965, S. 86.

100 Richard von Weizsäcker, Rede im Rahmen der Gedenkveranstaltung im Plenarsaal des Deutschen Bundestages zum 40. Jahrestag des Endes des Zweiten Weltkrieges in Europa am 8. Mai 1985, *http://www.bundespraesident.de/SharedDocs/Reden/DE/ Richard-von-Weizsaecker/Reden/1985/05/19850508_Rede.html* (Aufruf am 6. März 2018); Herbert, Historikerstreit, S. 96; vgl. auch Peter Hoeres, Vom Paradox zur Eindeutigkeit. Der 8. Mai in der westlichen Erinnerungskultur, in: Evelyn Brockhoff / Bernd

Heidenreich / Andreas Rödder (Hg.), Der 8. Mai 1945 im Geschichtsbild der Deutschen und ihrer Nachbarn. Wiesbaden 2016, S. 47–58.

101 Vgl. dazu und zum Folgenden Hockerts, Wiedergutmachung in Deutschland; Herbert, Geschichte Deutschlands im 20. Jahrhundert, S. 670–676.

102 Brunner / Frei / Goschler, Komplizierte Lernprozesse, S. 13.

103 Ebda., S. 26 f.; Herbert, Geschichte Deutschlands im 20. Jahrhundert, S. 674 f.

104 Vgl. Hockerts, Wiedergutmachung in Deutschland, S. 195 f.

105 Vgl. ebda., S. 210 f.

106 Vgl. Mark Spoerer, Zwangsarbeit unter dem Hakenkreuz. Ausländische Zivilarbeiter, Kriegsgefangene und Häftlinge im Deutschen Reich und im besetzten Europa 1939–1945. München 2001.

107 Vgl. Herbert, Geschichte Deutschlands im 20. Jahrhundert, S. 1193–1206.

108 Vgl. Hans-Ulrich Thamer, Vom Tabubruch zur Historisierung? Die Auseinandersetzung um die »Wehrmachtsausstellung«, sowie Michael Jeismann, Einführung in die neue Weltbrutalität. Zweimal »Verbrechen der Wehrmacht«: Von der alten zur neuen Bundesrepublik, in: Martin Sabrow / Ralph Jessen / Klaus Große Kracht (Hg.), Zeitgeschichte als Streitgeschichte. Große Kontroversen seit 1945. München 2003, S. 171–186 und 229–239.

109 Vgl. Christian Mentel / Niels Weise, Die zentralen deutschen Behörden und der Nationalsozialismus. Stand und Perspektiven der Forschung. 1. Aufl. München/Potsdam 2016.

110 Vgl. z. B. Manfred Görtemaker / Christoph Safferling, Die Akte Rosenburg. Das Bundesministerium der Justiz und die NS-Zeit. München 2016.

111 Sabrow, Historia vitae magistra? S. 18. Zur abwägenden Einschätzung der deutschen Geschichtskultur vgl. Hertfelder, Opfer, Täter, Demokraten.

112 Müller, Another Country, S. 283.

113 Vgl. Conze, Suche nach Sicherheit, S. 879–881; Ruth Klüger, Rede vor dem Deutschen Bundestag anlässlich des Tags des Gedenkens

an die Opfer des Nationalsozialismus, 27. Januar 2016, *https://
www.bundestag.de/blob/404414/6781b81965fb78c98f26c21de
48c4273/kw04_gedenkstunde_protokoll-data.pdf* [S. 19 f.] (Aufruf
am 27. März 2018).

114 Sabrow, Historia vitae magistra? S. 18. Zur abwägenden Einschätzung der deutschen Geschichtskultur vgl. Hertfelder, Opfer, Täter,
Demokraten.

115 Vgl. Knut Bergmann, Zwischen Pomp und Zurückhaltung. Die
Weine, die bei Staatsbanketten serviert werden, erzählen eine Geschichte: die der Bundesrepublik, in: FAZ vom 17. Mai 2016, S. 7.
Vgl. zum gesamten Horizont auswärtiger Repräsentationen Paulmann (Hg.), Auswärtige Repräsentationen.

116 Vgl. Uta Andrea Balbier, »Der Welt das moderne Deutschland
vorstellen«: Die Eröffnungsfeier der Spiele der XX. Olympiade
in München 1972, in: Paulmann (Hg.), Auswärtige Repräsentationen, S. 105–119; Lorenz Pfeiffer, Die Olympischen Sommer-
spiele '72 in München. Sportlicher Systemvergleich auf dem Boden des Klassenfeindes, in: Michael Krüger (Hg.), Olympische
Spiele. Bilanz und Perspektiven im 21. Jahrhundert. Münster 2001,
S. 90–109.

117 Botho Strauß, Paare, Passanten. München 1981, S. 16 f.

118 Wirsching, Konsum statt Arbeit? S. 173–179.

119 Karl Dietrich Bracher, Kein Anlaß zu Teuto-Pessimismus, SZ vom
24. Mai 1989. Beilage »40 Jahre Bundesrepublik Deutschland«,
S. XIV.

120 Vgl. Rödder, ›Modell Deutschland‹, S. 345 f.; Jens Hacke, Philosophie der Bürgerlichkeit. Die liberalkonservative Begründung der
Bundesrepublik. Göttingen 2006, bes. S. 293 f. und 296.

121 Horst Waffenschmidt, 40 Jahre Frieden und Freiheit, SZ vom
24. Mai 1989. Beilage »40 Jahre Bundesrepublik Deutschland«, S. IX.

122 Karl Dietrich Bracher, Kein Anlaß zu Teuto-Pessimismus, SZ vom
24. Mai 1989. Beilage »40 Jahre Bundesrepublik Deutschland«,
S. XIV.

123 Peter Glotz, Das Provisorium im 41. Jahr, in: *Der Spiegel* vom
29. Mai 1989, S. 132.

124 Vgl. Dietrich Orlow, The GDR's Failed Search for a National Identity, 1945–1989, in: *German Studies Review* 29 (2006), 3, S. 537–558, bes. S. 547.

125 Vgl. dazu Wolfrum, Preußen-Renaissance; Wolfgang Wippermann, Preußen. Kleine Geschichte eines großen Mythos. Freiburg 2011, Kap. 15: Die DDR und Preußen, S. 137–143; Keil, Preußenrenaissance Revisited.

126 Horst Bartel / Ingrid Mittenzwei / Walter Schmidt, Preußen und die deutsche Geschichte, in: *Die Einheit. Zeitschrift für Theorie und Praxis des wissenschaftlichen Sozialismus* 34/6 (1979), S. 637–646, das Zitat S. 637.

127 Vgl. Wolfrum, Preußen-Renaissance, S. 151–154; Mary Fulbrook, DDR-Geschichtswissenschaft und Geschichtspolitik, in: Georg G. Iggers u. a. (Hg.), Die DDR-Geschichtswissenschaft als Forschungsproblem. HZ Beihefte 27 (1997), S. 419–429, differenziert zur Preußenrenaissance Keil, Preußenrenaissance Revisited, S. 277.

128 Vgl. Wolfrum, Preußen-Renaissance, S. 163.

129 Vgl. ebda., S. 164.

130 Stefan Wolle, Die heile Welt der Diktatur. Alltag und Herrschaft in der DDR 1971–1989. Bonn 1998, S. 133.

131 Ernst Engelberg, Bismarck. Urpreuße und Reichsgründer. Berlin 1985.

132 Helmut Hanke, Kulturelle Traditionen des Sozialismus, in: *Zeitschrift für Geschichtswissenschaft* 33/7 (1985), S. 589–604, das Zitat S. 598.

133 Walter Friedrich, Einige Reflexionen über geistig-kulturelle Prozesse in der DDR, 21. November 1988, in: Gerd-Rüdiger Stephan / Daniel Küchenmeister (Hg.), »Vorwärts immer, rückwärts nimmer!« Interne Dokumente zum Zerfall von SED und DDR 1988/89. Berlin 1994, Dok. 6, S. 39–53.

134 Otto von Bismarck, in einem Diktat an Herbert von Bismarck, 9. November 1876, zit. nach Die Große Politik der Europäischen Kabinette 1871–1914. Bd. 2: Der Berliner Kongreß und seine Vorgeschichte. Berlin 1922, S. 88.

135 Haftendorn, Deutsche Außenpolitik, S. 436.

136 Vgl. dazu und zum Folgenden Dyson / Featherstone, Road to Maastricht, S. 256 f., 260–262, 271–274; 308 f., 316–320, 394–402, 448 f. und 803.

137 Vgl. dazu Andreas Rödder, Équilibre, ancrage à l'Ouest, multila-téralisme. Les choix de la République fédérale en matière de poli-tique étrangère dans les années 1980, in: *Allemagne d'aujourd'hui* 215 (Januar-März 2016), S. 119–126; ders., Europa eins – zwei – drei.

138 Helmut Kohl, Rede anlässlich einer Festveranstaltung des Deut-schen Rates der Europäischen Bewegung zum 100. Geburtstag von Jean Monnet in Bonn, 7. November 1988, in: *Europa-Archiv* 43/24 (1988), D 693–698, die Zitate D 697 f.

139 Vgl. dazu Rödder, 21.0, S. 281–289.

140 Aufzeichnung des Gesprächs zwischen Kohl und Baker am 12. De-zember 1989, Deutsche Einheit. Sonderedition aus den Akten des Bundeskanzleramtes, Dok. 120, S. 638.

141 Hans-Peter Schwarz, Helmut Kohl. Eine politische Biographie. München 2012, S. 797.

142 Kohl, Berichte zur Lage 1989–1998, S. 647 (3./4. Februar 1995), 193 (22. Oktober 1990) und 355 (9. März 1992).

143 Entscheidungen des Bundesverfassungsgerichts 89, Nr. 17, bes. S. 155–157 und 181.

144 Kohl, Berichte zur Lage 1989–1998, S. 554 (20. Februar 1994).

145 Vgl. Dyson / Featherstone, Road to Maastricht, S. 1, 62–74, 97, auch 252–255.

146 Vorlage Bitterlich an Kohl, 2./3. Dezember 1989, Deutsche Einheit. Sonderedition aus den Akten des Bundeskanzleramtes, Dok. 108, S. 597.

147 Zur Unterschiedlichkeit der europäischen politischen und Wirt-schaftskulturen vgl. Rödder, 21.0, S. 307–309.

148 Dyson / Featherstone, Road to Maastricht, S. 510.

149 Vgl. Dyson / Featherstone, Road to Maastricht, S. 3, 6 f., 25 f., 29 f., 453, 455–461, 464–467, 478, 485 f., 498, 509 f., das Zitat S. 509.

150 Margaret Thatcher, Rede vor dem Europa-Kolleg in Brügge vom 20. September 1988, *https://www.margaretthatcher.org/document/ 107332* (Aufruf am 9. Februar 2018).

151 Vgl. dazu und zum Folgenden Dyson / Featherstone, Road to Maastricht, S. 557 f., 571–573, 667, das Major-Zitat S. 573.

152 Zit. nach Dyson / Featherstone, Road to Maastricht, S. 573.

153 Fernsehansprache Kohls am 2. Oktober 1990 und Ansprache Weizsäckers auf dem Staatsakt am 3. Oktober nach Texte zur Deutschlandpolitik, hg. vom Bundesministerium für innerdeutsche Beziehungen. Reihe III. Bd. 8b, S. 698 und 700 sowie 727 f.; Rede Genschers vor dem Deutschen Bundestag am 5. Oktober 1990, zit. nach Verhandlungen des Deutschen Bundestages, 11. Wahlperiode. Stenographische Berichte, Bd. 154, S. 18 100.

154 Zitate: Hans-Dietrich Genscher, Erinnerungen. Berlin 1995, S. 663; Helmut Kohl, »Ich wollte Deutschlands Einheit«. Dargestellt von Kai Diekmann und Ralf Georg Reuth. Berlin 1996, S. 150; vgl. Rödder, Deutschland einig Vaterland, S. 137–142 und 156 f.

155 Horst Teltschik, 329 Tage. Innenansichten der Einigung. Berlin 1991, S. 54–58, 76, 94–96 und 171 (dort das Zitat); Vorlage Hartmanns für Kohl, 13. März 1990, Deutsche Einheit. Sonderedition aus den Akten des Bundeskanzleramtes, Dok. 216, S. 938.

156 Anjo Harryvan / Jan van der Harst, »The Irritability of a Small Nation with a Great Past«. The Netherlands and German Unification 1989–1991, in: Gehler / Graf (Hg.), Europa und die deutsche Einheit, S. 489–504, hier S. 497.

157 Kohl vor dem Bundesvorstand der CDU, 30. August 1991, Kohl, Berichte zur Lage 1989–1998, S. 304.

158 Vgl. Kap. I.5.

159 Sir C. Mallaby (Bonn) to Sir J. Fretwell (Foreign and Commonwealth Office), 27. Juli 1989, DBPO III. Bd. 7, S. 20. Zum Folgenden vgl. allg. Patrick Salmon, The United Kingdom: divided counsels, global concerns, in: Bozo / Rödder / Sarotte (Hg.), German Unification, S. 153–176; Dominik Geppert, Isolation oder Einvernehmen? Großbritannien und die deutsche Einheit, in: GWU 67 (2016), S. 5–22; Hinnerk Meyer, Participation on limited cooperation. Großbritanniens schwierige Rolle im deutschen Einigungsprozess 1989/90, in: Gehler / Graf (Hg.), Europa und die deutsche Einheit, S. 141–160.

160 Draft Paper on German Reunification, 11.10.1989, abgedruckt in DBPO III. Bd. 7, S. 50.

161 George A. Urban, Diplomacy and Disillusion at the Court of Margaret Thatcher. An Insider's View. London 1996, S. 133.

162 Thatcher, Downing Street Years, S. 791.

163 Vgl. Lehmann, Die deutsche Vereinigung von außen gesehen I, S. 284–291.

164 Note de Jacques Blot, directeur d'Europe, 16. November 1989, in: Vaïsse / Wenckel (Hg.), La diplomatie française face à l'unification allemande, S. 115–123. Vgl. zum Folgenden Frédéric Bozo, From ›Yalta‹ to Maastricht: Mitterand's France and German unification, in: Bozo / Rödder / Sarotte (Hg.), German Unification, S. 111–132; Frédéric Bozo, Mitterrand, la fin de la guerre froide et l'unification allemande. De Yalta à Maastricht. Paris 2005; Ulrich Lappenküper, Mitterrand und Deutschland. Die enträtselte Sphinx. München 2011, S. 259–271; Tilo Schabert, »The German Question is a European Question«. France and the Reunification of Germany. A critical assessment in: Gehler / Graf (Hg.), Europa und die deutsche Einheit, S. 161–202.

165 Vgl. zum gesamten Zusammenhang Rödder, 21.0, S. 281–297, bes. S. 287–289.

166 Niederschrift über das Gespräch zwischen Genscher und Mitterrand am 30. November 1989 in Paris, in: Diplomatie für die deutsche Einheit, Dok. 11, S. 58 f. Vgl. auch Thatcher, Downing Street Years, S. 796 f.; Letter from Mr Powell (Strasbourg) to Mr Wall, 8. Dezember 1989, DBPO III. Bd. 7, Dok. 71, S. 165.

167 Vgl. Pütz, Ewiger Hegemon versus politischer Zwerg.

168 Vgl. Sandrine Kott, Bismarckbilder und Frankreichs innere Spaltungen in der zweiten Hälfte des 19. Jahrhunderts, in: Hildebrand / Kolb (Hg.), Bismarck im Spiegel, S. 141–165.

169 Lehmann, Die deutsche Vereinigung von außen gesehen I, S. 454, zum Folgenden S. 725–728, 731, 733 (dort das Zitat), 735f, 738, 744 und 746 f.

170 Lehmann, Die deutsche Vereinigung von außen gesehen II, S. 225–228. Vgl. zum Folgenden Deborah Cuccia, Italien und die

deutsche Einigung 1989–1990, in: Gehler / Graf (Hg.), Europa und die deutsche Einheit, S. 677–699, die Zitate Andreottis S. 687 f.

171 Michail Gorbatschow und die deutsche Frage, Dok. 57, S. 246.

172 Zelikow / Rice, Germany Unified and Europe Transformed, S. 193.

173 Anjo Harryvan / Jan van der Harst, »The Irritability of a Small Nation with a Great Past«. The Netherlands and German Unification 1989–1991, in: Gehler / Graf (Hg.), Europa und die deutsche Einheit, S. 489–504, das Zitat S. 497.

174 Steven van Hecke, Less Europe in a Larger Union. Belgium and its Old and New Eastern Neighbours, in: Gehler / Graf (Hg.), Europa und die deutsche Einheit, S. 505–519; Siebo Janssen, Von der deutschen Wiedervereinigung bis Lissabon. Luxemburg als kleines Land und »großer« europapolitischer Akteur? In: Gehler / Graf (Hg.), Europa und die deutsche Einheit, S. 521–544.

175 Vgl. Birgit Aschmann, »Mein Freund Felipe.« Spanien und die deutsche Einheit, in: Gehler / Graf (Hg.), Europa und die deutsche Einheit, S. 639–661, bes. S. 650–654, 656 f. und 659.

176 Vgl. zum Folgenden Andreas Stergiou, Greece, German Reunification, and the 1995 EU enlargement, in: Gehler / Graf (Hg.), Europa und die deutsche Einheit, S. 701–720, bes. S. 715.

177 Vgl. Miroslav Kunštát, Die deutsche Einheit als erkannte Notwendigkeit. Die tschechoslowakische Perspektive, in: Gehler / Graf (Hg.), Europa und die deutsche Einheit, S. 567–597; Vojtech Mastny, Germany's unification, its eastern neighbours, and European security, in: Bozo / Rödder / Sarotte (Hg.), German Unification, S. 202–226.

178 Vgl. zum Folgenden Gregory F. Domber, Pivot in Poland's response to German unification, in: Bozo / Rödder / Sarotte (Hg.), German Unification, S. 179–201; Dominik Pick, Deutsch-polnische Beziehungen und die deutsche Einheit, in: Gehler / Graf (Hg.), Europa und die deutsche Einheit, S. 599–626.

179 Vgl. z. B. O Polsce, Rsji i Niemczech [Über Polen, Russland und Deutschland. Ein Gespräch zwischen Jan Nowak-Jeziorański und Jacek Żakowski], in: *Gazeta Wyborcza* Nr. 87 vom 7. September 1989, zit. nach Wojciech Wrzesiński, Die Wiedervereinigung

Deutschlands in der polnischen öffentlichen Meinung in den Jahren 1989 und 1990, in: Barbian/Zybury (Hg.), Erlebte Nachbarschaft, S. 92–117, hier S. 101: »Das vereinigte Europa wird unter deutscher Hegemonie stehen. Viel hängt davon ab, wie Deutschland diese Hegemonie betrachten wird. Wenn es diese in einer liberalen Weise betrachtet, wird die europäische Gemeinschaft erhalten bleiben und vielleicht findet sich darin ein Platz für Polen. Wenn jedoch die deutsche Politik wie früher sein wird, d. h. wenn sie auf Dominanz und Gewinn einseitiger Vorteile ausgerichtet ist, gibt es keinen Platz für Polen im vereinigten Europa. Dann wird Polen Russland wählen.«

180 Aufzeichnung des Gesprächs zwischen Kohl und Lech Wałęsa am 9. November 1989, Deutsche Einheit. Sonderedition aus den Akten des Bundeskanzleramtes, Dok. 76, S. 493 f.

181 Vgl. dazu Rödder, Deutschland einig Vaterland, S. 235–244; Gunther Hofmann, Polen und Deutsche. Schuld und Sühne – Stolz und Vorurteil, in: *Neue Gesellschaft/Frankfurter Hefte* 58 (2008), H. 1–2, S. 8–11

182 Zit. nach Mieczysław Tomala, Polen und die deutsche Wiedervereinigung. Warschau 2004, S. 84 f.

183 Erklärung des Deutschen Bundestags vom 8. November 1989 zit. nach Kaiser (Hg.), Deutschlands Vereinigung, S. 157.

184 Vortrag Kohls vor dem Institut français des relations internationales (IFRI) in Paris am 17. Januar 1990, zit. nach Werner Weidenfeld u. a., Außenpolitik für die deutsche Einheit. Stuttgart 1998, S. 483.

185 Archiv der Gegenwart 1990, S. 34306; zur Frage der Formulierungen vgl. Benno Zündorf, Die Ostverträge. Die Verträge von Moskau, Warschau, Prag, das Berlin-Abkommen und die Verträge mit der DDR. München 1979, S. 38 f., 57 f. und 67.

186 Deutscher Bundestag, Stenographischer Bericht, 12. Wahlperiode, 50. Sitzung (17. Oktober 1991), S. 4098.

187 Vgl. Weber, Timor Teutonorum, S. 119 f., 144 und 184.

188 Zit. nach Wojciech Wrzesiński, Die Wiedervereinigung Deutschlands in der polnischen öffentlichen Meinung in den Jahren 1989

und 1990, in: Barbian / Zybura (Hg.), Erlebte Nachbarschaft, S. 92–117, hier S. 100 f.

189 Vgl. Konrad Schuller, Deutsche Lager, FAS vom 4. Februar 2018, S. 10.

190 Vgl. zum Folgenden Rödder, Deutschland einig Vaterland, S. 50–61; Vladislav Zubok, Gorbachev, German unification, and Soviet demise, in: Bozo / Rödder / Sarotte (Hg.), German Unification, S. 88–108; Andreas Hilger, Die getriebene Großmacht. Moskau und die deutsche Einheit 1989/1990, in: Gehler / Graf (Hg.), Europa und die deutsche Einheit, S. 117–139.

191 Gorbatschow und Schewardnadse gegenüber Genscher in Moskau am 5. Dezember 1989, Michail Gorbatschow und die deutsche Frage, Dok. 61, S. 254–265, das Marsch-Zitat S. 257, das Hitler-Zitat nicht dort, sondern hier nach Alexander von Plato, Die Vereinigung Deutschlands – ein weltpolitisches Machtspiel. Bush, Kohl, Gorbatschow und die geheimen Moskauer Protokolle. Berlin 2002, S. 132; das deutsche Protokoll in: Diplomatie für die deutsche Einheit, Dok. 12 sagt S. 64: »Eine derartige Einmischung habe sich noch niemand erlaubt.« Hans-Dietrich Genscher bestätigte mir im persönlichen Gespräch, Schewardnadse habe die Hitler-Äußerung getätigt.

192 Erörterung der deutschen Frage im kleinen Kreis im Arbeitszimmer des Generalsekretärs des ZK der KPdSU, 26. Januar 1990, Michail Gorbatschow und die deutsche Frage, Dok. 66, S. 286–291.

193 Vgl. Rödder, Deutschland einig Vaterland, S. 259 f., 270–274 und 370 f.

194 Kaiser (Hg.), Deutschlands Vereinigung, S. 21; Zelikow / Rice, Germany Unified and Europe Transformed, S. 370.

195 Wladimir Putin, Annual Address to the Federal Assembly of the Russian Federation, April 25, 2005, *http://en.kremlin.ru/events/president/transcripts/22931* (Aufruf am 18. April 2018).

196 Vgl. Kostas Koutsourelis, Griechen und Deutsche: Bemerkungen zu einer schwierigen Beziehung, in: Zur Debatte. Sonderheft zur Ausgabe 4 / 2017, S. 12–14, bes. S. 14.

IV Hegemon oder Hippie-Staat?
Die deutsche Frage seit 1990

1 Vgl. dazu und zum Folgenden Rödder, 21.0, S. 338–362.

2 Vgl. ebda., S. 280–297.

3 Vgl. Dyson / Featherstone, Road to Maastricht, S. 744.

4 Vgl. Brunnermeier / James / Landau, The Euro and the Battle of Ideas, S. 56–82 und 237–286. Werner Abelshauser, Viele Wege führen nach Rom, in: FAZ vom 13. März 2017, S. 6; ders., Europa in Vielfalt einigen – eine Denkschrift, in: Anthony B. Atkinson u. a. (Hg.), Nationalstaat und Europäische Union. Eine Bestandsaufnahme. Baden-Baden 2016, S. 275–293, hier S. 282–287.

5 Entscheidungen des Bundesverfassungsgerichts 89, Nr. 17, bes. S. 155–157 und 181. Noch einmal verstärkt wurde diese Position durch das Lissabon-Urteil vom 30. Juni 2009, Entscheidungen des Bundesverfassungsgerichts 123, Nr. 9, 1. Leitsatz, S. 267: »Der Begriff des Verbundes erfasst eine enge, auf Dauer angelegte Verbindung souverän bleibender Staaten, die auf vertraglicher Grundlage öffentliche Gewalt ausübt, deren Grundordnung jedoch allein der Verfügung der Mitgliedstaaten unterliegt und in der die Völker – das heißt die staatsangehörigen Bürger – der Mitgliedstaaten die Subjekte demokratischer Legitimation bleiben.«

6 Vgl. dazu Rödder, 21.0, S. 309–317.

7 Vgl. Helmuth Trischler, »Made in Germany«: Die Bundesrepublik als Wissensgesellschaft und Innovationssystem, in: Thomas Hertfelder / Andreas Rödder (Hg.), Modell Deutschland. Erfolgsgeschichte oder Illusion? Göttingen 2007, S. 44–60.

8 Vgl. Werner Abelshauser, Viele Wege führen nach Rom, in: FAZ vom 13. März 2017, S. 6.

9 Gerhard A. Ritter, Die deutsche Wiedervereinigung, in: HZ 286 (2008), S. 289–339, hier S. 311.

10 Hans-Werner Sinn, Ist Deutschland noch zu retten? 2. Aufl. Berlin 2005; Meinhard Miegel, Die deformierte Gesellschaft. Wie die Deutschen ihre Wirklichkeit verdrängen. Berlin 2004.

11 Helmut Kohl vor dem Bundesvorstand der CDU, 3./4 Februar 1995, in: Kohl, Berichte zur Lage 1989–1998, S. 647.

12 Heinrich August Winkler, Der lange Weg nach Westen 2, S. 638.

13 Maull, Zivilmacht Bundesrepublik Deutschland, S. 270 f.

14 Helmut Kohl, Regierungserklärung vom 13. Dezember 1991, Verhandlungen des Deutschen Bundestages. Stenographische Berichte. 12. Wahlperiode, 68. Sitzung, S. 5799.

15 Kohl, Berichte zur Lage 1989–1998, S. 193 (22. Oktober 1990).

16 Vgl. Rödder, 21.0, S. 290–297.

17 Vgl. Marsh, The Euro, S. 151–174, bes. S. 166–170.

18 Vgl. dazu und zum Folgenden Rödder, 21.0, S. 348–350.

19 Entscheidungen des Bundesverfassungsgerichts 90, Nr. 16, S. 286–390.

20 Wolfrum, Rot-Grün an der Macht, S. 77; vgl. auch *http://www.spie gel.de/politik/deutschland/wortlaut-auszuege-aus-der-fischer-rede-a-22143.html* (Aufruf am 8. April 2018).

21 Bierling, Vormacht wider Willen, S. 151–153.

22 Paul Hockenos, Joschka Fischer and the Making of the Berlin Republic. An Alternative History of Postwar Germany. Oxford 2008, S. 4 f.

23 Datenreport 2008. Ein Sozialbericht für die Bundesrepublik Deutschland. Bonn 2008, S. 111.

24 Helmut Kohl vor der Bundestagsfraktion der CDU/CSU am 24. Oktober 1989, zit. nach Wirsching, Abschied vom Provisorium, S. 532.

25 Vgl. Rödder, Deutschland einig Vaterland, S. 348–352.

26 Horst Köhler im Gespräch mit der *Bild*, 5. Juli 2006, *http://www. bundespraesident.de/SharedDocs/Reden/DE/Horst-Koehler/Reden/ 2006/07/20060705_Rede.html* (Aufruf am 13. März 2018).

27 Christoph Müller / Maximilian Pichl / Adrian Oeser, Wahn der Normalität – eine Kritik am Deutschen WM-Nationalismus *https:// gruene-jugend.de/wahn-der-normalitat-eine-kritik-am-deutschen-wm-nationalismus/*

28 Thomas de Maizière, »Wir sind nicht Burka«, in: *Bild am Sonntag* vom 30. April 2017, S. 6.

29 Vgl. in historischer Perspektive Boschmeyer, Was ist deutsch; in aktueller Perspektive jüngst Dorn, Deutsch, nicht dumpf.

30 Maull, »Zivilmacht«. Ursprünge und Entwicklungspfade, S. 140 f.

31 Vgl. Eberhard Sandschneider, Deutsche Außenpolitik. Eine Gestaltungsmacht in der Kontinuitätsfalle, in: APuZ 10/2012, S. 3–9; Christoph Schönberger, Hegemon wider Willen. Zur Stellung Deutschlands in der Europäischen Union, in: *Merkur* 66 (2012), S. 1–8; Schwarz, Zentralmacht Europas, S. 12; ders., Republik ohne Kompass, S. 298–309.

32 Vgl. Morisse-Schilbach, »Ach Deutschland!«

33 Möller / Parkes (Hg.), Germany as Viewed, S. 30, 38, 46 und 50; Dieter Bingen, Die deutsch-polnischen Beziehungen nach 1945, in: APuZ 5–6/2005, S. 9–17, hier S. 14 f.

34 Radosław Sikorski, Polen und die Zukunft der Europäischen Union, 28. November 2011, *http://berlin.msz.gov.pl/resource/20e5da 7c-594f-4186-a52a-5857559ed956* (Aufruf am 13. März 2018).

35 Pütz, Ewiger Hegemon versus politischer Zwerg, S. 23; Paterson, Großbritannien und Deutschlands Führungsrolle, S. 206 f.

36 Jens Althoff, Mit Madame de Staëls »De l'Allemagne« unterwegs in Paris, in: Demesmay / Pütz / Stark (Hg.), Frankreich und Deutschland, S. 13–18, hier S. 16.

37 Vgl. Holm Sundhaussen, Jugoslawien und seine Nachfolgestaaten 1943–2011. Eine ungewöhnliche Geschichte des Gewöhnlichen. Wien 2012, S. 318–323.

38 Frederico Niglia, Italy's Perception of Germany and German Europeanism, 1992–2012, in: Möller / Parkes, Germany, S. 10–15, hier S. 11.

39 António Vitorino, Foreword, in: Möller / Parkes, Germany, S. i.

40 Bender, Normalisierung, S. 7.

41 Paterson, Großbritannien und Deutschlands Führungsrolle; Kundnani, German Power, S. 12 f.

42 Paterson, Großbritannien und Deutschlands Führungsrolle, S. 206 f., Frederico Niglia, Italy's Perception of Germany and German Europeanism, 1992–2012, in: Möller / Parkes, Germany, S. 10–15, hier S. 12.

43 Vgl. Pütz, Ewiger Hegemon versus politischer Zwerg.

44 Demesmay / Pütz / Stark (Hg.), Frankreich und Deutschland, S. 10.

45 Gespräch mit Janusz Reiter, Präsident des Zentrums für Internationale Beziehungen in Warschau und ehemaliger polnischer Botschafter in Deutschland, in: *DIALOG. Deutsch-polnisches Magazin* 65 (2003/2004), S. 48–50, hier S. 48.

46 Agnieszka Łada, »Provided you include us in decision-making, Poland will support you«. German EU Policy as viewed by Poland, in: Möller / Parkes (Hg.), Germany, S. 50–54, hier S. 52; Bender, Normalisierung, S. 7

47 Vgl. Burkhard Olschowsky, Die Gegenwart des Vergangenen, in: APuZ 5–6/2005, S. 27 und 30.

48 Robert Traba, (Nicht-)Rückkehr. Polen 1945: Ereignis und Erinnerung, in: *Osteuropa* 67/5 (2017) , S. 3–24; Andrzej Leder, Wer hat uns diese Revolution genommen? In: Jahrbuch Polen 2017, S. 59–72, hier S. 70–72; vgl. auch Constantin Goschler / Krysztof Ruchniewicz, Abrechnungen. Die Defizite einer Wiedergutmachung deutscher Verbrechen werden in Polen für andere Zwecke vereinnahmt, FAZ vom 15. März 2015, S. 6.

49 Vgl. zum Folgenden Rödder, 21.0, S. 318–337.

50 Angela Merkel, Regierungserklärung vor dem Deutschen Bundestag, 19. Mai 2010, Verhandlungen des Deutschen Bundestags, Stenografische Berichte. 17. Wahlperiode, 42. Sitzung, S. 4126.

51 Mario Draghi, Rede auf der Global Investment Conference in London, 26. Juli 2012, *http://www.ecb.europa.eu/press/key/date/2012/html/sp120726.en.html* (Aufruf am 27. März 2018).

52 Wolfgang Schäuble, Reden vor dem Deutschen Bundestag, 7. Mai 2010, 29. September 2011 und 17. Juli 2015, Verhandlungen des Deutschen Bundestags, Stenografische Berichte. 17. Wahlperiode, 41. Sitzung, S. 4001A-4003B, 130. Sitzung, S. 15218C-15219C und 18. Wahlperiode, 117. Sitzung, S. 11365A-11368A.

53 Angela Merkel, Reden vor dem Deutschen Bundestag, 19. Mai 2010, 26. Oktober 2011, 27. Februar 2012, 17. Juli 2015, Verhandlungen des Deutschen Bundestags, Stenografische Berichte. 17. Wahlpe-

riode, 42. Sitzung, S. 4126, 135. Sitzung, S. 15949D-15955B, 160. Sitzung, S. 19077C-19081C, und 18. Wahlperiode, 117. Sitzung, S. 11352B-11355A.

54 Joachim Gauck, Rede zu Perspektiven der europäischen Idee, 22. Februar 2013, *http://www.bundespraesident.de/SharedDocs/Reden/ DE/Joachim-Gauck/Reden/2013/02/130222-Europa.html* (Aufruf am 16. März 2018).

55 Hans Blickes u. a., Die Rolle der Medien, in: Ulf-Dieter Klemm (Hg.), Die Krise in Griechenland. Ursprünge, Verlauf, Folgen. Frankfurt am Main 2015, S. 326–351, hier S. 337.

56 Nein! Keine Milliarden für die gierigen Griechen! In: *Bild* vom 26. Februar 2015, S. 2. Vgl. als deutsch-griechische Wahrnehmung der deutschen Griechenwahrnehmung Ioannis Zelepos, Kleine Geschichte Griechenlands. Von der Staatsgründung bis heute. 2. Aufl. München 2017, S. 238: Die Griechen seien in der deutschen Öffentlichkeit als Volk von »betrügerischen Faulenzern« dargestellt worden, »die sich mit levantinischer List Zugang zum Euroraum erschlichen hatten, um in parasitärer Weise an einem Wohlstand teilzuhaben, den sie schlichtweg nicht verdienten«.

57 Dirk Müller-Thederan, Hollande in Not. Regierungs-Chaos in KRANKreich, in: bild.de (25. August 2014), *https://www.bild.de/ politik/ausland/francois-hollande/regierungskrise-in-frankreich-hollande-vom-regen-in-die-traufe-37392416.bild.html* (Aufruf am 22. März 2018); vgl. Demesmay / Pütz / Stark (Hg.), Frankreich und Deutschland, S. 10 f., darin auch Claire Demesmay, Schüler mit Hausaufgaben. Frankreich in der politischen Debatte Deutschlands, S. 56 und 59.

58 Paul Kirchhof, Geldeigentum und Geldpolitik, in: FAZ vom 13. Januar 2014, S. 7.

59 Jana Tilz, Ex-Chefvolkswirt: »Die EZB führt einen Krieg!«, *focus-online* vom 4. Juli 2013, *http://www.focus.de/finanzen/boerse/ finanzkrise/tid-32171/juergen-stark-ex-chefvolkswirt-die-ezb-fuehrt-einen-krieg_aid_1033015.html* (Aufruf am 27. März 2018).

60 Thomas Jost / Stefan Ritz, 25. Jahre Maastrichter Verträge – reale

Divergenzen und institutionelle Reformen, in: *Wirtschaftsdienst. Zeitschrift für Wirtschaftspolitik* 97 (2017), H. 2, S. 124–129.

61 Clemens Fuest, Ifo-Chef über Griechenland. »Das Hilfsprogramm war eine einzige Irreführung«. Ein Interview von David Böcking und Yasmin El-Sharif, in: *Spiegel Online* (20. Februar 2017), *http://www.spiegel.de/wirtschaft/soziales/ifo-chef-clemens-fuest-ueber-griechenland-und-donald-trump-a-1134887.html* (Aufruf am 16. März 2018).

62 Wolfgang Clement / Rainer Dulger / Otmar Issing / Jürgen Stark / Hans Tietmeyer, Zurück zur Eigenverantwortung, in: FAZ vom 21. Oktober 2016, S. 16; Jens Weidmann, Euro-Schocks besser abfedern, in: FAZ vom 15. Dezember 2017, S. 18.

63 Bierling, Vormacht wider Willen, S. 269; Siegfried Schieder, Führung und Solidarität in der deutschen Europapolitik, in: Harnisch / Schild (Hg.), Deutsche Außenpolitik und internationale Führung, S. 56–91; Gisela Müller-Brandeck-Bocquet, Deutschland – Europas einzige Führungsmacht? In: APuZ 10/2012, H. 10, S. 16–22; Sebastian Dullien / Ulrike Guérot, The Long Shadow of Ordoliberalism. Germany's Approach to the Euro Crisis, in: Policy Brief 49, European Council on Foreign Relations, February 2012, S. 1–11; Maull, »Zivilmacht«. Ursprünge und Entwicklungspfade, S. 140 f.; Peter Bofinger / Jürgen Habermas / Julian Nida-Rümelin, Einspruch gegen die Fassadendemokratie, in: FAZ vom 4. August 2012, S. 33.

64 Martin Wolf, Artikel in der *Financial Times*: Merkozy failed to save the Eurozone, 6. Dezember 2011, *www.ft.com/content/396ff020–1ffd-11e1–866–00144feabdc0*; A new form of European Union, 12. Juni 2012, *https://www.ft.com/content/c5ff3dfe-b3b2–11e1-a3db-00144feabdc0*; Why the euro crisis is not yet over, 19. Februar 2013, *https://www.ft.com/content/74acaf5c-79f2–11e2–9dad-00144feabdc0*; The German model is not for export, 7. Mai 2013, *https://www.ft.com/content/aacd1be0-b637–11e2–93ba-00144feabdc0*; Germany is a weight on the world, 5. November 2013, *https://www.ft.com/content/291a5ca6–42ec-11e3–8350–00144fe-abdc0*; Europe's lonely and reluctant hegemon, 9. Dezember 2014,

https://www.ft.com/content/faf48600–7e43–11e4–87d9–00144fe-abdc0 (dort das zweite Zitat); A deal to bring in modernity to Greece, 3. Februar 2015, *https://www.ft.com/content/f81e0b82-aad9–11e4–91d2-00144feab7de* (erstes Zitat); Germany is the eurozone's biggest problem, 10. Mai 2016, *https://www.ft.com/content/7fcb38e8–15f5–11e6–9d98–00386a18e39d*; Imaginative reform is vital for the eurozone thrive, 26. September 2017, *https://www.ft.com/content/451d26e6-a264–11e7-b797-b61809486fe2* (Aufruf am 7. Mai 2018).

65 Kundnani, Germany as a Geo-economic Power, bes. S. 32 und 35–37; ders., German Power, bes. S. 127 f., 135 f. und 164–168.

66 Möller / Parkes (Hg.), Germany, S. 71 (Möller / Parkes, Conclusions: The Narcissism of Small Differences); Nicolas Scharioth, Changes in the Image of Germany – 2006–2011. Evidence from the Gallup World Poll, ebda., S. 1–5. Zur makroöonomischen Kritik vgl. auch Erik Jones, Merkel's folly, in: *Survival: Global Politics and Strategy* 52 (2010), H. 3, S. 21–38; Sergio Cesaratto / Antonella Stirati, Germany and the European and Global Crises, in: *International Journal of Political Economy* 39 (2010), H. 4, S. 56–86; Jörg Bibow, The Euro Debt Crisis and Germany's Euro Trilemma. Levy Economics Institute Working Paper 721, May 2012; Simon Bulmer / William E. Paterson, Germany as the EU's reluctant hegemon? Of economic strength and political constraints, in: *Journal of European Public Policy* 20 (2013), S. 1387–1405; Wade Jacoby, Surplus Germany. Transatlantic Academy Paper Series. Washington Mai 2017.

67 Vgl. zum Folgenden George N. Tzogopoulos, It's Germany Stupid. The Greek-German Misunderstanding, in: Möller / Parkes (Hg.), Germany, S. 6–9; Christos Katsioulis, Der schmale Grat zwischen Führung und Führer. Die deutsche Führungsrolle in der Eurokrise aus griechischer Sicht, in: Harnisch / Schild (Hg.), Deutsche Außenpolitik und internationale Führung, bes. S. 254 f. und 258 f.

68 Ebda., S. 254, zum Folgenden S. 258.

69 Frederico Niglia, Italy's Perception of Germany and German Europeanism, 1992–2012, in: Möller / Parkes (Hg.), Germany, S. 10–15, das folgende Zitat S. 14.

70 Laia Mestres, The View from Spain. Between euro-enthusiasm and euro-austerity, in: Möller / Parkes (Hg.), Germany, S. 16–19.

71 João Gil Freitas / Sandra Fernandes, Portugal through the EMU Crisis. Setting a good example for Germany, in: Möller / Parkes (Hg.), Germany, S. 20–24, das Zitat S. 22; vgl. auch das Vorwort des von 1999 bis 2004 amtierenden portugiesischen EU-Kommissars für Justiz und Inneres, António Vitorino, ebda., S. i–ii.

72 Vgl. zum Folgenden Claire Demesmay / Yann-Sven Rittelmeyer, France's Partner on a Pedestal. A view driven by pragmatism and envy, in: Möller / Parkes (Hg.), Germany, S. 25–28; Demesmay / Pütz / Stark (Hg.), Frankreich und Deutschland, S. 9–12; in diesem Band auch: Pütz, Ewiger Hegemon versus politischer Zwerg, S. 19–32; Daniel Vernet, Zwischen Schreckgespenst und Modell. Die Instrumentalisierung Deutschlands in der französischen Politik, S. 33–48, bes. S. 37; Uterwedde, Von Egoisten und Reformisten, S. 203–216, bes. S. 209 und 214.

73 Arnaud Montebourg, Interview in »Questions d'infos« (La Chaîne Parlamentaire), 30. November 2011, *www.youtube.com/watch?v= 7szp-gJmB50* (Aufruf am 27. März 2018). Zur französischen Debattenlage im Sommer 2015 vgl. Jörg Altwegg, Was erlaubt sich Allemagne! In: FAZ vom 25. Juli 2015.

74 Morisse-Schilbach, »Ach Deutschland!,« S. 36–40.

75 Agnes Nicolescu, Why Germany Should Re-think Competitiveness. A Romanian View, in: Möller / Parkes (Hg.), Germany S. 33–37, bes. S. 36.

76 Làszló J. Kiss, Perceptions of Germany and Hungary's Self-perception in the Euro Crisis, in: Möller / Parkes (Hg.), Germany, S. 38–41.

77 Vgl. Antoinette Primatarova, Germany as Viewed by Bulgaria. Support for Fiscal Stability, in: Möller / Parkes (Hg.), Germany, S. 29–32; Peter Munk Jensen, Germany and the EU as Seen from Copenhagen, in: Möller / Parkes (Hg.), Germany, S. 59–63; Kaisa Korhonen, German EU Policy as Viewed from Finland. Aligned in substance, dissenting in method, in: Möller / Parkes (Hg.), Germany, S. 64–68; Rolf-Dieter Krause, Unterschiedliche Kulturen als Ursache der Krise – Betrachtungen eines Korrespondenten, in:

Eckart D. Stratenschulte / Bernd Müller (Hg.), Der europäische Nachbar: Deutschland und die Niederlande im Diskurs. Berlin 2013, S. 13–19; Dorothee Bohle, Baltische Wege aus der Finanzkrise. Musterbeispiele für erfolgreiche Austeritätspolitik? In: APuZ 8/2017, S. 40–45.

78 Vgl. dazu und zum Folgenden Alexander, Die Getriebenen; Anja Reschke (Hg.), Und das ist erst der Anfang. Deutschland und die Flüchtlinge. Reinbek 2015; Otto Depenheuer / Christoph Grabenwarter (Hg.), Der Staat in der Flüchtlingskrise. Zwischen gutem Willen und geltendem Recht. Paderborn 2016; Hans-Peter Schwarz, Die neue Völkerwanderung nach Europa. Über den Verlust politischer Kontrolle und moralischer Gewissheiten. München 2017, bes. S. 83–92 und 109–116.

79 Beschluss (EU) 2015/1601 des Rates vom 22. September 2015 zur Einführung von vorläufigen Maßnahmen im Bereich des internationalen Schutzes zugunsten von Italien und Griechenland, *http:// eur-lex.europa.eu/legal-content/DE/TXT/?uri=CELEX%3A3201 5D1601* (Aufruf am 27. März 2018). Vgl. dazu Alexander, Die Getriebenen, S. 89–101.

80 § 18(2) AsylG: »Dem Ausländer ist die Einreise zu verweigern, wenn 1. er aus einem sicheren Drittstaat (…) einreist«; alle Deutschland umgebenden Nachbarstaaten galten als sichere Drittstaaten.

81 Vgl. dazu Rödder, 21.0, S. 116–126 (»Die Kultur der Inklusion«).

82 Vgl. Michael Haller, Die »Flüchtlingskrise« in den Medien. Tagesaktueller Journalismus zwischen Meinung und Information. Eine Studie der Otto Brenner Stiftung. Frankfurt am Main 2017, Zitate: S. 138 und 135.

83 Ruth Klüger, Rede vor dem Deutschen Bundestag anlässlich des Tags des Gedenkens an die Opfer des Nationalsozialismus, 27. Januar 2016, *https://www.bundestag.de/blob/404414/6781b81965fb78 c98f26c21de48c4273/kw04_gedenkstunde_protokoll-data.pdf* [S. 19 f.] (Aufruf am 27. März.2018).

84 Heinrich August Winkler, »Ich kann vor diesem neuen deutschen Größenwahn nur warnen«. Ein Interview von Benedict Neff,

in: NZZ.CH (4. Oktober 2017). URL: *https://www.nzz.ch/feuilleton/ich-warne-vor-deutschem-groessenwahn-ld.1319834* (Aufruf am 27. März.2018).

85 Jonathan Freedland, Mama Merkel has consigned the ›ugly German‹ to history, in: *The Guardian*, 11. September 2015, *https://www.theguardian.com/commentisfree/2015/sep/11/merkel-ugly-german-history* (Aufruf am 27. März 2018).

86 *The Economist*, 5. September 2015, S. 16: »Merkel the bold«; vgl. auch Matthew Norman, We might not like to admit it, but Germany has the moral high ground over us after the migrant crisis, in: *The Independent* vom 25. August 2015 (*http://www.independent.co.uk/voices/we-might-not-like-to-admit-it-but-germany-has-the-moral-high-ground-over-us-after-the-migrant-crisis-10471595.html*) und Natalie Nougayrède, Angela Merkel's refugee policy must succeed – for Europe's sake, in: *The Guardian*, 18. September 2016 (*https://www.theguardian.com/commentisfree/2016/sep/18/angela-merkels-refugee-policy-must-succeed-for-europes-sake*).

87 Nancy Gibbs, *Time Magazine* vom 21. December 2015, *http://time.com/time-person-of-the-year-2015-angela-merkel-choice/* (Aufruf am 27. März 2018).

88 Ban Ki Moon, Interview mit der *Bild*, 18. März 2016, *http://www.bild.de/politik/ausland/ban-ki-moon/ban-ki-moon-exklusiv-interview-ueber-merkel-fluechtlinge-und-syrien-krieg-44956934,var=a,view=conversionToLogin.bild.html* (Aufruf am 27. März 2018).

89 Deutschland in den Augen der Welt. Ergebnisse der GIZ-Erhebung 2017/18. Bonn 2018, S. 38 (dort das Zitat) und 43–57.

90 Orbán wirft Berlin »moralischen Imperialismus« vor, FAZ vom 24. September 2015, S. 1.

91 Doris Akrap, Germany's response to the refugee crisis is admirable. But I fear it cannot last, in: *The Guardian*, 6. September 2015, *https://www.theguardian.com/commentisfree/2015/sep/06/germany-refugee-crisis-syrian*.(Aufruf am 27. März 2018).

92 Perils of Merkel's open door for migrants, in: *Sunday Times* vom 10. Januar 2016, *https://www.thetimes.co.uk/article/perils-of-merkels-open-door-for-migrants-sf2s33j8bnh* (Aufruf am 27. März 2018); An

ill wind. Charlemagne, in: The Economist, 23. Januar 2016, S. 49; Glees, Bye-bye Britain, das Zitat S. 204.

93 Ross Douthat, Germany on the Brink, in: *New York Times*, 9. Januar 2016, *https://www.nytimes.com/2016/01/10/opinion/sunday/germany-on-the-brink.html?_r=0* (Aufruf am 27. März 2018).

94 Anthony Glees im Gespräch mit Tobias Armbrüster, Deutschlandfunk am 8. September 2015, *http://www.deutschlandfunk.de/deutschland-und-die-fluechtlinge-wie-ein-hippie-staat-von.694.de.html?dram:article_id=330441* (Aufruf am 27. März 2018).

95 Glees, Bye-bye Britain, S. 204 f.

96 Green, Dear Germany, S. 13.

97 Kofi Annan, Globalisierung – Die Gelegenheit für Deutschland. Keine Alleingänge mehr! (9. Mai 2014), in: *Review* 2014. Außenpolitik Weiter Denken, URL: *http://www.aussenpolitik-weiter-denken.de/de/aussensicht/show/article/globalisierung-eine-chance-fuer-deutschland.html* (Aufruf am 27. März 2018).

98 Vgl. Deutschland in den Augen der Welt. Ergebnisse der GIZ-Erhebung 2017/18. Bonn 2018, bes. S. 2 f., 25–41, 59–61 und 71 f.

99 Natalie Nougayrède, Germany won't lead the free world. It barely looks beyond its borders, in: *The Guardian*, 16. September 2017, *https://www.theguardian.com/commentisfree/2017/sep/16/germany-europe-angela-merkel-europe?CMP=Share_iOSApp_Other* (Aufruf am 27. November 2017).

100 Green, Dear Germany, S. 12 (Zitat) und 294.

101 MacGregor, Deutschland, S. 27 f.; vgl. auch Green, Dear Germany, S. 290, und Bendieck, Abschied von der Juniorpartnerschaft, S. 61.

102 Konrad Schuller, Das Lied wider die EU tönt auf einmal leiser, in: FAZ vom 10. Januar 2018, S. 3.

103 Henryk Jarczyk, Wie das System Kaczynski das Land verändert, in: Deutschlandfunk (5. April 2016), *http://www.deutschlandfunk.de/polen-wie-das-system-kaczynski-das-land-veraendert.724.de.html?dram:article_id=350383* (Aufruf am 19. März 2018). Vgl. auch Joseph Croitoru, Forschung im rechten Sinne, in: FAZ vom 26. Juli 2017; N4, Robert Traba, (Nicht-)Rückkehr. Polen 1945: Ereignis und Erinnerung, in: *Osteuropa* 5/2017, S. 3–23; Andrzej Leder, Wer

hat uns diese Revolution genommen? in: Jahrbuch Polen 28 (2017), S. 59–72.

104 Vgl. Mader, Stabilität und Wandel der nationalen Identität (dazu: Gerald Wagner, Verfassungspatrioten und Chauvinisten, in: FAZ vom 30. November 2016, N3).

105 So die Beobachtung von Thibaut de Champris: Qu'est-ce que l'Allemagne? Une Mise au Point (unveröff. Manuskript 2018).

V Wer hat Angst vor Deutschland?

1 Axel Schildt, Ankunft im Westen. Ein Essay zur Erfolgsgeschichte der Bundesrepublik. Frankfurt am Main 1999.

2 Vgl. Hoeres, Krieg der Philosophen, S. 588.

3 Cool Germany. Germany is becoming more open and diverse. With the right leadership, it could become a model for the West, *The Economist* vom 14. April 2018, S. 9.

4 Constantin Goschler / Krysztof Ruchniewicz, Abrechnungen. Die Defizite einer Wiedergutmachung deutscher Verbrechen werden in Polen für andere Zwecke vereinnahmt, in: FAZ vom 15. März 2015, S. 6.

5 Vgl. Rödder, 21.0 (2017), S. 336–339; ders., Europa eins – zwei – drei.

6 Brendan Simms / Benjamin Zeeb, Europa am Abgrund. Plädoyer für die Vereinigten Staaten von Europa. München 2016; Ulrike Guérot, Warum Europa eine Republik werden muss: Eine politische Utopie. München 2017.

7 Thomas Fromm / Andrea Rexer, Reiht euch ein. Merkel und Macron machen Front gegen Trump – ohne den US-Präsidenten beim Namen zu nennen, in: SZ vom 25. Januar 2018, S. 2.

8 Vgl. dazu Gustav Stresemanns Rede vor dem Deutschen Reichstag am 24. November 1925, Wolfgang Elz (Bearb.), Stresemann-Reden. 1925, *http://www.geschichte.uni-mainz.de/neuestegeschichte/ Dateien/Text_1925.pdf*, S. 461: »Ich glaube, dieser Geist [von Locarno] wird am besten fundiert sein, wenn Idealismus und reale Interessen sich dazu verbinden, den Weg aus dem europäischen Zu-

sammenbruch [heute würde man sagen: aus der europäischen Handlungsunfähigkeit, AR] gemeinschaftlich zu suchen.«

9 Ein neuer Aufbruch für Europa. Eine neue Dynamik für Deutschland. Ein neuer Zusammenhalt für unser Land. Koalitionsvertrag zwischen CDU, CSU und SPD, 7. Februar 2018, *https://www. tagesspiegel.de/downloads/20936562/4/koav-gesamttext-stand-070218–1145h.pdf* (Aufruf am 20. März 2018).

10 Am verteidigungspolitischen Krankenbett, in: FAZ vom 17. Februar 2018, S. 4.

11 Vgl. Existenzfragen für Europa (Interview mit Angela Merkel), in: FAS vom 3. Juni 2017, S. 3.

12 Vgl. auch Frank Schorkopf, »Europas neue Ordnung« – eine plurale Union, in: *Neue Zeitschrift für Verwaltungsrecht* 1–2 (2018), S. 9–17, und Heribert Dieter, Globalisierung à la carte. Es bedarf flexibler Kooperationen, die Bürger nicht bevormunden, in: *Internationale Politik* Juli/August 2017, S. 114–119.

Making-of

1 Max Weber, Wirtschaft und Gesellschaft. Grundriß der verstehenden Soziologie. 5. Aufl. Tübingen 1980 [zuerst 1922], S. 28. Vgl. auch Raymond Aron, Krieg und Frieden. Eine Theorie der Staatenwelt. Aus dem Französischen von Sigrid von Masenbach. Frankfurt am Main 1986, S. 63: Macht ist »die Fähigkeit einer politischen Einheit, den anderen Einheiten ihren Willen aufzuzwingen.«

2 Christian Hacke, Macht, in: Wichard Woyke/Johannes Varwick, Handwörterbuch Internationale Politik. 13. Aufl. Bonn 2016, S. 277–287, Zitate S. 284.

3 Cox, Social Forces, States and World Orders, S. 136 f. und 139; ders., Gramsci, Hegemony and International Relations, S. 171.

4 Heinrich Triepel, Die Hegemonie. Ein Buch von führenden Staaten. Stuttgart 1938, S. 141.

5 John J. Mearsheimer, The Tragedy of Great Power Politics. New York 2001, S. 29–35 und 267–269; Kenneth N. Waltz, Reflection on Theory of International Politics. A Response to My Critics, in:

Robert Keohane (Hg.), Neorealism and Its Critics. New York 1986, S. 322–345.

6 Charles P. Kindleberger, Dominance and Leadership in the International Economy. Exploitation, Public Goods, and Free Rides, in: *International Studies Quarterly* 25 (1981), S. 242–254, bes. S. 243–245 und 247 f.

7 Robert O. Keohane / Joseph S. Nye, Power and Interdependence. 3. Aufl. New York 2001, S. 38 (dort das Zitat) und 200–202; Robert O. Keohane, After Hegemony. Cooperation and Discord in the World Political Economy. Princeton 1984; Joseph S. Nye, Soft Power. The Means to Success in World Politics. New York 2004, S. X.

8 Antonio Gramsci, Gefängnishefte, B. 7, H. 13. Hamburg 1996, S. 1567; Cox, Social Forces, States and World Orders, S. 136.

9 Simms, Struggle for Supremacy, S. 530 f.

10 Kissinger, Vernunft der Nationen, S. 55 f., 138 und 144.

11 Dehio, Deutschland und die Weltpolitik, S. 15, 20–35 und 76 f.

12 Münkler, Macht in der Mitte, S. 8.

13 Kundnani, Germany as a Geo-economic Power (in Anlehnung an Edward Luttwak, From Geopolitics to Geo-Economics. Logic of Conflict, Grammar of Commerce, in: *The National Interest* 20 [1990], Ausg. Summer, S. 17–23); Kundnani, German Power.

14 Hildebrand, Das vergangene Reich.

15 Maull, Japan, Deutschland und die Zukunft der internationalen Politik, das Zitat S. 187; ders., Germany and Japan; ders., Zivilmacht Bundesrepublik Deutschland; zugrunde liegen Überlegungen von François Duchêne, Die neue Rolle Europas im Weltsystem, in: Wolfgang Hager / Max Kohnstamm (Hg.), Zivilmacht Europa. Frankfurt am Main 1973, S. 11–36.

16 Schwarz, Zentralmacht Europas, S. 11 f. und 125.

17 Ursprünglich: Max Weber, Gesammelte Aufsätze zur Religionssoziologie. Bd. 1. 4. Aufl. Tübingen 1947, S. 252; ders., Die Wirtschaftsethik der Weltreligionen. Konfuzianismus und Taoismus. Schriften 1915–1920, hg. von Helwig Schmidt-Glintzer in Zusammenarbeit mit Petra Kolonko. Tübingen 1989 (Max Weber Gesamtausgabe. Abt. I: Schriften und Reden. Bd. 19), S. 101.

18 Vgl. z. B. Gruner, L'Image de L'Autre; Hildebrand (Hg.), Das Deutsche Reich im Urteil.

19 Ausnahmen bestätigen die Regel: Robert Jervis, Perception and Misperception in International Politics. Princeton N. J. 1976; Katy Greenland, ›Can't live with them, can't live without them‹: Stereotypes in international relations, in: Rainer Emig (Hg.), Stereotypes in Contemporary Anglo-German Relations. Houndmills 2000, S. 15–30; und Hans Manfred Bock, Wechselseitige Wahrnehmung als Problem der deutsch-französischen Beziehungen, in: *Frankreich-Jahrbuch* 8 (1995), S. 35–56; seine berechtigte Forderung, nicht gesamte Nationen, sondern jeweils sozialgruppenspezifische Teilöffentlichkeiten zu thematisieren, ist angesichts des thematischen Umfangs hier allerdings nur in Ansätzen möglich.

20 Vgl. Jeismann, Vaterland der Feinde; Daniel, Einkreisung und Kaiserdämmerung; Geppert, Pressekriege.

21 Der Klassiker: Lippman, Public Opinion; vgl. auch Peter Hofstätter, Die Psychologie der öffentlichen Meinung. Wien 1949.

22 Gilovich u. a., Social Psychology, S. 431; Spears / Tausch, Vorurteile und Intergruppenbeziehungen, S. 519–521.

23 Vgl. Hahn / Hahn, Nationale Stereotypen; Hahn u. a. (Hg.), Erinnerungsorte, Mythen und Stereotypen; Kleinsteuber, Stereotype, Images, Vorurteile; Eva Sabine Kuntz, Konstanz und Wandel von Stereotypen. Deutschlandbilder in der italienischen Presse nach dem Zweiten Weltkrieg. Frankfurt am Main 1997, S. 32–34 und 38; Katy Greenland, ›Can't live with them, can't live without them‹: Stereotypes in international relations, in: Rainer Emig (Hg.), Stereotpyes in Contemporary Anglo-German Relations. Basingstoke 2000, S. 15–30; Sophie Bonk / Annika Kutscha, Schlachtfeld der Gefühle? Mediale Inszenierungen des Krieges, in: Siegfried J. Schmid (Hg.), Medien und Emotionen. Münster 2005, S. 134–169, hier S. 162 f.; Bjoern Weigel, Stereotype, in: Wolfgang Benz (Hg.), Handbuch des Antisemitismus, Bd. 3. München 2010, S. 309 f.

24 Vgl. Jonas u. a., Sozialpsychologie, S. 615; Gilovich u. a., Social Psychology, S. 428–433; Spears / Tausch, Vorurteile und Intergruppenbeziehungen, S. 518–524; Richard Ashmore / Frances Del Boca, Conceptual Approaches to Stereotypes and Stereotyping, in: Cog-

nitive Processes in Stereotyping and Intergroup Behavior, hg. von David L. Hamilton. New Jersey 1981, S. 1–37, hier S. 28–30.

25 Vgl. Leon Festinger, A Theory of Cognitive Dissonance. Stanford, CA 1957.

26 Vgl. Tajfel (Hg.), Differentiation between Social groups.

27 Wolf, Emotionen in den internationalen Beziehungen, bes. S. 193 f., 197 f., 201, 207, 210.

28 Vgl. Sherif, Social Psychology of Intergroup Conflict and Cooperation.

Abkürzungen

AAPD	Akten zur Auswärtigen Politik der Bundesrepublik Deutschland
ADAP	Akten zur deutschen Auswärtigen Politik 1918–1945
APuZ	Aus Politik und Zeitgeschichte
BDOW	British Documents on the Origins of the War
BIP	Bruttoinlandsprodukt
DBFP	Documents on British Foreign Politics
DBPO	Documents on British Policy Overseas
DDF	Documents Diplomatiques Français
DzD	Dokumente zur Deutschlandpolitik
ESM	Europäischer Stabilitätsmechanismus
EZB	Europäische Zentralbank
FAS	Frankfurter Allgemeine Sonntagszeitung
FAZ	Frankfurter Allgemeine Zeitung
FRUS	Foreign Relations of the United States
GG	Geschichte und Gesellschaft
GIZ	Deutsche Gesellschaft für Internationale Zusammenarbeit
GWU	Geschichte in Wissenschaft und Unterricht
Hg.	Herausgeber
HZ	Historische Zeitschrift
IP	Internationale Politik
JMEH	Journal of Modern European History
NATO	North Atlantic Treaty Organisation
NZZ	Neue Zürcher Zeitung
OSS	Office of Strategic Services

PESCO   Permanent Structured Cooperation (Ständige Strukturierte Zusammenarbeit)

SZ   Süddeutsche Zeitung

VfZ   Vierteljahrshefte für Zeitgeschichte

Quellen und Literatur

Aufgeführt werden grundlegende und allgemeine sowie wiederholt zitierte Titel, die in den Anmerkungen mit Kurztitel wiedergegeben sind. Einmal zitierte spezielle Titel werden mit vollen bibliographischen Angaben in den Anmerkungen genannt.

Abret, Helga / Michel Grunewald (Hg.), Visions allemandes de la France (1871–1914). Frankreich aus deutscher Sicht (1871–1914). Bern 1995

Alexander, Robin, Die Getriebenen. Merkel und die Flüchtlingspolitik: Report aus dem Innern der Macht. München 2017

Allensbacher Jahrbuch der Demoskopie. Berlin 1976–1992 (1956–1974 u. d. T. Jahrbuch der öffentlichen Meinung)

Alter, Peter, Herausforderer der Weltmacht. Das Deutsche Reich im britischen Urteil, in: Klaus Hildebrand (Hg.), Das Deutsche Reich im Urteil der Großen Mächte und europäischen Nachbarn (1871–1945). München 1995, S. 159–177

Altrichter, Helmut, »… und ganz unter dem Schweif stehen Lessing und Kant …« Das Deutsche Reich aus russischer und sowjetischer Sicht, in: Klaus Hildebrand (Hg.), Das Deutsche Reich im Urteil der Großen Mächte und europäischen Nachbarn (1871–1945). München 1995, S. 179–202

Altwegg, Jürg / Roger de Weck (Hg.), Kuhschweizer und Sauschwaben. Schweizer, Deutsche und ihre Hassliebe. München 2003

Dies. (Hg.) Sind die Schweizer die besseren Deutschen? Der Hass auf die kleinen Unterschiede. München 2010

Anderson, Benedict, Imagined Communities. Reflections on the Origins and Spread of Nationalism. London 1983 (dt.: Die Erfindung der Nation. Zur Karriere eines folgenreichen Konzepts. Frankfurt am Main 1988)

Appel, Sabine, Madame de Staël. Kaiserin des Geistes. Eine Biographie. München 2011

Ottmar von Aretin, Karl (Hg.), Das deutsche Problem in der neueren Geschichte. München 1997

Aschmann, Birgit / Michael Salewski (Hg.), Das Bild »des Anderen«. Politische Wahrnehmung im 19. und 20. Jahrhundert. Stuttgart 2000

Barbian, Jan-Pieter / Marek Zybura (Hg.), Erlebte Nachbarschaft. Aspekte deutsch-polnischer Beziehungen im 20. Jahrhundert. Wiesbaden 1999

Bariéty, Jacques, Das Deutsche Reich im französischen Urteil 1871–1945, in: Klaus Hildebrand (Hg.), Das Deutsche Reich im Urteil der Großen Mächte und europäischen Nachbarn (1871–1945). München 1995, S. 203–218

Barth, Boris, Dolchstoßlegenden und politische Desintegration. Das Trauma der deutschen Niederlage im Ersten Weltkrieg 1914–1933. Düsseldorf 2003

Beaupré, Nicolas, Das Trauma des großen Krieges 1918–1932/33. Darmstadt 2009

Bender, Peter, Normalisierung wäre schon viel, in: APuZ 5–6/2005, S. 3–9

Bendick, Rainer, Zur Wirkung und Verarbeitung nationaler Kriegskulturen. Die Darstellung des Ersten Weltkriegs in deutschen und französischen Schulbüchern, in: Gerhard Hirschfeld (Hg.), Kriegserfahrungen. Studien zur Sozial- und Mentalitätsgeschichte des Ersten Weltkriegs. Essen 1997, S. 403–423

Bendieck, Annegret, Abschied von der Juniorpartnerschaft. Für mehr deutsche Führung in Europa, in: IP 20 (2014), H. September/Oktober, S. 60–66

Benz, Wolfgang, Nationalstolz und Konstruktion des deutschen Vaterlandes. Kollektive Identitätskrisen und Einheitswünsche im 19. und

20. Jahrhundert, in: ders./Ute Benz (Hg.), Stolz deutsch zu sein? Aggressiver Anspruch und selbstverständlicher Patriotismus. Berlin 2005, S. 11–28

Berger, Stefan, Britischer und deutscher Nationalismus im Vergleich: Probleme und Perspektiven, in: Jörn Leonhard/Ulrike von Hirschhausen (Hg.), Nationalismen in Europa. Göttingen 2001, S. 96–116

Bierling, Stefan, Vormacht wider Willen. Deutsche Außenpolitik von der Wiedervereinigung bis zur Gegenwart. München 2014

Blom, Philip, Der taumelnde Kontinent. Europa 1900–1914. München 2011

Bolafi, Angelo, Deutsches Herz. Das Modell Deutschland in der europäischen Krise. Stuttgart 2014

Bondy, François, So sehen sie Deutschland. Staatsmänner, Schriftsteller und Publizisten aus Ost und West nehmen Stellung. Stuttgart-Degerloch 1970

Borchmeyer, Dieter, Was ist deutsch? Die Suche einer Nation nach sich selbst. Berlin 2017

Borman, Patrick/Thomas Freiberger/Judith Michel (Hg.), Angst in den Internationalen Beziehungen. Bonn 2010

Bozo, Frédéric/Andreas Rödder/Mary E. Sarotte (Hg.), German Unification. A Multinational History. Milton Park 2017

Broszat, Martin, 200 Jahre deutsche Polenpolitik. München 1963

Bründel, Steffen, Volksgemeinschaft oder Volksstaat. Die ›Ideen von 1914‹ und die Neuordnung Deutschlands im Ersten Weltkrieg. Berlin 2003

Brunner, José/Norbert Frei/Constantin Goschler, Komplizierte Lernprozesse. Zur Geschichte und Aktualität der Wiedergutmachung, in: dies. (Hg.), Die Praxis der Wiedergutmachung. Geschichte, Erfahrung und Wirkung in Deutschland und Israel, Göttingen 2009

Brunnermeier, Markus K./Harold James/Jean-Pierre Landau, The Euro and the Battle of Ideas. Princeton 2016

Bude, Heinz, Deutsche Karrieren. Lebenskonstruktionen sozialer Aufsteiger aus der Flakhelfer-Generation. Frankfurt am Main 1987

Ders., Das Altern einer Generation. Die Jahrgänge 1938–1949. Frankfurt am Main 1995

Bulmer, Simon / Willian E. Paterson, Germany as the EU's reluctant hegemon? Of economic strength and political constraints, in: *Journal of European Public Policy* 20 (2013), S. 1387–1405

Busch, Margarete, Wachsende Aggressivität gegen das Wilhelminische Reich. Russische Pressestimmen von der Jahrhundertwende bis 1914, in: Dagmar Herrmann (Hg.), Deutsche und Deutschland aus russischer Sicht. Bd. 4. 19./20. Jahrhundert: Von den Reformen Alexanders II. bis zum Ersten Weltkrieg. München 2006, S. 239–257

Calleo, David, The German Problem Reconsidered. Cambridge 1978

Chickering, Roger, We Men who feel most German. A Cultural Study of the Pan-German League 1886–1914. Boston 1984

Churgov, Sergej, Nationales Interesse und Deutschlands Rolle in Europa: Wandel und Kontinuität russischer Wahrnehmungen, in: Gottfried Niedhart (Hg.), Deutschland in Europa. Nationale Interessen und internationale Ordnung im 20. Jahrhundert. Mannheim 1997, S. 317–331

Clark, Christopher, Die Schlafwandler. Wie Europa in den Ersten Weltkrieg zog. München 2013 (zuerst engl. 2012)

Conze, Eckart, Die Suche nach Sicherheit. Eine Geschichte der Bundesrepublik Deutschland von 1949 bis in die Gegenwart. München 2009

Cornelißen, Christoph, Der wiederentstandene Historismus. Nationalgeschichte in der Bundesrepublik der fünfziger Jahre, in: Konrad Jarausch / Martin Sabrow (Hg.), Die historische Meistererzählung. Deutungslinien der deutschen Nationalgeschichte nach 1945. Göttingen 2002, S. 78–108

Ders., »Vergangenheitsbewältigung« – ein deutscher Sonderweg? In: Katrin Hammerstein u. a. (Hg.), Aufarbeitung der Diktatur – Diktatur der Aufarbeitung? Normierungsprozesse beim Umgang mit diktatorischer Vergangenheit. Göttingen 2009, S. 21–36

Cox, Robert W., Social Forces, States and World Orders. Beyond International Relations Theory, in: *Millennium. Journal of International Studies* 10 (1981), S. 126–155

Ders., Gramsci, Hegemony and International Relations. An Essay in Method, in: *Millennium – Journal of International Studies* 12 (1983), S. 162–175

Crawford, Beverly, Power and German Foreign Policy. Embedded Hegemony in Europe. Basingstoke 2007

Daniel, Ute, Einkreisung und Kaiserdämmerung. Ein Versuch, der Kulturgeschichte der Politik vor dem Ersten Weltkrieg auf die Spur zu kommen, in: Barbara Stollberg-Rilinger (Hg.), Was heißt Kulturgeschichte des Politischen? Berlin 2005, S. 279–328

Dehio, Ludwig, Gleichgewicht oder Hegemonie. Betrachtungen über ein Grundproblem der Staatengeschichte. Krefeld 1948

Ders., Deutschland und die Epoche der Weltkriege, in: ders., Deutschland und die Weltpolitik im 20. Jahrhundert. München 1955

Ders., Deutschland und die Weltpolitik. Wien 1955

Demesmay, Claire / Christine Pütz / Hans Stark (Hg.), Frankreich und Deutschland. Bilder, Stereotype, Spiegelungen. Wahrnehmung des Nachbarn in Zeiten der Krise. Baden-Baden 2016

Deutsche Einheit. Sonderedition der Dokumente zur Deutschlandpolitik aus den Akten des Bundeskanzleramtes 1989/90. Bearb. von Hanns Jürgen Küsters und Daniel Hofmann. München 1998

Die Einheit. Das Auswärtige Amt, das DDR-Außenministerium und der Zwei-plus-Vier-Prozess. Bearb. von Heike Amos und Tim Geiger. Göttingen 2015

Dimou, Nikos, Die Deutschen sind an allem schuld. München 2014

Diplomatie für die deutsche Einheit. Dokumente des Auswärtigen Amts zu den deutsch-sowjetischen Beziehungen 1989/90. Hg. von Andreas Hilger, München 2011

Doerry, Martin, Übergangsmenschen. Die Mentalität der Wilhelminer und die Krise des Kaiserreichs. Weinheim 1986

Dorn, Thea, Deutsch, nicht dumpf. Ein Leitfaden für aufgeklärte Patrioten. München 2018

Dyson, Kenneth H. F. / Kevin Featherstone, The Road to Maastricht. Negotiating Economic and Monetary Union. Oxford 1999

Espagne, Michel, »De l'Allemagne«, in: Etienne François / Hagenschulze (Hg.), Deutsche Erinnerungsorte. Bd. 1, München 2001, S. 225–241

Fang, Weigui, Das Chinabild in der deutschen Literatur 1871–1933. Ein Beitrag zur komparatistischen Imagologie. Frankfurt am Main 1992

Fischer, Fritz, Griff nach der Weltmacht. Die Kriegszielpolitik des kaiserlichen Deutschland 1914/18. Düsseldorf 1961

Flaubert, Gustave, Dictionnaire des idées reçues. Paris 2002

Florack, Ruth, Tiefsinnige Deutsche, frivole Franzosen. Nationale Stereotype in deutscher und französischer Literatur. Stuttgart 2001

François, Etienne / Hagen Schulze (Hg.), Deutsche Erinnerungsorte. Bd. 1. München 2001

Frei, Norbert, Vergangenheitspolitik. Die Anfänge der Bundesrepublik und die NS-Vergangenheit. 2. Aufl. München 1997

Ders., 1945 und wir. Das Dritte Reich im Bewusstsein der Deutschen. München 2005

Furman, Alexander, Deutsche machen die Sowjetbürger neugierig und ratlos, in: Günter Trautmann (Hg.), Die häßlichen Deutschen. Deutschland im Spiegel der westlichen und östlichen Nachbarn. Darmstadt 1991, S. 110–118

Gautier, Philippe, Deutschenangst – Deutschenhass. Entstehung, Hintergründe, Auswirkungen. Tübingen 1999

Gehler, Michael, »Zentralmacht Europas«? Die Berliner Republik außer- und innerhalb der Europäischen Union, in: Michael C. Bienert (Hg.), Die Berliner Republik. Beiträge zur deutschen Zeitgeschichte. Berlin 2013, S. 91–122

Ders. / Maximilian Graf (Hg.), Europa und die deutsche Einheit. Beobachtungen, Entscheidungen, Folgen. Göttingen 2017

Gehrke, Roland, Der polnische Westgedanke bis zur Wiedererrichtung des polnischen Staates nach Ende des Ersten Weltkrieges. Genese und Begründung polnischer Gebietsansprüche gegenüber Deutschland im Zeitalter des Nationalismus. Marburg 2001

Geppert, Dominik, Pressekriege. Öffentlichkeit und Diplomatie in den deutsch-britischen Beziehungen (1896–1912). München 2007

Ders., Die Rückkehr der deutschen Frage, in: *JMEH* 11 (2013), S. 272–278

Ders. / Andreas Rose, Machtpolitik und Flottenbau vor 1914. Zur Neuinterpretation britischer Außenpolitik im Zeitalter des Hochimperialismus, in: HZ 293 (2011), S. 401–437

Gilovich, Thomas u. a., Social Psychology. 3. Aufl. New York 2013

Glees, Anthony, Bye-bye Britain. Wie Angela Merkel den Ausschlag zum Brexit gab, in: Philip Plickert (Hg.), Merkel. Eine kritische Bilanz. München 2017, S. 199–208

Gödde-Baumanns, Beate, Frankreichbilder deutscher Historiker. Kontinuität und Wandel, in: Helga Abret / Michel Grunewald (Hg.), Visions allemandes de la France (1871–1914). Frankreich aus deutscher Sicht (1871–1914). Bern 1995, S. 17–33

Green, Stephen, Dear Germany. Liebeserklärung an ein Land mit Vergangenheit. Darmstadt 2017 (zuerst engl. u. d. T. Reluctant Meister)

Gruner, Wolf D., L'Image de L'Autre. Das Deutschlandbild als zentrales Element der europäischen Dimension der deutschen Frage in Geschichte und Gegenwart, in: Günter Trautmann (Hg.), Die hässlichen Deutschen? Deutschland im Spiegel der westlichen und östlichen Nachbarn. Darmstadt 1991, S. 29–59

Ders., Die deutsche Frage in Europa 1800 bis 1990. München 1993

Grunewald, Michel, Frankreich aus der Sicht der Preussischen Jahrbücher (1871–1914), in: Helga Abret / Michel Grunewald (Hg.), Visions allemandes de la France (1871–1914). Frankreich aus deutscher Sicht (1871–1914). Bern 1995, S. 193–212

Guérin-Sendelbach, Valérie, Frankreich und das vereinigte Deutschland. Interessen und Perzeptionen im Spannungsfeld. Opladen 1999

Haftendorn, Helga, Deutsche Außenpolitik zwischen Selbstbeschränkung und Selbstbehauptung 1949–2000, Stuttgart 2001

Hahn, Hans Henning / Eva Hahn, Nationale Stereotypen. Plädoyer für eine historische Stereotypenforschung, in: Hans Henning Hahn (Hg.), Historische Stereotypenforschung. Methodische Überlegungen und empirische Befunde. Oldenburg 1995, S. 17–56

Hahn, Hans Henning, 12 Thesen zur Stereotypenforschung, in: Elena Mannova / Hans Henning Hahn (Hg.), Nationale Wahrnehmungen und ihre Stereotypisierung. Beiträge zur Historischen Stereotypenforschung. Frankfurt am Main 2007, S. 15–24

Hahn, Hans Henning u. a. (Hg.), Erinnerungsorte, Mythen und Stereotypen in Europa. Breslau 2008

Hahn, Hans Henning / Robert Traba (Hg.), Deutsch-Polnische Erinnerungsorte. 5 Bde. Paderborn 2012–2015

Handbuch für amerikanische Soldaten in Deutschland. Hg. von Sven Felix Kellerhoff. München 2015

Harnisch, Sebastian / Joachim Schild (Hg.), Deutsche Außenpolitik und internationale Führung. Ressourcen, Praktiken und Politiken in einer veränderten Europäischen Union. Baden-Baden 2014

Heinemann, Ulrich, Die verdrängte Niederlage. Politische Öffentlichkeit und Kriegsschuldfrage in der Weimarer Republik. Göttingen 1983

Hellmann, Gunther, Europa spricht deutsch. Die wachsende Macht der Berliner Republik und ihre Tücken, in: Reinhard Meier-Walser / Alexander Wolf (Hg.), Die Außenpolitik der Bundesrepublik Deutschland. Anspruch, Realität und Perspektiven. München 2012, S. 41–55

Herbert, Ulrich, Der Historikerstreit. Politische, wissenschaftliche, biographische Aspekte, in: Martin Sabrow / Ralph Jessen / Klaus Große Kracht (Hg.), Zeitgeschichte als Streitgeschichte. Große Kontroversen seit 1945. München 2003, S. 94–113

Ders., Geschichte Deutschlands im 20. Jahrhundert. München 2014

Hertfelder, Thomas, Opfer, Täter, Demokraten. Über das Unbehagen an der Erinnerungskultur und die neue Meistererzählung der Demokratie in Deutschland, in: VfZ 65 (2017), S. 365–393

Ders. / Andreas Rödder (Hg.), Modell Deutschland. Erfolgsgeschichte oder Illusion? Göttingen 2007

Hildebrand, Klaus, Das vergangene Reich. Deutsche Außenpolitik von Bismarck bis Hitler 1871–1945. München 1995

Ders. (Hg.), Das Deutsche Reich im Urteil der Großen Mächte und europäischen Nachbarn (1871–1945). München 1995

Ders. / Eberhard Kolb (Hg.), Otto von Bismarck im Spiegel Europas. Paderborn 2006

Hillgruber, Andreas, Deutsche Großmacht- und Weltpolitik im 19. und 20. Jahrhundert. Düsseldorf 1977

Ders., »Revisionismus« – Kontinuität und Wandel in der Außenpolitik der Weimarer Republik, in: HZ 237 (1983), S. 597–621

Ders., Die Last der Nation. Fünf Beiträge über Deutschland und die Deutschen. Düsseldorf 1984

»Historikerstreit«. Die Dokumentation der Kontroverse über die Einzigartigkeit der nationalsozialistischen Judenvernichtung. München 1987

Hockerts, Hans Günther, Wiedergutmachung in Deutschland. Eine historische Bilanz 1945–2000, in: VfZ 49 (2001), S. 167–214

Hoeres, Peter, Krieg der Philosophen. Die deutsche und die britische Philosophie im Ersten Weltkrieg. Paderborn 2004

Ders., Die Slawen. Perzeptionen des Kriegsgegners bei den Mittelmächten. Selbst- und Feindbild, in: Gerhard P. Groß (Hg.), Die vergessene Front. Der Osten 1914/15. Ereignis, Wirkung, Nachwirkung. Paderborn 2006, S. 179–200

Hoesch, Edgar, Südosteuropäische Urteile über das Deutsche Reich, in: Klaus Hildebrand (Hg.), Das Deutsche Reich im Urteil der Großen Mächte und europäischen Nachbarn (1871–1945). München 1995, S. 123–139

Ilić, Frano, Frankreich und Deutschland. Das Deutschlandbild im französischen Parlament 1919–1933. Münster 2004

Jacobsen, Hans-Adolf / Mieczysław Tomala (Hg.), Wie Polen und Deutsche einander sehen. Beiträge aus beiden Ländern. Düsseldorf 1973

Dies. (Hg.), Bonn–Warschau 1945–1991. Die deutsch-polnischen Beziehungen. Analyse und Dokumentation. Köln 1992

Jahr, Christoph, »Das Krämervolk der eitlen Briten«. Das deutsche Englandfeindbild im Ersten Weltbild, in: ders. (Hg.), Feindbilder in der deutschen Geschichte. Studien zur Vorurteilsgeschichte im 19. und 20. Jahrhundert. Berlin 1994, S. 115–142

Jeismann, Michael, Was bedeuten Stereotypen für nationale Identität und politisches Handeln? In: Jürgen Link / Wulf Wülfing (Hg.), Nationale Mythen und Symbole in der zweiten Hälfte des 19. Jahrhunderts. Strukturen und Funktionen von Konzepten nationaler Identität. Stuttgart 1991, S. 84–93

Ders., Das Vaterland der Feinde. Studien zum nationalen Feindbegriff und Selbstverständnis in Deutschland und Frankreich 1792 bis 1918. Stuttgart 1992

Jonas, Klaus u. a., Sozialpsychologie. 6. Aufl. Berlin / Heidelberg 2014

Kailitz, Steffen, Die politische Deutungskultur im Spiegel des »Historikerstreits«. What's right? What's left? Wiesbaden 2001

Kaiser, Karl (Hg.), Deutschlands Vereinigung. Die internationalen

Aspekte. Mit den wichtigsten Dokumenten. Bergisch Gladbach 1991

Keil, André, The Preußenrenaissance Revisited: German-German Entanglements, the Media and the Politics of History in the late German Democratic Republic, in: *German History* 34 (2016), 2, S. 258–278

Keller, Ulrich, Schuldfragen. Belgischer Untergrundkrieg und deutsche Vergeltung im August 1914. Paderborn 2017

Kennedy, Paul, Idealists and Realists: British Views of Germany, 1864–1939, in: *Transactions of the Royal Historical Society* 25 (1975), S. 137–156

Kennedy, Paul M., The Rise of the Anglo-German Antagonism. 1860–1914. London 1980

Kießling, Friedrich, Die undeutschen Deutschen. Eine ideengeschichtliche Archäologie der alten Bundesrepublik 1945–1972. Paderborn 2012

Kissinger, Henry A., Die Vernunft der Nationen. Über das Wesen der Außenpolitik. Berlin 1994 (zuerst engl. u. d. T. Diplomacy)

Kleinsteuber, Hans Jürgen, Stereotype, Images, Vorurteile. Die Bilder in den Köpfen der Menschen, in: Günter Trautmann (Hg.), Die häßlichen Deutschen. Deutschland im Spiegel der westlichen und östlichen Nachbarn. Darmstadt 1991, S. 60–68

Knox, MacGregor, Erster Weltkrieg und military culture. Kontinuität und Wandel im deutsch-italienischen Vergleich, in: Sven Oliver Müller / Cornelius Torp (Hg.), Das Deutsche Kaiserreich in der Kontroverse. Göttingen 2009, S. 290–307

Koch-Hillebrecht, Manfred, Die Deutschen sind schrecklich. Geschichte eines europäischen Feindbildes. Berlin 2008

Kohl, Helmut, Berichte zur Lage 1982–1989. Der Kanzler und Parteivorsitzende im Bundesvorstand der CDU Deutschlands. Bearb. von Günter Buchstab und Hans-Otto Kleinmann. Düsseldorf 2014

Ders., Berichte zur Lage 1989–1998. Der Kanzler und Parteivorsitzende im Bundesvorstand der CDU Deutschlands. Bearb. v. Günter Buchstab und Hans-Otto Kleinmann. Düsseldorf 2012

Koopmann, Martin / Barbara Kunz (Hg.), Deutschland 25 Jahre nach der Einheit: Partner, Führungsmacht, Modell? Perspektiven aus dem Weimarer Dreieck. Baden-Baden 2016

Kopolew, Lew, Lehrmeister und Rivalen, Kameraden und Fremdlinge ... Deutschlandbilder im Jahrhundert der Aufklärung, in: Dagmar Herrmann (Hg.), Deutsche und Deutschland aus russischer Sicht. Bd. 2. 18. Jahrhundert: Aufklärung. München 1992, S. 11–51

Ders., Deutsch-russische Wahlverwandtschaft, in: Dagmar Herrmann/ Alexander Ospovat (Hg.), Deutsche und Deutschland aus russischer Sicht. Bd. 3. 19. Jahrhundert: Von der Jahrhundertwende bis zu den Reformen Alexanders II. München 1998, S. 13–107

Kundnani, Hans, Germany as a Geo-economic Power, in: *The Washington Quarterly* 34 (2011), H. 3, S. 31–45

Ders., German Power. Das Paradox der deutschen Stärke. München 2016

Kunz, Barbara, Germany's Unnecessary Hegemony: Berlin's Seeking of ›Tranquility, Profit and Power‹ in the Absence of Systemic Constraints, in: Politics 35 (2015), S. 172–182

Lance, Alain, Deutschland, ein Leben lang. Berlin 2012

Langewiesche, Dieter, Kulturelle Nationsbildung im Deutschland des 19. Jahrhunderts, in: ders., Nation, Nationalismus, Nationalstaat in Deutschland und Europa. München 2000, S. 82–102

Lawaty, Andreas, Das Ende Preußens in polnischer Sicht. Zur Kontinuität negativer Wirkungen der preußischen Geschichte und auf die deutsch-polnischen Beziehungen. Berlin 1986

Lehmann, Ines, Die deutsche Vereinigung von außen gesehen. Angst, Bedenken und Erwartungen. Bd. I: Die Presse der Vereinigten Staaten, Großbritanniens und Frankreichs. Frankfurt am Main 1996; Bd. II: Die Presse Dänemarks, der Niederlande, Belgiens, Luxemburgs, Österreichs, der Schweiz, Italiens, Portugals und Spaniens und jüdische Reaktionen. Frankfurt am Main 1997; Bd. III: Die Politik, die Medien und die öffentliche Meinung der Sowjetunion. Frankfurt am Main 2001; Bd. IV: Polen und die Tschechoslowakei. Frankfurt am Main 2004

Leitfaden für britische Soldaten in Deutschland 1944. Zweisprachige Ausgabe (Englisch/Deutsch). Aus dem Engl. von Klaus Modick. 3. Aufl. Köln 2014

Lemberg, Hans, Das Deutsche Reich im polnischen Urteil 1871–1945, in: Klaus Hildebrand (Hg.), Das Deutsche Reich im Urteil der Großen Mächte und europäischen Nachbarn (1871–1945). München 1995, S. 69–84

Leonhard, Jörn, Die Büchse der Pandora. Geschichte des Ersten Weltkriegs. München 2014

Lever, Paul, Berlin Rules. Europe and the German Way. London 2017

Levsen, Sonja, Elite, Männlichkeit und Krieg. Tübinger und Cambridger Studenten 1900–1929. Göttingen 2005

Lindner, Ulrike, Koloniale Begegnungen. Deutschland und Großbritannien als Imperialmächte in Afrika 1880–1914. Frankfurt am Main 2011

Lippman, Walter, Public Opinion. New York 1922

Liszkowski, Uwe, Die deutsche Einheit in der Politik von Zarenreich und Sowjetstaat 1870–1990, in: *Historische Mitteilungen* 5 (1992), S. 233–252

Lobkowicz, Nikolaus (Hg.), Russische Deutschlandbilder und deutsche Rußlandbilder. Köln 2008

Loth, Wilfried, Europas Einigung. Eine unvollendete Geschichte. Frankfurt am Main 2014

Lübbe, Hermann, Der Nationalsozialismus im deutschen Nachkriegsbewusstsein, in: HZ 236 (1983), S. 579–599

Lugvinov, Michail, Russische Deutschlandbilder im 19. und 20. Jahrhundert, in: Elke Mehnert (Hg.), Russische Ansichten – Ansichten von Russland. Frankfurt am Main 2007, S. 164–174

Luks, Leonid, Hitler und das nationalsozialistische Regime aus der Sicht Stalins und der Stalinisten, in: *Forum für osteuropäische Ideen- und Zeitgeschichte* 12/2 (2008), S. 9–39

MacGregor, Neil, Germany. Memories of a Nation. London 2014 (dt.: Deutschland. Erinnerungen einer Nation. München 2015)

MacMillan, Margaret, Die Friedensmacher. Wie der Versailler Vertrag die Welt veränderte. Berlin 2015 (zuerst engl. 2001)

Mader, Matthias, Stabilität und Wandel der nationalen Identität in der deutschen Bevölkerung, in: *Kölner Zeitschrift für Soziologie und Sozialpsychologie* 68 (2016), S. 435–456

Mangasarian, Leon / Jan Techau, Führungsmacht Deutschland. Strategie ohne Angst und Anmaßung, München 2017

Marsh, David, The Euro. The Politics of the new Global Currency. New Haven / London 2009

Meyer, Enno, Deutschland und Polen 1772–1914. Stuttgart 1966

Maull, Hanns W., Japan, Deutschland und die Zukunft der internationalen Politik, in: Jochen Thies / Günther van Well (Hg.), Auf der Suche nach der Gestalt Europas. Festschrift für Wolfgang Wagner zum 65. Geburtstag. Bonn 1990, S. 171–192

Ders., Germany and Japan. The New Civilian Powers, in: *Foreign Affairs*, Fall 1990/91, S. 91–106

Ders., Zivilmacht Bundesrepublik Deutschland. Vierzehn Thesen für eine neue deutsche Außenpolitik, in: *Europa-Archiv* 32 (1992), B. 3, S. 269–278

Ders., »Zivilmacht«. Ursprünge und Entwicklungspfade eines umstrittenen Konzepts, in: Sebastian Harnisch / Joachim Schild, Deutsche Außenpolitik und internationale Führung. Ressourcen, Praktiken und Politiken in einer veränderten Europäischen Union. Baden-Baden 2015, S. 121–147

Michail Gorbatschow und die deutsche Frage. Sowjetische Dokumente 1986–1991. Hg. von Aleksandr Galkin und Anatolij Tschernjajew. München 2011

Milling, Hannah, Das Fremde im Spiegel des Selbst. Deutschland seit dem Mauerfall aus Sicht französischer, italienischer und spanischer Deutschlandexperten. Berlin 2010

Minc, Alain, Vive l'Allemagne! Was Deutschland alles richtig macht – und was nicht. Freiburg 2014

Möller, Almut / Roderick Parkes (Hg.), Germany as Viewed by other EU Member States, EPIN Paper 33, June 2012

Mommsen, Wolfgang J., The Topos of Inevitable War in Germany in the Decade before 1914, in: Volker R. Berghahn / Martin Kitchen (Hg.), Germany in the Age of Total War. London 1981, S. 23–44

Ders., Die »deutsche Idee der Freiheit«. Die deutsche Historikerschaft und das Modell des monarchischen Konstitutionalismus im Kaiserreich, in: *Staatswissenschaften und Staatspraxis. Rechts-, wirtschafts- und sozialwissenschaftliche Beiträge zum staatlichen Handeln* 3 (1992), S. 43–63

Morisse-Schilbach, Melanie, »Ach Deutschland!« Greece, the Euro Crisis, and the Costs and Benefits of Being a Benign Hegemon, in: *Internationale Politik und Gesellschaft* 14 (2011), S. 26–41

Müller, Jan-Werner, Another Country. German Intellectuals, Unification and National Identity. New Haven 2000

Münkler, Herfried / Jens Hacke (Hg.), Wege in die neue Bundesrepublik. Politische Mythen und kollektive Selbstbilder nach 1989. Frankfurt am Main 2009

Münkler, Herfried, Macht in der Mitte. Die neuen Aufgaben Deutschlands in Europa. Hamburg 2015

Neitzel, Sönke, Weltmacht oder Untergang. Die Weltreichslehre im Zeitalter des Imperialismus. Paderborn 2000

Niedhart, Gottfried u. a. (Hg.), Deutschland in Europa. Nationale Interessen und internationale Ordnung im 20. Jahrhundert. Mannheim 1997

Ders., Außenminister Stresemann und die ökonomische Variante deutscher Machtpolitik, in: Karl Heinrich Pohl (Hg.), Politiker und Bürger. Gustav Stresemann und seine Zeit. Göttingen 2002, S. 229–242

Ders., Zustimmung und Irritationen. Die Westmächte und die deutsche Ostpolitik 1969/70, in: Ursula Lehmkuhl / Petra Dolata-Kreutzkamp (Hg.), Deutschland, Großbritannien, Amerika. Politik, Gesellschaft und internationale Geschichte im 20. Jahrhundert. Stuttgart 2003, S. 227–245

Nipperdey, Thomas, Deutsche Geschichte 1800–1866. Bürgerwelt und starker Staat. München 1983

Ders., Deutsche Geschichte 1866–1918. Bd. 1. Arbeitswelt und Bürgergeist. München 1990; Bd. 2. Machtstaat vor der Demokratie. München 1992

Nolte, Paul, Die Ordnung der deutschen Gesellschaft. Selbstentwurf und Selbstbeschreibung im 20. Jahrhundert. München 2000

Obolenskaja, Svetlana, Der Deutsch-Französische Krieg und die russische Öffentlichkeit, in: Dagmar Herrmann (Hg.), Deutsche und Deutschland aus russischer Sicht. Bd. 4. 19./20. Jahrhundert: Von den Reformen Alexanders II. bis zum Ersten Weltkrieg. Paderborn 2005, S. 102–133

Obst, Michael (Hg.), Die politischen Reden Kaiser Wilhelms II. Eine Auswahl. Paderborn 2011

Pabst, Klaus, Der übermächtige Nachbar. Belgische, niederländische und luxemburgische Urteile über das Deutsche Reich, in: Klaus Hildebrand (Hg.), Das Deutsche Reich im Urteil der Großen Mächte und europäischen Nachbarn (1871–1945). München 1995, S. 27–47

Paterson, William E., Großbritannien und Deutschlands Führungsrolle, in: Sebastian Harnisch / Joachim Schild (Hg.), Deutsche Außenpolitik und internationale Führung. Ressourcen, Praktiken und Politiken in einer veränderten Europäischen Union. Baden-Baden 2014, S. 199–222

Paulmann, Johannes (Hg.), Auswärtige Repräsentationen. Deutsche Kulturdiplomatie nach 1945. Köln 2005

Pekelder, Jacco, Die Niederlande und die DDR. Bildformung und Beziehungen 1949–1989. Münster 2002 (zuerst niederländ. 1998)

Ders., Neue Nachbarschaft. Deutschland und die Niederlande. Bildformung und Beziehungen seit 1990. Münster 2013

Pelinka, Anton (Hg.), Feindbilder in Europa. Analysen und Perspektiven. Wien 2008

Peters, Christoph, Deutschland und die Deutschen im Spiegel britischer Tageszeitungen. Die Berichterstattung der überregionalen Presse Großbritanniens 1989–1994. Münster 1999

Pfeil, Ulrich (Hg.), Mythes et tabous des relations franco-allemandes au XXe siècle. Bern 2012

Priemel, Kim Christian, The Betrayal. The Nuremberg Trials and German Divergence. Oxford 2016

Pulzer, Peter, Der deutsche Michel in John Bulls Spiegel: Das britische Deutschlandbild im 19. Jahrhundert, in: *Jahrbuch des Historischen Kollegs* 1998. München 1999, S. 3–19

Puschner, Uwe / Walter Schmitz / Justus H. Ulbricht (Hg.), Handbuch zur »Völkischen Bewegung« 1871–1918. München 1999

Pütz, Christine, Ewiger Hegemon versus politischer Zwerg. Leitmotive der Kritik an Deutschlands Rolle in Europa, in: Claire Demesmay / Christine Pütz / Hans Stark (Hg.), Frankreich und Deutschland. Bilder, Stereotype, Spiegelungen. Wahrnehmung des Nachbarn in Zeiten der Krise. Baden-Baden 2016, S. 19–32

Raines, Thomas u. a. (Hg.), Europa. Ziehen wir (noch) an einem Strang? Was Bevölkerung und Eliten wirklich über die EU denken. Eine repräsentative Umfrage. London 2017

Ramsden, John, Don't mention the War. The British and the Germans since 1890. London 2006

Raphael, Lutz, Imperiale Gewalt und mobilisierte Nation. Europa 1914–1945. München 2011

Rash, Felicity, German Images of the self and the other. Nationalist, colonialist and anti-semitic discourse, 1871–1918. Basingstoke 2012

Rauch, Georg von, Eindrücke russischer Reisender von Deutschland im 18. und 19. Jahrhundert, in: Friedhelm Berthold Kaiser / Bernhard Stasiewski (Hg.), Reiseberichte von Deutschen über Russland und von Russen über Deutschland. Köln 1980, S. 58–74

Robbins, Keith, Present and Past. British Images of Germany in the First Half of the Twentieth Century and their Historical Legacy. Göttingen 1999

Rödder, Andreas, Das ›Modell Deutschland‹ zwischen Erfolgsgeschichte und Verfallsdiagnose, in: VfZ 54 (2006), S. 345–363

Ders., Deutschland einig Vaterland. Die Geschichte der Wiedervereinigung. München 2009

Ders., 21.0. Eine kurze Geschichte der Gegenwart. München 2015

Ders., Europa eins – zwei – drei. Wandlungen der europäischen Integration seit den achtziger Jahren, in: Gregor Kirchhof / Hanno Kube / Reiner Schmidt (Hg.), Vom Ursprung und Ziel der Europäischen Union. Elf Perspektiven. Tübingen 2016, S. 11–28

Rose, Andreas, Zwischen Empire und Kontinent. Die britische Außenpolitik vor dem Ersten Weltkrieg. München 2011

Rösgen, Petra (Hg.), Krauts-Fritz-Piefkes …? Deutschland von außen. (Ausstellung Haus der Geschichte 1999). Bonn 1999

Sabrow, Martin, Historia vitae magistra? Zur Rückkehr eines vergangenen Topos in die Gegenwart, in: *ZeitRäume. Potsdamer Almanach des Zentrums für Zeithistorische Forschung* 2016. Göttingen 2016, S. 10–20

Safranski, Rüdiger, Romantik. Eine deutsche Affäre. Frankfurt am Main 2009

Salewski, Michael, Das Weimarer Revisionssyndrom, in: *APuZ* 30 (1980), B2, S. 14–25

Schabert, Tilo, Wie Weltgeschichte gemacht wird. Frankreich und die deutsche Einheit. Stuttgart 2002

Schildt, Axel / Detlef Siegfried, Deutsche Kulturgeschichte. Die Bundesrepublik von 1945 bis zur Gegenwart. München 2009

Schmid, Thomas, Europa ist tot, es lebe Europa! Eine Weltmacht muss sich neu erfinden. München 2016

Schmidt, Rainer F., »Revanche pour Sedan« – Frankreich und der Schlieffenplan. Militärische und bündnispolitische Vorbereitungen des Ersten Weltkriegs, in: HZ 303 (2016), S. 393–425

Schmugge, Ludwig, Über »nationale« Vorurteile im Mittelalter, in: *Deutsches Archiv* 38 (1982), S. 439–459

Schöllgen, Gregor, Jenseits von Hitler. Die Deutschen in der Weltpolitik von Bismarck bis heute. Berlin 2005

Schönberger, Christoph, Hegemon wider Willen. Zur Stellung Deutschlands in der Europäischen Union, in: *Merkur* 66 (2012), S. 1–8

Ders., Nochmals. Die deutsche Hegemonie, in: *Merkur* 67 (2013), S. 25–33

Schramm, Martin, Das Deutschlandbild in der britischen Presse 1912–1919. Berlin 2007

Schulze, Hagen, Staat und Nation in der europäischen Geschichte. München 1994

Schulze Wessel, Martin, Rußlands Blick auf Preußen. Die polnische Frage in der Diplomatie und der politischen Öffentlichkeit des Zarenreichs und des Sowjetstaates 1697–1947. Stuttgart 1995

Schwarz, Hans-Peter, Die Zentralmacht Europas. Deutschlands Rückkehr auf die Weltbühne. Berlin 1994

Ders., Anmerkungen zu Adenauer. München 2007 [zuerst 2004]

Ders., Republik ohne Kompass. Anmerkungen zur deutschen Außenpolitik. Berlin 2005

Sherif, Muzafer, In Common Predicament: Social Psychology of Intergroup Conflict and Cooperation. Boston 1966

Simms, Brendan, The Struggle for Supremacy. 1453 to the Present. London 2013

Sösemann, Bernd, Die sog. Hunnenrede Wilhelms II. Textkritische und interpretatorische Bemerkungen zur Ansprache des Kaisers vom 27. Juli 1900 in Bremerhaven, in: HZ 222 (1976), S. 342–358

Sonderedition Deutsche Einheit: siehe *Deutsche Einheit. Sonderedition der Dokumente zur Deutschlandpolitik aus den Akten des Bundeskanzleramtes 1989/90*

Sowjetische Dokumente 1986–1991: siehe *Michail Gorbatschow und die deutsche Frage*

Spears, Russell / Nicole Tausch, Vorurteile und Intergruppenbeziehungen, in: Klaus Jonas u. a. (Hg.), Intergruppenbeziehungen. Berlin 2014, S. 507–564

Stargardt, Nicholas, The German idea of militarism. Radical and socialist critics, 1866–1914. Cambridge 1994

Stierstorfer, Klaus (Hg.), Deutschlandbilder im Spiegel anderer Nationen. Literatur. Presse. Film. Funk. Fernsehen. Hamburg 2003

Stökl, Günther, Die historischen Grundlagen des russischen Deutschlandbildes, in: Friedhelm Berthold Kaiser (Hg.), Deutsche im europäischen Osten. Verständnis und Missverständnis. Köln u. a. 1976, S. 18–34

Stresemann, Gustav, Vermächtnis. Der Nachlass in drei Bänden. Hg. von Henry Bernhard. Berlin 1932/33

Süßmuth, Hans, Kontinuitäten im Wandel – Deutschlandbilder in Ost- und Westeuropa, in: Dan Diner (Hg.), Deutschlandbilder. Tel Aviv 1997, S. 215–234

Tajfel, Henry (Hg.), Differentiation between Social groups. Studies in the Social Psychology of Intergroup Relations. London 1978

Thatcher, Margaret, The Downing Street Years. London 1993

Trautmann, Günter (Hg.), Die häßlichen Deutschen. Deutschland im Spiegel der westlichen und östlichen Nachbarn. Darmstadt 1991

Tümmers, Horst Johannes, Der Rhein. Ein europäischer Fluss und seine Geschichte. München 1994

Ulrich, Sebastian, Der Weimar-Komplex. Das Scheitern der ersten deutschen Demokratie und die politische Kultur der frühen Bundesrepublik. Göttingen 2009

Ungern-Sternberg, Jürgen von / Wolfgang von Ungern-Sternberg, Der Aufruf »An die Kulturwelt!« Das Manifest der 93 und die Anfänge der Kriegspropaganda im Ersten Weltkrieg. Mit einer Dokumentation. Stuttgart 1996

Ungern-Sternberg, Jürgen von, Wie gibt man dem Sinnlosen einen Sinn? Zum Gebrauch der Begriffe ›deutsche Kultur‹ und ›Militarismus‹ im Herbst 1914, in: Wolfgang J. Mommsen (Hg.), Kultur und Krieg. Die Rolle der Intellektuellen, Künstler und Schriftsteller im Ersten Weltkrieg. München 1996, S. 77–91

Uterwedde, Henrik, Von Egoisten und Reformisten. Der Blick auf Nachbars Wirtschaft, in: Claire Demesmay / Christine Pütz / Hans Stark (Hg.), Frankreich und Deutschland. Bilder, Stereotype, Spiegelungen. Wahrnehmung des Nachbarn in Zeiten der Krise. Baden-Baden 2016, S. 203–216

Vaïsse, Maurice / Christian Wenckel (Hg.), La diplomatie française face à l'unification allemande. Paris 2011

Verhey, Jeffrey, Der »Geist von 1914« und die Erfindung der Volksgemeinschaft. Hamburg 2000

Volkmann, Hans-Erich, Die Polenpolitik des Kaiserreichs. Prolog zum Zeitalter der Weltkriege. Paderborn 2016

Wajda, Kazimierz, Die Deutschen im Spiegel der polnischen Publizistik 1871–1914, in: Hans Henning Hahn (Hg.), Historische Stereotypenforschung. Methodische Überlegungen und empirische Befunde. Oldenburg 1995, S. 130–138

Wallace, Ian, A United Germany in a New Europe. Some British Perceptions. Hamburg 2000

Weber, Pierre-Frédéric, Timor Teutonorum. Angst vor Deutschland seit 1945. Eine europäische Emotion im Wandel. Paderborn 2015

Wehler, Hans Ulrich, Deutsche Gesellschaftsgeschichte. 5 Bde. München 1987–2008

Wendt, Bernd-Jürgen / Adolf M. Birke (Hg.), Das britische Deutschlandbild im Wandel des 19. und 20. Jahrhunderts. Bochum 1984

Wilhelm II.: siehe *Michael Obst, Bernd Sösemann*

Wilkens, Andreas, Der unstete Nachbar. Frankreich, die deutsche Ostpolitik und die Berliner Vier-Mächte-Verhandlungen 1969–1974. München 1990

Winkler, Heinrich August, Der lange Weg nach Westen, 2 Bde. München 2000

Ders., Von der deutschen zur europäischen Frage. Gedanken zu einem Jahrhundertproblem, in: VfZ 63 (2015), S. 473–486

Wippermann, Wolfgang, Der »Deutsche Drang nach Osten«. Ideologie und Wirklichkeit eines politischen Schlagwortes. Darmstadt 1981

Wirsching, Andreas, Abschied vom Provisorium. Geschichte der Bundesrepublik Deutschland 1982–1990. München 2006

Ders., Konsum statt Arbeit? Zum Wandel von Individualität in der modernen Massengesellschaft, in: VfZ 57 (2009), S. 171–199

Witteck, Thomas, Auf ewig Feind? Das Deutschlandbild in den britischen Massenmedien nach dem Ersten Weltkrieg. München 2005

Wolf, Reinhard, Emotionen in den internationalen Beziehungen. Das Beispiel Ressentiments, in: Karl-Rudolf Korte (Hg.), Emotionen und Politik. Begründungen, Konzeptionen und Praxisfelder politikwissenschaftlicher Emotionsforschung. Baden-Baden 2015, S. 187–211

Wolfrum, Edgar, Die Preußen-Renaissance: Geschichtspolitik im deutsch-deutschen Konflikt, in: Martin Sabrow (Hg.), Verwaltete Vergangenheit. Geschichtskultur und Herrschaftslegitimation in der DDR. Leipzig 1997, S. 145–166

Ders., Rot-Grün an der Macht. Deutschland 1998–2005. München 2013

Wrzesinski, Wojciech, Der Deutsche in polnischen Stereotypen des 19. und 20. Jahrhunderts, in: Teresa Walas (Hg.), Stereotypen und Nationen. Krakau 1999, S. 220–229

Zelikow, Philip / Condoleezza Rice, Germany Unified and Europe Transformed. A Study in Statecraft. Cambridge (Mass.) 1995

Personenregister